国家卫生健康委员会"十四五"规划教材

全国高等中医药教育教材

供中医骨伤科学等专业用

中医筋伤学

第 2 版

主　编　马　勇　毕荣修

副主编　尹宏兵　石　瑛　张　弛　涂　宏

编　委　（按姓氏笔画排序）

马　勇（南京中医药大学）	孙　旗（北京中医药大学）
王式鲁（山东中医药大学）	肖吉日木图（内蒙古医科大学）
王志刚（湖北中医药大学）	余红超（陕西中医药大学）
尹宏兵（长春中医药大学）	张　弛（成都中医药大学）
石　瑛（上海中医药大学）	张　杰（黑龙江中医药大学）
史栋梁（河南中医药大学）	涂　宏（江西中医药大学）
毕荣修（山东中医药大学）	梅　伟（南京中医药大学）
任锡禄（山西中医药大学）	梁祖建（广州中医药大学）
刘　迅（浙江中医药大学）	

秘　书　谢文鹏（山东中医药大学）　潘娅岚（南京中医药大学）

人民卫生出版社

·北京·

图书在版编目（CIP）数据

中医筋伤学 / 马勇，毕荣修主编 . —2 版 . —北京：
人民卫生出版社，2021.5（2025.1 重印）
ISBN 978-7-117-31515-9

Ⅰ. ①中⋯　Ⅱ. ①马⋯ ②毕⋯　Ⅲ. ①筋膜疾病 – 中
医伤科学 – 中医学院 – 教材　Ⅳ. ①R274.3

中国版本图书馆 CIP 数据核字（2021）第 084476 号

| 人卫智网 | www.ipmph.com | 医学教育、学术、考试、健康，购书智慧智能综合服务平台 |
| 人卫官网 | www.pmph.com | 人卫官方资讯发布平台 |

中医筋伤学
Zhongyi Jinshangxue
第 2 版

主　　编：马　勇　毕荣修
出版发行：人民卫生出版社（中继线 010-59780011）
地　　址：北京市朝阳区潘家园南里 19 号
邮　　编：100021
E - mail：pmph @ pmph.com
购书热线：010-59787592　010-59787584　010-65264830
印　　刷：廊坊一二〇六印刷厂
经　　销：新华书店
开　　本：850×1168　1/16　印张：14
字　　数：349 千字
版　　次：2012 年 5 月第 1 版　　2021 年 5 月第 2 版
印　　次：2025 年 1 月第 2 次印刷
标准书号：ISBN 978-7-117-31515-9
定　　价：52.00 元
打击盗版举报电话：010-59787491　E-mail：WQ @ pmph.com
质量问题联系电话：010-59787234　E-mail：zhiliang @ pmph.com

◇◇◇ 修 订 说 明 ◇◇◇

　　为了更好地贯彻落实《中医药发展战略规划纲要(2016—2030年)》《中共中央国务院关于促进中医药传承创新发展的意见》《教育部 国家卫生健康委 国家中医药管理局关于深化医教协同进一步推动中医药教育改革与高质量发展的实施意见》《关于加快中医药特色发展的若干政策措施》和新时代全国高等学校本科教育工作会议精神,做好第四轮全国高等中医药教育教材建设工作,人民卫生出版社在教育部、国家卫生健康委员会、国家中医药管理局的领导下,在上一轮教材建设的基础上,组织和规划了全国高等中医药教育本科国家卫生健康委员会"十四五"规划教材的编写和修订工作。

　　为做好新一轮教材的出版工作,人民卫生出版社在教育部高等学校中医学类专业教学指导委员会、中药学类专业教学指导委员会和第三届全国高等中医药教育教材建设指导委员会的大力支持下,先后成立了第四届全国高等中医药教育教材建设指导委员会和相应的教材评审委员会,以指导和组织教材的遴选、评审和修订工作,确保教材编写质量。

　　根据"十四五"期间高等中医药教育教学改革和高等中医药人才培养目标,在上述工作的基础上,人民卫生出版社规划、确定了第一批中医学、针灸推拿学、中医骨伤科学、中药学、护理学5个专业100种国家卫生健康委员会"十四五"规划教材。教材主编、副主编和编委的遴选按照公开、公平、公正的原则进行。在全国50余所高等院校2 400余位专家和学者申报的基础上,2 000余位申报者经教材建设指导委员会、教材评审委员会审定批准,聘任为主编、副主编、编委。

　　本套教材的主要特色如下:

　　1. 立德树人,思政教育　坚持以文化人,以文载道,以德育人,以德为先。将立德树人深化到各学科、各领域,加强学生理想信念教育,厚植爱国主义情怀,把社会主义核心价值观融入教育教学全过程。根据不同专业人才培养特点和专业能力素质要求,科学合理地设计思政教育内容。教材中有机融入中医药文化元素和思想政治教育元素,形成专业课教学与思政理论教育、课程思政与专业思政紧密结合的教材建设格局。

　　2. 准确定位,联系实际　教材的深度和广度符合各专业教学大纲的要求和特定学制、特定对象、特定层次的培养目标,紧扣教学活动和知识结构。以解决目前各院校教材使用中的突出问题为出发点和落脚点,对人才培养体系、课程体系、教材体系进行充分调研和论证,使之更加符合教改实际、适应中医药人才培养要求和社会需求。

　　3. 夯实基础,整体优化　以科学严谨的治学态度,对教材体系进行科学设计、整体优化,体现中医药基本理论、基本知识、基本思维、基本技能;教材编写综合考虑学科的分化、交叉,既充分体现不同学科自身特点,又注意各学科之间有机衔接;确保理论体系完善,知识点结合完备,内容精练、完整,概念准确,切合教学实际。

　　4. 注重衔接,合理区分　严格界定本科教材与职业教育教材、研究生教材、毕业后教育教材的知识范畴,认真总结、详细讨论现阶段中医药本科各课程的知识和理论框架,使其在教材中得以凸显,既要相互联系,又要在编写思路、框架设计、内容取舍等方面有一定的区分度。

5. 体现传承,突出特色 本套教材是培养复合型、创新型中医药人才的重要工具,是中医药文明传承的重要载体。传统的中医药文化是国家软实力的重要体现。因此,教材必须遵循中医药传承发展规律,既要反映原汁原味的中医药知识,培养学生的中医思维,又要使学生中西医学融会贯通,既要传承经典,又要创新发挥,体现新版教材"传承精华、守正创新"的特点。

6. 与时俱进,纸数融合 本套教材新增中医抗疫知识,培养学生的探索精神、创新精神,强化中医药防疫人才培养。同时,教材编写充分体现与时代融合、与现代科技融合、与现代医学融合的特色和理念,将移动互联、网络增值、慕课、翻转课堂等新的教学理念和教学技术、学习方式融入教材建设之中。书中设有随文二维码,通过扫码,学生可对教材的数字增值服务内容进行自主学习。

7. 创新形式,提高效用 教材在形式上仍将传承上版模块化编写的设计思路,图文并茂、版式精美;内容方面注重提高效用,同时应用问题导入、案例教学、探究教学等教材编写理念,以提高学生的学习兴趣和学习效果。

8. 突出实用,注重技能 增设技能教材、实验实训内容及相关栏目,适当增加实践教学学时数,增强学生综合运用所学知识的能力和动手能力,体现医学生早临床、多临床、反复临床的特点,使学生好学、临床好用、教师好教。

9. 立足精品,树立标准 始终坚持具有中国特色的教材建设机制和模式,编委会精心编写,出版社精心审校,全程全员坚持质量控制体系,把打造精品教材作为崇高的历史使命,严把各个环节质量关,力保教材的精品属性,使精品和金课互相促进,通过教材建设推动和深化高等中医药教育教学改革,力争打造国内外高等中医药教育标准化教材。

10. 三点兼顾,有机结合 以基本知识点作为主体内容,适度增加新进展、新技术、新方法,并与相关部门制订的职业技能鉴定规范和国家执业医师(药师)资格考试有效衔接,使知识点、创新点、执业点三点结合;紧密联系临床和科研实际情况,避免理论与实践脱节、教学与临床脱节。

本轮教材的修订编写,教育部、国家卫生健康委员会、国家中医药管理局有关领导和教育部高等学校中医学类专业教学指导委员会、中药学类专业教学指导委员会等相关专家给予了大力支持和指导,得到了全国各医药卫生院校和部分医院、科研机构领导、专家和教师的积极支持和参与,在此,对有关单位和个人表示衷心的感谢!希望各院校在教学使用中,以及在探索课程体系、课程标准和教材建设与改革的进程中,及时提出宝贵意见或建议,以便不断修订和完善,为下一轮教材的修订工作奠定坚实的基础。

人民卫生出版社

2021 年 3 月

前 言

中医筋伤学是中医骨伤科学专业的一门重要学科,既是骨伤专业的核心必修课程,也是非骨伤专业的选修课程。随着人口的老龄化及现代工作和生活方式的改变,筋伤的发病率在逐年升高,其病理变化也趋向复杂化。由于现代医学的飞速发展,中医筋伤学新理论、新技术、新疗法不断产生,人们对筋伤类疾病的认识也在发生改变。因此,对筋伤学教材有必要作相应的变化。

本次教材的修订以"十二五"规划教材为蓝本,以拓展思维、创新实践为重点,以培养中医骨伤科学专业的研究型、复合型人才为教学目标,着重突出中医特色及中西医优势互补,继续贯彻"少而精"的原则,要求层次分明,突出教学重点,反映时代特点。全书共五章,第一章总论全面阐述了筋伤学的概念、发展,筋伤的分类、病因病机、诊断和治疗原则;第二至五章分别介绍了躯干部、上肢、下肢和其他部位筋伤的病因病机、临床表现与诊断、辨证论治、预防与调护。在上版教材的基础上注重体例的优化,除原有"学习目标""知识链接""病案分析""复习思考题"模块外,新增"思政元素""课堂互动"模块,与课堂教学的改革创新步调一致,使老师易教、学生易学。同时在内容上,本教材做到与时俱进,更新知识,精简内容,并适量吸收新成果、新技术和新理论。

本教材适用于全国高等中医药教育五年制中医骨伤科学专业,以及从事中医、中西医结合骨伤科的临床、教学和科研人员等使用。

为了提高教材编写质量,本书主要由长期从事教学及临床一线的人员参与编写修订。第一章"总论"第一至四节由王志刚修订,第四、五节分别由尹宏兵、余红超修订;第二章"躯干部筋伤"第一节由马勇、张弛修订,第二节由梁祖建修订,第三、四节由王式鲁、谢文鹏修订;第三章"上肢筋伤"第一节由刘迅修订,第二节由毕荣修、张杰修订,第三节由任锡禄修订;第四章"下肢筋伤"第一节由梅伟修订,第二节由石瑛、肖吉日木图修订,第三节由孙旗修订;第五章"其他筋伤"由史栋梁修订;附方名录由潘娅岚修订。本教材在编写过程中得到了相关院校的大力支持,在此一并致谢。

因水平有限,内容或许有不足之处,恳请广大读者和各院校教学人员批评指正,以便进一步修改提高。

编者

2021 年 3 月

◈◈◈ 目　　录 ◈◈◈

第一章

总　　论

> **📑 学习目标**
>
> 　　通过本章学习,明确筋伤及筋伤学的概念,筋伤病的范围,掌握筋伤的分类、辨证诊断及治疗等,为以后各章节筋伤疾病的学习奠定坚实的理论基础。

第一节　筋伤与筋伤学的基本概念

01章01节PPT

PPT 课件

一、中医筋伤学的基本概念

　　中医筋伤学是采用传统医疗手段,结合现代医疗工具来研究筋的生理,以及筋伤的病因病机、辨证诊断、治疗和预防的一门临床学科,是中医骨伤科学的重要组成部分,是骨伤科学分化发展而形成的一个分支。

　　人体是一个有机的整体,局部组织的损伤可影响整个机体的变化,全身性的疾病亦可影响某一局部发生病变。筋伤疾病的发生比较复杂,往往是内外综合的结果,人体全身性的内在因素与筋伤疾病的发生有密切的关系,筋受到损伤亦可引起全身的变化。一般来说,筋伤不一定伴有骨折、脱位或骨病,但骨折、脱位或骨病往往合并筋的损伤,有时骨折愈合、脱位整复后仍遗留有筋的损伤。因此,筋伤学与骨伤学、骨病学等学科有着非常密切的关系,它所包括的范围也非常广泛。

二、"筋"的基本概念

　　筋,古为𦙶,《说文》解:"肉之力也。从肉从力从竹。竹,物之多筋者。"主要是指肌肉的力量,在功能上表现为两个方面,一是固定关节和骨架结构,二是通过肌纤维的伸缩而带动关节进行活动。如《素问·痿论》说:"宗筋主束骨而利机关也。"《素问·五脏生成论》说:"诸筋者皆属于节。"即与骨节紧密连接的组织结构谓之筋。据历代文献记载,结合西医学解剖知识,对于筋的含义,可以理解为相当于现代解剖学的四肢和躯干部位的软组织,主要是指肌腱、筋膜、关节囊、韧带、腱鞘、滑液囊、椎间盘、关节软骨盘、关节软骨、周围血管和神经等软组织。

　　对于筋的解剖、生理、病理,中医学很早就有所认识。如《素问·痿论》记载:"宗筋主束骨而利机关也。"《素问·长刺节论》记载:"病在筋,筋挛节痛,不可以行,名曰筋痹。"说明人体的筋都附着于骨上,筋的主要功能为连属关节,络缀形体,主司关节运动。筋病多引起疼痛、瘀肿,影响肢体的功能。历代医家对于筋的理解,都是在《黄帝内经》的基础上发展起来的。

三、筋伤的基本概念

筋伤,俗称"伤筋",指各种外来暴力或慢性劳损、外感风寒湿邪等原因造成的筋的损伤。筋伤是骨伤科最常见的疾病,外来暴力的损伤或风寒外邪的侵袭,筋常常是首当其冲受其损害,在生产劳动、体育运动、日常生活中皆可发生。筋伤是损害人类健康,影响劳动生产的主要疾病之一,随着疾病谱的改变和医学模式的转变,筋伤疾病逐渐增多,骨伤科医生应该努力学习和研究筋伤疾病的预防与治疗。

元代危亦林著的《世医得效方》记载:"凡手臂出臼,此骨上段骨是臼,下段骨是杵,四边筋脉锁定,或出臼亦锉损筋。"清代胡廷光《伤科汇纂》记载:"如伤筋者,寒则拘紧,热则纵弛,在手足所过之处,则支转筋而痛……在肩则肩不能举,在膝则膝不能屈伸,皆筋之病也,亦不可不明。"

四、"筋出槽""骨错缝"的基本概念

"筋出槽""骨错缝"是中医伤科的特有术语。它既是对传统中医骨伤科骨与筋伤病病机变化的概括,也用于疾病的诊断,还可应用于手法、药物等传统疗法疗效机制的说明。筋居之所,谓之筋槽,正常情况下,筋骨系统处于"骨正筋柔"的状态,以手触摸时常不易感觉到"筋槽"的存在。病理情况下,以手触摸筋伤之处,感觉其柔顺性下降,张力增高,甚或出现凹凸不平的结节状改变,似高出其周围正常的组织结构,此谓之"筋出槽"。也就是说,筋出槽是指筋的形态结构、空间位置或功能状态发生了异常改变,可表现为筋强、筋歪、筋断、筋走、筋粗、筋翻、筋弛、筋纵、筋卷、筋挛、筋转、筋离、筋长、筋骠、筋缩等多种形式。骨缝是指骨关节的正常间隙,骨错缝是指骨关节正常的间隙或相对位置关系发生了细微的异常改变,并引起关节活动范围受限的一种病理状态。

第二节　筋伤学的发展

筋伤学发展历史悠久,它是我国劳动人民在生产活动过程中与筋伤疾患经过长期斗争,发展形成的具有一整套完整理论体系的学科。

1. 萌芽时期(远古时期至西周时期)　从远古时代开始,我们的祖先就在这块伟大的土地上生活、劳动,他们为了生存,用原始的工具劳作、生产,并与野兽搏斗,或进行部落之间的战争,必然要发生筋的损伤。伤后用手去抚摩,用动植物药物、矿物质涂擦伤处,包扎及固定肢体,从而获得对筋伤的按摩、药物、固定的治疗方法。这就是筋伤的疗法起源。

在夏商周时期,商代甲骨文卜辞中就有"疾手""疾肘""疾胫""疾止"等病名记载,并有使用按摩、外敷药物治病的记录。《周礼·天官》载有"以酸养骨,以辛养筋,以咸养脉,以甘养肉"等理论。《礼记·月令》载:"命理瞻伤、察创、视折、审断,决狱讼必端平。"蔡邕注:"皮曰伤,肉曰创,骨曰折,骨肉皆绝曰断。"说明当时对筋骨损伤已经有了充分的认识,并进行了分类记载。后世《吕氏春秋·古乐篇》记载:"昔陶唐之始,阴多滞伏而湛积……民气郁阏而

滞着,筋骨瑟缩不达,故作为舞以宣导之。"提出了用导引的方法来治疗筋骨疾病。

2. 奠基时期(春秋战国至三国时期) 春秋战国时期,社会急剧变化,政治、经济、文化都有显著的发展,学术思想也日趋活跃,出现了"诸子蜂起,百家争鸣"的局面。《足臂十一脉灸经》《五十二病方》《黄帝内经》《难经》等的问世,为筋伤学的形成奠定了基础,将筋分为"经筋"(十二经脉)、"肌肉"、"宗筋"(三阴三阳经脉)、"筋膜",总称"诸筋"。最有代表性的医学著作是《黄帝内经》,它不仅对"筋"的概念进行了描述,还对"筋膜""经筋""宗筋""肌肉"等名词术语及其病变进行了论述。虽然对其形态、组织及功能方面的描写较粗糙,但是"筋""筋膜""肌肉"等名词一直沿用至今,并在临床实践和理论研究中有着重要的意义。马王堆出土的西汉帛画《导引图》记载了44幅关于治疗痹证、厥证的导引练功图谱,也是筋伤疗法的起源。

秦、汉、三国时期,国家的统一、造纸术的发明促进了科学技术的交流和发展,医学技术也随之发展。流传至今的重要医学著作有《难经》《神农本草经》《伤寒论》《金匮要略》等。《神农本草经》记载了治疗折跌绝筋、腰痛、痹痛的药物60余种,这些药物在骨伤科疾病的治疗中仍然使用。《金匮要略》中记载的导引、吐纳、膏摩等方法,既可治疗筋伤疾病,又可预防疾病。

古代著名医学家华佗,常用方药、针灸治疗疾病,更擅长外科手术治病,史书有华佗采用麻沸散进行刮骨疗毒的记载。他主张体育锻炼,创造了"五禽戏"体育疗法,这一疗法对后世影响深远,至今筋伤学仍把功能锻炼作为重要的治疗原则之一。

3. 形成时期(两晋隋唐时期) 魏、晋、南北朝时期的代表著作,有葛洪的《肘后备急方》,皇甫谧的《针灸甲乙经》等。《肘后备急方》不仅对骨折、脱臼的治疗有明确记载,对筋伤的肿胀、疼痛,在用活血化瘀的药物内服、外用方面也有所发展,如用药物加酒增强活血力量,用药物外熨患处,用药酒、药醋涂擦患处,等等。直到现在,筋伤的内外用药仍采用这些方法。

隋、唐时期是我国历史上比较统一、繁荣的时期。隋代巢元方《诸病源候论》对筋伤列有"金疮伤筋断骨候""金疮筋急相引痛不得屈伸候"等专门证候,明确提出了筋伤有别于骨折、脱臼的诊断名称,对筋伤所出现的症状也有所描述,还记载了开放伤口的正确缝合方法。唐代蔺道人《仙授理伤续断秘方》成书于公元846年,是现存最早的中医骨伤科专著,明确提出了治伤的原则,如清创缝合、手法复位、固定、练功、内外用药等,创立了七步内治伤损法,对筋伤的病因病机、早期及后期表现均有所论述,对于筋伤日久形成的痹证,主张内外用药,对现在的临床治疗仍有一定指导意义。唐代孙思邈著《备急千金要方》,该书集唐代以前诊治经验之大成,对后世医家影响极大,不仅记载了筋伤的内外用药,提出了填骨髓、长肌肉、坚筋骨等治伤方法,还记载了"老子按摩法""天竺国按摩法"等内容,归纳了按摩有擦、捻、抱、推、掻、打、筑、捺等手法,并记载了调气导引法以摄养防病。

隋、唐时期,国家还设立了"太医署"负责医疗和医学教育。《新唐书》"百官志"记载:"按摩博士一人,按摩师四人……掌教按摩导引之法,以除疾病,损伤折跌者正之。"当时把骨伤科也列入了按摩科之中。所以以后历代均把筋伤的理筋方法合入按摩科之中,在按摩书籍中也都有筋伤的治疗手法记载。

总之,这一时期把筋伤作为一个诊断的分类范畴,已有书籍考证。在筋伤的治疗上,除继承历代辨证用药、功能锻炼外,对开放创伤的清创缝合,对闭合性筋伤的手法治疗,都有了记载。在筋伤的诊断及治疗方法方面,逐渐趋于完善,为后世筋伤学的发展打下了基础。

4. 发展时期(宋金元时期) 宋、金、元时期是战争频繁的时期,战争影响了医学科学的发展,但也促使了骨伤科的发展,促进了各民族医学的互相交流,特别是在药物学、方剂学方面发展迅速。这一时期有很多方剂书籍问世。南宋张杲在《医说》中记载了采用脚踏转轴及竹管搓滚舒筋治愈骨折后膝、踝关节筋挛缩的病例,已能有效地运用练功活动于筋伤治疗中。元代李仲南的《永类钤方》及危亦林的《世医得效方》等,对元代以前的骨伤科成就进行了总结和发挥,逐步确立了治疗创伤活血化瘀、养血舒筋和培元固肾的三期用药原则。这三期用药原则在筋伤治疗中同样具有重要意义,同时配以辛热芳香、温经散寒和活血定痛为主的洗药、淋洗药、熨药、贴药和敷药等外治方法,奠定了筋伤治疗内外用药的基本原则。这一原则也从此在筋伤学的治疗中逐步确立下来。

5. 成熟时期(明朝至晚清时期) 明代有"正体科""跌伤科",清代设有"正骨科",专治骨折、脱臼及跌打损伤,所以又称为"伤科"。由于历代经验的积累、当时社会战争创伤和生活损伤的需要,从事正骨科、伤科专业的医生较多,编著的骨伤科专著也较之前各朝都多,且许多著作都得以完整地流传至今。

明代朱橚编《普济方》、异远真人著《跌损妙方》、薛己著《正体类要》、李时珍的《本草纲目》和王肯堂的《证治准绳》等,均收集了有关筋伤的大量方剂、药物及医案等资料。清代吴谦等人编著的《医宗金鉴》对于筋伤的诊断、手法治疗都有明确的记载。手法总论中写道:"盖一身之骨体,既非一致,而十二经筋之罗列序属,又各有不同,故必素知其体相,识其部位,一旦临证,机触于外,巧生于内,手随心转,法从手出……筋之弛、纵、卷、挛、翻、转、离、合,虽在肉里,以手扪之,自悉其情。"提到了用摸法诊断筋伤,以按摩、推拿法治之,具体到按摩推拿的手法定义、适应证、手法的作用及机制。至今,骨伤科仍把推、拿、按、摩手法称为治疗伤筋的四大手法。钱秀昌的《伤科补要》、胡廷光的《伤科汇纂》、赵濂的《伤科大成》等对筋伤的病因病机、辨证论治、手法治疗都有较为详细的记载。清代伤科的发展已趋成熟,多采取师授家传的方法流传,影响至今,使骨伤科形成了多种派别。

6. 危机时期(晚清到民国时期) 从晚清开始,朝廷对中医学采取了取缔政策,筋伤学同中医学的命运一样,处于濒于灭亡的边缘。筋伤学的技术依赖师授家传才得以延续下来。

7. 全新时期(中华人民共和国成立后) 中华人民共和国成立后,党和政府大力提倡发扬中医学。1956年开始,各省市中医学院校相继成立。各地著名的中医骨伤科专家也被聘请到学院和医院执教与医疗,使过去师授家传的筋伤学医疗技术,得到系统的整理提高,讲授传播,并撰写成专著出版发行。如郭汉章著的《实用正骨学》、郭春园著的《平乐郭氏正骨法》、石筱山著的《正骨疗法》、王子平等著的《却病延年二十势》、朱兴恭著的《临床正骨学》、李国衡著的《伤科常见疾病治疗法》、杜自明著的《中医正骨经验概述》、李墨林著的《李墨林按摩疗法》,还有一些老专家的经验总结专著,如《刘寿山正骨经验》《陈氏祖传正骨手法》《林如高正骨经验》等。近年来,筋伤学及按摩部分的筋伤书籍也如雨后春笋般相继问世。这些著作对促进现代筋伤学的发展起到了积极作用。

20世纪80年代开始,对筋伤学的研究,已由临床资料的观察、总结,走向用科学技术手段,研究分析临床资料和对筋伤学基础理论的探讨。各种研究学术团体、学会纷纷成立,如全国软组织疼痛研究会、全国传统手法研究会以及于1986年成立的中华全国中医药学会骨伤科学会等。各中医院校相继成立了中医骨伤系、骨伤专业,编写各种骨伤专业教材,1986年在北京还成立了针灸骨伤学院。全国培养了一批骨伤专业的学士、硕士、博士人才,为今后骨伤科事业的发展打下了雄厚的基础。

筋伤学的发展与现代医学的发展是分不开的,比较密切的相关科目有局部解剖学、运动医学、创伤骨科学、推拿按摩学等。筋伤学的治疗手法与推拿学中的手法基本相同。理筋疗法被誉为自然疗法之一,近年受到世界医学界的重视。我国向国外派出一大批骨伤科及按摩医生,其他国家也派医生来我国学习骨伤科技术,医学交流促进了筋伤学技术向世界医学范围的推广。

知识链接

筋伤流派的传承与发展

中医药发展壮大历程并不平坦,在新中国成立之后才又焕发新的生机。尤其是2017年7月1日《中华人民共和国中医药法》的颁布实施宣告了中医药事业迎来了它的春天。作为中医药学的重要组成部分,筋伤学也得以扬帆远航,开启新的未来。发展中医筋伤学,应当遵循中医筋伤学的发展规律,坚持传承和创新相结合,灵活运用现代科技手段,从而保持和发展中医筋伤学的特色和优势。

近年来,中医筋伤事业也有了长足的发展。2005年,中国中医科学院孙树椿提出的"孙氏治疗颈椎病系列疗法",将手法治疗系统化和规范化,其临床应用疗效确切,并作为国家中医药科技成果在全国推广。广西韦贵康以手法治疗骨伤科疾病,尤其是脊柱相关疾病闻名于世,创出以脊柱旋转复位手法为代表,以"三联治法""四大理论"和"五大手法"为特色,具有"稳、准、轻、巧、透"特点的韦氏手法,对于治疗脊柱、四肢软组织损伤及脊柱相关疾病有很强的指导意义。湖北李同生将道家思想及养生功法中的积极合理部分引入筋伤临床诊疗之中,同时将武当气功、武功与正骨治疗手法熔于一炉,使李氏骨伤科的诊疗技术和手法技巧别具一格。在治疗技术创新上,朱汉章等创立了小针刀疗法治疗狭窄性腱鞘炎和筋膜粘连性疾患等,取得了显著疗效,该疗法具有操作简便、疗效确切、患者痛苦少、费用低等优点。同时,随着科学技术的发展,国内专家又研制出了腰椎牵引床、颈椎牵引器、颈托等医疗器械。中药研发方面,腰痹通胶囊、白脉软膏、活血止痛胶囊、颈复康等一大批内外用的中药制剂也相继面世。在基础研究方面,上海施杞、王拥军等对于中医药防治慢性筋骨病的精准治疗展开了研究,建立了28种慢性筋骨病病理、转基因、病证结合以及细胞模型模式生物学平台和检验技术方法,取得了阶段性的研究成果。

20世纪90年代,现代检查技术如CT、磁共振、关节镜在临床上普遍推广应用,将筋伤疾病的诊断与治疗水平又提高了一个层次。

第三节　筋伤的分类和病因病机

一、筋伤的分类

筋伤的分类是根据临床及科研等需要人为进行的,也是为了在不断的发展变化中更加准确地认识疾病的发生原因、性质、预后等,方便诊疗工作的开展而进行的。古代筋伤的分

笔记栏

类和现代的分类有较大差别。现分述如下：

（一）古代筋伤分类

古代中医对筋伤的分类总结较细，在古代文献中有筋断、筋转、筋歪、筋走、筋翻、筋强、筋粗、筋结、筋缩、筋痿、筋柔等具体描述。

1. 筋断 指筋伤后筋全部或部分断裂。
2. 筋走 指筋扭伤后偏离原来正常的解剖位置，又称筋歪、筋翻、筋转等。
3. 筋强 指筋伤后僵硬强直，多见于陈伤瘀结不化，形成瘢痕挛缩。
4. 筋粗 指筋伤后比正常筋粗，多因瘀血阻滞、组织增生变性或痉挛所致。
5. 筋结 指筋伤后气血凝滞，出现囊肿状的局限性肿块。
6. 筋缩 指筋伤后出现短缩现象，多见于损伤后关节固定时间较长，发生粘连或因固定于特定位置上出现特定筋挛缩，造成关节活动受限、功能障碍。
7. 筋痿 指筋伤后筋腱功能减弱，痿软无力。
8. 筋柔 指筋伤后关节松弛乏力。

（二）现代筋伤分类

上述分类实际上是古代中医对筋伤病因、病机及临床症状的简略概括，但已不能很好地指导筋伤疾病的临床及科研工作。现在临床上常见的分类方法主要有以下几种：

1. 按损伤性质分类 根据损伤过程中外力作用性质的不同，筋伤可分为急性筋伤、慢性筋伤。

（1）急性筋伤：突然的暴力造成筋的损伤，暴力作用的时间短暂，单位时间内造成的损伤较大。多由直接暴力、间接暴力、肌肉牵拉暴力导致。急性筋伤一般有明显的外伤史，局部疼痛、肿胀及瘀血斑、功能障碍等较明显。

（2）慢性筋伤：因劳逸失度、姿势不正或长期单一姿势，多由积累性暴力导致的筋的损伤。这种损伤是在较小暴力长期作用下或长期反复单一动作所引起的慢性软组织损伤，故又称积累性损伤。慢性筋伤好发于多动关节及负重部位，由于局部频繁活动，劳作过度，操作姿势不当，致使肌筋疲劳与磨损，气血运行不畅，筋失荣养。如长期伏案工作容易形成颈项部肌肉筋膜劳损、项筋膜钙化、颈椎病等，长期反复负重容易导致腰肌劳损、腰椎间盘突出症、棘突间韧带炎等。

2. 按受伤时间长短分类 可分为新鲜性筋伤和陈旧性筋伤。

（1）新鲜性筋伤：亦称为新伤，一般指受伤后2~3周内的筋伤。

（2）陈旧性筋伤：又称为陈伤、宿伤，是指筋伤后超过2~3周未愈者。急性伤筋后因失治或治疗不当而形成陈旧性筋伤。急性筋伤延误治疗或治疗不当，迁延日久不愈，由于外伤瘀血凝结，积久不散，或与风寒湿邪相杂合，经络阻滞，以致伤处气血滞涩，血不养筋，筋肉挛缩、强直、僵硬等。如肩部急性软组织损伤后若治疗不当可继发肩周炎。

3. 按受伤的方式分类 可分为扭伤、挫伤、碾压伤、切割伤等。

（1）扭伤：任何关节（包括可动关节和微动关节）由于旋转、牵拉或肌肉猛烈而不协调的收缩等间接暴力，突然发生超出正常生理范围的活动，如肌肉、肌腱、韧带、筋膜或关节囊因过度扭曲、牵拉引起撕裂、断裂或移位，甚至关节的错缝。例如，患者行走或奔跑于不平坦的道路上，或由高处跌下，或因踏入凹陷处，使足突然发生内翻或外翻，引起踝关节侧副韧带的损伤，即属于扭伤。

（2）挫伤：因跌仆撞击、重物打击等直接暴力作用于人体表面，产生剪切力作用而引起的闭合性损伤,以外力直接作用导致的局部皮肤皮下或深部组织损伤为主。轻则局部出现血肿、瘀血,重则肌肉、肌腱断裂,骨错缝或血管、神经严重损伤,可伤及气血、经脉,甚至伤及脏腑而造成内伤。如棍棒直接打击大腿或背部受重物打击而造成的急性软组织损伤,即属于挫伤。

(3) 碾压伤:钝性物体的推移挤压与旋转挤压直接作用于肢体造成的以皮下及深部组织为主的严重损伤,往往形成皮下组织的挫伤及肢体皮肤的撕脱伤。如上肢被绞入机器传动皮带内或被慢行的汽车轮挤压造成的损伤,即属于碾压伤,常伴有不同程度的皮肤撕脱或皮肤套状撕脱等严重损伤。

(4) 切割伤:皮肤、皮下组织或深层组织受到刀片、玻璃片等锐器的划割而发生破损裂伤,称为切割伤。伤口比较整齐、裂开小、出血多,严重的可切断肌肉、肌腱、血管、神经等。

4. 按筋伤的病理分类　按损伤的病理性质不同,筋伤可分为筋伤血瘀、筋出槽(筋位异常)、筋撕裂伤、筋断裂伤、骨错缝 5 种。

(1) 筋伤血瘀:指软组织受损后,局部血离经隧,小血管撕裂,浆液渗出,形成反应性肿胀,使气血循行不畅,血瘀不通,经络阻滞,但一般不致引起严重的功能障碍。

(2) 筋出槽(筋位异常):指肌腱、韧带、关节软骨盘等组织由于损伤致位置发生异常改变,亦即筋歪、筋走、筋翻错缝等。如腓骨长短肌肌腱滑脱等。由于筋位改变,常导致关节功能障碍。若仔细触摸,可发现肌腱、韧带等组织位置发生异常。

(3) 筋撕裂伤:指由于扭、挫、牵拉等强大外力造成的某一部位的筋部分断裂损伤,一般腰部、腕部、踝部及指骨间关节的扭伤多导致不同程度的韧带关节囊等撕裂伤。由于致伤外力的大小、作用方向和受伤部位的不同,筋伤程度也各异。例如,肌腱周围的筋膜被撕裂,使肌腱失去维系的组织,肌腱发生移位,即所谓的筋走、筋歪、筋离等。又如,肌肉、滑膜、关节囊撕裂,这些急性损伤可因组织坏死、变性、瘢痕化而最终导致肌肉、筋膜的挛缩僵硬,痿软无力,即所谓的筋硬、筋缩、筋软、筋痿等。

(4) 筋断裂伤:断裂伤的机制与撕裂伤类似,只是体质、部位及致伤外力性质大小有别而造成某些筋的全部断裂损伤。一般来说,造成断裂伤所受的外力要比造成撕裂伤所受的外力大,可导致严重的功能障碍和明显的局部疼痛、肿胀、瘀血斑、畸形等。例如,从高处跳下者,足尖着地后跟腱仍强力收缩,或起跑弹跳,腓肠肌收缩过猛造成的跟腱断裂,除足的跖屈功能受限外,筋断而致的腓肠肌挛缩及跟腱断裂处的凹陷空虚更为明显。

(5) 骨错缝:指可动关节和微动关节在外力作用下发生的微细离位,也称为关节骨缝错开,多因扭伤、挫伤而发生。骨错缝可引起关节功能活动障碍和局部疼痛、肿胀等。如桡骨小头半脱位、椎小关节滑膜嵌顿等。

5. 按损伤后皮肤、黏膜的完整性是否受到破坏分类　根据暴力作用于人体后,损伤局部的皮肤或黏膜完整性是否受到破坏,筋伤可分为开放性筋伤和闭合性筋伤两种。损伤局部皮肤或黏膜破损的称为开放性筋伤,局部皮肤或黏膜完整未破损的称为闭合性筋伤。

6. 按损伤的部位分类　根据暴力作用导致筋伤的部位不同,可分为颈项部筋伤、腰骶部筋伤、肩部筋伤、肘部筋伤、腕部筋伤、手部筋伤、髋部筋伤、膝部筋伤、踝部筋伤、足部筋伤等。

7. 按受伤程度分类　根据暴力作用于人体后导致筋伤的程度不同,可分为轻度筋伤和重度筋伤。轻度筋伤,又称为轻伤,受伤程度较轻,伤后恢复较快;重度筋伤,又称为重伤,受伤程度较重,伤后恢复时间较长。

以上分类方法在临床上常常复合使用,如急性肩部扭伤就是按筋伤的受伤性质、部位和方式等分类方法结合起来使用的。总之,分类是为了便于阐述、理解、认识筋伤的病因、病情发展过程、程度和病理变化,在临床上要灵活运用。

二、筋伤的病因病机

(一) 筋伤的病因

筋伤的病因系指筋伤的致病因素。筋伤的原因比较复杂,中医学对此论述颇多,如《黄帝内经》中分为"坠落""击扑""举重用力""五劳所伤"等。《金匮要略》中提出了"千般灾难,不越三条",即"一者,经络受邪,入脏腑,为内所因也;二者,四肢九窍,血脉相传,壅塞不通,为外皮肤所中也;三者,房室、金刃、虫兽所伤"。虽然历代医家对筋伤病因的分类有所不同,但归纳起来亦不外乎外因和内因两大类。

1. 外因 指从外界作用于人体而引起筋伤疾病的原因,主要是指外力伤害,但与外感六淫、邪毒感染也有密切关系。

(1) 外力伤害:指外界暴力所致的损伤,如跌仆、坠落、撞击、闪挫、扭捩、负重、锐器切割、压轧等所引起的筋伤。根据外力性质的不同,一般可分为直接暴力、间接暴力、肌肉强烈收缩、积累性暴力四种。

1) 直接暴力:指外力所导致的损伤发生在外力直接作用的部位,导致这种损伤的暴力称为直接暴力。如棍棒打击、撞压碾轧等引起的筋的挫伤。

2) 间接暴力:指损伤远离外力作用部位,因外力的传导而引起筋损伤的暴力,如行走于不平整的地面导致的踝关节扭伤,造成肌腱、韧带的撕裂或断裂,多由间接暴力所致。

3) 肌肉强烈收缩:如突然弹跳、高处跳下、猛烈奔跑等,腓肠肌、比目鱼肌强烈收缩而导致跟腱断裂。

4) 持续劳损:指某种形式的应力长期反复地作用于人体某一部位,随着时间迁延,这种应力作用达到或超过局部组织疲劳极限,从而引起局部组织的疲劳性损伤,为慢性原发性筋伤的病因之一。如长期弯腰工作而致的腰肌劳损、反复伸腕用力而致的网球肘等。中医学对劳损筋伤有"久视伤血,久卧伤气,久坐伤肉,久立伤骨,久行伤筋"的描述,认为久行、久坐、久卧、久立,或长期以不正确姿势劳动、工作,或不良生活习惯而使人体某一部位长时间过度用力等积累外力可以造成筋伤。

(2) 外感六淫:风、寒、暑、湿、燥、火太过与不及,均可引起人体筋伤。各种损伤可因风寒湿邪乘虚侵袭,经络阻塞,气机不得宣畅,引起肌肉挛缩或松弛无力,而致关节活动不利,肢体功能障碍,也可使急性筋伤缠绵难愈或慢性筋伤症状加剧。《诸病源候论·卒腰痛候》指出:"夫劳伤之人,肾气虚损。而肾主腰脚,其经贯肾络脊,风邪乘虚,卒入肾经,故卒然而患腰痛。"唐代蔺道人《仙授理伤续断秘方》指出:"因损后中风,手足痿痹,不能举动,筋骨缝纵,挛缩不舒,及劳役所损,肩背四肢疼痛,并宜服之。"风寒湿邪侵袭是筋伤中比较常见的病因,如落枕常与感受风寒湿邪相关,故在辨证论治中应特别注意这一特点。

(3) 邪毒感染:外伤后再感受邪毒,或者邪毒从伤口乘虚而入,邪毒化热,热盛肉腐,脓毒形成,则可引起局部和全身感染,出现各种变证。如开放性筋伤、严重的软组织挫伤可导致化脓性骨髓炎、肢体组织的缺血性坏死。

2. 内因 指受人体内部因素变化的影响而致筋伤的因素。

无论是急性筋伤还是慢性劳损,都与外力伤害等外因有着密切关系,但是各种内在因素与筋伤的发生也有一定的规律可循。如年龄、体质的强弱、局部解剖结构的特殊性、先天因素的影响都与筋伤的发病有较为密切的关系。《素问·评热病论》提出："邪之所凑,其气必虚,阴虚者阳必凑之,故少气时热而汗出也。"《灵枢·百病始生》说得更为透彻:"风雨寒热,不得虚,邪不能独伤人。卒然逢疾风暴雨而不病者,盖无虚,故邪不能独伤人。此必因虚邪之风,与其身形,两虚相得,乃客其形,两实相逢,众人肉坚。其中于虚邪也,因于天时,与其身形,参以虚实,大病乃成,气有定舍,因处为名,上下中外,分为三员。"描述了外在因素和人体内在因素的密切关系。因此,在研究病因时不能忽视机体内在因素对疾病的影响,必须注意内因在发病学上的重要作用。下面我们从年龄、体质、局部解剖结构、职业、先天因素 5 个方面来说明内在因素对筋伤的影响。

(1)年龄:年龄不同,筋伤的好发部位和发生率也不一样。《灵枢·天年》说:"人生十岁,五脏始定,血气已通,其气在下,故好走。二十岁,血气始盛,肌肉方长,故好趋。三十岁,五脏大定,肌肉坚固,血脉盛满,故好步……六十岁,心气始衰,苦忧悲,血气懈惰,故好卧。七十岁,脾气虚,皮肤枯。"由于年龄的差异,气血、脏腑的盛衰,动静各别,筋伤不一。例如,少儿气血未盛,筋骨发育不全,多易发生扭伤、错缝、桡骨头半脱位或先天性髋关节脱位等。青壮年活动能力强,筋肉的撕裂、断裂伤较为常见。老年人气虚血衰,少动而好静,则劳损和关节、筋膜、肌肉粘连或活动功能障碍的疾病较为多见,故有"年过半百,筋骨自痛"之说,如肩周炎、颈椎病、慢性腰肌劳损等在老年人中的发病率较高。

(2)体质:体质的强弱与筋伤的发生有密切关系。体质因素与先天因素和后天摄养、锻炼有关。如《素问·经脉别论》在论述病因中指出:"当是之时,勇者气行则已,怯者则着而为病也。"《灵枢·寿夭刚柔》曰:"人之生也,有刚有柔,有弱有强。"说明先天禀赋不同,可以形成个体差异。先天禀赋不足或后天失养、气血虚弱、肝气虚损者,体质较弱,举动无力,稍过劳累即感筋骨酸痛,易发劳损。先天充盛、又善摄养、经常参加体育锻炼者,气血充沛,体力健壮,则不易损伤,即使遇有损伤,一般恢复也较快。

(3)局部解剖结构:对筋伤的影响表现在两个方面。一是损伤局部解剖结构的特殊性,导致筋伤容易发生在某些部位,如踝关节是人体的负重关节,承受踝关节以上的体重,在行走、跑步等运动中踝关节承受的负荷大大增加,可以达到数倍体重,踝关节的内外侧副韧带是维持踝关节动态稳定的主要因素之一,相对于强大的暴力而言,踝关节的韧带较为薄弱,因而容易受到损伤,如扭伤、不完全断裂伤或完全断裂伤。二是局部解剖结构本身的强弱对筋伤的影响,人体解剖结构有强弱之分,有些部位的解剖结构较强,不易造成损伤,有些部位的解剖结构较弱,容易损伤。如髋关节其骨质结构和周围的韧带等组织都较强大,若不是较强大的暴力就不易造成髋关节部位的筋伤,而肩关节是全身活动范围最大的关节,其关节盂浅而窄,关节周围韧带也较薄弱,故损伤的机会也就比其他部位多。位于多动关节骨突或骨沟内的肌腱和腱鞘,也常容易发生肌腱炎或腱鞘炎。其次,不同的人群其筋的强弱程度也有不同,经常从事体育锻炼的人筋的强度较大,可承受暴力的能力也较强;相反,很少锻炼的人,肌腱、肌肉、韧带的力度和抗张强度较小,因而容易损伤。

(4)职业:筋伤的发生与职业有一定关系。职业不同,所处的工作环境和工作性质不同,常见的筋伤疾病也不同。例如长期伏案工作的人容易发生颈部肌肉筋膜劳损和颈椎病;运动员、舞蹈演员或杂技演员则易发生扭挫伤;网球运动员易患网球肘;手部筋伤多发生在手部劳动频繁或缺乏必要防护设备的机械工人、编织工人、家庭主妇等,如扳机指、腕管综合征等;长期弯腰负重的工人,如搬运工人容易发生腰肌劳损、腰椎间盘突出症等。因此,从某种意义上讲,职业也可说是筋伤的一种致病因素。

(5) 先天因素:筋伤的发生与先天禀赋也有一定关系。先天解剖结构异常,承受外力的能力相应减弱,也就容易发生筋伤。例如第1骶椎的隐性脊柱裂,由于棘突缺如,棘上韧带与棘间韧带失去了良好的依附,腰骶部的稳定性受到影响,这种局部解剖结构的先天异常就容易造成腰部劳损。

3. 内因与外因的关系　不同的外因可以引起不同的筋伤疾患,但由于内因的影响,在同一外因情况下,筋伤的种类、性质和程度都可有所不同。所以,筋伤疾病的发生,外因虽然是重要的,但亦不能忽视内在因素。必须正确处理外因和内因的辩证关系,通过分析疾病的症状、体征、发生、发展及相关处理过程来分析病因病机,从而为治疗提供根据,亦即要做到辨证求因、审因论治。

(二) 筋伤的病机

正常人体是由脏腑、经络、皮肉、筋骨、气血、津液等共同组成的一个有机完整生命体。筋伤可导致脏腑、经络、气血的功能紊乱,除出现局部的症状之外,还可引起一系列的全身反应。明代薛己在《正体类要》中说"肢体损于外,则气血伤于内,营卫有所不贯,脏腑由之不和,岂可纯任手法,而不求之脉理,审其虚实,以施补泻哉",明确地指出了外伤与内损、局部与整体之间的相互关系,损伤的病理机制和发展变化的规律。这对于正确指导临床诊断、治疗和判断预后,至今还具有现实指导意义。

1. 筋伤的气血病机　在临床上,急性筋伤与气血关系密切。急骤的暴力作用可致气血运行失常,如《杂病源流犀烛·跌扑闪挫源流》所言"跌扑闪挫,卒然身受,由外及内,气血俱伤病也",又说"忽然闪挫,必气为之震,震则激,激则壅,壅则气之周流一身者,忽因所壅凝聚一处……气运乎血,血本随气以周流,气凝而血亦凝矣,气凝在何处,则血亦凝在何处矣。夫至气滞血凝,则作肿作痛,诸变百出",详细阐明了损伤与气血的关系。"跌扑闪挫""卒然身受"虽为皮肉筋骨损伤,但亦必损及气血,形成气滞、血瘀。气血瘀阻,为肿为痛,如瘀血逆于肌腠则局部肿胀,滞于体表则皮肤青紫。

慢性筋伤亦与气血有密切的关系。筋的正常生理赖气以煦之,血以濡之。若气血虚弱之人,筋肉失养,失养则虚,虚则不耐疲劳,因而"内正"不能拒其"外邪"。所以,虽较小的外力,或单一姿势的长期操作,或风寒湿邪侵袭,皆可致筋的损伤。疲劳则筋伤,气血运行阻滞,不通则痛,故慢性筋伤常表现为局部酸痛,且常与气候变化关系密切。

气的病证较多。《素问·举痛论》提出"百病生于气也",指出了气病的广泛性。筋在某种角度体现了气的生理功能,而气也促成了筋功能的生成和发挥,筋伤自然有气机的改变,气机的改变也会影响筋的生理病理。由于负重用力过度,或举重呼吸失调,或跌仆闪挫、击撞胸部等,以致人体气机运行失常,导致伤气。伤气一般可分为气滞与气虚,但损伤严重者可出现气闭、气脱等证。

血的病证表现较多,因病因不同而有寒热虚实之别,其临床表现可概括为血虚、血脱、血瘀、血热、血寒五种证候。筋赖血以温养,故《素问·五脏生成》说:"足受血而能步,掌受血而能握,指受血而能摄。"筋伤可导致血的生理及病理变化,血的生理病理变化也可影响筋结构功能的改变。正如《证治准绳·疡医》中引用刘宗厚所说:"损伤一证,专从血论。但须分其有瘀血停积或亡血过多之证。盖打扑坠堕,皮不破而内损者,必有瘀血。若金刃伤皮出血,或致亡血过多,二者不可同法而治。"跌打坠堕、碾轧挤压、拳击挫撞以及各种机械冲击等伤及经络血脉,导致伤血,以致损伤出血,或瘀血停积而产生全身症状。

"气"与"血"两者有着密切联系,相互依存,周流不息。气病可影响及血,血病亦可影响及气,故常见气血同病,临床上可概括为气滞血瘀、气血两虚、气不摄血、气随血脱等证候。

2. 筋伤的津液病机　《灵枢·五癃津液别》有"以温肌肉,充皮肤,为其津"之说。津和液都是体内正常的水液,两者之间可互相转化,故并称津液,有充盈空窍,滑利关节,润泽皮肤、肌肉、筋膜、软骨,濡养脑髓和骨髓,即所谓填精补髓等生理功能。

伤筋而致血瘀时,由于积瘀生热,热邪灼伤津液,可使津液出现一时性消耗过多,滋润作用不能很好发挥,出现口渴、咽干、大便干结、小便短少、舌苔黄而干燥等症。由于重伤久病,常能严重耗伤阴液,除了可见较重的伤津证候外,还可见全身情况差、舌色红绛而干燥、舌体瘦小、舌苔光剥、口干而不甚欲饮等症。

伤筋后如果有关脏腑的气机失调,必然会影响"三焦气化",妨碍津液的正常运行而导致病变。津液的代谢正常与否与筋伤疾病的发生、发展有着密切关系。

在慢性筋伤的发病过程中,筋膜、肌腱病变与津液改变的关系也较密切。关节频繁活动、疲劳受损,易导致津液代谢失调;反之,津液亏虚亦常为关节、肌腱劳损的发病内因。津液代谢失调,积聚肿胀,可出现慢性滑膜囊炎等。

3. 筋伤的脏腑病机　脏腑是化生气血,通调经络,濡养皮肉筋骨,主持人体生命活动的主要器官。《杂病源流犀烛·跌扑闪挫源流》指出:"虽受跌扑闪挫者,为一身之皮肉筋骨,而气既滞,血既瘀,其损伤之患,必由外侵内,而经络脏腑并与俱伤……其治之法,亦必于经络脏腑间求之。"说明了跌扑筋伤与脏腑的密切关系。

(1) 筋伤与肝、肾的关系:《黄帝内经》指出,五脏各有所主,如"肝主筋""肾主骨""肝肾同源",说明肝、肾与筋的密切关系很早就广泛地运用于伤科临床中。

肝主筋,肝气血不足,则筋失荣养,常成为筋伤疾患的内因,故《素问·上古天真论》指出:"七八肝气衰,筋不能动,天癸竭,精少,肾脏衰,形体皆极",临床常表现为老年人手足拘挛、肢体麻木、屈伸不利等。筋伤亦可致内伤于肝,故《医宗金鉴·正骨心法要旨》指出:"凡跌打损伤、坠堕之证,恶血留内,则不分何经,皆以肝为主。盖肝主血也,故败血凝滞,从其所属必归于肝。"

肾藏精生髓,主骨,由于筋附于骨,故筋伤疾病与肾有着密切关系,肾虚亦常为筋伤疾患的内因。《灵枢·五癃津液别》所言"阴阳不和,则使液溢而下流于阴,髓液皆减而下,下过度则虚,虚故腰背痛而胫酸",《素问·痹论》也说"肾痹者,善胀,尻以代踵,脊以代头",阐明了房劳伤肾、肾虚筋伤、腰痛胫酸的病机,特别是慢性腰痛与肾虚的关系更为密切。

(2) 筋伤与脾、胃的关系:脾主肌肉、四肢,主运化;胃主受纳,腐熟水谷,为"水谷之海""六腑之大源"。《素问·太阴阳明论》说:"四肢皆禀气于胃,而不得至经,必因于脾,乃得禀也。今脾病不能为胃行其津液,四肢不得禀水谷气,气日以衰,脉道不利,筋骨肌肉皆无气以生,故不用焉。"《素问·痿论》进而指出:"阳明者,五脏六腑之海,主润宗筋,宗筋主束骨而利机关也。阳明虚,则宗筋纵,带脉不引,故足痿不用也。"故古人有"治痿独取阳明"之说,说明四肢功能的正常与否和脾胃关系甚为密切。

(3) 筋伤与心、肺的关系:心肺功能的正常与否直接影响人体气血循行和营养输布,它与筋伤疾病有着密切联系。然而,严重的筋伤疾病也可导致心肺功能失常,出现体倦无力、气短自汗、心悸、胸闷等气血虚损的症状。如合并邪毒感染,可出现热毒攻心,扰乱神明,临床上常表现为神昏、谵语、不省人事等症状。

4. 筋伤的经络病机　经络是经脉与络脉的总称，具有沟通人体上下内外、运行气血、濡养全身及护卫机体、防御病邪的作用。筋伤后首先会引起经络阻塞、气血瘀滞而发病，从而导致"气伤痛，形伤肿"，"不通则痛"以及损伤部位运动障碍等证候。

《杂病源流犀烛·跌扑闪挫源流》曰："损伤之患，由外入内，而经络脏腑并与俱伤"，"而必于脏腑经络同求之"。《诸病源候论·卒腰痛候》曰："劳伤之人，肾气虚损，而肾主腰脚，其经贯肾络脊，风邪乘虚卒入肾经，故卒然而腰痛。"由此可见，经络的病变主要有两个方面：一是传注病邪，经络伤病可内传脏腑而出现症状。反之，脏腑伤病可累及经络。二是反映病候，经络循行阻滞，影响循行所过组织器官的功能，出现相应部位的症状。

5. 筋伤的筋骨、关节病机　骨错缝、筋出槽是在中医学骨伤科理论体系指导下逐渐发掘整理出来的，并已逐步得到现代科学的证实。

一旦遭受外力伤害，骨关节的正常解剖位置被破坏，使得骨碎、骨断、脱位，改变了骨的正常位置，即所谓骨错缝。唐代蔺道人《仙授理伤续断秘方》指出："凡左右损处，只须相度骨缝，仔细捻捺、忖度，便见大概。"这里的骨缝指的是骨折断端间形成的间隙。随着历史变迁，骨折断端及关节完全脱位逐渐从骨错缝的内涵中独立出来。现在的骨错缝是指机体受到外来损伤或其他致病因素的影响，致使骨关节正常解剖关系发生病理性改变，并产生微小的错动，不能自行复位，类似于现代的半脱位。由于这种半脱位很轻微，影像学检查时常常被忽略，但解剖结构的改变可以影响到正常的生理功能，在临床上可表现为肿胀、疼痛、关节活动受限等，通过医生触诊，特别是动态触诊检查，再结合影像学表现，是可以进行诊断的。骨错缝在脊柱与四肢骨关节中，都有可能发生，胸背部小关节骨错缝、腰椎小关节骨错缝、骶髂关节错缝比较常见。

当筋遭受外力作用后，经筋走行的正常位置被破坏，使得筋断、筋伤、筋走、筋翻、筋转、筋扭、筋别，统属于筋出槽。但发展至今，筋出槽大多是指肌腱、韧带、关节囊等移位。目前筋出槽是指机体急慢性损伤后，部分肌腱、筋膜、韧带、滑膜等软组织发生滑脱或解剖位置的异常变化，损伤局部可出现出血、渗出、水肿、增生、变性等改变，从而影响功能活动，甚至出现较剧烈的疼痛，影响正常工作与生活。如肱二头肌长头肌腱滑脱，是常见的筋出槽。

骨关节、软组织损伤后，由于外伤劳损、风寒湿邪侵袭、退行性病变等，导致不同程度的功能障碍，伤后局部软组织出血渗出固然是重要原因，但骨关节、韧带、肌腱、关节囊、软骨盘、筋膜等失去正常解剖位置亦是重要原因。故在慢性筋伤疾病中，也可以出现骨错缝、筋出槽的表现。

临床上，筋出槽者，未必骨错缝；而骨错缝时，必有筋出槽。即骨错缝与筋伤是相互影响的。骨错缝必然导致筋伤，而筋伤如发生在关节部位也可以引起骨错缝。治疗时往往纠正了骨错缝后筋就可自然恢复正常位置，从而使临床症状迅速消失。

第四节　筋伤的诊断

筋伤疾病客观、可靠、确切的诊断有赖于丰富的功能解剖知识、准确的病史、细致的观察和全面的查体。诊断过程包括详细了解病史、临床症状和体征，进行体格检查，推断病理过程和受伤机制，进行叩诊及触诊检查，以及进行实验室检查和诊断性的影像学检查。了解病史时，检查者应保持注意力集中，营造良好和谐的医患关系，有序采集病史，仔细询问患者就诊原因,是否有外伤或过度活动,受伤机制、诱发因素有哪些,症状是慢性还是急性发作,症状出现部位及时间长短,疼痛程度、持续时间、频率,疼痛是持续性还是周期性或间歇性,疼痛是否与休息、活动、某种姿势、内脏功能及一天中的某个时刻相关,是否经历经济或生活上的压力,是否有相关家族史,是否行 X 线或其他影像学检查,照射剂量是否过大,是否服用止痛剂、类固醇及其他药物,是否有手术史,等等。

一、筋伤的检查方法

(一) 望诊

人体外部和体内五脏六腑有着密切的联系,应当注重对全身情况及损伤局部情况的望诊,包括人体的神、色、形、舌等,借以推断体内病情变化。

1. 望全身　包括望神、望形态等。在此对望形态进行简略阐述。望形态包括望形体和望姿态。

望形体就是望人体的宏观外貌,包括身体的强弱胖瘦、体型特征、躯干四肢、皮肉筋骨,等等。人的形体组织内合五脏,故望形体可以测知内脏精气的盛衰。内盛则外强,内衰则外弱。人的形体有壮、弱、肥、瘦之分。凡形体强壮者,多表现为骨骼粗大、胸廓宽厚、肌肉强健、皮肤润泽,反映脏腑精气充实,虽然有病,但正气尚充,预后多佳。凡形体衰弱者,多表现为骨骼细小、胸廓狭窄、肌肉消瘦、皮肤干涩,反映脏腑精气不足,体弱易病,若病则预后较差。肥而食少为形盛气虚,多肤白无华、少气乏力、精神不振。这类患者还常因阳虚水湿不化而聚湿生痰,故有"肥人多湿"之说。形体消瘦、皮肤干燥不荣并常伴有两颧发红、潮热盗汗、五心烦热等症者,多属阴血不足,内有虚火之证,故又有"瘦人多火"之说。其严重者,消瘦若达到"大肉脱失"的程度,卧床不起,则是脏腑精气衰竭的危象。

望姿态,主要是观察患者的动静姿态、异常动作及与疾病有关的体位变化。手足软弱无力,行动不灵而无痛,是为痿证。关节肿大或痛,以致肢体行动困难,是为痹证。四肢不用,麻木不仁,或拘挛,或痿软,皆为瘫痪。痛证也有特殊姿态。以手护腹,行则前倾,弯腰屈背,多为腹痛;以手护腰,腰背板直,转动艰难,不得俯仰,多为腰腿痛;蹙额捧头,多为头痛。

通过望形态,主要观察了解患者体质的强弱、胖瘦及肢体的姿势和体位。例如,急性腰扭伤患者身体多向患侧侧屈,且有用手支撑腰部等姿势,落枕患者颈部僵直,转头时常连同身体一起转动。

2. 望局部　包括望局部畸形、肿胀、肤色、肢体功能等。

(1) 畸形:筋伤可能引起肢体畸形,但筋伤畸形往往没有骨折、脱位时的畸形明显,因此需要仔细观察。例如,髋部筋伤时下肢可出现假长,桡神经损伤时出现腕下垂畸形。

(2) 肿胀、肤色:肿胀是筋伤中常见的症状。筋伤早期的肿胀是局限性的,陈旧性伤肿胀不明显。肿胀而有波动感,说明内有积血或积液。新伤出血肿胀,并有局部肤色青紫。陈伤瘀血被吸收时局部肤色变黄,范围扩大。局部肤色发红并且肤温增高,提示继发感染。颜色苍白而发凉,说明血液循环障碍。局部肤色变黑,则提示组织坏死。

(3) 肢体功能:注意观察肢体功能活动情况,如上肢能否上举、下肢能否行走等,再进一步检查关节能否屈伸、旋转等。

3. 望舌　内容非常丰富,至今已发展成为专门的舌诊,包括望舌质及舌苔。筋伤在临床诊断上,可结合舌质、舌苔的诊察加以验证,但必须四诊合参,综合判断,不可过于机械拘泥。

望舌质又分为望神、色、形、态四方面。望舌苔可分望苔色、望苔质两方面。所以,舌诊可以辨别人体气血的盛衰、津液的盈亏、病情的进退、病邪的性质、病位的深浅和筋伤后的机体变化。因此,望舌是筋伤辨证的重要内容。

舌质:正常的舌质为淡红色,色泽鲜明滋润。舌质淡白,提示气血不足或气伤血脱。舌质胖嫩边有齿痕者,为脾虚湿滞。舌质红可见于实热或阴虚内热,严重损伤早期血瘀化热亦常见红舌。舌质深红为绛舌,主热证和阴虚火旺。舌质红中带青紫色或蓝色称为青紫舌,主瘀血。全舌紫者表示全身血行不畅或瘀血程度较重,局部紫斑者表示局部瘀血或瘀血程度较轻。也有热盛紫舌,但紫中带有绛色。

舌苔:舌苔可分为苔质和苔色两个方面。

舌底脉络:凡舌底脉络青紫发暗者,表示筋伤疾病瘀血内停。

(二) 闻诊

闻诊包括听声音和嗅气味两个方面,除注意听患者的语言、呼吸、咳嗽,嗅呕吐物、伤口、二便或其他排泄物的气味等一般内容外,筋伤疾患检查中还应注意以下几点。

1. 关节弹响声　关节内有游离体的患者,活动关节时可有弹响。如膝关节半月板损伤的患者在做膝关节旋转伸屈活动时,可发生较清脆的弹响。

2. 肌腱与腱鞘的摩擦音　患有肌腱周围炎的患者在检查时常可听到捻发音,一般常见于有渗出的腱鞘周围,好发于前臂的伸肌群、大腿的股四头肌和小腿的跟腱部。如指屈肌腱狭窄性腱鞘炎患者在做伸屈运动时,可听到摩擦音。

3. 关节摩擦音　退行性骨关节炎、关节面损伤剥脱甚至关节下骨裸露时,患者在活动关节时,常可听到关节摩擦音。如患有髌股关节炎的患者在做髌骨研磨试验时,也常可听到粗糙摩擦音。

(三) 问诊

筋伤疾病通过问诊,主要了解患者筋伤发生的部位、时间、经过、周围环境、暴力性质、伤后处理和伤情变化等情况,通过分析,可对伤情有一个初步估计。问诊内容主要包括以下几方面:

1. 一般情况　包括姓名、性别、年龄、职业、婚否、民族、籍贯、住址、工作单位、电话号码、邮政编码、身份证号码,这些内容不但有利于诊断时参考,也有利于建立完整的病历记录,便于查询、联系和随访。

2. 主诉　询问患者就诊时的主要症状、体征及持续时间。主诉提示病变的性质和促使患者前来就诊的主要原因,也是患者最需要解决的问题。因此,主诉是辨病辨证中的主要依据,要求简明扼要。

3. 现病史　指发病后的全身和局部情况,包括受伤时间、地点、周围环境、原因、体位、部位、过程,肢体疼痛、活动情况,是否伴有寒战、发热、出血等,以及伤后的处理过程,这些都对筋伤的处理和预后有重要的影响。

(1) 受伤时间:询问患者损伤发生的日期和时间,伤后就诊的时间,以判断是急性损伤还是慢性损伤。

(2) 受伤原因和体位:不同的损伤原因导致的损伤各不相同,需要了解暴力伤害的性质及非暴力原因性质,了解受伤时瞬间的体位,以及受伤过程中变化的体位和伤害结束时最终的体位,了解受伤时的周围环境,对于判断伤情性质、范围、严重程度有重要帮助,有利于诊疗计划的处理。对慢性损伤患者还要询问其职业和生活习惯,生活环境是否潮湿、寒冷、炎热等。

（3）受伤部位：对于损伤部位的情况要仔细询问，了解显性受伤部位和隐性受伤部位，如损伤部位的疼痛、肿胀情况，伤肢活动程度，有无异常活动，是否可能发生二次损伤等。

（4）伤后处理过程：了解损伤现场的急救处理，伤后途中及医院中的处理过程，了解患者伤后处理过程中患者病情的变化情况。

（5）寒热：询问寒战、发热的时间和程度，了解寒战、发热与损伤的关系。如损伤初期发热多为血瘀化热，体温一般不超过38.5℃，而高热多为伤口感染邪毒，热盛肉腐化脓，体温常在38.5℃以上。

（6）疼痛：疼痛是筋伤的主要表现之一，要详细询问疼痛的起始时间、部位、性质和程度。如：疼痛是否为剧痛、刺痛、绞痛、牵拉痛、酸痛等；疼痛是持续性还是间歇性，加重或减轻；疼痛的范围是在扩大、缩小还是局限固定不移，是多发性还是游走性，有无放射痛，放射至何处；服止痛药物后能否减轻，不同动作（负重、咳嗽、喷嚏等）对疼痛有何影响，与天气变化有无关系，休息及白昼、黑夜对疼痛程度有无影响等。一般剧痛者伤重，疼痛较轻者伤势也较轻，隐痛者多属慢性损伤，胀痛多为气滞，刺痛多为血瘀，酸痛多属慢性筋伤，游走性疼痛多属风邪侵袭等。

（7）肢体功能：如有功能障碍，应问清楚是受伤后立即发生的，还是受伤后经过一段时间才发生的。一般骨折、脱位后活动功能多立即丧失，筋伤大多随着肿胀发展而症状逐步加重。有功能障碍者还要询问是长期存在的，还是间歇出现的，长期存在者多为损伤后组织粘连，间歇出现者多提示有某些障碍因素存在。例如关节内有游离体、半月板损伤时，当游离体嵌在关节腔内就会出现关节交锁现象。

（四）切诊

切诊分脉诊和摸诊两部分。脉诊主要是掌握人体内气血、虚实、寒热等的变化。摸诊是通过对患者的肌肤、四肢、胸腹及其他部位的触摸按压，以鉴别外伤的轻重和部位深浅。切诊在筋伤的检查中非常重要，应用十分广泛。

1. 脉诊　亦称切脉。通过诊脉，体察患者不同的脉象，以了解病情、诊断疾病。脉诊是中医学独特的诊断疾病的方法。常见的病理脉象有浮、沉、迟、数、弦、弱、软、滑、涩、洪、细等脉。

筋伤疾患中的脉法纲要，可归纳为以下几点：瘀血停积者多系实证，脉应坚强而实，并非虚细而涩，洪大则顺，沉细则恶；亡血过多系虚证，脉应虚细而涩，并非坚强而实，沉小则顺，洪大则恶；六脉模糊者，证虽轻，而预后恶；外证虽重，而脉来缓和有神者，预后良好；在重伤痛极时，脉多弦紧，偶尔出现结代脉，系疼痛引起的暂时脉象，并非恶候。

2. 摸诊　亦称摸法，可以提供重要的诊断依据。如《医宗金鉴·正骨心法要旨》所指"以手扪之，自悉其情"，又说"摸者，用手细细摸其所伤之处……筋强、筋柔、筋歪、筋正、筋断、筋走"，故通过摸诊可以对损伤部位的情况有较明确的了解，尤其在缺少检查设备的情况下更具有重要意义。

摸诊主要内容包括对疼痛部位、范围、局部畸形、关节活动及局部异常活动、肿块的切诊。①摸压痛：根据压痛的部位、范围、程度来鉴别损伤的性质、种类。直接压痛可能是局部有骨折或筋伤，而间接压痛（如纵轴叩击痛）常提示骨折的存在。长骨干完全骨折时，在骨折部出现环状压痛。斜形骨折时，压痛范围较横断骨折大。压痛面积较大，程度相仿，表示是筋伤的可能。②摸畸形：当发现有畸形时，结合触摸体表骨突变化，可以了解骨折或脱位的性质、移位方向以及呈现重叠、成角或旋转畸形等情况。③摸肤温：根据局部皮肤冷热的程度,可以辨别是热证还是寒证,并可了解患肢血供情况。热肿一般表示新伤或局部积瘀化热、感染;冷肿表示寒性疾病;伤肢远端冰凉、麻木,动脉搏动减弱或消失,则表示血供障碍。摸肤温时一般用手背测试并与对侧比较。④摸异常活动:在肢体没有关节处出现了类似关节的活动,或关节原来不能活动的方向出现了活动即为异常活动,多见于骨折和韧带断裂。检查骨折患者时,不要主动寻找异常活动,以免增加患者的痛苦和加重局部组织的损伤。⑤摸弹性固定:脱位的关节常保持在特殊的畸形位置,在摸诊时手中有弹力感。这是关节脱位的特征之一。⑥摸肿块:首先应区别肿块的解剖层次,是在骨骼还是在肌腱、肌肉等组织中,是骨性的还是囊性的,还须触摸其大小、形状、硬度,边界是否清楚,推之是否可以移动及表面光滑度。

摸诊常用手法包括触摸、挤压、叩击、旋转、屈伸等。触摸法是指用手指仔细地触摸伤处,从而辨明损伤局部的情况。挤压法是指用手挤压患处上下、左右、前后,根据力的传导作用来诊断骨骼是否折断,以排除骨折。叩击法是指利用对肢体远端纵向叩击所产生的冲击力来检查有无骨折、骨病。旋转法是指用手握住伤肢的下端,做轻轻的旋转动作,观察伤处有无疼痛、活动障碍或特殊响声等。屈伸法是指用手握住邻近的关节做屈曲、伸展动作,根据屈伸的度数来测量关节活动的功能。有时需要选择适当的体位,医者一手固定患者肢体远端,嘱患者抗阻力运动,以检查肢体肌肉的肌力及损伤部位、疼痛情况。

做上述摸诊检查时,必须注意与健侧比较,因为先天畸形等因素可影响诊断的正确性。同时,治疗前后也应当进行对比。

筋伤的临床表现差异性很大,损伤外力的大小、性质和程度各有不同,引起的临床表现也不相同,因此必须将望、闻、问、切四诊所收集到的临床资料,结合现代检查手段才能作出正确的诊断。

3. 肢体测量法 肢体关节的运动主要是依靠关节及周围肌肉相互协调来完成,通过对关节活动范围、肢体长度和肢体周径的测量,分析和了解肢体损伤程度,这对于诊断、治疗和疗效观察均是必不可少的。

(1) 关节活动范围的测量:全身各关节都有其正常的生理活动范围(图1-1~图1-8),在肢体发生疾病或损伤时,其活动范围可发生变化,活动度减小或增大,也可出现超越生理活动范围的异常活动度。目前,临床上较为常用的测量方法是以中立位为0°计算,简称中立位0°法,在测量时应注意除去关节周围的附加活动(表1-1)。如测量肩关节活动时,应固定肩胛骨;测量髋关节活动时,应固定骨盆。还应注意正常人体关节活动范围的差异,必要时要

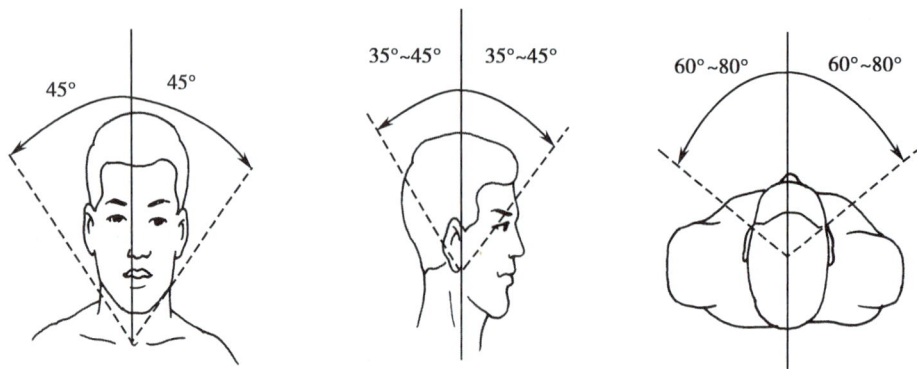

图 1-1 颈部活动范围

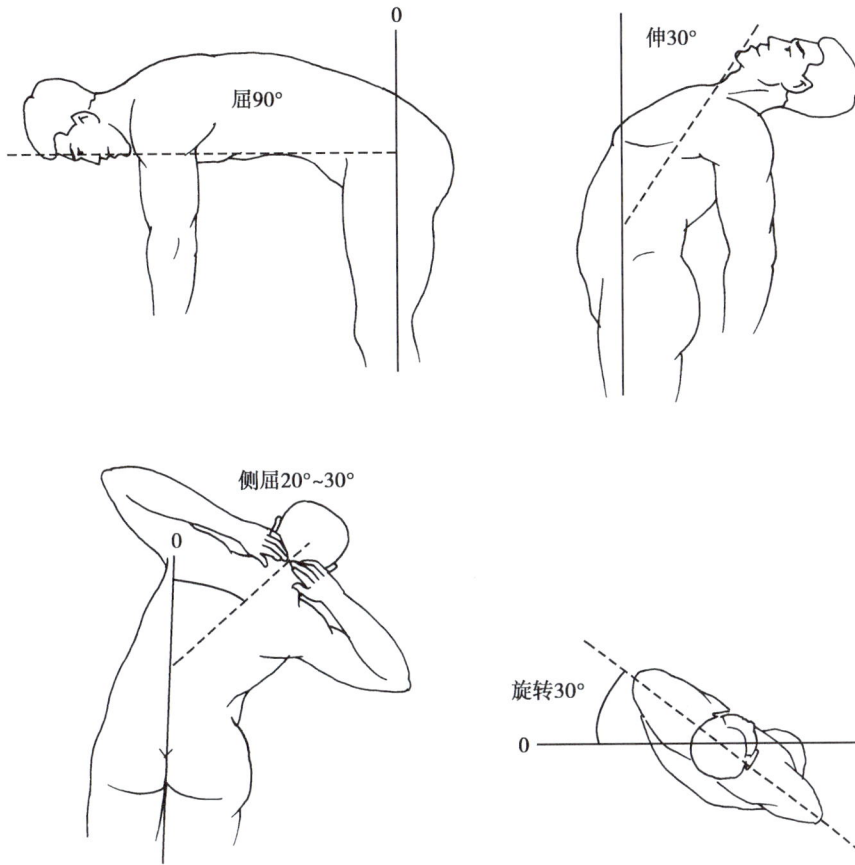

图 1-2 腰部活动范围

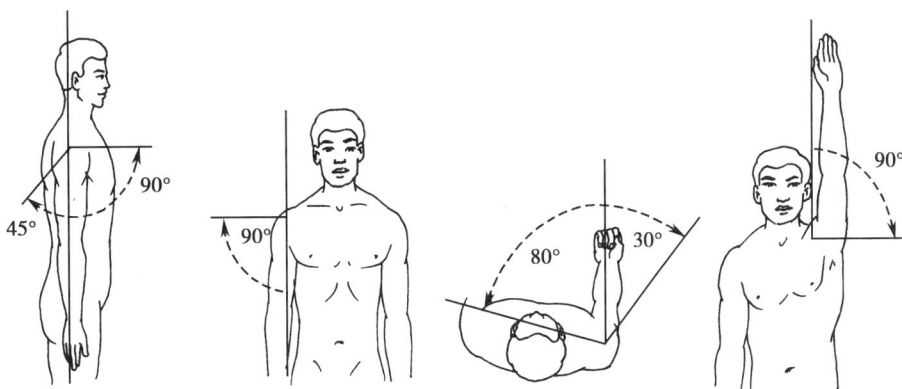

图 1-3 肩关节活动范围

进行两侧关节活动对比。对不易精确测量角度的部位,关节功能可用测量长度的方法以记录各骨的相对活动范围。例如,颈椎前屈可测下颏至胸骨柄的距离,腰椎前屈时测下垂的中指尖与地面的距离等。

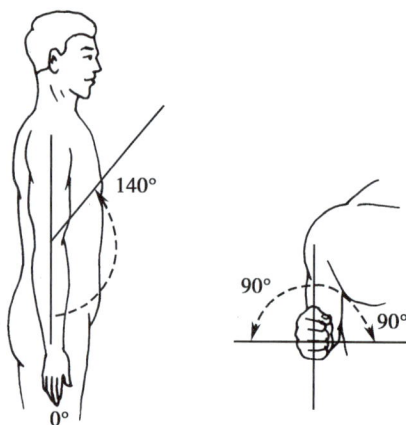

图 1-4　肘关节活动范围

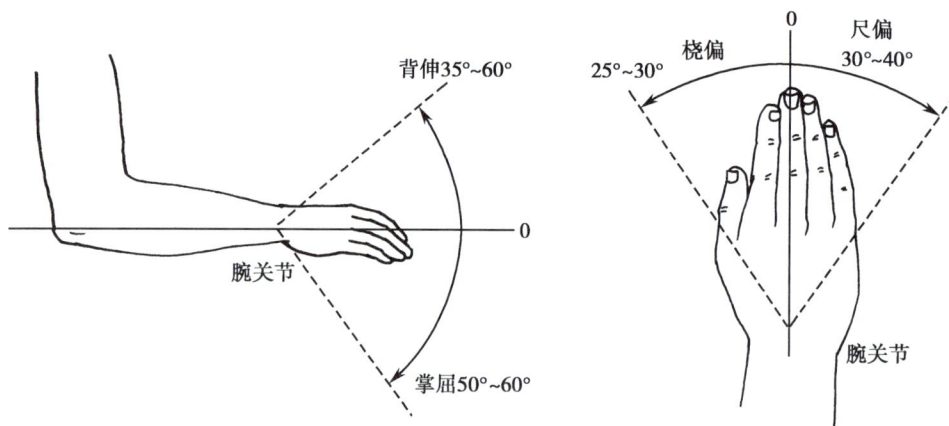

图 1-5　腕关节活动范围

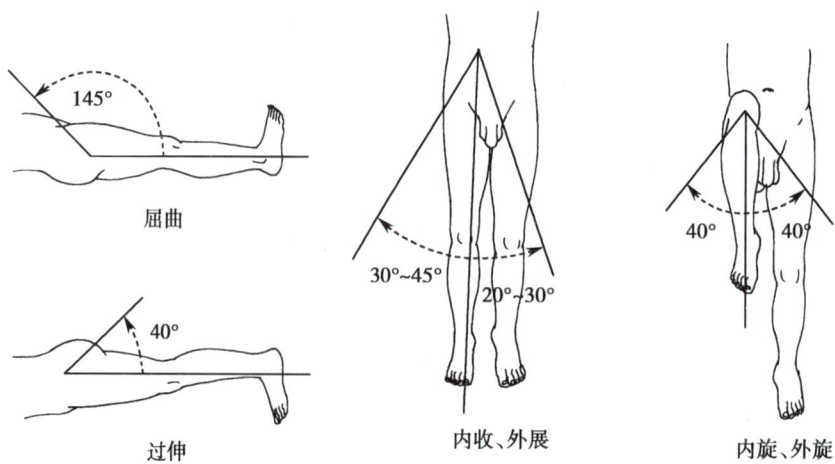

图 1-6　髋关节活动范围

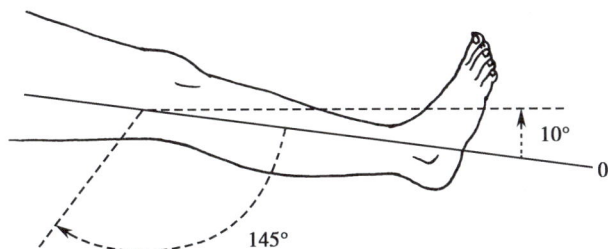

图 1-7 膝关节活动范围

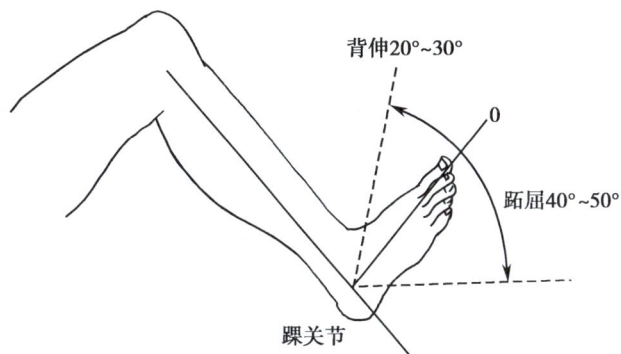

图 1-8 踝关节活动范围

表 1-1 测量四肢关节角度时,量角器放置部位表

关节活动方式	测量器中心位置	量角器一脚的位置	量角器另一脚的位置
肩关节的屈伸、外展、内收	肱骨头	肩峰至髂骨最高点	肩峰至肱骨外上髁
肘关节的屈伸	肱骨外上髁	肱骨外上髁至肩峰	肱骨外上髁至桡骨茎突
桡腕关节的屈伸	尺骨远端	沿尺骨外缘	沿第 5 掌骨(小指缘)
桡腕关节的外展、内收	桡尺骨远端中点	桡尺骨中线	第 4、5 指间
髋关节的屈伸、外展、内收	股骨大转子	大转子至腋中线	大转子至股骨外上髁
膝关节的屈伸	股骨外上髁	股骨外上髁至大转子	股骨外上髁至腓骨外踝
距小腿关节的屈伸	内踝	内踝至股骨内上髁	内踝至第 1 跖趾关节

(2)肢体长度的测量:肢体长度的测量主要用于筋伤与骨折、脱位、先天性或继发性畸形的鉴别诊断。常用的肢体长度测量部位和固定标记见表 1-2。

表 1-2 肢体长度测定的部位和固定标记

部位		标志(起一止)	
躯干	颅顶	骶尾端	躯干全长
上肢	肩峰	中指末端	上肢全长
	肩峰	肱骨外上髁	上臂全长
	桡骨头	桡骨茎突	前臂全长
下肢	髂前上棘	内踝	下肢全长
	髂前上棘	髌骨中心	大腿全长
	髌骨中心	内踝	小腿全长

（3）肢体周径的测量：筋伤患者常表现出肢体肿胀或萎缩，测量其肿胀或萎缩的程度对于了解病情轻重、评定治疗效果很有帮助。一般常用软尺测量肢体周径，测量时取肿胀或萎缩最明显处，并测量健侧对称部位的周径，分别记录，以进行对比。肿块测量时以其直径或体积记录。

4. 神经系统检查法　神经损伤是筋伤疾病中的重要内容，诊断或处理不当常会给患者带来不可挽回的后果。因此，准确判断有无神经损伤和损伤的部位尤为重要，临证时应了解损伤原因、受伤部位、麻痹发生时间（伤后立即发生或逐渐发生）和伤后有否恢复现象等。具体检查应包括感觉检查、运动检查和反射检查等方面。

（1）感觉检查：包括触觉、痛觉、温度觉、位置觉、振动觉等检查。检查要有系统性，自上而下，注意两侧对比。检查触觉时，患者闭目，医者以棉絮或棉签轻轻触其皮肤，并比较不同部位的触觉变化。检查痛觉时，用针刺皮肤以检查痛觉，操作时应掌握刺激强度，可从无感觉区向正常区检查。检查温度觉时，用玻璃试管盛 5~10℃冷水或 40~50℃的温水检查皮肤温度觉。检查位置觉时，患者闭目，医者将患者末节指（趾）关节做被动活动，并询问其所处位置。检查振动觉时，用音叉柄端放在被检者骨突或骨面上，如踝部、髌骨、髂嵴、棘突、胸骨或锁骨，检查振动感觉。

（2）运动检查：包括对肌容积、肌张力、肌力的测定。检查肌容积时，注意肌肉的外形有无萎缩和肿胀，测出肢体的周径，按部位与健侧对比。检查肌张力时，肌张力增强，静止时肌肉紧张，被动活动关节有阻力，见于上运动神经元损伤。肌张力减低，肌肉松弛，肌力减退或消失，见于下运动神经元损伤。

检查肌力时，必须将神经损伤水平以下的主要肌肉一一检查，并与健侧或正常人做对比，以评估其肌力。通常将完全麻痹至正常的肌力分为 6 级，标准如下：

0 级：肌肉完全麻痹，完全无收缩力者。

1 级：肌肉动力微小，不能带动关节活动者。

2 级：肌肉动力可带动水平方向关节的活动，但不能对抗地心引力。

3 级：能在抗肢体重力而无抗阻力的情况下使关节活动。

4 级：能抗较大阻力，但比正常者为弱。

5 级：正常肌力。

（3）反射检查：主要包括浅反射、深反射、病理反射的检查。检查时应使患者体位适当，肌肉放松，避免紧张。医者叩击位置要准确，用力均匀，并注意两侧的对比。

浅反射指刺激体表感受器引起的反射，消失则表明体表感受器至中枢的反射弧中断。临床上常用的浅反射有腹壁反射、提睾反射、跖反射、肛门反射等。

深反射又称腱反射，是刺激肌肉、肌腱、关节内的本体感受器所产生的反射，临床上常用的深反射有肱二头肌反射、肱三头肌反射、桡骨膜反射、膝腱反射、跟腱反射等。其强弱程度可用消失（−）、减弱（+）、正常（++）、增强（+++）、阵挛（++++）、持续阵挛（+++++）来进行描述。

病理反射是指锥体束病损时，失去了对脑干和脊髓的抑制功能，而释放出来的踝和趾背伸的反射作用。一岁半以内的婴幼儿由于锥体束尚未发育完善，可以出现上述反射现象。成年患者若出现上述反射现象则为病理反射。临床常用的病理反射有霍夫曼（Hoffmann）征、巴宾斯基（Babinski）征、髌阵挛、踝阵挛等。

以上临床常用的浅反射、深反射、病理反射的具体检查方法及临床意义，在西医《诊断学》中已有详细的叙述，本书在此不再一一介绍。

5. 特殊检查

头顶叩击试验：患者端坐，医者一手平按患者头顶，用另一手握拳叩击按在患者头顶的手掌掌背。患者若感觉颈部疼痛不适或向上肢窜痛、麻木，即为阳性。用于颈椎病或脊柱损伤的检查（图1-9）。

椎间孔挤压试验（Spurling征）：患者端坐凳上，检查者站于患者背后，医者两手交叉压患者头部，向健侧或患侧侧屈颈椎，患者若感觉颈痛并向上肢放射，即为阳性。多见于神经根型颈椎病（图1-10）。

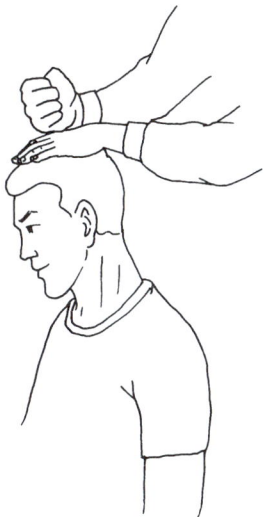

图 1-9　头顶叩击试验　　　　　　图 1-10　椎间孔挤压试验

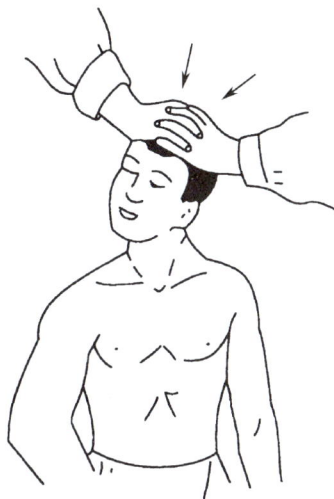

牵引试验：患者坐位，检查者一手托于患者颏部，另一手扶住枕部，然后慢慢抬升患者头部，牵引颈椎，如抬升或牵引时疼痛缓解或减轻为阳性。本试验用于检查病史陈述中有颈神经根症状和表现出颈神经根病变体征的患者，也可以用于检查放射到肩关节前部或后部的神经根体征。

臂丛神经牵拉试验：患者端坐，医者一手握住患者病侧手腕，另一手按住患者头部，两手反方向推拉。若患者感到上肢放射性疼痛或麻木，即为阳性。多见于神经根型颈椎病（图1-11）。

旋颈试验：又称椎动脉扭曲试验，患者取坐位，快速做仰头转颈动作，如出现明显的头晕、视雾、闪光、呕吐或倾倒，即为阳性。提示椎动脉可能突然产生扭曲，致血流减少，可能为椎动脉型颈椎病。

爱德生试验（Adson试验）：患者坐位挺胸，仰首转向患侧，上肢外展15°，后伸30°，深吸气后屏住呼吸，检查者一手抵住患者下颌，一手摸患侧桡动脉，动脉搏动减弱或消失则为阳性，提示锁骨下动脉受挤压，常见于前斜角肌综合征。

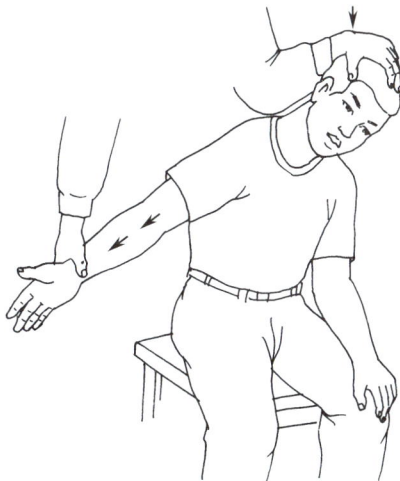

图 1-11　臂丛神经牵拉试验

肩关节外展上举试验（疼痛弧试验）：患者上肢外展0°~60°不痛，外展60°~120°疼痛，再上举 120°~180° 反而不痛即为阳性,提示冈上肌肌腱炎(图 1-12)。

冈上肌肌腱断裂试验:冈上肌肌腱断裂后,上肢不能维持良好的外展位。患侧越用力外展,肩就越高耸(图 1-13)。

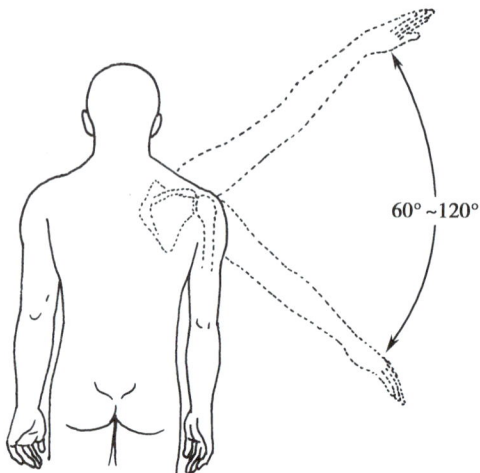

图 1-12 疼痛弧试验

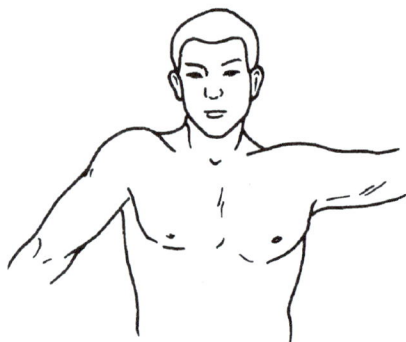

图 1-13 冈上肌肌腱断裂试验

网球肘试验(Mills 试验):患者前臂在旋前位并将桡腕关节屈曲再伸肘时,由于腕伸肌、伸指肌肉紧张引起肱骨外上髁处疼痛,即为阳性(图 1-14)。

前臂伸肌紧张试验(Cozen 试验):检查者一手托着患者上肢,另一手用力按手背,患者肘关节伸直,前臂旋前,握拳,并用力背伸腕关节以对抗检查者置于患者手背的压力,产生肱骨外上髁疼痛者为阳性,表示患有网球肘(图 1-15)。

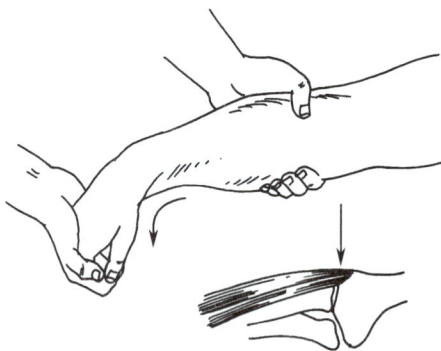

图 1-14 Mills 试验

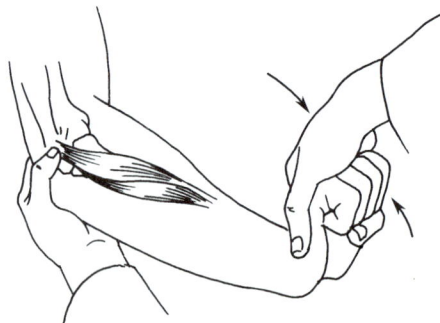

图 1-15 Cozen 试验

握拳尺偏试验:患侧握拳,拇指握于掌心内。医者一手握患腕,一手将患腕向尺侧倾斜,如桡骨茎突部疼痛即为阳性。用于检查桡骨茎突腱鞘炎(图 1-16)。

屈腕试验:检查者将患者伤侧手腕屈曲,同时压迫正中神经 1~2 分钟。如掌侧麻木感加重,疼痛放射至示指、中指即为阳性。多见于腕管综合征。

直腿抬高试验:为腰骶神经根受刺激的表现。检查时嘱患者仰卧,双下肢内收内旋,膝关节伸直,检查者一手置于膝关节上,使下肢保持伸直,另一手将下肢抬起屈曲髋关节。正常人可抬高 70°~90°,如小于以上角度,即出现由上而下的放射性疼痛或麻木者,为直腿抬高试验阳性。一般要左右对比,坐骨神经痛、腰椎间盘突出症等可为阳性(图1-17)。

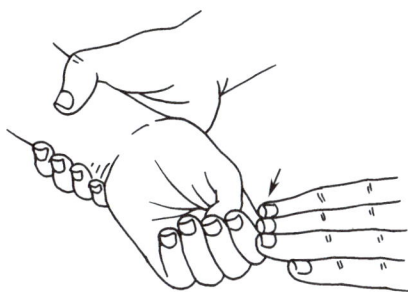

图 1-16　握拳尺偏试验

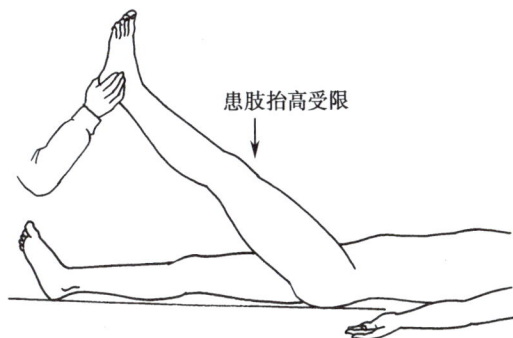

患肢抬高受限

图 1-17　直腿抬高试验

直腿抬高加强试验:又称足背屈试验,体位同直腿抬高试验。当患者抬高下肢发生疼痛后,略放低患者下肢使其不感疼痛。医者一手握住患者足部突然使其背屈。若患者突感疼痛加剧或引起患肢的放射性疼痛即为阳性。腰椎间盘突出症、坐骨神经痛可为阳性(图1-18)。

股神经牵拉试验:患者俯卧位,患侧膝关节伸直180°,检查者将患肢小腿上提,使髋关节处于后伸位;或者患者取健侧卧位,健侧髋关节、膝关节轻度屈曲,腰背部保持挺直但不要过伸,颈部轻微屈曲,检查者握住患肢,伸直膝关节的同时后伸髋关节15°,然后屈曲膝关节。如出现疼痛沿大腿前方向下放射即为阳性,提示腰3、腰4神经根可能受到刺激,可能为腰2、3和腰3、4椎间盘突出所致,也可能是股神经受到牵拉所致。而腰4、5及腰5、骶1椎间盘突出时,此试验阴性(图1-19)。

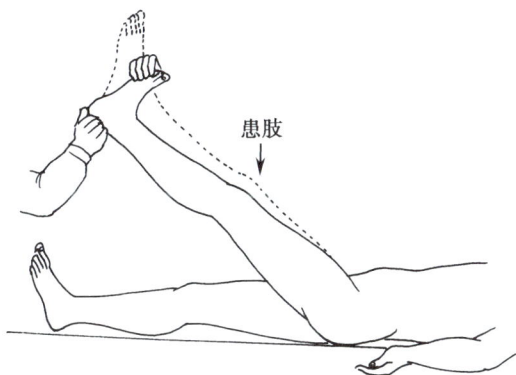

患肢

图 1-18　直腿抬高加强试验

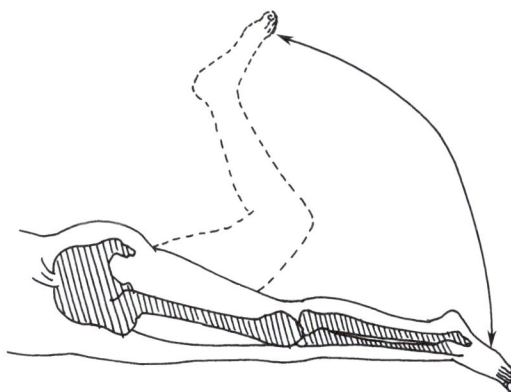

图 1-19　股神经牵拉试验

俯卧屈膝试验(Nachlas试验):患者俯卧,检查者屈曲患者膝关节,尽量使足跟触碰同侧臀部,同时检查者要确保患者髋关节没有发生旋转,如出现腰部、臀部、大腿前侧的疼痛,则可能为腰2、腰3神经根存在病变。需要注意如大腿前侧出现疼痛,也可能是由于股四头肌紧张或股神经受到牵拉所致。

髋膝关节屈曲试验:患者取仰卧位,医者用两手握住患者两膝部使其髋、膝关节尽量屈曲,并向头部推压,使臀部离开床面。若腰骶发生疼痛即为阳性。如果腰部筋伤、劳损或腰椎间关节、腰骶关节、骶髂关节有病变或腰椎结核等均可以出现阳性,但腰椎间盘突出症做此试验常为阴性(图 1-20)。

骶髂关节分离试验:又称 4 字试验(Faber 试验)。患者取仰卧位,医者将患者伤肢屈膝后足放于对侧膝关节上,然后一手扶住对侧髂嵴部,另一手将患膝向外侧同时向下按压,如所检查下肢膝部可触及检查床或与对侧下肢平行则为阴性,如骶髂关节发生疼痛,受检查下肢保持高于对侧下肢则为阳性。试验阳性则表示同侧髋关节病变可能,如髂腰肌痉挛或骶髂关节发生病变可能为阳性,需要两侧对比。用于骶髂关节病变的检查,但应排除髋关节本身病变(图 1-21)。

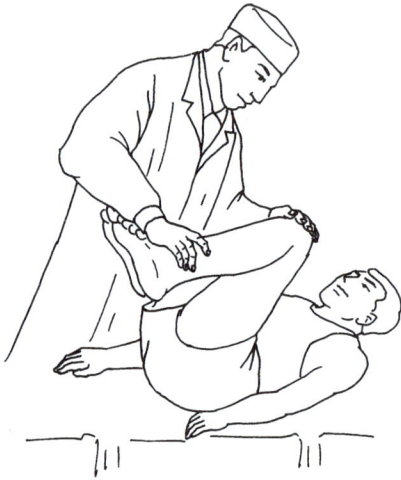

图 1-20 髋膝屈曲试验

图 1-21 4 字试验

床边试验:患者仰卧于床边,健侧在床上,患侧垂于床边,检查者一手握住健侧膝部使其屈膝、屈髋,另一手扶住患侧大腿用力下压,使髋关节尽量后伸,若骶髂关节发生疼痛即为阳性。或者患者可呈健侧在下卧位进行,健侧尽量屈髋屈膝顶住胸部,检查者一手固定骨盆,另一手尽量后伸患者髋关节,如髋关节疼痛,则试验为阳性。说明同侧的骶髂关节病变、髋关节病变或者腰 4 神经根病变可能(图 1-22)。

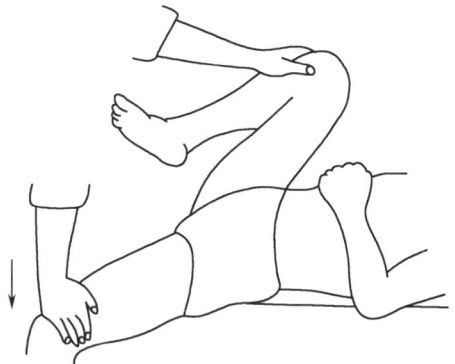

图 1-22 床边试验

跟臀试验:患者俯卧,双侧髋膝关节伸直放松,髋关节内收,检查者用手握其足部,使足跟触及臀部,如腰骶关节有病变,则引起腰骶部疼痛,骨盆甚至腰部也随之抬起,即该试验为阳性。

托马斯征(Thomas 试验):用于评估髋关节的屈曲挛缩。患者取仰卧位,尽量屈曲健侧髋膝关节,使大腿贴近躯干,腰部紧贴于床面。如果患髋不能伸直平放于床面或虽能伸直但腰部出现前突即为阳性。用于髋关节挛缩、强直或髂腰肌痉挛的检查(图 1-23)。

单足站立试验(Trendelenburg 征):用于评估髋关节的稳定性和髋关节外展肌对骨盆的稳定能力。患者单腿站立,抬起对侧下肢,正常情况下,对侧骨盆及臀纹应该上升,提示试验结果为阴性。如果对侧骨盆及臀纹下降,试验为阳性,提示负重站立侧髋关节不稳(如髋关节脱位)或臀中肌麻痹,任何使臀中肌无力的疾病,这一体征均可出现阳性(图1-24)。

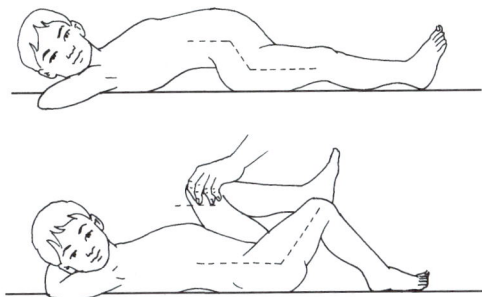

图 1-23 托马斯征

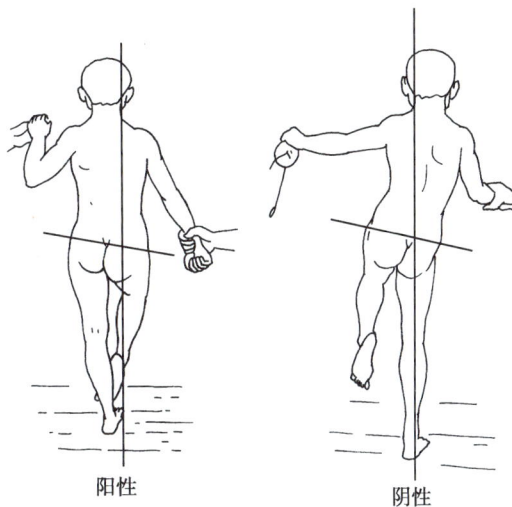

阳性　　　　　　阴性

图 1-24 Trendelenburg 征

　　髂胫束试验(Ober 征):此试验用于评估阔筋膜张肌及髂胫束挛缩。患者侧卧,屈髋屈膝,检查者被动外展患者位于上侧的髋关节,膝关节呈伸直位或屈曲90°位,轻度后伸髋关节,使阔筋膜张肌位于大转子前侧,如果阔筋膜张肌或髂胫束挛缩,大腿不能自然下落,仍然保持外展,并可在大腿外侧触及条索状物,提示该试验为阳性。

　　浮髌试验:患者仰卧,患侧膝关节伸直,令其放松股四头肌。医者一手在髌骨上方压挤,将髌上囊区的关节液挤压到髌骨下方,另一手示指向下压髌骨。若出现髌骨有浮动感即为阳性,说明膝关节内有较多积液(图1-25)。

　　膝关节侧副韧带牵拉试验:又称为膝关节侧方应力试验,或者膝关节分离试验。患侧膝关节伸直,医者一手握住小腿下端,将小腿外展,另一手压住膝关节外侧向内侧推压。如膝关节内侧发生疼痛和侧方活动即为阳性,说明胫侧副韧带损伤或断裂。检查腓侧副韧带时,方法与之相反(图1-26)。

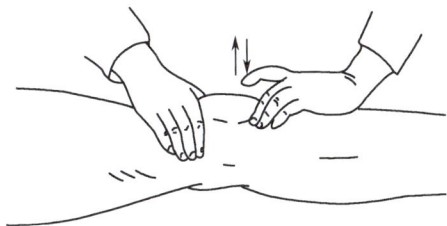

图 1-25 浮髌试验

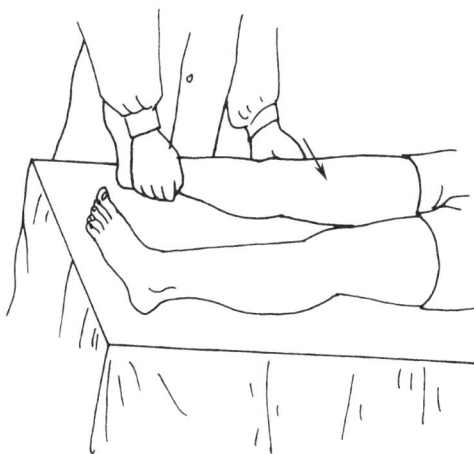

图 1-26 膝关节侧副韧带牵拉试验

抽屉试验：又称推拉试验。患者取仰卧位，患膝屈曲。医者两手握住患侧膝部下方，向前后推拉。若小腿有过度前移，表示前交叉韧带断裂或松弛，反之，表示后交叉韧带松弛或断裂（图1-27）。

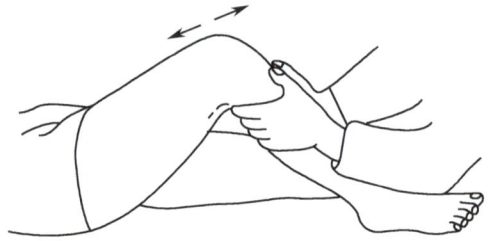

图1-27　抽屉试验

研磨提拉试验（Apley试验）：患者取俯卧位。医者两手握住患肢踝部，屈膝90°，然后用力沿小腿纵轴向下挤压膝关节，并做内、外旋转活动。如患膝关节内外侧疼痛即为阳性，说明内、外侧半月板损伤。此外，如将小腿向上牵拉，做内、外旋转活动引起疼痛，则说明膝胫、腓侧副韧带有损伤（图1-28）。

回旋挤压试验（McMurray征）：患者取仰卧位，医者一手握膝，另一手握足。先使患肢尽量屈膝，然后使小腿充分外展、旋外或内收、旋内，并逐渐伸直。在伸直过程中患膝出现疼痛和弹响声即为阳性，检查时小腿外展、旋内伸膝出现疼痛和弹响者，多提示外侧半月板损伤，小腿内收、旋外伸膝出现疼痛和弹响者，多提示内侧半月板损伤，但临床中也可能有与之相反的结果（图1-29）。

图1-28　研磨提拉试验

图1-29　回旋挤压试验

侧卧屈伸试验：又称重力试验。患者侧卧，被检查肢体在上，医生托住患者的大腿，让其膝关节做伸屈活动，若出现弹响，表明内侧半月板损伤；若膝关节外侧疼痛表示外侧副韧带损伤。同样的方法，被检查的肢体在下做伸屈活动，出现弹响为外侧半月板损伤，出现膝关节内侧疼痛为内侧副韧带损伤。

（五）筋伤的现代诊断检查方法

1. X线检查　X线检查一般对筋伤诊断的意义不大，有时对肌腱、韧带和软骨损伤的诊断有一定参考价值，主要用于与骨折、脱位和骨病等的鉴别诊断。创伤后筋伤的X线表现主要有以下征象：软组织厚度增加，局部膨隆；局部软组织影像密度增高；原有组织层次混乱不清晰；因皮下组织内有间质水肿而成网状结构；由于关节内积液、积血致关节囊膨隆，并可造成关节囊外脂肪垫间脂肪线的推压移位或受压变窄。筋伤除常规X线平片外，还有以下两种：

（1）应力下X线检查：主要用于检查平片所不能显示的关节松弛、关节脱位和韧带损伤。检查方法是将被检查肢体放在正位，强迫在内翻或外翻、外展或内收位摄片，从中观察关节解剖关系有无异常改变。

（2）造影检查：有助于某些筋伤的诊断，如髓腔造影可以确定椎管内病变，关节造影可确定关节软骨、关节内软骨和关节囊的病变。

2. 肌电图及神经诱发电位检查　肌电图及神经诱发电位检查是记录骨骼肌生物电的一种方法，依据病理肌电图的形态、分布和范围，可以确定神经损伤的部位，判断神经肌肉损伤的程度和预后，进一步对上、下运动神经元的病变予以鉴别。肌电图及神经诱发电位检查对于筋伤的诊断及鉴别诊断有重要意义。

3. CT检查　在腰椎间盘突出症、腰椎椎管狭窄症等筋伤疾病的诊断上有重要参考价值，并可推测软组织病变的性质和范围。

4. 磁共振（MRI）检查　磁共振的原理是某些物质的原子核内具有单数的原子或中子，有可被测量出来的微量磁力。当这些有磁力的原子核被置于强磁场时，它们就围绕磁力线做旋转运动，其周期则根据磁线的强弱和核的类型而异，出现一定的强度。因而可以通过数据处理使组织的磁共振图像呈现出不同的台阶，按其明暗度呈现以下顺序，即脂肪、脑及脊髓、内脏、肌肉，液体充盈的体腔，韧带及肌腱，有迅速血流的血管，骨密质，空气等，从而可产生明显的对比。磁共振的应用范围与CT相似，可用于检查脊髓、椎间盘、膝关节、韧带病变、滑膜肥厚、软组织肿瘤和原发性肌肉疾患等。

5. 实验室检查　是筋伤诊断中不可缺少的一部分，但对一般筋伤诊断意义不大，主要用于严重筋伤患者的诊断、鉴别诊断，并作为对病情变化、发展的判断和指导治疗的重要指标。随着筋伤学基础研究的开展，实验室检查在临床上越来越重要。

6. 关节镜检查　目前主要用于膝关节检查，正逐步用于其他关节如肩、肘、桡腕、踝关节的检查。关节镜的适应证及其应用价值主要有以下几点：

（1）明确诊断：对不能明确诊断的关节疾病，可行关节镜检查以确诊。对临床已做出诊断并决定手术治疗的关节疾病，可在手术前行关节镜检查，以进一步明确临床诊断，从而避免不必要的手术。

（2）确定病变部位和程度：通过关节镜检查可了解关节内损伤的具体部位和损伤的程度，以确定治疗方法。

（3）直视下取活检：可在关节镜直视下获取病变组织送病理检查，明确诊断。

关节镜不但可用于检查诊断，也可以用于某些关节疾病的治疗，如可以使用膝关节镜进行关节内半月板切除手术等。

关节镜检查目前已被公认为一种有价值的辅助诊疗方法，准确率高，并发症少，在临床上的应用越来越广泛。但是，关节镜检查不能排除或代替其他诊断方法，在临床上应有选择地使用。

7. 超声诊断技术　超声波在传播中与介质相遇会产生相互作用，人体组织和造影剂等均为常见介质，会引起超声波参量发生变化，超声诊断技术就是利用这些参量的变化，并以特定的方式表达，为临床医师提供人体解剖学或功能学的信息，包括三维成像、谐波成像、弹性成像及超声显微镜等技术。由于高分辨率和高频探头的应用，超声对神经肿瘤的诊断和定位、判定神经卡压疾病局部的病因和定位、判定神经卡压受累的神经异常回声和失神经支配肌肉的结构改变等具有重要价值。此外，超声诊断技术在腘窝囊肿、半月板囊肿、肌肉损伤及软组织内血肿诊断方面均有重要的辅助作用。

8. 动态捕捉器　目前常用的动态捕捉器有电磁式动态捕捉器、影像式动态捕捉器等，可以用于筋伤疾病的康复治疗。

二、筋伤的辨证方法

(一) 四诊合参

全面细致的望闻问切及辅助检查,系统地掌握筋伤的临床表现是筋伤诊断的重要环节,通过四诊合参,对所收集的临床资料加以分析、归纳是作出正确诊断的基础。筋伤的临床表现主要是疼痛、肿胀和功能障碍,但因致伤外力的大小、性质和程度的不同,其临床表现也各不相同。临床表现多与损伤的程度和部位有关。一般急性筋伤发病突然,大都有较明显的外伤史。临床表象也比较典型,诊断比较容易,但应注意是否有骨折、脱位并发症。慢性筋伤一般没有明显的外伤史,起病缓慢,发病原因也各不相同,临床上容易误诊、漏诊,应注意加以鉴别。

1. 全身情况　轻微或慢性筋伤患者可无全身症状。急性筋伤由于瘀血停聚,积瘀化热,常有发热(体温多在38.5℃以内),一般5~7天后体温逐渐恢复正常,可伴有口渴、口苦、心烦、尿赤、便秘、夜寐不安,舌质红、苔黄,脉浮数或弦紧等。若严重挤压伤致肌肉坏死者,可并发酸中毒、高血钾、肌红蛋白尿、急性肾衰竭。若筋伤伴有失血过多,或兼有严重内脏损伤者,可出现休克。

2. 局部症状

(1) 疼痛、压痛:筋伤疼痛多系肢体受到外来暴力撞击,强力扭转或牵拉压迫等,致使筋脉受损、气血凝滞、经络阻塞不通所致。一般急性筋伤疼痛较剧烈,呈锐痛、刺痛等。挫伤积血致气血壅聚者,其疼痛多呈钝痛、胀痛。慢性筋伤,其疼痛多为酸胀痛、隐痛,常与牵拉有关,多因陈伤或劳损致气血瘀阻或复感风寒湿邪痹阻经络而致,或与天气变化有关。若增生物压迫或刺激神经者,可有神经支配区域内放射性疼痛或麻木感。肌肉、神经或血管损伤一般在受伤后立即出现持续性疼痛,而肌腱、筋膜、肋软骨等部位损伤产生的疼痛常在突然发作后缓解一段时间,然后疼痛又逐渐加强。

筋伤压痛的程度视发病急缓、浅深、轻重和部位不同而异。急性筋伤压痛明显,多拒按。慢性筋伤压痛不明显,不拒按,多在特定部位有压痛点,有时可触及筋束或筋结,常伴有某些特殊的体征。无论是对急性还是慢性筋伤患者,都要仔细确定主要的压痛点。压痛点往往是病灶所在,对慢性筋伤患者尤为重要。

(2) 瘀血肿胀:一般筋伤均有不同程度的局部肿胀,其肿胀程度多与外力大小、损伤的程度有关。外力小,损伤程度轻,或慢性筋伤患者,局部肿胀也就较轻;外力大,损伤程度重,局部肿胀就较严重。伤后血管破裂形成血肿,肿胀局部呈现青紫色或瘀斑,一般比较局限,若出血较多的局部血肿有波动感,约2周后,瘀肿大部分消退,瘀血斑转为黄褐色。血管未破者,局部肿胀多为神经组织反射性地引起血管壁渗透性增加所致。较大面积的碾挫伤,因损伤面积较大,渗出液也较多,肿胀多发生在浅表层,波动感较明显。临床上称为潜行剥脱伤。此外,临床上还常见一种慢性肿胀,当患肢远端处于低位时肿胀明显加重,称为体位性水肿。其主要原因是由于四肢筋伤后伤情较重,经络受损,气血运行不畅,或包扎固定过紧,影响气血流通,或下肢长时间处于下垂位,活动少,局部静脉回流不畅等,多见于年老体弱患者。

(3) 功能障碍:筋伤肢体由于疼痛和肿胀,大多都会出现不同程度的功能障碍。检查关节的活动和运动范围及肌肉的抗阻试验,对于损伤部位的诊断帮助很大。有无超过正常运动范围的多余性活动,对鉴别肌肉、肌腱、韧带等的撕裂伤或断裂伤有很大意义。神经系统的损伤可以引起支配区域感觉障碍或肢体功能丧失。因疼痛、肿胀而引起功能障碍的特点是主动活动受限,被动活动尚可,若是关节主动活动和被动活动都受限者,一般是因为损伤后肌肉、肌腱、关节囊粘连挛缩而引起的关节活动障碍。

(4)畸形:筋伤后亦可出现畸形,但与骨折的畸形有明显区别。筋伤畸形多由肌肉韧带撕裂、收缩所致。如肌肉韧带撕裂可出现收缩性隆凸,断裂缺损处凹陷畸形;前锯肌损伤可以出现翼状肩畸形。检查时要仔细辨别,注意与健侧肢体做对比。

(5)肌肉萎缩:肌肉萎缩是慢性筋伤的常见症状。筋伤后由于气血瘀阻,疼痛及包扎固定使肢体活动减少,肌肉的收缩能力降低,造成气血运行失常,日久导致的局限性肌萎缩,一般称为失用性肌萎缩。另一种为营养不良性肌萎缩,其特点是病变与肌萎缩的范围广泛,恢复慢,预后较差。

(二)筋骨辨证

筋伤的辨证诊断,不仅要注意四诊合参,全面收集临床资料、分析总结,避免漏诊和误诊,同时也要重视筋骨辨证,因为筋伤疾病有自身发生发展及转归规律,与筋骨有直接关系,有其自身的特殊表现。

人体的肢体运动有赖于筋骨,但筋骨的强劲有力离不开气血的温煦濡养、脏腑经络功能的协调统一,特别是筋骨为肝肾之外合,故筋骨与肝肾的关系尤为密切。在筋伤疾病发生时,伤及气血津液,严重时亦可造成脏腑内伤。凡跌仆闪挫之证,筋骨首当其冲,受伤机会最多。临床上常表现为局部疼痛、肿胀、关节屈伸不利。严重时可发生筋断、筋裂、筋位失常,使功能丧失。在"伤骨"的病证中,如骨折时,由于筋附着于骨的表面,筋亦往往受损伤。关节脱位时,关节四周筋膜多有破损。所以,在治疗骨折、脱位时都应考虑筋伤这个因素,忽略了它,就不能取得满意疗效。慢性劳损亦多导致筋的损伤,如"久行伤筋",说明过度行走可致筋的损伤。

此外,慢性筋伤又常与风、寒、湿三气的侵袭有着密切关系。临床上筋伤疾患甚多,其证候表现、病理变化复杂多端,如筋急、筋缓、筋挛、筋缩、筋痿、筋惕等,宜细审之。

骨错缝、筋出槽两者之间有密切联系。筋的损伤可使骨缝处于交锁错位,反过来,骨错缝也可以使筋移位出槽受伤。所以《医宗金鉴》对于骨错缝的治疗,首先要用肌肉损伤的按摩法,舒筋活络后骨节就能合缝。因为在一些损伤中,一部分韧带受伤,可使关节移位,而移位的关节又可使一部分未断的韧带受到牵拉而发生紧张,它们的弹性可将关节面交锁在一个不正常的位置上。因而骨错缝与筋出槽可以互为因果,从而表现出骨与筋的密切关系,因此中医在治疗中,要本着筋柔骨才能正,同时骨正才能筋柔的理论来处理这类疾病。

骨错缝、筋出槽是我们祖先长期以来在临床实践中逐渐观察总结出的关于骨与筋的病理变化。临床上有不少关节与软组织损伤后,其生理功能呈现不同程度的障碍,损伤以后局部组织出血、水肿固然是一个重要原因,但骨关节与软组织失去正常的解剖位置则是一个更重要的因素。如在不少关节与软组织扭伤中,采用理筋手法时,局部发出"咯嗒"声响,尽管局部肿胀并不消退,但症状大都立即得到改善。局部声响虽有不同的解释,但其中不少系属于骨错缝、筋出槽复位时发出的声音。由于此类疾病的病理与疗效机制还没有具体的影像数据来支持,因而容易为人们所忽略。

三、筋伤的并发症

筋伤除可产生局部症状外,还会引起一系列的反应和并发症。临床诊断、治疗时要全面、仔细地检查,注意筋伤并发症的发生,及时预防其发展。筋伤常见的并发症有以下几种:

（一）早期并发症

1. 骨折 筋伤时在肌腱附着点可发生撕脱骨折。轻微、反复或持续的肌肉收缩，如长跑、长途行军等，应力集中作用于骨骼某一处而引起的骨折，称疲劳性骨折，如第2、3跖骨疲劳性骨折。

2. 关节脱位 筋的主要功能是连属关节，络缀形体，主司关节运动。由于筋伤或断裂，或内分泌紊乱、炎症等因素，致韧带松弛，在肌肉牵拉、肢体重力等外力作用下，关节稳定性遭到破坏，引起关节半脱位或全脱位。如膝关节交叉韧带损伤可并发膝关节半脱位、颈部炎症并发寰枢椎半脱位、盆腔炎症并发骶髂关节骨错缝等。

3. 神经损伤 筋损伤同时可合并神经损伤，如坐骨神经损伤、臂丛神经损伤、腓总神经损伤等，根据肢体运动、感觉功能丧失范围，肌肉有无明显萎缩等，可判定神经损伤部位。

4. 血管损伤 筋损伤同时可合并血管损伤，如肱动脉损伤、腘动脉损伤等。

（二）晚期并发症

1. 肌肉萎缩 是慢性筋伤的并发症。筋伤后由于气血瘀阻、疼痛和包扎固定而使肢体活动减少，肌肉收缩能力减弱，造成血液循环障碍，日久导致肢体肌肉萎缩，称之为失用性肌萎缩。下运动神经元或周围神经损伤，亦常见肌肉萎缩。

2. 关节强直 筋伤后由于失治、误治，常常引起筋的挛缩和粘连，使关节主动活动和被动活动受限而出现关节强直。特别是手部筋伤治疗要注意早期功能锻炼，以预防指骨间关节强直的发生。

3. 骨质疏松 筋骨与五脏六腑的关系密切，特别是肝肾两脏。肝主筋的运动，主藏血，肾藏精、生髓、主骨，肝肾亏损加上筋伤表现出腰腿活动不灵。因肝血不足，血不养筋，甚则出现手足拘挛、肢体麻木、屈伸不利。骨的坚硬依赖肾精的濡养，肾精充足则骨髓生化有源，骨骼得到骨髓的滋养而坚固有力。若肾气衰弱，肾精不足，则骨髓空虚，化源不足，成骨功能减退而发生骨质疏松，表现骨骼脆弱、两下肢痿软乏力、腰酸背痛、活动受限等。临床上筋伤患者长期卧床，肢体固定或失用后，亦可发生失用性骨质疏松。

4. 组织粘连 筋伤后血溢脉外，修复时纤维机化易致修复部位与周围组织粘连而影响关节活动，如膝关节侧副韧带的损伤、手部肌腱的损伤等。因此，治疗时要注意早期功能活动锻炼，预防筋伤修复过程中造成的粘连。

5. 组织增生肥厚与管腔狭窄 在慢性筋伤中，筋的损伤与修复并存，时间长后筋会发生增生肥厚变性，如指屈肌腱、椎管内黄韧带，这些筋又在管腔之中，若增生肥厚变性，势必造成管腔狭窄，产生临床症状。

6. 组织钙化、骨化和骨质增生 急性筋伤后局部出血，日久血肿机化，使受伤组织增生和钙化，甚至骨化。此外，由于积累性劳损，亦可导致劳损的韧带钙化，劳损的关节边缘骨质增生。如颈部项韧带的钙化、腰椎和膝关节骨质增生等。

7. 关节内游离体 伤筋时有软骨损伤，在后期可演变为小软骨块，脱落而成游离体。

第五节 筋伤的治疗

筋伤后的病情、病程及预后的差异性很大，加之某些筋伤的确切诊断和治疗比较困难，因而临床上多采用综合性的治疗方法。

急性筋伤,初期一般慎用手法,以内服外用活血化瘀、消肿止痛药物,包扎固定,早期进行适当功能锻炼为主。若肌腱、韧带完全断裂,应考虑早期进行手术修复。筋伤后出现骨错缝、筋出槽等,应及时给予手法治疗,包扎固定,并适当休息。2~3天后出血渐止,瘀血肿胀逐渐消退,应及时进行肌肉收缩活动,并逐日增加活动量,以防止发生粘连,引起后遗症。筋伤的治疗必须贯彻"动静结合"原则,片面强调过长时间休息和过早进行不利于组织修复的活动都是不适宜的,因为它们都是造成后遗症和陈伤的原因,尤其是关节部位的筋伤,更当引起注意。

慢性筋伤,根据辨证施治原则,结合患者伤情,采用综合治疗措施,以手法及功能锻炼为主,配合针灸、封闭、理疗、电疗、离子导入、牵引等。总之,筋伤的治疗方法很多,现将筋伤的治疗原则和常用的几种治疗方法介绍如下。

一、治疗原则

(一) 筋骨并重

筋与骨在生理和病理上有密切关系,肝主筋,肾主骨,故有"肝肾同源"之说。筋伤与骨伤可同时发生,也可单独发生,并能相互影响。如筋的损伤性痉挛可使骨关节处于交锁或错位,反之,骨关节错位也可改变筋的正常生理位置而使筋受损伤。长期姿势不正确或用力不当,可致肌肉、韧带和筋膜损伤,如老年腰椎间盘退变、椎间隙狭窄、韧带松弛、椎体失稳,轻微的外力即可使椎间关节突关节移位而出现相应的下腰痛症状。因此,临床治疗应注重"筋骨并重",弄清筋与骨关节间的病理变化,既要治疗筋的损伤,又要治疗骨关节的损伤,此为"筋柔才骨正,骨正才筋柔",唯如此方可事半功倍。

(二) 内外兼顾

人体是统一的整体,无论是跌打损伤,还是外邪侵袭,损伤筋骨,经络受累,使气血运行紊乱,严重者消耗津液,伤及脏腑。若脏腑气血受伤,可导致经络失调,加重伤情。因此,外伤与内损密切相关,彼此影响。在筋伤治疗中需要把握"内外兼顾"的原则,既要外治筋骨、皮肉损伤,又要内治脏腑、气血的病变。临床上可根据损伤的病理变化,或以外治为主,或以内治为主,或内、外治并重,灵活运用,通过针对性的治疗,尽量做到内外兼顾。这对于提高治疗效果、巩固疗效有着极为显著的作用。

(三) 急慢有别

筋伤临床上有急、慢性损伤之分,急性筋伤因暴力所致,气滞血瘀,肿痛明显,慢性筋伤多因反复损伤或治疗不当,迁延日久,缠绵难愈,脏腑、气血虚弱,筋骨失养,风寒湿邪乘虚而入,致四肢拘挛,活动不灵。两者病因病机上的区别,决定了它们在治法上的差异。急性筋伤多以行气活血、消肿止痛为主,慢性筋伤则宜补益扶正,兼祛除外邪。由于急性筋伤可因失治、误治而成慢性筋伤,慢性筋伤也可由外力等诱因而急性发作,临床上常可见病证实中夹虚,虚中夹实,虚实夹杂,变证多端。故治疗之法,应重视辨证,具体分析,"病无常形,治无常法,医无常方,药无常品",绝不能拘泥于一方一法。

(四) 防治结合

一部分筋伤是因人们缺乏足够的自我预防保健知识所引起的,特别是慢性筋伤,治疗过程中常出现功能恢复缓慢或留有后遗症。因此,应将治疗与预防保健密切结合起来,尽快促使组织愈合,功能恢复。预防保健应当是积极的,除避免过度疲劳、注意休息外,还可采取药物调补和练功等方法。实践证明,练功对于筋伤恢复确有良效,《吕氏春秋》有"形不动则精不流,精不流则气郁"的记载。合理的肢体关节活动和全身功能锻炼,能推动气血流通,促进祛瘀生新,使筋骨关节得到滋养,有利于慢性筋伤的修复。但是练功须持之以恒,方能收效。

此外,在筋伤治疗过程中亦应遵循治病求本、扶正祛邪、调整阴阳、三因制宜等原则。筋伤病理变化不一,临床表现多种多样,即使是同一病证亦有轻重缓急之分,而且个体差异对病情的变化亦可能产生不同影响。因此,治疗时必须善于从疾病的表象中抓住病变的本质或主要矛盾,正确处理治本与治标的关系;注重顾护人体的正气,重视内在因素的主导作用,正确处理扶正与祛邪的基本关系;注重调整阴阳,并视病情等具体情况做到因人、因地、因时制宜。

二、手法治疗

(一) 作用与机制

手法是治疗筋伤的主要手段之一,手法的作用亦是多方面的,结合临床实际,其主要作用与机制有以下几个方面:

1. 活血散瘀,消肿止痛　损伤之后,由于有不同程度的血管损伤出血,组织液渗出,离经之血液积聚而致气滞血瘀,经脉阻塞,则为肿为痛。适宜的手法有助于调畅气机,气血运行,解除肌肉、血管的痉挛,增进血液循环和淋巴回流,从而达到活血散瘀,消肿止痛的目的,有利于组织损伤的修复。正如《医宗金鉴·正骨心法要旨》所言:"为肿为痛,宜用按摩法,按其经络,以通郁闭之气,摩其壅聚,以散郁结之肿,其患可愈。"

2. 整复筋位,纠正错缝　筋伤多有筋位改变,按其轻重不同,可分为滑移出槽和筋位失和两种。《医宗金鉴·正骨心法要旨》云:"跌仆闪失,以致骨缝错开""以手法推之,使还归旧处也"。手法治疗能使跌仆闪失所致的筋出槽、骨错缝得以整复,临床上常用于外伤所致的肌肉、肌腱、韧带、筋膜组织的破裂、滑脱及关节半脱位,如闪腰岔气、腰椎间盘突出、骶髂关节错缝等。手法对软组织的破裂、滑脱、关节错缝等具有理顺、整复、归位的作用。

3. 舒筋通络,解除痉挛　急性损伤和慢性劳损,人体肌肉、筋络功能受到不同程度影响,轻则痉挛萎缩,重则功能丧失。手法治疗具有放松、舒展肌肉和筋络,柔和筋脉的效应,使患部脉络通畅,疼痛减轻,从而解除因损伤所致的痉挛。

4. 温养筋脉,祛风散寒　人体之五脏六腑,四肢百骸,诸筋百脉,皆赖气血温养。得气血则旺,失气血则衰。手法的温热效应能温运阳气,促进血运,使治疗部位的气血循行旺盛,筋脉得以温养。《黄帝内经》:"按摩勿释,着针勿斥,移气于不足,神气乃得复。"筋脉具有喜温而恶寒的特性,寒主收引,风寒侵袭机体,则经络不通,气血不和,筋脉拘急、麻木、疼痛。手法能"移气于不足",将气血调节至病变部位,使温养病变处筋脉的作用增强,祛风散寒,调和气血,从而调整机体阴阳平衡失调,消除肌肉痉挛和疼痛,恢复肢体功能。

5. 松解粘连,滑利关节　粘连是慢性筋伤的主要病理改变。粘连部位的筋多呈肥厚、僵硬、板结,或出现筋结、筋块,若发生在关节部位,还可影响关节功能。手法治疗能活血化瘀、松解粘连、滑利关节,可使僵硬的组织恢复正常。临床上对于组织粘连、关节功能障碍者,可用拿法、分筋、弹筋、运摇关节、扳动关节等具有牵拉作用的手法,再配以练功,使粘连松解,关节功能逐步恢复正常。

6. 防治废痿,促进修复　长期外固定、卧床或神经损伤等原因,皆可导致气血循行迟滞,血不荣筋,筋骨痿软无力,受损伤的组织恢复缓慢。手法可以循经取穴,并施以补泻手法,加速气血循行,促进新陈代谢,改善肌肉、筋脉的营养状况,并可起到调和脏腑、经络、气血功能的作用,达到防治痿痹,促进组织修复的功效。

(二) 基本要求

手法必须在中医基本理论指导下,根据辨证灵活加以掌握与运用。筋伤有轻重之分,又有皮肉、筋骨、关节之别,解剖位置亦各不相同,所以应据不同情况运用相应的手法予以治疗。手法之轻重、巧拙,直接关系着损伤的恢复,使用正确方能及时治愈。否则,不仅达不到良好的治疗效果,甚至适得其反。正如《医宗金鉴·正骨心法要旨》中指出的:"夫手法者,谓以两手安置所伤之筋骨,使乃复于旧也。但伤有轻重,而手法各有所宜。其愈可之迟速,及遗留残疾与否,皆关乎手法之所施得宜,或失其宜,或未尽其法也。"因此,在使用手法时要掌握其基本要求。

1. 施行手法前要充分了解伤情,明确诊断,如对扭挫伤,要了解损伤程度,有无断裂、粘连等情况,若有筋的完全断裂则在损伤部位不宜直接使用手法,若有粘连则手法使用要得当,不可生拉硬扳。

2. 施行手法前要对手法的步骤做出详细的计划,对某一伤病先使用何种手法,后使用何种手法,应做出适当的安排。患者应采取何种体位,是否需助手配合,如何配合等,应作出周密的计划。

3. 施行手法时要指导患者密切配合,尽量放松,适时调整体位、姿势,使患部肌肉充分放松,让患者感到舒适,医生亦应选择适当的位置,以便于手法操作。

4. 施行手法必须全神贯注,从容不迫,以取得患者的依赖和配合,减轻患者的紧张情绪。

5. 施行手法应熟练、灵巧、准确,用力轻重适宜,用力应先轻后重,活动范围由小及大,活动速度先慢后快,避免加重损伤或造成新的损伤,尽量使患者不受痛苦或少受痛苦。

6. 手法操作的强度、时间长短应根据患者的伤情、年龄、性别、体质强弱、治疗部位和治疗的反应等,适时进行调整。

7. 施行手法需熟悉局部的解剖结构与关节的正常、异常活动范围,以避免造成不必要的损伤。

8. 严格掌握手法的适应证和禁忌证。

(三) 适应证、慎用证和禁忌证

1. 适应证

(1) 各部位的跌、打、撅、拧及闪挫扭伤:如腰扭伤、指关节扭伤等。

(2) 微动关节错缝、关节半脱位及滑膜嵌顿:如骶髂关节离位筋伤、耻骨联合分离、桡骨小头半脱位、腰椎小关节紊乱等。

(3) 各种损伤后遗症:如骨折、脱位、筋伤后期出现的筋僵、筋挛、筋粗、筋结、筋弛、筋痿、筋粘连、关节活动不利等。

(4) 慢性劳损性筋伤:如腰肌劳损等。

(5) 脊柱四肢关节退行性病变所致的颈、胸、腰、腿及四肢关节疼痛,功能受限等。

(6) 胸部扭伤、闪挫及运动失常所致的胸壁损伤。

(7) 内伤气滞血瘀、胸壁肿胀、胸腹胀满、疼痛者,以及因内寒湿邪凝结于筋骨之间导致肢节疼痛、关节不利者。

(8) 伤后合并痹证、痿证者。

2. 慎用证

(1) 老年体质虚弱,严重骨质疏松症,以及对手法治疗有恐惧心理,不愿意合作者。

(2) 伴有严重心、肝、脾、肺、肾等器质性病变和脑部疾患者。

(3) 精神疾患发作期患者。

(4) 急性筋伤初期局部疼痛剧烈或肿胀瘀血严重并仍有出血者。

(5) 妇女妊娠期或月经期,尤其习惯性流产者,怀孕的前三个月和后三个月慎用。

(6) 骨折、脱位固定期,更换敷料间隙,解除固定后的一段时间均慎用手法。

3. 禁忌证

(1) 诊断尚不明确的急性脊柱损伤伴有脊髓症状的患者。

(2) 可疑或已确诊的骨、软组织恶性肿瘤患者,关节结核、骨髓炎以及软组织化脓性疾病患者,严重脆骨病等非化脓疾病患者。

(3) 凝血机制障碍与血管脆性增加,常出现皮肤、皮下及消化道、呼吸道、泌尿系出血者。

(4) 施术部位有严重的皮肤破损或皮肤有传染性疾病及感染者。

(5) 肌腱、韧带大部分或完全撕裂者。

(6) 内伤、胸腹及颅内出血尚未停止者。

(四) 技术要素

由于历史的原因,手法的流派和种类较多,但是任何手法的组成均离不开手法的技术要素,技术要素是组成手法的基本成分,它包括手形、着力部位、力度、节律、方向等。

1. 手形 手形是指手法操作者手的外形,即手法操作时手需保持的形状。手形正确,手法操作才能准确和符合要求;手形不正确,往往影响着力部位的准确、力度的柔和与渗透,使手法显得机械、生硬。常见的手形分为自然手法形和特殊手形两大类。自然手法形是指手法操作过程中腕、掌指关节、指间关节等的位置随治疗部位的体形变化而改变,没有固定的形状。特殊手形是指手法操作时,手必须始终保持一种特定的形状。如擦法的半握拳手形,拿法的钳持状手形,点穴法的叠指状手形等。不论哪一种手形,均以手部内在肌处于自然协调状态为佳。手形的训练,是手法练习的第一步,只有加强手形的练习,才能逐步形成正确的手法。

2. 着力部位 着力部位又称力点,是手法操作时治疗作用力的发放部位。除运动关节类手法外,其余手法的着力部位与手法操作时接触治疗处的部位大体相同,但力点大多小于手的接触部位。着力部位有大小之分,着力部位小则力度深,如指端、指腹、小鱼际、掌根着力等。着力部位大则力度浅,如掌指、手掌着力等。着力部位大小不仅影响手法的力度,而且还影响手法的功用,指尖、指腹着力,手法的敏感度高,针对性强,多用于特殊治疗,如点按穴位、分理筋缝、弹拨肌腱。掌指、手掌着力,面积大、部位广,其调和气血的作用强,多用于腰、背、胸、腹、四肢关节等部位。

3. 力度 力度是手法治疗时力的轻重。力轻作用则浅,多作用于皮部;力重作用则深,多深达筋骨。力度可分轻、中、重三种。轻的力度是指力仅达表皮或皮下,如摩擦类手法;中等力度是指力达韧带、肌肉,如复合类手法;重的力度是指力深达骨膜,如按压类手法。临床应用时,还须结合患者的年龄、体质、胖瘦以及耐受程度等具体掌握。如相同力度的手法,用于身体壮实者则偏轻,用于年老体弱者则偏重,一般施术者可根据治疗时患者的面部表情适时进行调整。

4. 节律 节律是指着力部位运动的快慢,即力的作用频率。手法操作时节律有两种,一是力量持续作用者,频率较慢,变化不明显,如按法。二是力量断续作用者,频率变化较大,有快有慢,随治疗需要而变化。其中,摩擦类手法的擦法、推法节律较快。手法的节律影响手法的力度,节律快时力度轻,节律慢时力度重。治疗时手法的节律应视患者的年龄、体质、损伤部位、时间、伤情等具体情况而定,手法的节律与治疗部位的组织产生共振时,其疗效最佳。因此,在手法操作时应力求节律与所治部位产生共振。

5. 方向　方向是指着力部位运动的方向,即力的方向。手法的方向对气机的升降、气血的循行有调节和促进作用。由于经络的循行、经筋的走向有方向性,因而手法亦有方向性。手法的方向不同,其调节作用自然不同。手法的方向有两种,一是单向性的,如由近向远或由远向近的推法、顺时针或反时针方向的揉法,手法的方向始终保持不变。另一种是双向性的,即由此到彼和由彼到此的来回操作,如摩法、擦法等。

(五) 手法分类

筋伤治疗手法极其丰富,名称及分类方法繁多。据历代经典医著所列手法,常用的分类有:

1. 按治疗作用与单、复手法术式分类,可分为活动关节的"活节展筋八法"和不活动关节的"舒筋镇痛手法"。

(1) 活节展筋八法:牵法、抖法、摇法、归合法、伸屈法、背法、推搬法、旋转法。

(2) 舒筋镇痛手法:①舒筋十四法:按法、摩法、推法、拿法、揉法、捏法、捻法、拍法、打法、劈法、叩法、踩法、㨰法、顺法;②镇痛八法:弹筋法、拨筋法、分筋法、震颤法、点穴法、压法、散法、镇定法。

2. 按手法主要作用、施术部位及操作的不同,可分为舒筋通络手法和活络关节手法。

(1) 舒筋通络手法:按摩法(轻度按摩手法和深度按摩手法)、㨰顺法、一指禅推法、揉法、拨络法、擦法、搓法、击打法、拿捏法、弹筋法、捻法、捻散法、点穴法、抖法、搓法、归合法等。

(2) 活络关节手法:屈伸关节法,旋转摇晃法(四肢旋转摇晃、颈部旋转法、腰部旋转法),腰部背伸法(立位腰部背法、立位腰部牵引法、卧位背伸法、卧位牵引法),拔伸牵引法,按压踩蹻法(肘尖加压法、踩蹻法)。

3. 按照临床治疗顺序,可分为准备手法(点穴、按压、㨰顺等),治疗手法(展筋、舒筋等),结束手法(舒筋镇痛等)。

(六) 临床应用

1. 手法选择　由于病因、病机、体质、环境等的不同,造成损伤的表现亦不相同,加之病情在各个阶段的不断变化,因此,在临证时要辨证施术,对不同病情采取不同的治法。临床选用应注意以下几点:

(1) 主症与兼症:选用手法要以主症为主,同时顾及兼症。如肩周炎,除以肩部疼痛为主外,还兼有上臂、肘、前臂疼痛。治疗时重点在肩部,同时亦要兼顾上臂、肘部和前臂。

(2) 知常达变:根据主症及并发症灵活选用手法。如关节扭伤、韧带断裂、滑膜嵌顿时,滑膜嵌顿是主要的,一旦复位后,韧带断裂又转为主要病变,若因缺少活动或体质虚弱,感受风寒湿邪并发痹证,则痹证又可能成为后期的主症。因此,随着病情的不断变化,手法也要随之改变,灵活应用。

(3) 主要施术区与次要施术区的选择:手法一般是在病变区及疼痛区进行,主要疼痛处往往与损伤部位是一致的,但也可能因经络的传感作用或气滞血瘀,造成邻近或远离损伤部位的疼痛。治疗时,应以筋伤部位为重点。治疗后,主要筋伤部位病情好转,疼痛减轻,而次要筋伤部位疼痛明显占据首位时,它也就成了治疗重点。若筋伤好转,经络受寒,远端疼痛加剧,则治疗重点还须转移。若沿经络有多处痛点,则以治疗近端疼痛为主。

(4) 手法治疗的顺序:①骨折、脱位、伤筋,应先治疗骨折、脱位,而后治疗筋伤,若因扭伤造成关节错缝,应同时治疗错缝和筋伤;②每次治疗的顺序为先施以准备手法,如点穴、按压、捋顺等,再施以治疗手法,如展筋、舒筋等,治疗结束时还应施以结束手法,如舒筋镇痛等。

2. 手法要求 手法要求均匀、柔和、持久、深透有力。均匀,是指手法动作有连续性和节律性,速度均匀(不要时快时慢),压力均匀(不要时轻时重)。柔和,是指手法轻而不浮,重而不滞,且持续不断(不是生硬粗暴)。深透有力,是指手法的力量。力量的大小要根据患者的体质和病情而定,年老、体弱、形瘦、虚证及急性筋伤初期,手法宜轻,而年轻体壮、肌肉丰满及慢性筋伤,手法宜重。

3. 适宜手法的感觉及异常反应 手法治疗时应有酸胀、串麻或轻微疼痛的感觉,以不引起患者剧烈疼痛、不加重病情为原则。若术中出现剧烈疼痛或术后病情日益加重者,应及时调整术式或暂停治疗。

4. 急性筋伤的手法要求 急性扭挫伤,多有肌肉痉挛、局部血肿,或伴有滑膜嵌顿、关节半脱位及微动关节错缝等病理变化。因此,要及时进行手法治疗,并要求一次成功,尽量避免重复治疗,以免增加损伤和患者的痛苦。手法须稳、妥、准。稳,就是要求术者在治疗中沉着镇静,心中有数,仔细认真。妥,就是对伤情、体质全面了解后,提出选用手法及操作步骤,且施术时必须掌握在安全范围内,避免医源性损伤。准,就是施术方法及施术部位选择要准确,使治疗恰到好处。一般先不改变肢体受伤后的体位,顺势牵引,再回到功能位,以展筋手法为主,配合推按、理顺、挤压等理筋手法,使筋骨得以复原。

三、固定疗法

固定是治疗筋伤的方法之一。筋伤错位经过适当的手法治疗后,适当、及时的外固定有利于维持整复治疗的效果,减轻疼痛,加快肿胀的吸收,预防重复损伤和促进筋伤愈合。因此,对某些筋伤患者采取适当的外固定是十分必要的。

一般而言,筋伤固定不如骨折固定要求那么高,其外固定材料亦取自骨折外固定材料,如绷带、石膏、胶布、纸板等。固定方法很多,如关节部位扭伤可采用绷带固定;肌腱、韧带等筋的断裂伤应选择牢靠的石膏固定或塑形小夹板固定;踝关节的内翻扭伤,导致踝关节外侧副韧带撕裂时,常采用绷带将其固定于外翻位。

筋伤治疗过程中需正确处理固定与运动的关系,固定能起到制动作用,使损伤的肢体处于被动的休息状态,有利于筋伤的修复,但用之不当则会造成组织粘连,对功能恢复不利;运动则是机体的生理需要,对损伤的修复亦是有利的。《仙授理伤续断秘方》:"凡曲转,如手腕足凹手指之类,要转动,用药贴,将绢片包之,后时时运动。"叙述了关节部位的损伤既要用绢片等包扎进行相对固定,又要进行或屈或伸、时时运动的治疗方法。因此,固定与否、固定方式、固定范围和固定时间应根据筋伤的实际情况来决定,只有将合理的固定与有效、适宜的运动有机结合起来,才能收到预期的治疗效果。

(一) 固定的作用

1. 维持手法治疗后的效果 筋伤经手法治疗效果满意后,将其固定在令所伤之筋处于松弛、关节稳定的位置,可以维持手法的效果,以利于损伤的愈合。有些骨错缝、筋错位患者,手法复位后,如不做适当固定,容易发生再移位,故常常要将肢体固定在与造成筋伤暴力方向相反的位置,防止其再移位与重复损伤,维持手法治疗的效果。如寰枢椎错缝,经手法治疗后多采用颈托外固定以巩固治疗效果和防止再错缝。

2. 有利于消肿止痛,解除痉挛   筋伤后血管破裂出血形成血肿,或因损伤致使血管壁通透性改变,大量液体自血管渗出聚积于组织间隙形成肿胀。必要的固定使肢体处于相对静止的休息状态,有利于减少不良因素的刺激、发挥机体自身调节作用,从而加快血肿及渗出液的吸收,起到消肿的作用。疼痛与肌肉痉挛往往同时存在,互为因果,形成恶性循环,局部外固定能减少肢体活动和对损伤部位的牵拉等刺激,从而减轻疼痛,解除痉挛。

3. 为筋伤的修复创造有利条件   筋伤的修复需要一个相对稳定的环境,只有将伤肢保持在使筋松弛的位置上并维持一定时间,才能完成筋伤的修复。固定能减少伤肢的活动,为筋伤的修复创造良好的修复环境,有利于筋伤的修复和愈合。如果修复过程中损伤局部仍经常活动,不但会使脆弱的新生组织被破坏,而且会加重原有损伤,不利于损伤组织的修复。

4. 减少或避免并发症和后遗症的发生   损伤部位的有效固定可为全身或其他部位早期进行功能锻炼创造条件,有利于全身或局部功能的改善和加强,从而减少或避免并发症和后遗症的发生。

(二) 注意事项

1. 选择适当的固定材料和固定方法   固定材料和固定方法应根据受伤的部位、受伤机制、伤势程度、是否有并发症和治疗效果等方面的具体情况加以选择应用。以简便、有效、患者易于接受为选择原则。要求既能起到良好的固定效果,能维持一定时间,又不影响伤处及其远端的血运,不影响筋伤的愈合过程,不妨碍功能锻炼。

2. 注意观察固定后肢体的血运情况   固定对肢体的血运有一定影响,固定时要尽量把这种影响降到最低限度。缚扎松紧要适当,过紧则会导致血运障碍,出现患肢肿胀、缺血、肌肉挛缩、坏死等并发症。因此,固定后要密切关注患肢的血运情况,尤其要注意观察肢端动脉搏动和皮肤温度、颜色、感觉、肿胀程度以及指(趾)活动等情况。若出现血运障碍征象,必须及时放松固定;若仍无好转,应及时拆开外固定,并做相应处置。

3. 预防压迫性溃疡的发生   肢体骨骼隆起部位在固定过程中容易出现压伤,固定时应事先在骨骼隆起部位放置衬垫予以保护。在固定过程中,若发现固定部位有疼痛或异常渗出物时,应及时检查以防止发生压迫性溃疡。伤后在肿胀高峰期到来前,患肢会因为继续肿胀而出现伤处疼痛,有时还会出现张力性水疱,要注意及时调整外固定的松紧度。

4. 适当抬高患肢   固定后适当抬高患肢有利于肢体肿胀的消退。上肢可用三角巾或绷带悬于胸前,下肢可用软枕、沙袋垫高患肢或将患肢置于支架上。

5. 掌握固定的位置和时间   为避免再发生骨错缝、筋错位,应将患肢固定于有利于患肢修复和功能恢复的位置,一般是指让伤筋松弛、关节稳定、易于愈合的位置。固定时间应根据筋伤的情况、病情的变化及一般愈合时间而定。若固定时间过短,则肌腱、韧带、关节囊等尚未愈合,达不到治疗的目的,并可能造成关节不稳或习惯性扭伤、错缝或脱位;固定时间过长,则会产生局部软组织粘连、肌肉萎缩、骨质脱钙、关节挛缩或关节功能障碍等。一般筋伤固定时间需要 2~6 周。

6. 及时指导患者积极练功   固定后应及时指导患者进行功能锻炼,以调动和发挥患者的积极性和主观能动性,同时可以加快局部肿胀的消退,防止肌肉萎缩、韧带挛缩、关节的粘连或僵硬等。练功时动作要协调,循序渐进,逐步加大运动量。如果患者局部和全身条件允许,可以在固定后立即开始练功。

7. 若筋伤后局部或关节内血肿过大,可在无菌操作下抽出瘀血,进行加压包扎,抬高患肢休息。肌腱、韧带完全断裂,无法复位或复位失败,以及神经、血管断裂者,应尽早施行手术治疗。

思政元素

工 匠 精 神

医生的实质就是"工匠",早在《黄帝内经》中就将医生分为上、中、下三工,每一位医生都应以"上工"的标准严格要求自己,把患者的健康作为一生追求的目标,不断提高自身的专业技能。手法作为筋伤疾病的重要治疗手段,是骨伤科医生必须掌握的技能。《医宗金鉴》对手法治疗提出了明确的要求:"一旦临证,机触于外,巧生于内,手随心转,法从手出"。古往今来,各骨伤流派的代表人物无不具有工匠精神,他们专注于骨伤领域,通过临床实践,领悟规律,追求手法的极致和完美。我们在学习手法时,不能拘泥于书本上的描述,而要亲自动手实践,并且不断充实现代解剖学、生物力学知识,通过自身的领悟不断改进,精益求精,方能对不同手法融会贯通,做到"手摸心会,手到病除"。

(三) 固定方法

目前常用的固定方法有外固定和内固定两大类,外固定有绷带固定、夹缚固定、石膏固定、牵引固定、支架固定等,内固定有钢板固定、螺钉固定、三翼钉固定、髓内针固定、钢丝固定等。筋伤的固定通常采用外固定法,主要有绷带固定法、弹力绷带固定法、胶布固定法、夹缚固定法、石膏固定法等。

1. 绷带固定法 绷带固定是治疗筋伤的常用固定方法,多用于韧带损伤。绷带固定具有材料简单,应用方便,固定范围可大可小,压力均匀,易于调整,配合外敷药物,兼备局部固定和药物治疗的双重作用等优点。绷带固定的缺点是固定维持时间不长,容易松脱。绷带固定位置和固定方法应根据损伤部位、受伤机制的不同做相应调整。如踝关节扭伤多用绷带行"8"字形固定,但因其损伤机制有内翻和外翻之分,损伤部位也有内、外之别,故固定方法也有所区别。如外翻易导致内侧韧带的损伤,固定时应将踝关节固定于内翻位。固定方法:用绷带从内向外先在踝上缠绕几圈作为固定的支点,然后通过足背从足底绕过,再从内踝向上缠绕到踝上,全过程如"8"字缠绕,一般缠6~10圈。

2. 弹力绷带固定法 弹力绷带除具有一般绷带的优点外,还具有维持时间长,弹力持续作用固定部位,有利压迫止血和某些分离组织的靠拢等优点。主要用于关节损伤后引起的松动和损伤后血肿的压迫止血。如下尺桡关节损伤分离时,可在复位后用弹力绷带在下尺桡关节部位缠绕6~10圈固定。筋伤后出现局部或关节囊血肿,用弹力绷带加压包扎固定可以止血;若局部或关节囊内血肿过大或渗出液过多,可在无菌操作下抽出瘀血或渗出液后,用弹力绷带加压包扎固定,可防止血肿再次形成,有利于止血和组织修复。但在关节或有主要血管通过的部位用弹力绷带固定时,注意不要缠得过紧,以免影响血液循环。

3. 胶布固定法 胶布固定亦具有材料简单,应用方便的优点,临床使用较为广泛,多用于韧带、肌腱撕裂等损伤。一般用数条普通胶布沿损伤组织纤维的纵轴方向交叉固定,给损伤组织以支持。亦可在胶布固定的基础上配合绷带固定,以加强固定效果。

4. 夹缚固定法 夹缚固定法是将适宜厚度的硬纸板,如包装纸箱、纸盒、X 线胶片盒、橡皮布筒等,根据患部情况剪成适当形状,并制成符合患部体形的弧度和角度,放置在损伤部位,外用绷带缠绕,或在根据患部情况剪成适当形状的硬纸板内衬棉垫,边缘用胶布粘贴,用时放置在损伤部位,用绷带包扎的方法固定。其优点是取材方便,制作简单,轻便适用,纸板的硬度和厚度可根据伤情灵活调节,并可根据不同损伤部位剪成适当的形状,而且纸板的吸水性好,透气性佳,有一定的弹性和柔韧性,捆绑后服帖舒适,不影响气血流通,不易发生压迫性损伤。多用于小关节错缝复位后的固定。如寰枢椎错缝在手法复位后,可根据颈部情况用适当厚度的纸板剪成一个前高后低、下颌和后枕有一定弧度的环形颈托,用棉垫衬里包裹后固定于颈部,以防止再错缝。

5. 石膏固定法 选用适当宽度的石膏绷带,据所需长度反折成数层,然后向中间折叠,浸泡于温水中,待石膏绷带在水中停止冒泡后,双手握持石膏卷两端,从水中取出并挤出多余水分,平铺于木板上,以手掌加压抹平,贴于患处,外缠石膏绷带或普通绷带形成管形石膏或石膏托板,或将抹平的石膏绷带直接缠绕在伤肢上形成管形石膏。其优点是能根据肢体形状而塑形,干后坚固而不易变形、松散,固定作用确实可靠。多用于严重筋伤需要制动者,如某些肌腱、韧带断裂伤等。固定时要注意保护好骨突;不可出现向内的皱褶,以免压伤或压迫伤肢;指、趾端需外露,以随时观察其颜色、温度、感觉等。

四、练功疗法

练功又称功能锻炼,是指在医生指导下通过患者自我主动锻炼,从而达到防治疾病、增进健康和促进功能恢复的一种辅助治疗方法。

练功是局部与整体兼顾,动与静相结合(即固定与活动相结合)治疗原则的体现。练功时必须在医生的正确具体指导下进行,活动形式与活动量应据患者的体质、受伤时间、筋伤部位、筋伤程度与治疗情况及时调整、变更(包括肌肉、关节与肢体的各种自主功能活动)。锻炼要适合筋伤时的生理条件,以不引起剧烈的疼痛和影响筋伤的修复为原则,动作要稳、妥、轻柔,循序渐进。如伤后 2~3 天出血停止后,要及时、有计划、有步骤地开始肌肉收缩活动,逐渐增加活动量,并从单关节开始,渐至多关节,直至功能恢复。

(一) 练功的分类

1. 按练功部位 可分为全身练功和局部练功。

(1) 全身练功:指针对全身各部位,使其均得到应有的活动,以促进气血运行,调节和强壮机体组织器官功能,加速消除创伤形成的局部病理现象,提高脏腑功能,达到防病治病的目的。如练习太极拳、易筋经、八段锦等。

(2) 局部练功:指针对机体某部分损伤情况而进行的局部主动活动,使其功能尽快恢复,以达到防止组织粘连、肌肉萎缩、关节僵硬的目的。如肩关节损伤,练习耸肩、摆动上肢、握拳等;下肢损伤,练习股四头肌收缩、膝关节伸屈、踝关节背伸、跖屈活动等。

2. 按练功时是否使用辅助器械 可分为徒手练功和器械练功。

(1) 徒手练功:指不借助器械,依靠自身机体进行练功活动。主要是防止肌肉萎缩、关节僵硬,促进伤肢功能恢复。如练习太极拳、易筋经、耸肩、握拳、股四头肌舒缩、膝关节伸屈、踝关节背伸、跖屈活动等。

(2) 器械练功:指借助器械进行练功。主要是加强伤肢力量,弥补徒手练功的不足,或利用器械的杠杆作用,或用健肢带动患肢,帮助恢复伤肢关节活动功能。一般常练习手拉滑车、蹬车、握搓铁球等。如肩关节练功可手拉滑车,指间关节练功可搓转胡桃、小球等,下肢各关节练功可踩滚大竹管或踩踏转轴等。

(二)练功的作用

1. 活血化瘀,消肿止痛　筋伤后均存在不同程度的经络不通,气滞血瘀,而产生肿胀、疼痛。练功可以推动气血的流通,促进血液循环,从而行气活血,祛瘀生新,消肿止痛。

2. 减轻肌肉萎缩　筋伤后肢体活动受限,后期多数患者都有不同程度的肌肉萎缩,练功可以通过主动或被动活动增强肌肉力量,促进气血循行,从而防治肌肉萎缩。

3. 濡养关节经络　急性损伤后期和慢性损伤,局部气血不荣,筋失所养,而致肢体酸痛麻木、关节不利等,练功可以通畅气血,濡养筋脉、肌肉,滑利关节,增强其活动度。

4. 防止关节粘连和骨质疏松　导致关节粘连和骨质疏松的原因是多方面的,但其主要原因之一是患者长期制动和缺乏活动锻炼。练功可以通畅气血,舒筋活络,从而治疗和预防关节粘连;同时,练功有利于增加骨的血液供应,改善骨的营养,对骨质疏松起到预防和治疗作用。

5. 恢复肢体功能,巩固治疗效果　练功可以促进人体气血生化和运行,逐步改善损伤组织濡养失司的状况,有利于损伤组织的修复;同时,练功可使气血旺盛,筋骨强健,从而提高机体抗损伤的能力,促进肢体功能恢复和巩固治疗效果。

(三)注意事项

1. 辨明伤情,制定合理的练功计划　充分了解损伤的病理特点和各种练功的治疗作用,因人、因病制定周密的练功计划,选择适宜的练功方法,合理安排练功内容,确定适宜的运动强度和运动量。只有如此,才能使练功取得满意的疗效。

2. 注重练功动作的准确性　正确的练功姿势是练功疗伤祛疾、强壮身体的保证,否则,不但起不到防病疗伤的作用,而且有可能加重原有损伤。因此,在指导患者练功时要详细讲解练功的目的、意义、主要目标和动作要领,以易于患者接受与积极配合。

上肢练功的主要要求是恢复上肢活动的灵活性,如手部练功主要是恢复手的灵活性及其抓、握、持、捏等功能。上肢任一关节受限,都将妨碍手的功能活动,因此,除了注重损伤的局部关节治疗外,对上肢各关节都应采用相应的练功方法以预防关节发生功能障碍。下肢练功的主要要求是恢复下肢的负重和行走功能,保持各关节的稳定性。因此,练功时尤其需要注重臀大肌、股四头肌和小腿三头肌的力量锻炼,以保持下肢正常的行走和负重。

3. 练功要循序渐进,避免"过"与"不及"　练功应以恢复和增强机体功能为核心,恢复、增强肌肉力量和恢复关节活动度为重点,循序渐进。练功时间应由短到长,次数应由少到多,动作应由简单到复杂,动作幅度应由小到大,负重应由轻到重,运动强度和运动量应逐渐增加。每日以2~3次为宜。若练功过程中出现疼痛加剧,伤情加重时,须立即改变练功方法,调整练功内容、强度和运动量,或暂时停止练功。

4. 练功时要注意防寒保暖,避免六淫时邪侵袭机体　练功时要注意四时气候变化,随天气变化而增减衣服,天凉时要注意防寒保暖,尤应避免风邪等六淫时邪侵袭机体。

5. 练功要全神贯注,持之以恒　患者在练功过程中要全神贯注,集中注意力,谨防因分心走神而造成新的损伤或加重伤情。同时,应指导患者坚持练功,只有持之以恒,方能取得预期的疗效,半途而废将会前功尽弃。

6. 定期复查,评定疗效,适时调整　定期复查患者伤情和功能恢复情况,评判练功疗效,并根据伤情、功能恢复及练功疗效等,及时调整练功内容、强度和运动量等。同时,亦可使患者看到练功效果,有助于坚定患者练功的信心。

7. 练功应充分发挥患者的主观能动性,强调信心与耐心。

8. 练功过程配合熏洗、热敷、理疗及外用药物等疗效更佳。

(四) 功用与方法

1. 颈部练功法

功用:增强颈项部肌肉力量和协调性,巩固和提高颈项部肌肉劳损、落枕、颈椎病、颈椎间盘突出症等疾患的治疗效果。

练功方法:可采用坐位或站立位。站立时两脚分开,与肩同宽,双手叉腰,目视前方,深呼吸并做以下动作:

(1) 前屈后伸法(又称与项争力):腰部、上身不动,吸气,颈部平稳缓慢、尽量后伸至最大限度,稍作停留,呼气,颈部平稳缓慢、尽量前屈,使下颌贴近胸骨柄上缘,稍作停留。反复数次至数十次(练习者视自身具体情况而定,下同)。此法可锻炼颈部的前屈后伸功能。

(2) 左右侧屈法:腰部、上身不动,吸气,头部平稳缓慢向左侧屈,稍作停留,呼气,头部平稳缓慢还原至中立位,再吸气,头部平稳缓慢向右侧屈,稍作停留,再呼气,头部平稳缓慢还原至中立位。左右交替,反复数次至数十次。此法可锻炼颈部的左右侧屈功能。

(3) 左右旋转法:腰部、上身不动,吸气,头部平稳缓慢向左后上方尽量旋转,目视左后上方,稍作停留呼气,还原,再吸气,头部平稳缓慢向右后上方尽量旋转,目视右后上方,稍作停留,再呼气,还原。头颈转动时身体不必向前伸出,左右交替,反复数次至数十次。此法可锻炼颈部的左右旋转功能。

(4) 颈椎环转法:腰部、上身不动,头部做顺时针方向或逆时针方向回环活动,顺逆交替。反复数次至数十次。此法可放松颈部肌肉,调整颈椎小关节位置,但颈项部急性损伤者慎用(图 1-30)。

2. 腰背部练功法

功用:防治慢性腰肌扭伤、慢性腰肌劳损、腰椎间盘突出症、梨状肌综合征、腰椎椎管狭窄症等引起的腰腿疼痛及功能活动障碍。

练功方法:

(1) 按摩腰骶法:坐位或站立位,双下肢保持伸直;两手掌搓至发热后紧按腰眼,两手同时用力向下推摩至腰骶部,然后用力向上推回至背部。按摩时用力适度,反复数次至数十次。此法可放松腰骶部肌肉,防治腰骶部疼痛(图 1-31)。

(2) 前屈后伸法:两足开立,与肩同宽,双下肢保持伸直,腰部尽量屈曲,稍作停留,还原,然后尽量后伸,稍作停留,还原,活动时腰部肌肉尽量放松,反复数次至数十次。此法可锻炼腰部屈伸功能和预防腰部屈伸功能受限。

(3) 左右侧屈法:两足开立,与肩同宽,双下肢保持伸直,腰部做左侧屈,左手顺左下肢外侧尽量往下,稍作停留,还原,再以同样方式做右侧屈。反复数次至数十次。此法可锻炼腰部左右侧屈功能。

(4) 腰部回旋法:两足开立,与肩同宽,双下肢保持伸直,双手拇指朝前叉腰,腰部做顺时针方向或逆时针方向旋转运动,动作缓慢,幅度由小到大,顺逆交替进行。反复数次至数十次。此法对腰部扭伤、慢性腰肌劳损等有辅助治疗作用(图 1-32)。

(5) 转腰摸脚法:两足开立,比肩稍宽,双臂下垂,双下肢保持伸直,腰部前屈并向左转

图 1-30 颈椎环转法　　图 1-31 按摩腰骶法　　图 1-32 腰部回旋法

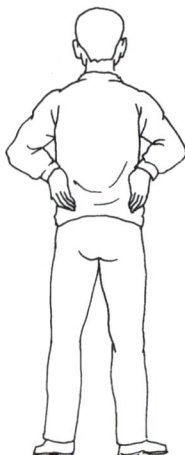

动,右手指尖或手掌尽量触摸左脚背面或外侧缘,同时左臂伸直,自然向左后上方划弧,目视右手。承上,腰部向右转动,左手指尖或手掌尽量触摸右脚背面或外侧缘,同时右臂伸直,自然向右后上方划弧,目视左手。反复数次至数十次。此法可增强腰背部肌肉力量,防治腰腿疼痛。

(6) 双手触足法:两足开立,与肩同宽,双下肢保持伸直,腰部尽量屈曲,双手手指或手掌尽量触摸到地面或脚背,稍作停留,还原。动作缓慢,弯腰时膝关节勿弯曲,反复数次至数十次。此法可增强腰背部肌肉力量,防治腰腿疼痛及腰部前屈功能受限。

(7) 仰卧架桥法:仰卧,双肘、双髋及双膝屈曲,以头后枕部、双肘及双足跟五点为支撑,双手掌托扶于腰部,用力将腰部拱起,稍作停留还原。反复数次至数十次。经过一段时间锻炼后,可将双上肢交叉并置于胸前,改为以头后枕部和双足跟两点为支撑,做拱腰锻炼。此法可增强腰、背及腹部肌肉力量,防治损伤、慢性劳损、风寒湿所致腰背部疼痛(图 1-33)。

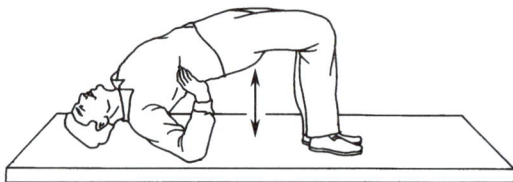

图 1-33 仰卧架桥法

(8) 飞燕点水法(亦称飞燕式):俯卧,头转向一侧,上身躯体保持不动,两腿交替向后做过伸动作,或上身躯体保持不动,两腿同时向后做过伸动作,然后,两腿不动,上身躯体向后背伸,进而以腹部为支点,上身与两腿同时向后背伸,还原。练习时保持自然呼吸,反复数次至数十次。此法为卧位腰背练功的基本动作,可锻炼腰背肌肉力量,防治腰肌慢性劳损、腰椎间盘损伤、胸腰椎骨折患者的腰痛后遗症。以损伤早期练习此法为佳(图 1-34)。

3. 上肢练功法

功用:防治上肢因急性损伤和慢性劳损所致的疼痛和肩、肘、腕关节活动功能受限。

练功方法:

(1) 上提下按法:两足开立,与肩同宽,双臂下垂,屈肘上提,两掌与前臂相平,掌心向下,提至胸前与肩平,两掌用力下按,至两臂伸直为度。上提时肩部用力,下按时手掌用力,肩部尽量放松,动作平稳、缓慢、有力,呼吸自然均匀,反复数次至数十次。此法可增强肩关节的活动能力,防治肩部风湿、外伤所致的粘连、疼痛(图 1-35)。

图 1-34 飞燕点水法

（2）扩胸练习法：两足开立，与肩同宽，手指屈曲或握成虚拳置于颈前，肘斜向前，两掌心向外，双手同时向左右用力分开，肘部用力向后运动，胸部尽量向外前挺出，稍停，还原。亦可双臂向前平行伸直，拳眼向上，或掌心向上、向下做上述动作。拉开时双臂平行伸开，不宜下垂，肩部用力，动作应缓慢，逐渐向后拉，使胸部挺出。反复数次至数十次。此法可增强肩部肌肉力量，恢复肩关节的外旋功能（图 1-36）。

（3）按胸摇肩法：两足开立，与肩同宽，双肘屈曲，两手重叠，掌心向里置于胸部，眼稍向上看，自左向右或自右向左轻按胸部、上腹部、小腹部，上下左右回旋数周至数十周。此法可防治肩部扭伤、骨折、脱位所致的关节僵直以及肩关节粘连等（图 1-37）。

图 1-35 上提下按法

图 1-36 扩胸练习法

图 1-37 按胸摇肩法

（4）小摇肩法：两足开立，与肩同宽，双肘屈曲，两手重叠，掌心向里置于胸部，眼稍向上看，双手握拳置于胸前，不按胸部，肩关节自前往后再自后往前摇转数周至数十周。此法功用同"按胸摇肩法"。

（5）肩部转动法：①环转肩部（以右肩为例）：左手叉腰，右臂自然下垂，右臂自下向上、向前，再向后摇转数周至数十周，然后，右臂自下向上、向后，再向前摇转数周至数十周。②前后摆臂：弯腰，双手臂自然下垂，单臂前后来回摆动，亦可双臂同时前后来回摆动，即左臂自前下向后上，右臂由后上向前下，或左臂自后上向前下，右臂自前下向后上摆动。反复数次至数十次。③双臂划圈：弯腰，右臂自前左下向前右上，再至后左下，左臂自后右上向后左下，再至前右上，双臂同时进行，亦可单独活动。反复数次至数十次。练习上述动作可防治各种原因导致的肩关节周围组织粘连、损伤所致的肩关节强直、疼痛等。注意：练习上述动作时肩、臂应尽量放松，用力要轻柔（图1-38）。

（6）双手托天法：两足开立，与肩同宽，两手手指交叉置于腹部，掌心向上，反掌上举，掌心向上，眼随手动，稍停，还原。由健肢用力帮助患肢向上举起，高度逐渐增高，以患肢疼痛能忍受为度，反复数次至数十次。此法可增强肩关节的活动功能，辅助治疗某些肩部陈旧性损伤和疼痛（图1-39）。

图1-38　肩部转动法　　　　　　图1-39　双手托天法

（7）双手举鼎法：两足开立，与肩同宽，屈肘，两手上举与肩平高，两掌心向上，如托重物，双臂用力上举，眼随手动，双掌举过头顶，腕部用力，两手逐渐下降，还原。上举时吸气，下降时呼气，手指用力，如做引体向上，反复数次至数十次。此法可恢复肩关节的上举功能，对肩、颈部软组织损伤、肩周炎或外伤所致的上举功能障碍有防治作用。注意：对严重的肩关节粘连患者，宜先练习"双手托天法"，初练时不必勉强上举，经过锻炼后再逐渐举直（图1-40）。

（8）弯肱拔剑法：两足开立，双臂自然下垂，右臂屈肘向上提起，掌心向前，前臂提过头顶，然后向右下落，抱住颈项，左臂同时屈肘，掌心向后，自背后上提，手背贴于腰后，右掌自头顶由前下垂，右臂垂直后再屈肘，掌心向后，自背后上提于后腰部，左掌同时自背后下垂，左臂垂直后再屈肘由前向上提起，掌心向前，提过头顶，然后向左下落，抱住颈项，头随手臂运动至头顶时仰头向上看，足跟微提起，反复数次至数十次。此法可锻炼肩关节的上举及内旋功能，对因姿势不良所致的腰骶酸痛有辅助治疗作用（图1-41）。

图 1-40 双手举鼎法　　　　图 1-41 弯肱拔剑法

(9) 背后拉肩法：两足开立，与肩同宽，双手置于背后，健侧之手握住患侧之手，由健侧之手拉患肢腕部，渐渐向上拉抬。反复数次至数十次。此法可恢复肩关节的后伸功能。

(10) 手指爬墙法：面向或患侧身体向墙，两足开立，患侧肘关节微屈，五指张开扶在墙上，患侧手指徐徐向上爬行，使上肢尽量高举到最大限度，然后，再缓缓沿墙回到原处。反复数次至数十次。此法可防治肩关节的前伸、外展及上举功能受限。

(11) 手拉滑车法：将滑轮装置安装于距患者头顶 1m 左右高处，用绳子穿过滑轮，患者或立或坐于滑轮装置之下，双手持绳之两端，徐徐来回拉动绳索，以健肢带动患肢活动，幅度逐渐增大。反复数次至数十次。此法可锻炼肩关节的上举及肘关节的屈曲功能。

(12) 展翅飞翔法：两足开立，比肩稍宽，两臂自然下垂于大腿外侧，两臂屈肘在肩关节带动下，经体后侧向上、向前至两肘高于双肩，双手下垂，手背相对，随之肘关节向前，双臂下落，两手在脸前成立掌，掌心相对，徐徐下按，还原。反复数次至数十次。此法可防治肩关节僵硬及上肢活动功能受限。

(13) 屈肘提篮法：两足开立，双手下垂，右手握拳，前臂向上，用力、徐徐弯曲肘部，再用力、徐徐伸直还原，左手握拳做同样动作，反复数次至数十次。此法可增强上臂肌力，有助于恢复肘关节的屈伸功能（图 1-42）。

(14) 旋肘拗腕法：两足开立，左手叉腰，右上肢屈肘上举，右手握拳，用力、缓慢做前臂旋前动作，随后用力、缓慢做前臂旋后动作，还原。改右手叉腰，左手做同样动作，反复数次至数十次。此法同"屈肘提篮法"紧密配合，可增强上臂及前臂肌力，恢复肘关节的屈伸功能及前臂的旋转功能（图 1-43）。

(15) 前臂旋转法：站立位或坐位，屈肘，上臂贴于胸外侧，握拳，前臂用力、平缓做旋前、旋后动作，左右交替进行，反复数次至数十次。此法可治疗筋伤、骨错缝、骨折、脱位等引起的粘连，恢复前臂的旋转功能。

图 1-42 屈肘提篮法

(16) 背伸掌屈法：站立位或坐位，用力握拳，做腕背伸、掌屈活动，左右交替进行，反复数次至数十次。此法可防治腕关节背伸、掌屈功能受限。

（17）上翘下钩法：两足开立，两臂向前平举，掌心向下，腕关节背伸至最大限度，成立掌姿势，随后逐渐下垂成钩手，动作应缓慢有力，反复数次至数十次。此法可防治腕关节背伸、掌屈功能受限（图1-44）。

（18）青龙摆尾法：两足开立，两臂向前平举，掌心向下，两手分别向内、向外摆动，做外展内收动作。反复数次至数十次。此法配合"上翘下钩法"，可防治腕关节内收、外展功能受限（图1-45）。

（19）抓空增力法：坐位或站立位，先将五指用力张开，再用力抓紧握拳。左右交替进行，反复数次至数十次。此法可舒缩前臂部分肌群，促进前臂和手腕部的血液循环，消除上肢远端肿胀，锻炼指间关节、掌指关节的屈伸及内收、外展功能（图1-46）。

（20）手滚圆球法：坐位或站立位，手握两个圆球，手指活动使圆球滚动或交换位置，反复数次至数十次。此法可锻炼手指的灵活性。

图1-43　旋肘拗腕法

图1-44　上翘下钩法　　　　图1-45　青龙摆尾法　　　　图1-46　抓空增力法

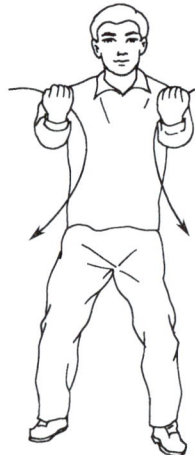

4. 下肢练功法

功用：防治下肢因急性损伤和慢性劳损所致的疼痛和髋、膝、踝关节活动功能受限。

练功方法：

（1）左右压腿法：两足开立，比肩稍宽，两手叉腰，拇指在后，左腿屈曲下弯，右腿伸直，然后下蹲，还原。右腿屈曲下弯，左腿伸直，然后下蹲，还原。左右交替，反复数次至数十次。练习时上体保持直立，双目平视前方，下蹲时可采用弓步下蹲、仆步下蹲、虚步下蹲（股四头肌力量较弱者，慎用之）。初练者不必强求过度下蹲。此法可增强腰部、髋部和腿部肌肉、韧带的力量，防治髋关节及股内收肌的疼痛、麻木和萎缩，以及老年人腿部功能的衰退（图1-47）。

（2）屈膝下蹲法：两足开立，与肩同宽，两手向前平伸，足跟轻提，足尖点地，再徐徐下蹲，使臀部尽可能触及足跟，然后，徐徐起立

图1-47　左右压腿法

还原,反复数次至数十次。下蹲程度,练习者需根据自身情况而定,不可勉强,必要时可扶着桌椅进行。此法可增强股四头肌和臀部肌肉力量,防治髋、膝关节劳损,腰、髋、腿、膝酸痛、无力以及髋、膝、踝关节的伸屈功能受限。

(3) 凌空踢腿法:仰卧位,腿伸直,两手置于体侧,屈膝屈髋,同时踝关节极度背伸,然后向斜上方用力蹬足,并使足趾尽量前屈如抓物状,左右腿交替进行,反复数次至数十次。初练者可不屈膝屈髋,只做踝关节动作。此法可促进下肢血液循环,防治下肢肌肉萎缩,消除踝关节因损伤所致的肿胀,以及改善髋、膝、踝关节的屈伸功能(图 1-48)。

(4) 仰卧抬腿法:仰卧位,腿伸直,两手置于体侧,做直腿抬高动作(膝关节伸直),角度逐渐增大,左右腿交替进行,反复数次至数十次。此法可增强股四头肌和髂腰肌力量,防治股四头肌萎缩。

(5) 坐位抬腿法:坐于床沿或凳子上,两手置于体侧,支撑上半身,膝关节伸直,做直腿抬高动作,角度逐渐增大,停留时间逐渐增长,左右腿交替进行,反复数次至数十次。此法进行股四头肌等长练习,可增强股四头肌力量,防治股四头肌萎缩。

(6) 侧卧外摆法:侧卧位,在上位腿伸直,用力做外展动作,还原。左右腿交替进行,反复数次至数十次。此法可增强大腿外展肌力量,防治其萎缩和髋关节外展功能受限(图 1-49)。

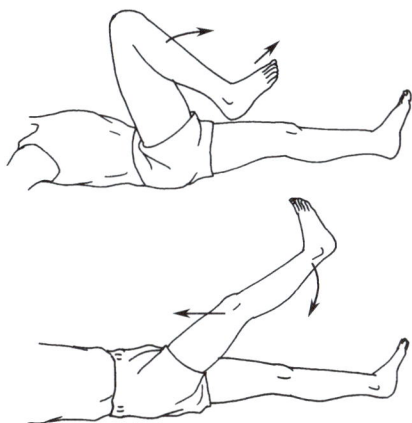

图 1-48 凌空踢腿法

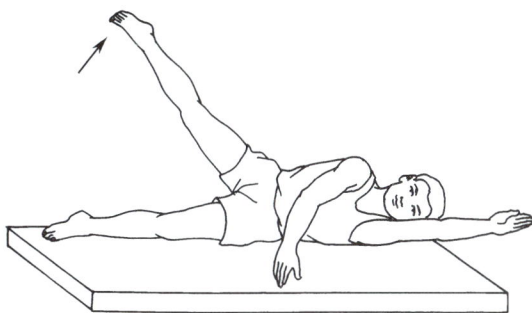

图 1-49 侧卧外摆法

(7) 半蹲转膝法:两足并立,脚跟并拢,两膝并紧,身向前俯,两膝微屈,两手按于膝上,目视前下方,两膝在水平方向上做顺、逆时针方向转动。反复数次至数十次。此法可防治膝部疼痛、膝关节劳损,恢复膝关节功能(图 1-50)。

(8) 四面摆踢法:两足并立,两手叉腰,拇指在后,左腿提起,大腿平,小腿下垂,再将小腿用力向前踢出,脚尖伸直,脚背绷紧,还原;左小腿再向后踢出,以足跟触及臀部为度,还原;左腿再向内横踢出,还原;左腿再向外横踢出,还原。右脚亦如此练习,左右交替,反复数次至数十次。此法可全面增强大腿、小腿肌力,防治下肢关节和肌肉挛缩麻木、筋骨酸痛,对老年人腿力衰退亦有帮助(图 1-51)。

(9) 搓滚舒筋法:练习者坐于凳上,患足蹬于竹筒或圆形木棒上,膝关节活动,使竹筒或圆形木棒在足底前、后间来回滚动。反复数十

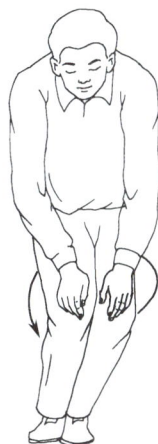

图 1-50 半蹲转膝法

47

图 1-51 四面摆踢法

次至数百次。此法可锻炼膝、踝关节的屈伸功能(图 1-52)。

(10) 蹬车活动法:练习者坐于特制的练功车上,用脚尖踩踏练功车的脚踏板,并做模拟足踏自行车的动作,反复数十次至数百次。此法可使下肢肌肉和各个关节均得到锻炼。

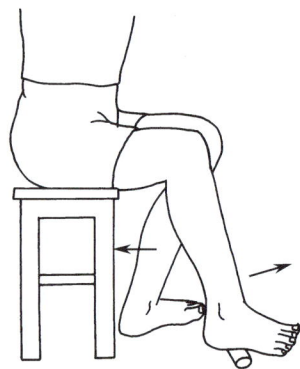

图 1-52 搓滚舒筋法

五、药物治疗

筋伤的药物治疗应以辨证论治为基础,贯彻四诊合参、整体观念、内外兼顾的原则。根据损伤的缓急、轻重、久暂、虚实等具体情况采用不同的治疗方法。新伤当以化瘀、通络、止痛为主;若迁延失治,经络阻塞,血不荣筋,致筋膜僵硬,治宜以养血荣筋为主;若关节筋膜陈旧性损伤反复发作、留瘀未化者,当活血和营、舒筋通络;若患肢肌肉削形瘦,气血失养,治当重补气血;若筋伤而风寒湿乘虚侵袭,则以温经通络为主,辅以化瘀祛风湿;若筋伤感染或血瘀化热、腐筋蚀骨而见局部红肿热痛、高热烦躁或血热妄行者,当清热解毒、凉血止血;若筋伤合并脾气不健,运化无力,湿痰内生,导致痰瘀互结,治疗当以祛湿化痰、散瘀通络为主。药物治疗分为内治法与外治法两大类。

(一) 内治法

内治法是通过内服药物使局部与整体得以兼治的一种方法。《正体类要》曰:"肢体损于外,则气血伤于内,营卫有所不贯,脏腑由之不和。"阐明局部筋伤通过气血、经络可影响到脏腑及全身。根据损伤的发展过程,一般分初、中、后三期,因此,治疗应从整体着眼,将筋伤的发生、发展、转归的连续性及阶段性与三期辨证用药结合起来。

1. 初期治法　筋伤初期(伤后 1~2 周)气血瘀滞,疼痛、肿胀较为明显,根据"结者散之"的原理,治疗应活血化瘀,消肿止痛,常用攻下逐瘀法、行气活血法。如有瘀而化热则采用清热凉血法,但应注意防止寒凉太过。

(1) 攻下逐瘀法:《素问·至真要大论》曰:"留者攻之。"《素问·缪刺论》云:"人有所堕坠,恶血留内,腹中满胀,不得前后,先饮利药。"跌打损伤,必使血脉受损,恶血留滞,壅塞于经脉,以致瘀血停积,瘀血不去则新血不生。故宜采用攻下逐瘀法以攻逐瘀血,化瘀止痛。本法适用于筋伤早期蓄瘀而致的阳明腑实证。症见胸腹胀满、便秘、内热燥实,舌红、苔黄厚、脉洪大而数之体实患者,可选用具有活血祛瘀和通下作用的药物,常用方剂有桃核承气汤、大承气汤等。此类方药,药效峻猛,对年老体弱、气血虚衰和妇女妊娠、经期及产后失血过多者,应当禁用或慎用该法。

(2) 行气活血法:又称行气消瘀法,本法为伤科内治法中最常用的方法。暴力致伤必伤气血,致气滞血瘀,壅阻经脉,局部肿痛并见,其治疗原则依据《素问·至真要大论》中的“结者散之”“逸者行之”。本法具有通经络、消瘀肿、止疼痛的作用,适用于筋伤初期气滞血瘀、局部肿痛,但无里实热证,或宿伤而有瘀血内结,或有某种禁忌而不能猛攻急下者。多选用具有疏通气机、促进血行、消除瘀滞作用的药物。常用方剂有以活血化瘀为主的复元活血汤、活血止痛汤,以行气为主的柴胡疏肝散、复元通气散、加味乌药汤,以行气与活血并重的膈下逐瘀汤、顺气活血汤、血府逐瘀汤等。临证应根据筋伤的程度和部位的不同,或重于活血化瘀,或重于行气,或行气与活血并重而灵活选用。

(3) 清热凉血法:本法包括清热解毒和凉血止血法。《素问·至真要大论》中有“治热以寒”“热者寒之,温者清之”。本法适用于跌仆损伤后引起的热毒蕴结于内,导致血液错经妄行,创伤感染,或邪毒侵袭,火毒内攻,热邪蕴结或壅聚成毒等证。症见局部红、肿、热、痛,全身发热,口渴,吐衄发斑,舌红绛,苔黄,脉数等。多选用具有清热解毒、凉血止血作用的药物。常用清热解毒方剂有加味犀角地黄汤、五味消毒饮,凉血止血方剂有十灰散、四生丸、小蓟饮子等。

清热凉血法所用方剂以寒凉药物为主,治疗时应量人虚实而用,若身体素虚,脏腑本寒,饮食素少,肠胃虚滑,或分娩后有热证者,清热药不可过用,以免寒凉太过引起瘀血内停。出血过多时,辅以补气摄血之法,以防气随血脱,必要时还要结合输血、补液等。脾不统血的出血症忌用本法。

2. 中期治法　筋伤中期(伤后 3~6 周),诸症经过初期治疗,肿胀消退,疼痛减轻,但瘀肿虽消而未尽,筋已连接而未坚实,瘀血不去则新血不生,新血不生则筋不能续,故以“和”“续”两法为基础,常用和营止痛法和理伤续筋法。

(1) 和营止痛法:是筋伤中期重要的治法之一。本法适用于急性筋伤,经消、下等法治疗后,伤处肿痛尚未除尽,仍有气滞血瘀,而继续用攻下之法又恐伤正气者。常用方剂有和营止痛汤、七厘散等。

(2) 理伤续筋法:此法适用于损伤中期筋已理顺,筋已连接而未坚实者。局部尚有瘀血未去,瘀血不去则新血不生,新血不生则筋不能续,骨不坚。本法主要由活血药与续筋坚骨的药物组成。常用方剂有新伤续断汤、补肾壮筋汤等。

3. 后期治法　筋伤后期(筋伤 6 周以后),瘀血、肿胀基本消除,但损伤日久,气血必虚,此期损伤之筋尚未能愈合坚固,经脉未能完全畅通,气血、脏腑虚损之象突出。其治法应同慢性筋伤,根据损者益之、虚则补之的治则,此期以补益为主,常用补养气血法、补益肝肾法、补益脾胃法。因损伤日久,若调护不当,复感风寒湿邪者颇多,故后期治法还包括温经通络法。

(1) 补养气血法:筋伤日久多出现气血亏损之证,若早期攻伐太过或虚人外伤,虚弱证候更明显。通过补养气血可使气血旺盛以濡养皮肉筋骨,使之强劲有力。常用方剂有以补气为主的四君子汤,以补血为主的四物汤,以及气血双补的八珍汤、十全大补汤等,临床可随证加减。因气血互根,气虚可致血虚,血虚可致气损,故临床应用时补气、补血虽各有重点,但不能截然分开,常常需要补气、养血兼用。

(2) 补益肝肾法:本法又称强壮筋骨法,主要适用于筋伤后期体质虚弱、肝肾亏虚所导致的筋骨痿软、腰脊不举、胫酸节挛、疼痛日久者。临床应用本法时,应注意肝肾之间的相互联系及肾的阴阳偏盛。常用方剂有壮筋养血汤、生血补髓汤、左归丸、右归丸等。

（3）补益脾胃法：本法适用于损伤后期，耗伤正气，气血亏损，脏腑功能失调，或长期卧床缺少活动，而致脾胃气虚，运化失职，饮食不消，四肢疲乏无力，肌肉萎缩。常用方剂有补中益气汤、参苓白术散、归脾汤、健脾养胃汤等。

（4）温经通络法：筋伤日久，气血不足，运行不畅或阳气不足，腠理空虚，风寒湿邪乘虚侵袭，常导致寒邪凝滞经络，经络不通。本法具有祛除风寒湿邪、活血舒筋、滑利关节、通畅经络的作用，适用于筋伤后四肢拘急，关节痹痛，得温痛减，遇寒痛甚，舌苔淡白，脉沉迟者。常用方剂有麻桂温经汤、乌头汤、大活络丹、小活络丹等。

（二）外治法

外治法是将药物制成一定剂型，放置于损伤部位，使药物通过皮肤渗透发挥作用而达到治疗目的的一种方法。外治法在筋伤治疗中占有重要地位。

筋伤外治药物种类很多，功用也不尽相同，可分为消肿祛瘀、舒筋活血、温经通络、散寒祛湿等，使用的方法也各有差异，有外敷、外贴、熨洗、擦剂、离子导入等。按使用方法不同，临床上将外治药大致分为敷贴药、搽擦药、熏洗湿敷药和热熨药等。在临证选用时，应注意各自的功用和使用方法，根据不同的情况灵活选择应用。

1. 敷贴药　指直接敷贴在损伤局部的药物制剂。传统常见的有药膏、膏药和药散三种。随着现代医疗技术的发展，敷贴剂型和方法均有所改进，如将敷贴药制成胶布或做离子导入等。

（1）药膏：又称敷药或软膏，由碾成细末的药粉和基质混合而成。常用的基质有饴糖、医用凡士林、油脂等，也可用水、蜜、蛋清、酒或鲜草药汁将药末调拌成厚糊状直接敷贴伤处。近代骨伤科医家配制药膏时多用饴糖，除其药理作用外，还取其硬结后有固定和保护伤处的作用。一般饴糖与药物之比为3∶1，也有用饴糖与米醋按8∶2比例调制的。换药时间可根据病情的变化、肿胀消退程度和气温的高低来决定，一般每2~4天换药1次，后期患者可酌情延长，古人的经验是"春三、夏二、秋三、冬四"。饴糖调制的药膏要注意防止发酵、发霉。少数患者外敷药膏后产生接触性皮炎，应注意观察，及时处理。药膏按其功用可分为五类：

1）消瘀退肿止痛类：消瘀止痛药膏、定痛膏、双柏膏等，适用于筋伤初期肿胀、疼痛剧烈者。

2）舒筋活血类：三色敷药、舒筋活络药膏、活血膏等，适用于筋伤中期肿痛逐步减退的患者。

3）温经通络类：温经通络膏，适用于筋伤日久、复感风寒湿邪者。

4）清热解毒类：金黄膏、四黄膏等，适用于筋伤感染邪毒，局部红、肿、热、痛者。

5）生肌拔毒类：橡皮膏、生肌玉红膏等，适用于开放性筋伤红肿已消，但创口尚未愈合者。

（2）膏药：又称薄贴，由多种药物配以香油、黄丹或蜂蜡等基质炼制而成，属中医外用药物中的一种特有剂型。膏药遇温烊化而具有黏性，能粘贴在患处。具有应用方便，药效持久，便于收藏、携带，经济节约等优点。膏药按其功用可分为两类：

1）治损伤与寒湿类：适用于损伤者的有坚骨壮筋膏；适用于风湿者的有狗皮膏；适用于损伤与风湿兼顾者的有万灵膏、万应膏、损伤风湿膏等；适用于陈伤气血凝滞、筋膜粘连者的有化坚膏。

2）提腐拔毒生肌类：适用于创伤有创面溃疡者的有太乙膏、陀僧膏等，一般常在创面另加药散,如九一丹、生肌散等。

膏药使用时应注意:一般应用于损伤的后期,若新伤初期有明显肿胀者,不宜使用。

(3) 药散:又称掺药、药粉,它的配制是将药物碾成极细的粉末,装入贮瓶内备用。使用时直接掺于伤口上,或加在膏药上敷贴患处。具有止血、生肌、消肿、止痛之功效。因组成的药物不同,其功效不同,适应证也有所不同。具有止血收口作用者如桃花散、如意金黄散、云南白药等,适用于筋伤出血者;具有活血止痛作用者如四生散、消瘀散等,适用于筋伤初期,局部瘀血肿痛者;具有温经散寒作用者如丁桂散、桂麝散等,适用于筋伤后期,局部寒湿停聚、气血凝滞疼痛者;具有祛腐拔毒作用者如九一丹、七三丹等,适用于筋伤创面腐肉未去或肉芽过多者;具有生肌长肉作用者如生肌八宝丹等,适用于筋伤创面新肉难长者。

2. 搽擦药　直接涂搽或配合理筋手法使用于患部的一种液体状药物制剂。搽擦药可直接涂搽于伤处,也可在施行理筋手法时配合使用,或在热敷熏洗后进行自我按摩时涂擦。一般可分为以下两种:

(1) 酒剂:又称外用药酒或外用伤药水,是将多种配制好的药物放置于白酒、醋溶液中浸泡一定时间后过滤去渣而成。一般酒、醋之比为 8∶2,也有单独用酒浸泡者。酒剂多用于闭合性筋伤或陈伤,有活血止痛、舒筋活络、追风散寒的作用,但开放性伤口不宜使用。应用时先将药酒涂于患处,然后用手在患处揉擦数分钟,以揉为主,不宜过度用力摩擦皮肤,以免损伤皮肤。常用的有活血酒、正骨水、伤筋药水、舒筋止痛水等。

(2) 油剂与油膏:用香油、花生油把药物煎熬后去渣制成油剂,也可加黄蜡、白蜡收膏炼制而制成油膏。具有温经通络、消散瘀血的作用,适用于关节、筋络寒湿冷痛,也可配合理筋手法及练功前后做局部搽擦,以增强手法及练功效果。常用的有伤油膏、跌打万花油、活络油膏、按摩乳、松节油等。

3. 熏洗湿敷药　将药物置于锅或盆中加水煮沸后熏洗患处的一种方法,即先用热气熏蒸患处,待水温稍降后用药水浸洗患处。也可以将药物分成两份,分别用布包住,放入锅中加水煮沸后,先取出药包熏洗患处,药包凉后再放回锅中,取出另一包交替使用,温度以患者感觉舒适为度,注意不要烫伤皮肤,尤其是皮肤感觉迟钝的患者。冬天可在患肢上加盖棉垫后再熏洗,使热能持久,每日 2 次,每次 15~30 分钟,每剂药可熏洗数次。本法具有舒松关节筋络、疏导腠理、流通气血、活血止痛的作用,适用于筋伤后关节强直拘挛、酸痛麻木或损伤兼夹风湿者。

4. 热熨药　是将药物加热后用布袋装好,熨帖于损伤局部的一种外治法。热熨的作用一方面是借助热力来温通经络,调和血脉,促进药物透皮吸收,另一方面取药物的温通作用。所选药物多为辛温通络之品,加热后起温通祛寒、行气止痛的作用,使损伤日久、瘀血凝聚者,肿胀消退,疼痛减轻,肌肉、关节活动灵便。本法适用于不易外洗的腰脊躯体之新伤、陈伤。主要的热熨药有以下几种:

(1) 坎离砂:又称风寒砂。用铁砂炒热后与醋、水煎成的药汁搅拌后制成。用时加醋少许拌匀并置于布袋中,数分钟内会自然发热,热熨患处。适用于陈伤兼有风湿证的各种慢性腰腿痛者。

(2) 熨药:又称腾药。将药物置于布袋中,扎好袋口,放在蒸锅中加热后熨患处。适用于筋伤肿痛或夹有风寒湿者。具有舒筋活络,消瘀退肿的作用。

(3) 其他:常用粗盐、黄沙、米糠、麸皮、吴茱萸等炒热后装入布袋中热敷患处,简单有效。民间也用葱姜豉盐炒热,布包敷脐上治风寒。适用于骨关节筋伤肿痛或风寒湿型筋骨痹痛。

六、针刺疗法

针刺疗法是以中医理论为指导,借助针具刺激人体特定的穴位,调整经络、气血、脏腑的功能,从而达到防治疾病目的的一种方法。具有通经活络、宣通气血、调整阴阳等功效,可起到止痛、消肿、解痉等作用,对筋伤疾病引起的疼痛、肿胀、功能障碍等症状具有明显的治疗效果。

1. 筋伤疾病的针刺方法 针灸治疗疾病,行针很重要,常用行针方法包括基本手法、辅助手法、补泻手法三类。

(1) 基本手法:主要有提插法和捻转法。

1) 提插法:将针从浅层插向深层,再由深层提到浅层,如此反复上提下插。

2) 捻转法:将针刺入一定深度后左右来回旋转。

(2) 辅助手法:针刺时,对针柄、针体和腧穴所在经脉进行的辅助动作,主要有以下几种:

1) 循法:用手指顺着经脉的循行经路,在腧穴的上下部轻轻循按。主要是激发经气的运行而使针刺容易得气。

2) 弹法:用手指轻弹针尾,使针体微微震动,以加强针感。

3) 刮法:用拇指抵住针尾,以示指或中指的指甲轻刮针柄,或拿示、中指抵住针尾,以拇指指甲轻刮针柄,或用拇、示两指从下向上轻刮针柄,称"旋刮",可以加强针感和促使针感扩散。

4) 摇法:轻轻摇动针体,可以行气,直立针身而摇,可以加强针感;卧倒针身而摇,往往可促使针感向一定方向传导。

5) 飞法:以捻转为主,一般将针先做较大幅度的捻转,然后松手,拇、示指张开,一捻一放,反复数次,如飞鸟展翅之状,可以加强针感。

6) 震颤法:持针做小幅度的快速颤动,以增强针感。

(3) 补泻手法:一般常用补泻法有以下几种。

1) 捻转补泻:针下得气后,捻转角度小,用力轻,频率慢,操作时间短者为补法;先深后浅,轻插重提,提插幅度大,频率快,操作时间长为泻法。

2) 提插补泻:针下得气后,先浅后深,重插轻提、提插幅度小,频率慢,操作时间短为补法;进针时疾速刺入、多捻转,徐徐出针为泻法。

3) 疾徐补泻:进针时徐徐刺入,少捻转,疾速出针为补法;反之为泻法。

4) 迎随补泻:进针时针尖随经脉循行去的方向刺入为补法;针尖迎着经脉循行来的方向刺入为泻法。

5) 开阖补泻:出针后迅速按揉针孔为补;出针时摇大针孔而不立即按揉为泻。此外,还有平补平泻法、烧山火、透天凉等补泻手法,临床上可配合应用。

6) 呼吸补泻:患者呼气时进针,吸气时出针为补;吸气时进针,呼气时出针为泻。

7) 平补平泻:进针后得气,均匀地提插,捻转后即可出针。

以上各种手法,在临床上可以相互配合使用。

2. 筋伤疾病的选穴方法 人体穴位很多,可根据不同情况选择应用,在临床上,筋伤常用腧穴的选取有一定规律可循。

(1) 以痛为腧:凡筋伤疾病,临床取穴皆以局部痛点及阳性反应点为主。由于筋伤主要是受损部位出现疼痛、肿胀、功能障碍,以肢体局部的病理变化为主,所以,及早疏通局部的气血瘀阻尤为重要,故在局部痛点或阳性反应点进行针刺及其他治疗,如艾灸、拔罐、穴位注射、封闭等处理是必要的。

(2) 循经取穴:筋伤疾病在经络辨证中多责之于经筋受损。十二经筋,是十二经脉的附属系统,是十二经脉气血濡养筋肉骨节的体系,其循行分布均起于四肢末端,结聚于关节骨骼部。经筋伴经脉分布,赖经脉之气血得以濡养,所以,筋伤时可取同名经脉上的穴位进行治疗。既可取局部的经穴,也可循经远取,以疏通经脉、经筋之气。

(3) 筋会阳陵泉:阳陵泉是八会穴中的筋会,主治一切筋伤疼痛,能舒利关节,舒缓筋急,行气止痛。本穴在筋伤疾病中广泛应用,可单穴应用,也可配合其他穴位应用。

(4) 随证配穴:由于筋伤疾病除了引起局部病理变化外,还可引起全身病理变化,临床还应根据具体情况随证配穴。如筋伤日久导致气血两虚者,要配合足三里、三阴交、脾俞、胃俞;如肝肾阴虚、肝血不足,血不养筋出现手足麻木、筋脉拘挛、屈伸不利者,要配合肝俞、肾俞、太冲、太溪、血海。

3. 针刺疗法的注意事项　针对人体的生理功能状态和生活环境条件等因素,在针刺时应注意以下几点:

(1) 患者过于饥饿、疲劳或精神过度紧张时不宜立即进行针刺。

(2) 妇女妊娠期不宜针灸。

(3) 有继发性出血倾向的患者和损伤后出血不止的患者不宜针刺。

(4) 有皮肤感染、溃疡、瘢痕的部位不宜针刺。

(5) 对胸、胁、背、腰等脏腑所居之处的腧穴不宜直刺、深刺,以防损伤脏器。

(6) 针灸过程要严格无菌操作。

七、针刀疗法

针刀是由金属材料做成的在形状上似针又似刀的一种针灸用具。其形体像“针”,但末端有一个 0.8mm 宽的刃(图 1-53),针刀针体为圆柱形,刺入或拔出时对肌肉的损伤均较小。因此,针刀不失为治疗筋伤疾病的一种相对安全、有效的治疗工具。

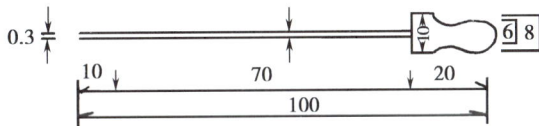

图 1-53　针刀

针刀疗法是以中医针刺疗法和局部解剖、病理生理学知识为基础,与外科微创手术和软组织松解理论相结合而形成的一种新的治疗方法。该法以痛为腧,用针刀刺入病所,以治疗肌肉、筋膜、腱鞘、韧带、关节滑膜等软组织损伤方面的病证。它使针刺疗法和手术疗法融为一体,把两种器械的治疗作用有机结合,具有操作方法简便、疗效明显、患者痛苦少、花费少、适应证广等特点。因此,该疗法日渐成为筋伤治疗的一种有效方法。

1. 针刀疗法的适应证

(1) 损伤后因筋脉粘连、挛缩所致的四肢、躯干各处的顽固性疼痛点或痛性结节、条索等,可用针刀剥离粘连,松解条索,缓解疼痛。

(2) 所有骨、关节附近因肌肉和韧带紧张、挛缩,牵拉应力过度引起的骨质增生,针刀可松解相应的肌肉、韧带,恢复应力的动态平衡。

(3) 各种损伤引起的滑膜囊闭锁、滑液排泄障碍造成的滑囊炎,出现酸胀、疼痛和运动障碍者,用针刀将滑膜囊切开数处,起到降压疏通、消肿止痛的作用。

（4）各种腱鞘炎，尤其是狭窄性腱鞘炎，应用针刀可松解粘连，解除压迫，恢复肌腱的自由滑动功能。

（5）外伤性肌痉挛和肌紧张（非脑性）者，用针刀可疏通剥离、解除痉挛，甚至切断部分痉挛的肌纤维，以缓解疼痛，恢复和维持原有的运动功能。

（6）各种损伤后遗症导致的筋脉挛缩、粘连等而使关节屈伸受限，针刀可松解挛缩、粘连，恢复关节的功能。

2. 针刀疗法禁忌证

（1）有发热症状者。

（2）严重内脏病的发作期者。

（3）施术部位有皮肤病或感染灶者。

（4）施术部位有重要神经、血管、脏器而施术时无法避开者。

（5）患有血友病者。

（6）高血压，糖尿病未控制症状者。

（7）年老体弱者及妇女妊娠期。

3. 针刀治疗的操作方法

（1）四步进针刀操作方法

1）定点：确定病变部位和弄清局部解剖结构后，在进针部位做一记号，局部消毒，铺消毒无菌洞巾。

2）定向：使刀口线和大血管、神经及肌肉纤维走向平行，若肌纤维方向不与神经、血管平行，以神经、血管方向为准。

3）加压分离：将刀口压在进针点线上，稍加压力使局部形成一个长形凹陷（注意不可刺破皮肤），将神经、血管分离到刀刃两侧。

4）刺入：继续加压感到刀口下有坚硬感时，说明刀口下皮肤已被推挤到接近骨骼，神经、血管已被分离，稍一加压即可穿过皮肤。

（2）常用手术七法

1）纵行疏通剥离法：粘连发生于肌腱、韧带附着点时，将刀口线与肌腱、韧带走行方向平行，刺入，按附着点的宽窄，分几条线疏剥。

2）横行剥离法：当肌肉、韧带与骨骼发生粘连时，将刀口线与肌肉或韧带走行方向平行，刺入，当刀口接触骨面时，做与肌肉或韧带走行方向垂直的铲剥，当觉得针下有松动感时，即可出针。

3）切开剥离法：当肌肉之间，韧带之间或肌肉、韧带之间互相粘连时，将刀口线与肌肉或韧带走行方向平行刺入，将粘连和瘢痕切开。

4）铲磨削平法：对长于关节边缘或骨干的较大骨刺，先将刀口线与骨刺竖轴线垂直，刺入，刀口接触骨刺后，逐步将骨刺尖部或锐边削去磨平。

5）瘢痕刮除法：对腱鞘壁、肌腹或肌肉附着点处的瘢痕组织，先沿纵轴切开数条口，在切开处反复疏剥2~3次，刀下有柔韧感时即可出针。

6）通透剥离法：当某处有范围较大的粘连板结时，可在板结处肌肉及其与其他组织的间隙处取数点进针，当针尖接触骨面时，除软组织在骨骼的附着点外，全部从骨面铲起，并尽可能将软组织之间的粘连疏剥开来，将粘连带切开。

7）切割肌纤维法：当某处部分肌紧张或痉挛引起顽固性疼痛、功能障碍时，将刀口线与肌纤维垂直,刺入,切断少量紧张或痉挛的肌纤维,往往可使症状立即缓解。

4. 针刀疗法注意事项

(1) 严格掌握适应证、禁忌证。

(2) 严格施行无菌操作规程,防止感染。

(3) 防止晕针,尤其是对精神紧张或体弱者。

(4) 严防血管、神经及内脏损伤。

八、手术治疗

手术治疗主要适用于肌腱、韧带的断裂伤,神经、血管的严重损伤及软骨盘的损伤等,也适用于一些经长期非手术治疗无效的慢性筋伤病。但因手术会产生各种并发症从而具有风险性,而且会增加患者的精神和经济负担,所以在临床上要严格掌握筋伤病的手术适用范围,熟悉筋伤手术的各种并发症和风险。

1. 筋伤手术治疗的适用范围

(1) 肌肉、肌腱、韧带的完全断裂伤,对于单纯肌纤维断裂,可不予手术处理。对于筋膜和肌肉均断裂,且断端回缩较明显者应手术治疗,手术时应将筋膜准确缝合,至于断裂的肌肉,由于脆弱易撕裂,不易缝合,只需稍加修齐,可不做缝合处理。肌腱、韧带断裂者则需手术缝合。

(2) 腱鞘疾病反复发作,非手术治疗无效者,如狭窄性腱鞘炎、腕管综合征、踝管综合征可进行手术松解。

(3) 重要的神经、血管损伤者可行手术探查、修复。

(4) 某些滑囊病经非手术治疗无效,可手术切除滑囊。

(5) 关节内游离体影响关节功能活动者,应手术取出游离体。

(6) 膝关节半月板损伤患者,经非手术治疗无效者,可考虑做半月板的修复手术或切除手术。

(7) 髌骨软化症,经非手术治疗无效的可考虑通过手术方法调整髌骨的位置,或者行髌骨软骨切削术,严重晚期患者可考虑做髌骨成形术或髌骨切除术。

(8) 颈、腰椎间盘突出症经半年以上非手术疗法治疗无效者,或首次发病症状严重,出现明显马尾神经压迫,影响工作和生活者,可手术摘除椎间盘。

(9) 胸、腰椎椎管狭窄症引起严重脊髓或神经根受压症状,影响患者正常生活者,可通过手术方法扩大椎管、神经根管以解除对脊髓和神经根的压迫。

(10) 某些因腰椎先天变异或外伤引起腰腿痛的患者,经非手术治疗无效,影响工作和生活者,可考虑手术疗法。如腰椎滑脱、腰椎骶化等。

以上所列病症仅供参考,详细的手术方法、术前准备及术后处理等,请参阅《骨伤科手术学》一书。

2. 筋伤手术治疗的并发症及风险 手术并发症的表现各种各样,包括麻醉并发症、手术期间并发症、手术后并发症。筋伤手术常见的并发症有休克、感染、肺栓塞、心脑血管病等,因手术部位不同也可以出现各种局部的并发症,如重要血管神经及脏器损伤、关节功能障碍等。

是否发生手术并发症取决于多种因素,如疾病性质、手术大小、时间长短、手术性质(急症或择期)以及患者年龄、体质、有无并发症等,也与医生和护理人员的技术和经验有关系。

所以,严格掌握手术适应证,提高手术技巧,准确进行术前评估,术后精心护理,是减少手术并发症的重要措施。对于无法避免的并发症,也要做到及时发现,正确处理,以提高手术治愈率,保证患者优良的生存质量。

九、其他疗法

除了上述所说的治疗方法外,还有一些其他方法,如牵引、封闭、理疗等,在治疗筋伤中有其特殊的适应证和肯定的疗效,也是筋伤治疗中不可缺少的一部分,因此在熟练掌握主要治疗方法的同时,也应该熟悉和掌握这些方法。

(一) 牵引疗法

牵引疗法是应用外力对身体某一部位或关节施加牵拉力,使其发生一定的分离,周围软组织得到适当的牵伸,从而达到治疗目的的一种方法。临床普遍使用的是脊椎牵引疗法,该疗法通常是指使用外力牵拉颈椎或腰椎 - 骨盆以达到治疗目的,前者称为颈椎牵引,后者称为腰椎牵引。

1. 脊椎牵引的治疗作用

(1) 解除肌肉痉挛,使肌肉放松,缓解疼痛。

(2) 改善局部血液循环,促进水肿的吸收和炎症的消退,有利于损伤的软组织修复。

(3) 松解软组织粘连,牵伸挛缩的关节囊和韧带。

(4) 调整脊柱后关节的微细异常改变,使脊柱后关节嵌顿的滑膜或关节突关节的错位得到复位。

(5) 改善或恢复脊柱的正常生理弯曲。

(6) 使椎间孔增大,解除神经根的刺激和压迫。

(7) 拉大椎间隙,减轻椎间盘内压力,有利于膨出的椎间盘回缩以及外突的椎间盘回纳。

2. 脊椎牵引种类　脊柱牵引方法多种多样,根据治疗时患者体位不同,分为卧位牵引、坐位牵引;根据牵引力来源不同,分为自身重量牵引、手法牵引、机械牵引、电动牵引;根据牵引持续时间不同,分为持续牵引与间断牵引。

3. 脊柱牵引方法　应根据患者病情、体质、治疗条件等具体情况选用合适的牵引方法,目前普遍使用的是颈椎牵引和腰椎牵引。

(1) 颈椎牵引:又称枕颌带牵引,通常采用坐位牵引(图 1-54),但病情较重或不能坐位牵引时可用卧位牵引。牵引效果主要由牵引的角度、时间和重量等因素决定。

1) 角度:若主要作用于下颈段,牵引角度应稍前倾,可在 15°~30° 之间;若主要作用于上颈段或寰枢关节,则前倾角度应更小或与躯干轴线平行方向牵引,同时注意结合患者舒适度来调整角度。

2) 重量:牵引重量应从小重量开始,让患者逐渐适应。一般从 2kg 开始,可逐渐增加,以患者有明显的颈部受牵伸感觉,但无特殊不适为度。

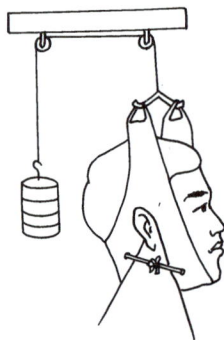

图 1-54　颈椎牵引

3) 时间:间断牵引,以每次牵引 15~20 分钟为宜,隔日或每日 1次,10~15 次为一疗程,以无不适为度。持续卧床牵引者每天可持续 6 小时以上,牵引过程中可视患者耐受情况适当间歇几分钟。

(2) 腰椎牵引:腰椎牵引需要比较大的力量,大多使用机械牵引。具体方法是:患者仰卧或俯卧在牵引床上,用系于两端床头的胸壁带和骨盆带分别固定患者的胸部和腰部,然后利用床侧的手轮,使床面缓慢分离拉开,达到牵引腰椎的目的(图 1-55)。

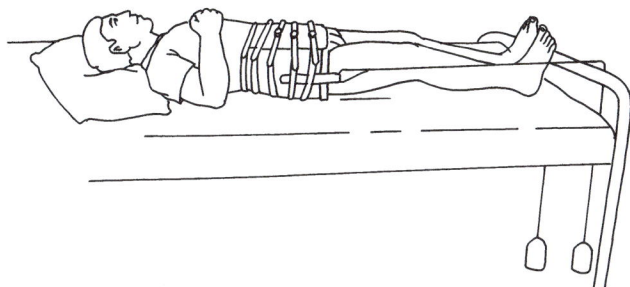

图 1-55　腰椎牵引

1) 重量:以其自身体重的 25%~50% 确定,以患者能忍受为宜,一般初始重量较轻,视患者的忍受度逐渐增加。

2) 时间:一般每次牵引 20~30 分钟为宜,隔日或每日 1 次,10~15 次为一疗程,以无不适为度。如病情较重,需要卧床制动的患者可采用骨盆带病床上持续牵引,每次持续牵引 30 分钟至 2 小时,休息几分钟后可反复牵引,一天共牵引 6~8 小时。

4. 脊椎牵引注意事项

(1) 应充分注意个体差异,密切观察牵引时患者的感受及反应,根据实际情况做必要的调整。

(2) 重症患者与高龄患者应有专人协助陪护牵引。

(3) 牵引过程要了解患者反应,如有不适或症状加重应及时停止治疗,寻找原因或更改治疗。

(4) 牵引完毕后,应卧床休息 20~30 分钟,尤其是腰椎牵引者,以保证牵引治疗效果。

(5) 有严重心肺病、脑血管病、恶性肿瘤、出血性倾向或被牵引区有皮破伤、皮疹患者,禁止使用。

(二) 封闭疗法

封闭疗法是筋伤治疗中较常用的一种方法。它是通过在某一特定部位或压痛点注射药物,达到抑制炎症的渗出,改善局部营养状况,阻滞局部组织神经传导,松弛肌肉紧张,从而使疼痛缓解的一种疗法。

1. 常用封闭方法

(1) 压痛点封闭:是临床最常用的方法。一般在体表压痛最明显处注射,常能收到很好的局部止痛效果。常用于肌腱、韧带附着点疼痛及筋膜痛等,针头直接刺至痛点深层或骨膜上,局部有酸胀沉重感,有时伴放射感,回吸无血时即可注入药液(一般注药阻力较大)。如压痛范围较大,单点注射药液不能到达全部,可做多点或扇形封闭。

(2) 腱鞘内封闭:将药物直接注入腱鞘内,有消炎、松解粘连和缓解疼痛的作用。常用于肱二头肌长头腱鞘炎、桡骨茎突狭窄性腱鞘炎、指屈肌腱狭窄性腱鞘炎、腱鞘囊肿等。刺入时针头应与皮肤呈 30°,沿肌腱纵轴方向刺入腱鞘壁与肌腱之间,即可推注封闭液。如刺入准确,注药时阻力较小,且可看到封闭液沿肌腱向远、近两端扩散,患者也往往有此感觉,有时皮下可见直线样隆起。

(3) 关节腔封闭:将药物注入关节腔内,有消除关节内炎症,解除关节内粘连和缓解疼痛的作用。常用于骨性关节炎、肩周炎等关节疼痛疾病。

(4) 穴位封闭法:将药物注入穴位的方法。骨科封闭常用的穴位有数十个,如合谷、大椎、足三里、环跳、承山、肾俞等。其选穴要准确,进针后有得气感才可注射。

(5) 硬膜外封闭:将药物注入椎管内硬膜外腔中以减轻炎症反应,解除或减轻对神经根的压迫和刺激,缓解疼痛。常用的注射部位有腰椎管和骶管,进针时要慢而稳,细心体会进针时的阻力感,待阻力突然消失,出现落空感即可,然后行注气试验,证明此处无阻力,有负压,并吸不出脑脊液,就证明针尖在硬膜外腔,即可注药。

(6) 神经根封闭:在神经根部注射药物以缓解因神经根受压或刺激引起的疼痛。用于各种神经根性疼痛病,进针时也要慢而稳,当患者有触电感,并向患肢放射,且放射部位与治疗前部位一致,即达到治疗部位,回吸无血时可适当退出少许,然后注入封闭液。注射时或注射后患者可感到沿神经走向有胀、重、热的放射症状。

2. 封闭的禁忌证

(1) 结核病、化脓性炎症、溃疡病、高血压、恶性肿瘤等患者。

(2) 体弱或全身情况不佳,肝、肾功能障碍及对封闭药物过敏者。

(3) 诊断不明确的患者,最好不用或慎用封闭疗法(诊断性治疗的患者除外)。

(4) 患有严重的糖尿病、血友病、精神失常者。

(5) 局部皮肤有擦伤、感染或表皮糜烂患者。

3. 常用的封闭药物　封闭用的药物很多,应用最早也是最常用者为局部麻醉药和激素。

(1) 局部麻醉药:在封闭时应用局部麻醉剂,一方面可减少封闭时的疼痛,另一方面能使发生营养障碍的神经系统改变过度兴奋的状态,使强烈的刺激变为弱的刺激或阻断病变处的恶性循环刺激,调节机体的功能,经过一定时期,阻滞作用消失后,功能得以恢复。常用的药物有:2% 盐酸普鲁卡因、2% 盐酸利多卡因。

(2) 激素:激素封闭具有抗炎、抗过敏的作用,从而减轻机体组织对损伤性刺激所产生的病理反应,降低毛细血管壁和细胞膜的通透性,减少炎性渗出,使局部肿胀消退,抑制组胺及其他毒性物质的释放。临床常用于封闭的主要是皮质醇(可的松类激素),如泼尼松龙、醋酸氢化可的松、曲安奈德、倍他米松注射液等。

(3) 封闭药物常用配伍及疗程

1) 醋酸泼尼松龙与 2% 盐酸普鲁卡因配伍应用,每周 1 次,3 次为一疗程,泼尼松龙每次用量一般不超过 25mg。

2) 醋酸氢化可的松与 2% 盐酸普鲁卡因配伍应用,每周 2 次,3 次为一疗程,醋酸氢化可的松每次用量一般不超过 25mg。

3) 曲安奈德注射液与 1% 利多卡因配伍应用,每周 1 次,3 次为一疗程,曲安奈德注射液每次用量一般不超过 100mg。

4) 复方倍他米松注射液 1ml 与 1% 利多卡因配伍应用,每周 1 次,3 次为一疗程。

4. 封闭注意事项

(1) 要严格无菌操作,防止局部感染。

(2) 注射部位要求准确,深浅适当,特别是胸背部要防止损伤内脏,严禁将药物直接注射在血管内。

(3) 选择适当的药物和剂量,对于高血压、消化道溃疡和活动性肺结核患者禁用类固醇激素。

（4）封闭后患肢要注意休息,限制负重或过多活动,否则病变会反复或加重。

（三）物理疗法

物理疗法又称理疗,是利用各种物理因子作用于机体,引起所需的各种反应,以调节、加强或恢复各种生理功能,促进病理过程向有利于疾病康复的方向发展,从而达到治疗目的的一种疗法。

1. 物理疗法的治疗作用

（1）加速创伤的愈合:物理疗法可以改善局部的血液循环,降低局部小血管的渗透性,提高白细胞和吞噬细胞的吞噬能力,从而消除局部组织水肿,改善组织缺氧和营养状态,消除炎症反应。

（2）减少瘢痕和粘连的形成:理疗可减少胶原纤维的形成和玻璃样变性过程,也可减轻瘢痕组织水肿,改善局部组织血供和营养,从而减少瘢痕和粘连的形成。同时,也可缓解或消除瘢痕瘙痒、瘢痕疼痛等症状。

（3）镇痛作用:炎症刺激、缺血、代谢产物、致痛介质、精神因素等都可产生疼痛。理疗可以提高痛阈,去除各种致痛原因,从而达到镇痛作用。

（4）避免或减轻并发症和后遗症:早期理疗可使肌肉得到较充分的活动,血运通畅,加速组织水肿吸收,避免关节粘连、僵硬、肌肉萎缩等后遗症。

2. 物理疗法的种类

（1）电疗法:电疗法的种类很多,临床上应根据不同的病证选择应用。

1）直流电疗法:是应用直流电作用于人体,使组织中离子、水分子和胶体微粒转移,改变离子浓度而达到治疗目的的一种方法。适用于脊髓损伤、周围神经损伤、瘢痕增生和组织粘连等。心力衰竭、有出血倾向者、对直流电过敏、局部有广泛或严重皮肤损伤者禁用。

2）低频脉冲电疗法:是应用频率在 1 000Hz 以下的脉冲电流治疗疾病的方法。其具有兴奋神经肌肉组织,促进局部血液循环和镇痛、镇静、抗炎的作用。适用于扭挫伤、神经损伤、肢体循环障碍等疾病。目前应用的低频脉冲电疗法有感应电疗法、间动电疗法、电刺激疗法。禁忌证同"直流电疗法"。

3）中频电疗法:是应用频率在 1~100kHz 的脉冲电流治疗疾病的方法。有止痛、促进血液循环、软化瘢痕、松解粘连的作用。适用于神经肌肉损伤、神经痛、肢体循环障碍、软组织粘连和瘢痕等。常用的有音频电疗法、干扰电疗法。

4）高频电疗法:应用频率大于 100kHz 的脉冲电流治疗疾病的方法。其对人体产生热效应,具有镇痛消炎、促进血液循环、促进再生的作用。适用于扭挫伤、损伤后遗症及关节炎、神经损伤等。有内脏出血者、心血管系统代偿功能不全者及带有心脏起搏器者禁用。常用的有短波电疗法、超短波电疗法、微波电疗法。

（2）光疗法:是应用光照射人体,以达到治疗目的的理疗方法。可分为红外线、可见光及紫外线等疗法,临床可根据疾病的不同选择使用。

（3）激光疗法:其治疗作用基础主要是热效应、机械效应、光化学效应和电磁效应等四个方面。适用扭挫伤、伤口及其感染、皮肤溃疡等。

（4）超声疗法:是将超声作用于人体,以达到治疗目的的理疗方法。适用于扭挫伤、神经损伤、关节炎、瘢痕增生等。有血栓性静脉炎、出血倾向者禁用。

（5）药物离子导入疗法:是应用直流或感应电疗机配合离子液或中草药液将各种微量元

素及药物的有效成分透入皮下组织,以改善、调整机体的内环境,促进神经、肌肉等组织的生长及代谢,达到治疗目的的一种方法。适用于各种急、慢性筋伤疾病。皮肤溃破者、孕妇及高血压等患者慎用。

(6)磁疗法:是应用磁场作用于身体来治疗疾病的方法。其主要治疗作用是镇痛、消肿、消炎和镇静,使用的方法较多,临床应随症选用。

(7)蜡疗法:是利用加热后的石蜡作为导热体涂敷于伤部,以达到治疗目的一种方法。蜡疗法的主要作用是温热和机械压迫,一般无化学性刺激作用。适用于软组织扭挫伤,瘢痕挛缩、粘连等。患有感染性皮肤病、出血者禁用。

(四)拔罐疗法

利用罐内燃烧产生的负压使罐子吸附在皮肤上以治疗疾病的一种方法。拔罐有点火拔罐法、推罐法和刺络放血拔罐法等。主要应用负压形成的机械性刺激和温热刺激作用使局部血管扩张,促进局部血液循环,改善新陈代谢和组织营养状态,使血管和细胞的通透性增强,有利于炎症的消散。适用于软组织扭挫伤,关节肌肉的痹痛等。年老体衰、全身剧烈抽搐者,孕妇之腰骶部、腹部,出血性疾患、水肿患者、恶性肿瘤及皮肤破损者慎用。

(五)艾灸疗法

艾灸疗法简称灸法,是运用艾绒或其他药物在体表的穴位上烧灼、温熨,借灸火的热力以及药物的作用,通过经络的传导,以起到温通气血、扶正祛邪,达到防治疾病的一种治法。临床中艾灸疗法的具体方法类别较多,常用者有如下几种:艾炷灸疗法、艾条灸疗法、药卷灸疗法、隔姜灸疗法、温针灸疗法、灯火灸疗法等。临床灸治一定的穴位,可以起到调和气血,疏通经络,平衡功能的作用。对于筋伤病的慢性期大多有效。

除以上介绍的治疗方法之外,还有水疗、冷疗等。总之,筋伤的治疗方法很多,临床应用时,应根据病情以及所具备的条件灵活选用。

(尹宏兵 王志刚 余红超)

复习思考题

1. 简述中医筋伤学的基本概念。
2. 简述"筋"的定义。
3. 简述"筋出槽"的定义。
4. 简述"骨错缝"的定义。
5. 试述筋伤的分类方法。

第二章

躯干部筋伤

02章01节PPT

PPT 课件

学习目标

　　本章通过对颈椎病、慢性腰肌损伤、腰椎间盘突出症、腰椎椎管狭窄症等躯干部筋伤的学习,熟练掌握以上疾病的辨证诊治规律,为临床研究及诊治躯干部筋伤奠定理论基础。

第一节　颈项部筋伤

一、颈部扭挫伤

　　颈部活动频繁,活动方向较广,活动范围较大,故颈部扭挫伤是常见的颈部筋伤。各种暴力引起的颈部扭挫伤,除了筋伤外,还可能兼有骨折、脱位,严重者伤及颈髓,危及生命。临证时须仔细加以区别,以免误诊。

【病因病机】

　　颈部可因突然扭转或前屈、后伸而受伤。如在高速车上突然减速或突然刹车时,头部猛烈前冲,打篮球投篮时头部突然后仰,嬉闹扭斗时颈部过度扭转或头部受到暴力冲击,均可引起颈部扭挫伤,轻者造成肌肉、筋膜、韧带拉伤,肌纤维破裂,局部出血、炎性物渗出、水肿等病理改变,严重者可出现颈椎脱位或半脱位,引起颈部韧带断裂、颈椎间盘突出形成脊髓受压。钝器直接打击颈部引起的挫伤较扭伤少见。

【临床表现与诊断】

　　有明确的外伤史。扭伤者可呈现颈部一侧疼痛,头多偏向患侧,颈项部活动受限,肌肉痉挛,在痛处可触及肿块或条索状硬结;挫伤者局部有轻度肿胀,偶有瘀斑,压痛明显。

　　若伤及气管和食管,可引起吞咽困难、声嘶;伤及交感神经,可引起恶心、头晕、视力模糊、耳鸣,甚至心前区疼痛。损伤严重者,可致脊髓受伤,表现为上肢瘫痪症状重于下肢,手功能障碍重于肩肘部,出现感觉分离等。挥鞭伤除有颈后韧带、棘上韧带损伤外,疼痛往往持久,颈后软组织增厚,肌肉痉挛,头颈转动不便,并常固定在一定位置,活动不合适时还会出现一侧上肢闪电样疼痛或颈后剧痛。

　　检查时可发现颈前肌肉、颈后肌肉或斜方肌有痉挛,在疼痛处可见局部轻度肿胀和压痛,颈部各方向活动均引起疼痛,活动明显受限。X 线检查可见颈椎生理弧度改变,棘突排列紊乱,严重者可见椎体撕脱骨折、棘突骨折等。MRI 检查可见颈部局部软组织水肿,甚至局部血肿,韧带撕裂,并可排除颈椎骨折、脱位、颈椎间盘突出。

【辨证论治】

本病早期皮肉筋骨损伤,气血经脉受损,以气滞血瘀症状明显。后期肝肾不足,复感风寒湿邪,邪气留连,附着筋脉,着于肌骨,气血不畅,荣卫凝涩不通,肌肉失养。

(一)理筋手法

1. 点穴开筋 患者正坐,医者立于其背后,依次点百会、风池、肩井、天宗、天柱等穴,以舒筋活络,减轻肌肉痉挛。

2. 提端摇转法 以右侧损伤为例。医者站于患者背后,将双手拇指放在患者枕骨后方,其余四指托住下颌,双前臂压住患者双肩。施法时将患者头向上方提,在拔伸下旋转摇晃头颈部。然后将颈部前屈,后伸,下颌旋向患侧,医者倒手,以左手托患者下颌,以左枕部抵住患者右枕部,并保持牵引力;用右手按压所伤之筋,并自上而下施用揉捻手法,同时将患者头向健侧旋转。

3. 拔伸推按法 以右侧筋伤为例。医者站于患者右侧,与患者相对。医者以右手掌推按住伤处的上方,左手拿住患者右手诸指,并使其屈肘,以医者之肘压患者之肘,然后双手缓缓用力,向相反的方向推按,使颈椎拔伸,颈部肌肉舒展。

(二)固定方法

若损伤较严重,疼痛剧烈,有神经症状者,应佩戴颈托,卧床休息 1 周,也可配合枕颌带或手法牵引,以减轻肌肉痉挛。

(三)练功活动

疼痛缓解后,练习头颈的前屈后伸和左右旋转动作,以舒筋活络,增强颈部肌肉力量。

(四)药物治疗

1. 内服药

(1)颈部受挫,气滞血瘀型:多有明显外伤史,以颈部刺痛,疼痛拒按,痛有定处,颈部活动时加重为主要临床症状,治宜活血化瘀,方用羌活灵仙汤加减,兼头胀痛者,可加疏风散邪之品。

(2)肝肾不足,风寒外侵型:表现为颈部酸胀不适,或伴耳鸣、目涩,多为损伤日久,遇寒加重,治宜祛风湿、止痹痛、益肝肾、补气血。方用独活寄生汤加减,症状好转时可服小活络丸。

2. 外用药 以祛瘀止痛为主,局部肿胀者外敷祛瘀止痛类膏药,不肿胀者可贴伤湿止痛膏。

(五)其他疗法

针灸可缓解肌肉痉挛,减轻疼痛。一般来说,症状表现在颈后部者多与手足太阳经和手足少阳经关系密切,症状表现在颈前部者多与手足阳明经有关。选穴时以近部取穴为主,结合循经线路远端配穴。适当选用电疗、磁疗、超声波等物理治疗方法,以局部透热缓解肌肉痉挛。采用封闭疗法可起到消肿、止痛作用。

【预防与调护】

激烈运动或乘车时要注意自我保护,以防颈部扭挫伤。伤后应尽量保持头部于正常位置,以松弛颈部肌肉,必要时用颈部围领固定。平时应经常做颈部功能锻炼,可增强颈部肌力及抗损伤的耐受力。

二、颈椎病

颈椎病是指因颈椎间盘退变及其继发性改变,刺激或压迫相邻脊髓、神经、血管和食管等组织,并引起相应的症状或体征者。本病又称颈椎退行性关节炎或颈椎僵硬综合征等。

中医学无颈椎病的病名,其相关论述散见于"痹证""痿证""头痛""眩晕""项强""项筋急"和"项肩痛"等疾病中。这些论述中指出了类似颈椎病的形成原因,同时详细记载了该类疾病理法方药方面的知识。

【病因病机】

1. 颈部外伤及慢性劳损 长期从事屈颈姿势工作、不良坐姿、颈椎外伤或脊椎发育性缺欠,均可能成为颈椎病的发病因素。颈部外伤后,特别是骨折、脱位后出血、水肿可波及椎间孔,或骨碎片的移位直接压迫神经根或脊髓;长期慢性劳损使颈部的生理曲度改变,促进小关节的增生和退变,从而导致颈椎病的发生。

2. 颈椎的退行性变 颈椎间盘、椎体、椎间小关节等的退行性变是颈椎病发生的主要原因。早期颈椎退变因椎间盘水分丢失,导致其生物力学性能改变,失去正常的弹性和高度。同时,椎体和终板的反应性骨组织修复,使软骨下骨硬化和骨赘形成。颈椎运动范围越大,劳损退变的机会也就越高,如颈 4~5、颈 5~6 和颈 6~7 节段。关节突关节、钩椎关节由于异常负荷软骨先行退变,逐渐累及软骨下骨硬化,引起颈部疼痛和颈椎运动受限。在椎间盘、椎骨的退变基础上,连接颈椎的前、后纵韧带,黄韧带及项韧带,发生松弛引致颈椎失稳,这又加重了颈椎退变,当后纵韧带及黄韧带增生肥厚的情况下,减少了椎管和椎间孔容积。

上述颈椎间盘退变进展到一定程度,可影响脊髓、神经和椎动脉等,产生相应的临床症状(图 2-1、图 2-2)。当突出的椎间盘和骨赘向椎管内突入,可压迫脊髓锥体束,出现感觉、运动功能障碍。由于颈神经根离开硬膜囊时呈短横走向且缺乏移动范围,当钩椎关节骨赘形成时,易使颈椎间孔处神经根嵌压、刺激,出现神经根刺激症状。部分发生于钩椎关节或颈椎横突孔附近的骨赘,可压迫椎动脉或刺激支配椎动脉的交感神经支,引起椎动脉痉挛或狭窄,导致基底动脉供血不足,小脑后部和脑干等部位血供障碍产生临床症状。椎间关节也可直接刺激交感神经出现自主神经功能紊乱的临床症状。在少数情况下,椎体前缘的巨大骨赘,可压迫食管引起吞咽不适或吞咽困难的症状。

颈椎管狭窄,脊髓受多个突出椎间盘组织压迫,硬膜囊间隙变小或消失,脊髓受压区出现高信号。

中医学认为,该病内因以先天不足、肝肾亏虚为主。另外,外感六淫之邪、外伤、慢性积

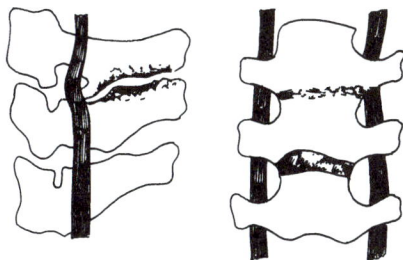

图 2-1 椎动脉受压迂曲   图 2-2 神经根受压

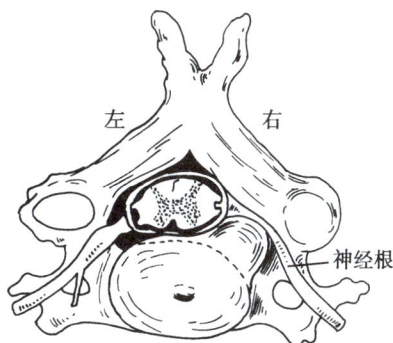

累性劳损等都可促进颈椎病的发生。

【临床表现与诊断】

按病变部位、范围以及受压组织的不同,累及脊髓、神经、血管等产生的不同临床表现,颈椎病有以下临床主要分型:神经根型、脊髓型、椎动脉型和交感神经型。

(一) 神经根型颈椎病

神经根型颈椎病系指颈椎椎间盘退行性改变及其继发性病理改变,导致神经根受压,从而引起的以相应神经分布区疼痛为主要临床表现的疾病。症状可为一侧或两侧,通常为单根神经根受累,也可由多节段病变致两根或多根神经根受压。

神经根型颈椎病按发作过程可分为急性和慢性。急性发作者常发生于颈部外伤之后数日或以往有颈部外伤史。以疼痛为主要症状,多先有颈肩痛,短期内加重并向上肢放射,其范围与受累神经根支配的皮节相一致。皮肤可有感觉迟钝、过敏等表现,个别疼痛严重者呈强迫体位,如肩关节上举等。早期可有对应肌肉的痉挛疼痛,严重者出现肌无力,病程长的可出现肌萎缩。而慢性者多系由急性发展而来,相当一部分患者为多根神经根受累。疼痛常局限于颈、胸或上肢某一特定区域,颈椎旋转、侧屈或后伸可诱发根性痛或使其加剧。年龄多高于急性发作患者,表现为颈部钝痛及上肢放射痛,并可有肩胛部麻木感。

查体中可发现颈肌痉挛,颈椎活动度下降,相应神经根支配的部位皮肤感觉下降,肌肉无力,甚至萎缩,腱反射减弱。臂丛神经牵拉试验、椎间孔挤压试验(Spurling 征)、牵引试验阳性。

X 线检查可见颈椎生理曲度消失,椎间高度下降,关节突关节、钩椎关节骨质增生,椎间孔变窄等征象。CT 检查可见突出的椎间盘组织呈密度增高影,显示椎间孔的骨性结构尤其出色。但是颈部神经根与椎间盘及黄韧带等在密度上差别不明显,常规 CT 检查在显示颈椎间盘突出时容易漏诊。MRI 检查显示颈椎椎间盘的信号要更为清晰,可以从颈椎的矢状位、轴位及冠状位观察椎管内结构的改变,对脊髓、椎间盘组织显示清晰,但其在诊断骨性增生肥大及后纵韧带骨化方面较困难。

(二) 脊髓型颈椎病

脊髓型颈椎病系由于颈椎退变结构压迫脊髓,为颈椎病诸型中症状最严重的类型。由于下颈段椎管相对较小,且活动度大,故退行性变发生较早、较重,脊髓受压也易发生在下颈段。脊髓受压早期,由于压迫物多来自脊髓前方,故临床上以侧束、锥体束损害表现较为突出,此时颈痛及颈部活动受限不明显,而以四肢乏力,行走、持物不稳为最先出现的症状。随病情加重,出现自下而上的上运动神经元性瘫痪,表现为双下肢麻木、疼痛、无力、打软腿或易绊倒,手部肌肉无力,发抖,活动不灵活,甚至四肢瘫痪,小便潴留或失禁。有时压迫物可以来自侧方的关节突或后方的肥厚的黄韧带,而出现中央型(上肢症状为主型)、周围型(下肢症状为主型)、前中央血管型(四肢症状型)等不同类型的脊髓损害。

检查时有感觉障碍平面,肌力减退,四肢腱反射活跃或亢进,而腹壁反射、提睾反射和肛门反射减弱或消失。椎间孔挤压试验阳性,霍夫曼征、髌阵挛、踝阵挛及巴宾斯基征等病理征阳性。

X 线检查表现与神经根型相似。脊髓造影可动态观察脊髓受压情况。CT 可以在横断面观察脊髓受压情况。MRI 检查可显示脊髓的整体观,髓内的信号改变有利于病变性质的判断和神经定位。

(三) 椎动脉型颈椎病

椎动脉型颈椎病多由于钩椎关节骨赘形成、椎间隙变窄、颈椎不稳等原因而刺激或压迫椎动脉，或颈交感神经兴奋，反射性地引起椎动脉痉挛等引起大脑后动脉、小脑下动脉和内耳动脉供血不足而产生症状。常见的临床表现有枕部、顶枕部头痛、眩晕（旋转性、浮动性或摇晃性眩晕，头颈部活动时或某一特定体位时可诱发或加重），甚至猝倒，多在头部突然旋转或屈伸时发生，倒地后再站起即可继续正常活动，可有耳鸣、耳聋，视物不清，或不同程度运动及感觉障碍，以及精神症状等，并有反复发作倾向。

查体可见颈椎棘突部有压痛，压头试验阳性，仰头或转头试验阳性，即在头部后仰或者旋转时，眩晕等症状发作或加重。

颈椎正位及斜位 X 线检查可见钩椎关节处有骨赘形成，并向侧方突出者有诊断价值。椎动脉造影、CT 动脉成像（CTA）、磁共振动脉成像（MRA）检查可见椎动脉因钩椎关节骨赘压迫而扭曲或狭窄，部分影像动态观察，当头颈旋转时骨赘对椎动脉的压迫可以加重，甚至引起血管梗阻。

（四）交感神经型颈椎病

颈椎各种结构病变的刺激可通过脊髓反射或脑-脊髓反射而发生一系列交感神经症状。

1. 交感神经兴奋症状　如头痛或偏头痛，头晕特别在头转动时加重，有时伴恶心、呕吐；视物模糊、视力下降，瞳孔扩大或缩小，眼后部胀痛；心跳加速、心律不齐，心前区痛和血压升高；头颈及上肢出汗异常以及耳鸣、听力下降，发音障碍等。

2. 交感神经抑制症状　主要表现为头昏，眼花，流泪，鼻塞，心动过缓，血压下降及胃肠胀气等。

查体可见头颈部转动时颈部和枕部不适与疼痛的症状明显加重。压迫患者不稳定椎节的棘突可诱发或加重交感神经症状。

X 线检查显示除颈椎退行性改变外，颈椎屈、伸位检查可见有颈椎节段不稳，其中以颈 3、4 椎间不稳最常见。CT、MRI 等检查结果与神经根型颈椎病相似。

【辨证论治】

（一）手法治疗

颈椎病的手法治疗可根据类型、病情轻重、病期长短以及患者的健康状况进行选择。常用的治疗手法有：

1. 舒筋法　术者用双手掌根部，从头开始，沿斜方肌、背阔肌、骶棘肌的纤维方向，分别向项外侧沟及背部分疏。手法由轻到重，再由重到轻。

2. 提拿法　术者用双手或单手提拿颈后、颈两侧及肩部的肌肉。

3. 揉捏法　术者立于患者后侧，以双手拇指或掌侧小鱼际肌部置于颈后两侧，着力均匀，上下来回拿捏。

4. 点穴拨筋法　术者用中指或拇指点按天宗、合谷、阳溪、曲池等穴，以及阿是穴（痛点），以有麻窜酸胀感为宜。继之拨腋下的臂丛神经、桡神经和尺神经，以麻窜至手指端为宜。在背部拨脊柱两侧的骶棘肌，沿该肌垂直方向从外向内拨动。

5. 端提运摇法　术者立于患者后侧，双手置于颈项部，用力向上提颈，并慢慢用力使头部向左右两侧旋转各 30°~40°（图 2-3）。

6. 拍打叩击法　术者分别在项背部及肩胛部用手掌，或双手握拳进行拍打、叩击，使组织舒展和缓解。运用此法时，动作要轻

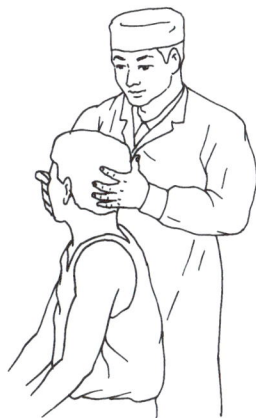

图 2-3　端提运摇法

柔,要使患者感到轻松舒适。

以上手法根据情况重复数次,手法以深透、持久、均匀、柔和、有力为要点。

(二) 固定疗法

颈椎病患者一般不需要固定,但在颈椎病急性发作期可适当固定颈部,限制颈椎活动和保护颈椎,减轻神经根的损伤,减少椎间关节创伤性反应,有利于组织水肿的消退,缓解症状、巩固疗效。

常用的颈部固定工具有枕颌固定托、充气颈椎围领等。一般固定颈椎于中立位。如佩戴时间较长,可影响颈椎肌肉的协调性及肌力,产生对围领的依赖性。

(三) 练功疗法

颈椎病患者需要适当休息,合理的功能练习对疾病恢复很有必要,练功的主要目的是调整颈椎和周围软组织的关系,缓解脊髓及神经根的病理刺激,改善血液循环,松弛痉挛肌肉,增强肌力和颈椎的稳定性,缓解颈椎病的症状。

在颈椎病的急性发作期应以静为主,以动为辅;在缓解期以动为主,做颈前屈,后仰,左右旋转及左右侧屈等,动作要柔和、缓慢、到位。但椎动脉型颈椎病患者不宜做颈部的旋转运动。颈部等长肌肉收缩和舒张运动也是很好的运动,此外,还可做体操运动、打太极拳、站养生桩、练八段锦等。

(四) 药物治疗

该病临床表现复杂,辨证过程不要过多受颈椎病增生、突出等概念的影响,临床内服、外用中药治疗应以中医基本理论为依据,注意整体与局部辨证结合,经方、时方、验方互用,常见中医证候分型如下:

1. 内服药

(1) 风寒阻络型:上肢疼痛麻木,以痛为主,痛点固定不移,多伴有怕风恶寒,治宜祛风散寒通络,方用桂枝附子汤、葛根汤加减。

(2) 气滞血瘀型:颈肩部、上肢刺痛,痛处固定,伴有肢体麻木。舌质淡、脉弦。治宜活血止痛、舒筋通络,方用活血止痛汤、防风归芎汤等加减。

(3) 痰湿阻络型:头晕头痛,头蒙不清,呕恶痰涎,舌苔腻,脉弦滑,治宜健脾化痰,祛湿通络,方用温胆汤加减或半夏白术天麻汤加桃红四物汤等。

(4) 肝阳上亢型:头痛眩晕,耳鸣眼花,面色如醉,治宜平肝潜阳通络,方用天麻钩藤饮加减。

(5) 肝肾不足型:颈项疼痛隐隐,头部空痛或胀痛,眩晕,腰膝酸软,面色㿠白或潮红,手足不温或心热。舌红少津或舌淡苔薄白,脉沉或细数,方用左归丸等加减。

(6) 气血亏虚型:经常发生眩晕、头痛绵绵、目眩懒言,多伴面色苍白,心悸气短,治宜益气养血,舒筋通络,方用归脾汤加味。

2. 外用药　治宜活血止痛,舒筋活络,可选用舒筋活络药膏、活血散外敷,或用万花油、正红花油外搽,亦可用热熨药,如坎离砂热熨患处。

(五) 针灸疗法

可根据中医辨证取穴,临床多用颈夹脊穴、绝骨、后溪、大杼、魄户、天柱、天井、合谷、风府等。

(六) 手术治疗

诊断明确的颈椎病经非手术治疗无效,或反复发作者,或脊髓型颈椎病诊断确立后适于手术治疗。根据手术途径不同,可分为前路手术、前外侧手术及后路手术三种。

1. 前路及前外侧手术　适合于切除突出之椎间盘、椎体后方骨赘及钩椎关节骨赘,以解除对脊髓、神经根和椎动脉的压迫。同时需进行椎体间植骨融合术,以稳定脊柱。

2. 后路手术　主要是通过椎板切除或椎板成形术达到扩大椎管、解除对脊髓的压迫。部分病例需要前后路联合治疗,以减轻术后再灌注损伤对脊髓的影响。

(七) 其他疗法

1. 牵引疗法　可采用枕颌带牵引法。牵引可以缓解肌肉痉挛,扩大椎间隙,缓解症状。该疗法对脊髓型颈椎病应禁用,部分椎动脉型或交感神经型颈椎病牵引后症状可能加重,宜采用轻重量牵引,若有不良反应,则应立即停止牵引。牵引可取坐位或卧位,一般宜取颈微屈曲位,可根据牵引时症状减轻的情况来调整牵引力线,按牵引时间的不同可分为间断性牵引和持续性牵引,症状较轻者可采用间断性牵引,症状较重者可用持续牵引,持续牵引宜采用卧位。牵引重量为2~6kg,可视患者体重及病情而定,开始牵引时可轻一些,以后逐渐加重,2~4周为一个疗程。

2. 封闭疗法　根据病症辨证选穴和经络触诊检查出阳性反应的穴位进行封闭治疗。也可寻找准确的压痛点后,进行痛点封闭注射或根据神经支配关系进行神经组织封闭。常用的穴位有颈椎夹脊穴、天宗、秉风等穴位。常用的药物有曲安奈德注射液、盐酸利多卡因注射液、维生素 B_{12} 注射液等。每次选1~2点,可重复注射,不宜次数过多。

3. 物理疗法　可缓解肌肉痉挛,消除神经根炎性水肿,改善局部血液循环。常用的方法有中药离子导入、微波治疗、超短波治疗、红外线治疗等。

【预防与调护】

预防是颈椎病治疗过程中最重要的部分,贯穿于日常生活和工作中。颈部外伤后要做早期治疗。如轻者可用石膏颈围控制颈部活动等,以利于颈椎外伤彻底恢复。定期改变头颈部体位,保持良好的坐姿,这样既有利于颈部保健,也利于消除疲劳。长期伏案工作者应开展工间操活动,使处于疲劳状态的颈椎定时获得内外平衡。避免卧床看电视、看书,坐椅子、沙发时坐姿要端庄,避免颈部过度单侧应力作用。保持良好的睡眠体位,维持脊柱的生理曲度,使全身肌肉放松。颈椎病患者往往有悲观心理和急躁情绪。应以科学的态度向患者作宣传和解释,以获取配合治疗,同时指导患者进行合理的功能锻炼。

病案分析

病案:患者,男,60岁,因颈部活动不适伴双上肢麻木无力1月余来诊,患者1月余前无明显诱因出现右肩部疼痛、麻木,针刺样感觉,未予重视。后逐渐出现左肩部及左手麻木、疼痛,感觉迟钝,当地医院颈椎 MRI 检查提示:颈椎间盘突出,硬膜囊受压明显。住院予以牵引、止痛等对症治疗,病情无明显缓解,逐渐出现左下肢无力感,步态不稳,双手灵活性降低,左肩外展无力加重。

现患者颈部活动不适伴双上肢麻木无力,无发热,心肺、二便未见异常。颈部僵硬,无明显活动受限;生理前凸消失,左肩部及左前臂桡侧痛觉减退,呈跛行步态。左手握力 4 级,右手握力 5 级,双侧肱二头肌、肱三头肌反射(+),双侧膝腱、跟腱反射(+),四肢肌张力高,双侧霍夫曼征、巴宾斯基征(+),双上肢神经根牵拉试验(+)。MRI 检查提示:颈 2~3、颈 3~4、颈 4~5、颈 5~6、颈 6~7 椎间盘突出,硬膜囊受压明显,椎管明显狭窄。

分析:本病应诊断为颈椎病(脊髓型颈椎病),依据上述病史、症状体征,以及感觉、运动、神经系统检查和颈椎 MRI 检查,本病不难诊断。临床上本病需要与脊髓内与脊髓外肿瘤、肌萎缩性侧索硬化症、小脑扁桃体下疝畸形、脊髓空洞症、颈椎后纵韧带骨化症相鉴别。

本例患者应采用手术治疗,因为该患者颈椎退变严重,已经出现脊髓刺激症状,如果不予以积极手术治疗,则可能因为很小的外伤导致截瘫等严重后果。目前该患者尚未出现脊髓信号改变,若积极治疗,可以使肢体功能大部分恢复,手术之前应该首先做颈椎功能位 X 线检查,如果发现有失稳的节段,则需对该节段行前路减压融合,同时行后路椎管成形术。

三、颈椎关节错缝

颈椎关节错缝,是指颈椎关节由于外力损伤或肌肉强烈收缩、长时间体位改变、持续劳损等原因致使骨缝发生错乱,从而出现颈椎功能异常者。《医宗金鉴·正骨心法要旨》有关颈椎关节错缝的论述:"旋台骨,又名玉柱骨,即头后颈骨三节也,一名天柱骨……一曰打伤,头低不起,用端法治之,一曰坠伤,左右歪斜,用整法治之,一曰仆伤,面仰不能垂,或筋长骨错,或筋聚,或筋强骨随头低,用推、端、续、整四法治之。"基本描述了颈椎关节错缝的病因、体征和治疗方法。本病亦属中医学"骨错缝"的范畴。颈椎关节错缝中较容易发生的有关节突关节错缝以及寰枢关节错缝。

(一) 关节突关节错缝

颈椎关节突关节错缝,亦称颈椎关节突关节紊乱,是指关节突关节发生超过正常范围的微小的侧向移动而产生的颈部损伤,以颈部疼痛、转动不便、活动时疼痛加剧为主要特征,严重时还可出现斜颈样外观、头昏、视物模糊、复视等症状。

【病因病机】

颈椎的关节突较短,上关节面朝上偏于后方,下关节面朝下偏于前方,关节囊较松弛,可以滑动,横突之间往往缺乏横突韧带。因此,颈椎的稳定性较小,若颈部肌肉扭伤、撞伤或受风寒侵袭发生痉挛,或乘车时头颈部前后摆动,或睡眠时枕头过高,或在肌肉放松的情况下于梦中突然翻身,或工作中长时间姿势不良,颈部呈慢性劳损,或舞台表演或游泳时头部做快速转动等特技动作时,均可使颈椎关节超出正常活动范围而发生关节突滑移。一侧椎间关节的滑膜嵌顿在关节突前后、左右略微移位,使关节突关节面的排列失去正常的关系。棘间和棘上韧带紧张,周围有关肌肉失去平衡协调,将移位的错缝关节突关节交锁在移位后的不正常位置上。由于上述的各种病理改变很难在 X 线检查中被发现,故临床上易被误诊为颈部扭挫伤。

中医学认为,本病多因为风寒湿等外邪侵袭、气滞血瘀等致使经脉不通,气血运行不畅,颈部软组织痉挛,不通则痛;或因气血不足、肝肾亏虚等,致使经筋失养,筋肉松弛,束骨无力,不荣则痛,从而导致本病。颈椎关节突关节错缝多见于中青年人。

【临床表现与诊断】

一般起病较急,颈部疼痛,转动不便,活动时疼痛加剧,可出现斜颈样外观,亦可伴有两侧上肢麻木、无力,感觉与肌力减退。严重时还可出现头昏、视物模糊、复视等症状。颈部肌肉稍痉挛、僵硬,活动受限,头歪向一侧略前倾。病变颈椎关节、棘突有压痛,棘突向一侧隆起或呈现明显偏歪。此外,风池穴或肩胛内缘有压痛。

X线检查正位片可有侧弯畸形,有时有局部棘突偏歪。侧位片可见患椎旋转,关节突与椎体后缘有双影现象,脊柱颈段生理性前凸变小或消失。斜位片可见椎间关节间隙相对增宽或变窄。X线检查可明确诊断。

【鉴别诊断】

应与下列疾病鉴别:

1. 颈部急、慢性扭挫伤　患者有明显的颈部扭转、用力过猛或跌仆闪挫等外伤史,伤后多感一侧颈项疼痛,疼痛可向肩背部放射。肌肉痉挛和不同程度的功能受限,以旋转、侧屈受限最为明显。

2. 颈椎病　多数无明显外伤史,大多数患者逐渐感到颈部局限性疼痛或麻木,疼痛可放射至肩背或上肢,部分患者可见头晕、耳鸣、听力减退或消失、进行性双下肢麻木等症状。通过影像学检查可与本病鉴别。

【辨证论治】

治疗目的是使关节复位,以解除疼痛、恢复颈部正常功能。

1. 手法治疗　手法复位是主要的治疗方法,有以下两种:

(1) 对抗复位法:患者俯卧位,头伸至床沿。医者立于患者头前,一手托住下颌角,另一手握枕部,做缓慢的对抗牵引,在牵引下使患者颈部伸直即可复位,或在对抗牵引下,医者用两手拇指分别放在偏歪棘突左右两侧,用力向中间顶压使其复位。

(2) 旋转复位法

方法一:患者取坐位(以患椎棘突向右偏歪为例),头部前屈30°~40°,再向左偏40°~50°。医者左手拇指顶住偏歪棘突的右侧,右手掌托住患者左面颊及颊部。助手站在患者左侧,左手掌压住患者右颞顶部,据复位的需要按头部。然后,医者右手掌向上用力使患者头颈沿矢状轴旋转40°~50°,同时左手拇指向左侧水平方向推顶偏歪棘突,可听到一响声,并且感到指下棘突向左移动。让患者头部处于中立位,顺压棘突和项韧带,松动两侧颈肌,手法结束。

方法二:患者取坐位,颈部自然放松,向旋转活动受限制的方向主动旋至最大角度。医者一手拇指顶住患椎高起的棘突,其余四指夹持颈部。另一手掌心对准下颌,握住下颌骨(或用前臂掌侧紧贴下颌,手掌抱住后枕部)。然后,医者抱住患者头部的手向上牵提和向受限侧旋转头部,同时另一手拇指向颈前方轻顶棘突高隆处,可听到一响声,感指下棘突轻轻移位,让患者头处于中立位,用拇指触摸检查无异常,手法结束。

颈椎关节突关节错缝复位后,颈部以环形围领进行固定制动。症状严重者以石膏领固定2~3周。

2. 药物治疗

(1) 内服药

1) 风寒阻络型:颈部疼痛麻木,以痛为主,痛处固定不移,多伴有怕风恶寒,治宜祛风散寒通络,方用桂枝附子汤、葛根汤加减。

2) 气滞血瘀型:颈部刺痛不适,僵硬,活动不利,面色晦暗,唇舌青紫,脉细或涩,治宜理气活血、化瘀止痛。方用桃红四物汤加减。

3) 气血两虚型:颈部隐隐作痛,头晕心悸,面色不华,神疲乏力,精神不振,舌淡苔薄白,脉细弱,治宜补养气血,舒筋通络,方用八珍汤、归脾汤加减。

（2）外用药：可采用伤科膏药外敷治疗以达到温经通络、活血化瘀的目的。

3. 练功疗法　颈项功能锻炼可加强颈项部肌肉力量，有利于稳定颈椎。患者可取坐位或立位。坐位练功时，患者需坐在有靠背的椅子上；立位练功时，患者两脚分开与肩同宽。练习时，双手叉腰，含胸拔背，目视前方，意守丹田，调匀呼吸。

（1）提肩缩颈：患者双肩徐徐提起，并向下缩颈，同时吸气，以意领气下沉至丹田，然后双肩徐徐放下，头颈自然伸出，同时缓缓呼气，还原至中立位。

（2）与项争力：患者头项徐徐向上拔伸，两肩徐徐下沉，同时缓缓吸气扩胸，使气积于膻中，然后头、肩、胸还原，同时缓缓呼气。

（3）前俯后仰：患者吸气时颈部尽量前屈，使下颌接近胸骨柄缘，呼气时头颈还原至中立位；再吸气时颈部后伸至最大限度，呼气时还原至中立位，腰背不动。

（4）颈项侧弯：患者吸气时头偏向左侧，呼气时头部还原至中立位；再吸气时头偏向右侧，呼气时头部还原，两肩保持不动。

（5）左顾右盼：患者吸气时头项向右后转，眼睛看向右后方，呼气时头项还原至中立位；再吸气时头颈向左后转，眼睛看向左后方，呼气时头项还原，两肩保持不动。

以上动作可反复练习。

4. 其他疗法　理疗、药熨、中药熏洗及针灸等疗法均可配合使用。

【预防与调护】

养成良好的习惯，伏案工作不宜太久，以避免长期保持同一姿势所带来的软组织疲劳。劳作中要保持合理的姿势。运动前应进行准备活动并注意自我保护。

（二）寰枢关节错缝

寰枢关节错缝，是指齿状突发育不全及感染等因素影响下导致寰椎与枢椎关节错离，或因头部外伤、手法过重、突然转头等，引起颈部疼痛、偏头痛、后枕痛、眩晕、呕吐、心慌、心悸、失眠、血压升高或降低、活动受限、不能自行复位等症状的一种病症。以特发性斜颈、头颈僵直和旋转受限为特征。

【病因病机】

寰枢椎之间无椎间盘，亦无椎间孔。第2对颈脊神经从寰枢关节的内后方出椎管，参与颈神经丛的组成。寰枢的结构呈环状，左、右侧块上面的后缘有椎动脉沟，椎动脉经过此沟，寰枕后膜与枕骨大孔，入颅腔。枢椎的特点是椎体上方有一齿状突起（即齿突），该突起在寰椎前弓的中央后面，寰枢以该突起为轴作左、右转动。本病多由于头部经常处于一侧过度旋转位，或突然过度旋转，造成一侧翼状韧带损伤，引起两侧翼状韧带张力不平衡，一侧翼状韧带过度牵拉齿突，使寰枢关节错缝；或寰枢椎先天发育异常，造成其连接上的不稳定，到一定年龄，稍用力旋转头部，即可发生寰枢关节错缝。此种情况应慎用手法复位。另外，感染与炎症刺激，常引起寰枢关节的滑膜炎症反应，使滑液分泌量增加，使关节囊与滑囊内压力增大，导致其连结不稳。同时，由于伤侧发生炎症反应，出现颈肌紧张或痉挛，因两侧牵拉力不平衡，即可形成病理性错缝。

中医学认为，本病多因正气不足，营卫虚弱，或气滞血瘀，血脉阻络，气血津液疏布失调，或复感热毒之邪灼伤津液，筋失所养，肌肉松弛，无力束骨，而造成寰枢关节错缝。本病好发于青壮年和儿童。

【临床表现与诊断】

寰枢关节错缝可因外伤或病理性改变而引起。外伤性错缝，多发生于青壮年，常由于头颈部长期处于一侧过度旋转位,或猛然向一侧过度旋转而受伤。病理性错缝多见于儿童,本病发生以前,先有呼吸道感染和全身发热等病史。本病的主要特征为颈项部疼痛、僵硬,疼痛可扩散至头枕部,头部不敢活动,动则痛剧,呈强迫性头向一侧偏歪,头部前倾时引起后头痛,脖子转动时有响声,枕部疼痛麻木,患者可感到头颅向前下坠落。有的患者可有上肢麻木无力以及步态不稳等症状。头呈固定姿势,头部转动困难且剧痛。第 2 颈椎棘突偏歪或后凸,枕骨下缘与偏斜棘突旁有明显压痛点。

X 线检查,除常规正位、侧位片外,还应拍照张口位的寰枢正位片,以观察枢椎齿突是否与椎体连结,两侧寰枢关节是否对称,以明确诊断。

【鉴别诊断】

1. 落枕　多在睡眠后起病,头部活动受限,头旋转俯仰时,虽有疼痛,但仍可自行活动,压痛多在颈肌而不局限于寰枢关节附近。X 线检查无异常。

2. 寰枢关节半脱位　两者虽都有颈项活动受限,疼痛,但寰枢关节错缝症状较该病轻,且无头晕、恶心、呕吐、舌颤等脊髓刺激症状。X 线检查可确诊为半脱位。

3. 颈椎结核　除有颈部僵直、疼痛症状外,还伴有全身症状,如潮热、盗汗和消瘦。X 线检查可见结核阴影。

【辨证论治】

本病主要以理筋手法为主,施术着重在颈枕部,可有效促进局部血液循环,加速病理产物代谢,促使局部软组织修复,达到治疗和改善错缝的目的。

1. 手法治疗　复位手法的实施必须使患者局部肌肉及韧带达到复位条件,才可以进行。基本条件就是寰枢关节局部韧带松弛,以避免局部骨折的可能性,也为复位的成功打下基础。在行手法复位时应注意用力要稳,以消除患者的紧张心理,切忌用力过猛,以免造成不必要的损伤。更不能一味追求"咔哒"声。在行手法治疗前,一定要排除骨折、结核等疾病。具体的复位手法有以下几种。

(1)坐位旋转复位法:患者坐位,术者站于患者身后,嘱患者轻微前屈头部,术者一手扶住患者头后部,用另一手掌或肘窝托于患者下颌,向一侧旋转头部,等到旋转有阻力时,轻微加力,快速旋动 5°左右,听到"咔哒"的声音后,提示复位成功。根据需要,可进行另外一侧的手法复位。

(2)仰卧位复位法:患者平卧于床上,术者位于床头,一手扶住患者头后部,一手掌托于患者下颌,在一定牵引力量下,轻微前屈头部进行操作,操作过程与坐位旋转复位法相同。

(3)侧卧定点复位法:患者侧卧于床上,术者位于床头,一手拿住枕部,拇指顶于寰椎侧块或枢椎横突,一手托于下颌,前臂托住头部,两手相互错动,听到"咔哒"的声音后,提示复位成功。这种手法主要适用于寰枢椎横向平移错位。

(4)端提推顶复位法:患者坐位,两助手用枕颌带前屈 15°位提起患者头部,术者站于患者身后,用拇指定于枢椎棘突,快速推动,听到"咔哒"的声音后,提示复位成功。这种手法主要适用于寰枢椎前后平移错位。

复位后应进行颈围固定,保护局部复位的关节,避免再次错位或损伤。如果在复位的过程中出现四肢麻木,或者局部疼痛难忍,或者突然晕厥等情况时,应立即停止复位治疗,让患者平卧后吸氧,进一步检查患者情况,进行对症治疗。

2. 牵引疗法　坐位牵引采用枕颌带悬吊牵引,根据患者体重、年龄、病程长短及错位机制而设定牵引重量、角度、时间、次数。一般从小重量开始,逐渐加大重量,时间以 20~30 分钟为宜。卧位牵引多用仰卧位,床头滑轮悬吊,重量、角度依病情而调整变化。

3. 药物治疗

（1）内服药

1）气血两虚型：颈部酸软无力，隐隐作痛，头晕心悸，面色不华，神疲乏力，精神不振，舌淡苔薄白，脉细弱，治宜补养气血，健运脾胃，方用八珍汤、归脾汤等加减。

2）气虚瘀滞型：颈部刺痛，痛有定处，活动不利，面色淡白，少言懒语，气短乏力，动则尤甚，舌淡暗有紫斑，脉细涩或弦涩，治宜补气活血，祛瘀通络，方用补阳还五汤加减。

3）热毒蕴结型：局部红肿，灼热疼痛，口渴，便秘，舌红苔黄，脉弦数，治宜清热解毒，活络止痛，方用仙方活命饮加减。

（2）外用药：可选用舒筋活络药膏、活血散等外敷。或用万花油、红花油等外敷。

4. 其他治疗

（1）针灸疗法：多采用平补平泻手法，取穴如风池、百会、风府、列缺等，每日1次。也可采用电针疗法。

（2）物理疗法：主要有TDP灯、低频脉冲电磁场和超短波治疗，配合外用药物外搽患部，如双氯芬酸二乙胺乳胶剂（扶他林）、红花油等，每日2次，每次30分钟，7天为1个疗程。

【预防与调护】

适当调整枕头的高低，改善不良的坐卧姿势和工作条件，纠正头颈不适当的活动。防止头颈部外伤和感染。在恢复期时，应及早进行项背肌功能锻炼。

四、落枕

睡眠醒后出现颈部疼痛、活动不利等症状，称为落枕，又称"失枕"，是颈部常见的筋伤之一。以颈部疼痛，颈项僵硬及活动受限，轻者为针刺痛，重者如刀割样或撕裂样疼痛为主要表现的颈部软组织急性扭伤。大多表现为单侧，活动颈部可加重疼痛，患者的头常偏于一侧，故又称"外伤性斜颈"。

【病因病机】

落枕多因睡眠枕头过高或过低，躺卧姿势不良等，使一侧胸锁乳突肌、斜方肌及肩胛提肌在较长时间内处于过伸状态，颈部肌肉长时间受牵拉，处于过度紧张状态而发生静力性损伤。或睡眠时露肩受风，颈项部感受风寒湿邪，寒性收引，气血循行不畅，经络痹阻肌肉，舒缩活动失调而拘急疼痛。正如《诸病源候论·失枕候》记载："头项有风，在于筋之间，因卧而气血虚者，值风发动，故失枕。"部分患者因颈部突然扭转或用肩扛抬重物，致使肌肉扭伤牵拉，发生痉挛或使颈椎小关节交锁嵌顿而发生本病。一般累及一侧软组织，常发生于胸锁乳突肌、斜方肌或肩胛提肌等。本病好发于青壮年。

中医学认为，本病多因风寒浸淫或肝肾亏虚所致。风寒浸淫者，颈肩裸露感受风寒致使颈筋气血凝滞、筋脉不舒，而发生颈肩疼痛。肝肾亏虚者，缺乏肌肉锻炼，身体衰弱，气血不足，循行不畅，同时伴有腰膝酸软无力；或有颈椎病，久伤不愈或筋骨痿弱、疲劳过度复感风寒侵袭，致经络不舒，肌肉气血凝滞不通，疼痛而发生本病。

【临床表现与诊断】

晨起突感颈部疼痛不适，多为一侧，活动时加重，头常歪向患侧，仰头、点头及转头等颈部活动受限，颈项不能自由旋转后顾，转头时常与上身同时转动，向患侧活动受限尤为明显。疼痛主要在颈部，也可以放射至肩、背和上肢。颈部肌肉痉挛压痛，触之如条状或块状，斜方肌、大小菱形肌等处有压痛。

因风寒外袭,颈项强痛,可见渐渐恶风,身有微热,恶寒头痛等表证,往往起病较快,病程短,两三天即能缓解,一周内多可自愈。若恢复不彻底,易于复发。若久延不愈,应注意与其他疾病引起之颈背痛相鉴别。X线检查一般无明显改变,由于颈部肌肉痉挛,头颈部可歪斜,X线检查可见颈椎侧弯,颈椎生理弧度改变为平直甚至反张。

【辨证论治】

推拿手法治疗落枕有很好的效果。按摩可很快缓解肌肉痉挛,消除疼痛,多数患者治疗一次,症状就能有效缓解。

(一)手法治疗

1. 按摩点穴法 患者端坐,术者站于患者背后。缓慢转动头颈,在颈项部找到痛点或痛筋后,用拇指或小鱼际在患部揉、推、摩,平稳施压,使痉挛的肌肉得到缓解,疼痛减轻,再用拇指或示指点按风池、天柱、天宗、曲池、合谷等穴,每穴按压可达半分钟,以舒筋理气、解痉止痛。

2. 捏拿牵颈法 患者坐位,术者立其后,双手肘部按住患者双肩以固定肩部,双手手指重叠扶在患者颈枕部,逐渐向前下方用力,使患者颈部前屈,用拇指与示指、中指对捏颈部、肩上和肩胛内侧的肌肉,做捏拿弹筋手法,随后放松,重复3~5次。然后术者一手托住患者下颌,一手托住枕部,两手同时用力向上提,此时患者的躯干部重量起反牵引的作用,边做牵引,边做颈前屈、后伸动作数次。动作要轻柔舒缓,忌暴力,以免加重损伤。

(二)药物治疗

1. 内服药

(1)风寒型:颈项背部僵痛,拘紧麻木,可兼有渐渐恶风,微发热,头痛等表证,舌淡苔薄白。治宜疏风散寒,无汗者用葛根汤,有汗者用瓜蒌桂枝汤,兼有湿邪者用羌活胜湿汤。

(2)瘀滞型:晨起颈项疼痛,活动不利,活动时患侧疼痛加剧,头部歪向患侧,局部有明显压痛点,舌紫暗。治宜活血舒筋止痛,可用和营止痛汤、活血舒筋汤。

2. 外用药 可选用麝香止痛膏、复方南星止痛膏等。

(三)其他疗法

针灸、中药药熨、中药离子导入、理疗、磁疗、超声波等均有一定疗效。

【预防与调护】

枕头的高度应合理,不能太高也不宜太低,最好中间部分有凹形,既承托颈部,又预防轻易滑落。枕头也不能太宽太轻,宽度最好在相当于肩至耳的距离,柔软度以易变形为度。做好防寒保暖,避免颈部着凉,引起颈肌痉挛诱发落枕。久坐伏案工作,勿忘颈部保健,要经常起身抬头活动颈部,防止颈肌慢性劳损。积极进行颈部的功能活动,可做颈部前屈、后仰、左右侧弯、左右旋转等活动。

课堂互动

1. 请问落枕有哪些临床表现?

2. 请某位同学根据落枕的临床表现,上台来模仿一位落枕患者,请另一位同学上台来展示一下落枕的手法治疗操作。

3. 假如你是一位经常落枕的患者,你觉得应该如何预防与调护?

五、先天性肌性斜颈

先天性肌性斜颈是一侧胸锁乳突肌的先天单侧纤维性挛缩,导致头面部和颈部的不对称畸形。临床以头斜向患侧、下颌转向健侧和面部变形为特点,是小儿较常见的一种先天性畸形。研究表明,本病好发于高龄产妇初产儿,胎位异常以及出现感染的婴幼儿。此外,使用产钳助产的新生儿发病的风险亦高。

【病因病机】

本病的直接原因是胸锁乳突肌因纤维化而挛缩、变短,但引起此肌纤维化的具体原因和机制尚不完全清楚。目前有三种学说:产伤学说、宫内发育障碍学说和缺血性肌挛缩学说。主张产伤致病者认为,由于分娩时一侧胸锁乳突肌受伤撕裂,造成血肿,最后发生纤维性挛缩而导致本病。主张宫内发育障碍者认为由于胎位不正,胎儿在子宫内头部位置不良,头颈倾向一侧;或胎儿受到身体其他部位(如手)对颈部的特殊压力,可使颈部肌肉的血液循环改变,致胸锁乳突肌缺血、挛缩、发育不良、纤维变性,从而产生斜颈畸形。主张缺血性肌挛缩者认为,因动脉血供不良,导致肌肉缺血,或产程过长,胸锁乳突肌发生缺血性挛缩,使肌肉发生纤维变性,造成斜颈。此外,还有学者认为该病与胎位异常、感染、遗传等因素有关,睡姿不良也可能诱发先天性肌性斜颈的发生。从中医学角度分析,此病多属于先天不足所导致的发育异常,也可因气滞血瘀、筋脉痹阻所致。

【临床表现与诊断】

患儿常在出生后2周左右发现头颈歪斜,一侧胸锁乳突肌部可触及一硬的梭形肿块,触按时因疼痛而啼哭。头颈转动不灵活,向肌肉缩短一侧倾斜,下颌旋向对侧。肿块约在出生后3~4个月逐渐消失,继而发生胸锁乳突肌的挛缩,形成索条状,出现斜颈。斜颈常随婴儿发育而发展,1岁左右斜颈更为明显,头部向患侧倾斜,下颌转向健侧,活动受限明显。当头颈部主动或被动转向健侧或仰头时,可见胸锁乳突肌紧张而突起于皮下如条索。并逐渐出现面部和头部的继发性发育不对称畸形。头颅的前后径变小,枕部歪斜,面部两侧不对称,患侧面部窄小,眉眼与口角之间距离较健侧缩小,五官均倾斜。畸形如不矫正,可随年龄增长而加重,不仅患侧面部相对萎缩,颈部软组织紧缩,而且颅骨也发育不对称,颈椎甚至上胸椎发生固定性脊柱侧弯及智力发育障碍。

鉴别诊断中应考虑颈椎畸形、颈椎外伤半脱位、单侧性颈部感染所致淋巴结炎、视力不正常、颈部双侧肌力不对称、颈髓肿瘤和肌痉挛所致的获得性斜颈及姿势性斜颈。先天性肌性斜颈中表现不典型、经保守治疗无效或颈部出现疼痛者,应考虑其他罕见原因导致的斜颈。

【辨证论治】

本病治疗越早,效果越好;年龄越大,斜颈和面部畸形越难于完全矫正。

(一)理筋手法

适用于1岁以内的婴儿,包括局部热敷、按摩、手法扳正,其目的是使肿块及早消散,防止肌肉发生挛缩,出生2周之后,即可进行。

1. 局部按摩　医者运用拇指或中、示指指腹在患侧胸锁乳突肌肿块部位做自上而下的轻柔按摩,能够舒展理顺挛缩的胸锁乳突肌,改善局部的血液循环并促进新陈代谢,使局部硬结的肌肉纤维逐渐软化。

2. 旋转摆动　医者两手抱住婴儿头部做左右旋转摆动,每次旋转10~20回,左右旋转摆动时应注意向倾斜的相反方向纠正,通过这样多次反复纠正,使得强硬的肌肉纤维得到松软,歪斜的头颈部能够保持正直。

3. 扳动矫正　先在患侧胸锁乳突肌做热敷或按摩,然后术者以一手托住患儿枕骨部,另一手把住下颌,将患儿头部向与畸形姿势位相反方向,轻柔地进行扳动牵引矫正,每天4~5 次。扳动时,颜部要尽量旋向患侧,枕部旋向健侧。坚持数月后可获满意疗效。

(二)固定方法

患儿仰卧,面部转向患侧,枕部转向健侧肩峰,其周围用小沙袋固定,婴儿睡觉时用沙袋保持上述矫正位。

(三)其他疗法

手术治疗适用于 1 岁以上的患儿。对手法无效或就诊较晚的患儿,遗留有较重的斜颈畸形者,应尽早手术治疗。12 岁以上者,虽然脸部畸形已难以矫正,但手术仍可使颈部畸形和活动有所改善。多采用胸锁乳突肌切断术,术后将头置于过度矫正位,用头颈胸石膏固定3~4 周。拆除石膏后,应继续用手法纠正畸形,方法同前。

【预防与调护】

早诊断早治疗是本病的防治关键。为便于长期治疗,可将矫正、固定方法教给患儿父母,嘱其耐心施治,在日常生活中采用与头面畸形相反方向的动作进行矫正,如怀抱、喂奶、睡眠的枕垫或用玩具吸引患儿的注意力时,均应将患儿头部倾向健侧。家属可经常在患侧胸锁乳突肌做相反方向的被动牵拉伸展运动。患儿稍大后,除每日给予手法纠正外,可面对镜子训练其认识何为正常位置,教其自行纠正的动作,即下颌向患侧,头颈向健侧屈曲,以纠正畸形。

第二节　胸背部筋伤

一、胸部挫伤

由于暴力撞击胸壁,致使软组织受到损伤者,称为胸部挫伤,又称胸壁挫伤。胸部挫伤是以胸胁部疼痛、胀满,伴随胸廓运动而症状加重的软组织损伤性疾患,是人们在日常生活、出行和工作中常见的损伤。

【病因病机】

该病乃外来暴力直接作用于胸部软组织所致。如交通事故,以及日常生活、工作中碰撞、打击、冲撞人体的胸部软组织等。暴力作用于胸部软组织可导致络脉受损,血溢于脉外,气滞血瘀而为肿痛。若新伤未治,可反复发作而为陈伤。

【临床表现与诊断】

有直接暴力致胸部挫伤病史,可见胸部固定性、局限性疼痛,因胸廓运动如深呼吸或咳嗽、打喷嚏时胸痛加剧,翻身活动困难。伤处略肿,压痛固定,受伤局部可有瘀斑。重者可有咯血、低热等。影像学检查无肋骨骨折、血气胸等表现。

【辨证论治】

(一)固定方法

嘱伤者深呼气后,用胸带围绕伤处胸廓紧密固定,胸痛症状可明显缓解。固定时间大约

02章02节PPT

PPT 课件

3周。

(二) 药物治疗

1. 内治法　治宜活血化瘀止痛,方用复元活血汤加减。陈旧性损伤,治宜行气活血补血。气滞重者,方用柴胡疏肝散加减;血瘀重者,方用化瘀散加减。

2. 外治法　局部肿痛者,可化瘀消肿,行气止痛,常用消瘀膏、香桂活血膏等。

【预防与调护】

胸部挫伤重者应半卧位适当休息、避免外伤、戒烟限酒。患者可适当做深呼吸、咳嗽、排痰、上肢活动及扩展胸廓等动作,预防胸部组织的粘连,以免病情迁延不愈。

二、胸廓出口综合征

胸廓出口综合征是胸廓出口处臂丛与锁骨下动、静脉因受压而引起的一系列临床症状。胸廓出口处的骨性和肌性结构及其间隙的异常都可能构成压迫,局部的炎症性增生、粘连和肿块也可构成压迫因素。

【病因病机】

臂丛和锁骨下动、静脉走行在前、中斜角肌之间,经前、中斜角肌与第1肋骨形成的三角形间隙进入锁骨下。穿过锁骨与第1、2肋骨间隙后,经胸小肌深面进入腋窝。正常情况下,上述路径有一定的容纳空间,神经、血管不致受压。病理情况下,该路径的空间变窄,产生卡压,出现相应的症状。

因前斜角肌病变导致前、中斜角肌与第1肋骨之间的三角形间隙变窄,卡压神经、血管者,称为前斜角肌综合征。前斜角肌的病理变化包括:前斜角肌肥大或痉挛;前斜角肌在第1肋上的止点偏于外侧,使三角形间隙变窄;前、中斜角肌先天融合为一体,臂丛神经从变异融合的肌纤维之间穿过(图2-4、图2-5)。

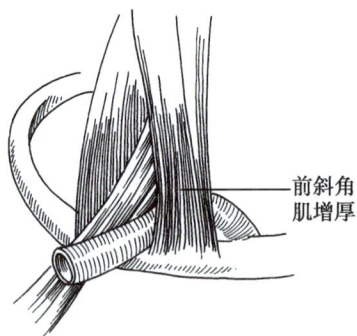

图2-4　前斜角肌综合征斜角肌肥大　　图2-5　前斜角肌综合征斜角肌畸形

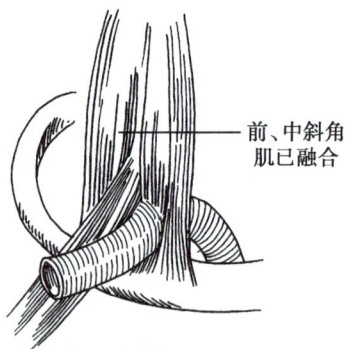

因颈肋而造成神经和血管卡压者,称为颈肋综合征。颈肋是一个退化了的结构,部分人仍有遗留。颈肋多见于第7颈椎。颈肋分残留性颈肋、明显颈肋、次全颈肋和全颈肋。残留颈肋呈小结节状,颈椎横突的外方有异常突起,一般不会引起压迫。其余3种类型的颈肋因穿越前、中斜角肌和第1肋骨之间的三角间隙,可使该间隙变窄,造成神经、血管的压迫(图2-6)。

因第1肋骨与锁骨之间的间隙狭窄造成压迫者,称肋锁综合征。正常肋锁间隙约1cm。第1肋骨走行畸形;颈胸段脊柱侧弯或半椎体畸形,致胸廓上口狭窄;第1肋骨或锁骨骨折畸形愈合或骨痂过大;锁骨下肌肥大等原因均可造成神经血管受压。

因喙突-胸小肌间隙狭窄致使臂丛神经及锁骨下动、静脉受压者,称喙突胸小肌综合征。症状多在肩关节过度外展时发生,故又称过度外展综合征。见于喙突骨折畸形愈合或胸小肌肥厚等(图2-7)。

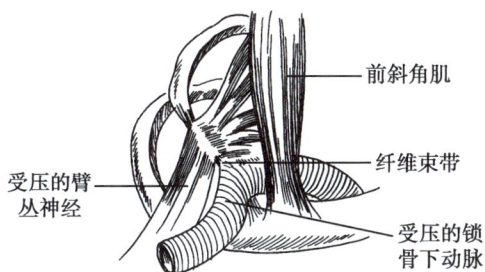

图2-6　颈肋综合征纤维束带压迫神经血管

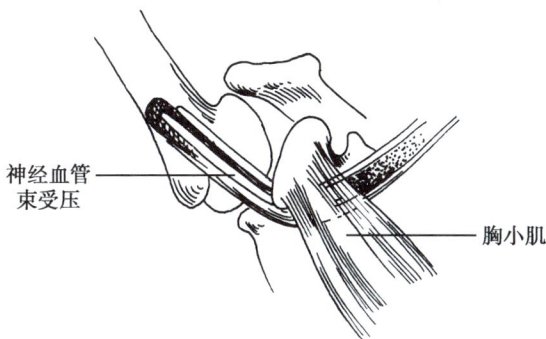

图2-7　过度外展综合征

【临床表现与诊断】

临床表现可分为臂丛神经受压和锁骨下动、静脉受压两种。

(一)臂丛神经受压

颈肩痛向上肢放射至前臂及手部,患肢麻木,痛觉减退,肌力减弱,肌肉萎缩。查体可见患侧锁骨上区饱满,可触及肿块、骨性突起、挛缩或增厚的前斜角肌,锁骨上局部压痛并向上肢放射。前斜角肌紧张试验:检查时患者头转向健侧,颈部过伸,患侧手臂向下牵拉,若患肢疼痛,麻木加重,即为阳性,见于前斜角肌综合征。挺胸试验:患者坐位,令患者颈和两臂向后伸,挺胸,两肩外展,若患肢诱发疼痛与麻木,或原有症状加重,为阳性,见于肋锁综合征。肩关节过度外展试验:患者坐位,肩关节过度外展上举时,患肢疼痛、麻木加重,即为阳性,见于喙突胸小肌综合征。

(二)锁骨下动、静脉受压

上肢症状主要以手部为主,呈缺血性疼痛,皮温下降,可见肿胀,皮肤干燥、苍白或发绀,浅静脉怒张等。Adson试验阳性,见于前斜角肌综合征。挺胸试验:方法同前,出现桡动脉搏动减弱或消失,即为阳性,见于肋锁综合征。肩关节过度外展试验:方法同前,出现桡动脉搏动减弱或消失,即为阳性,见于喙突胸小肌综合征。

X线检查应仔细观察有无颈肋及锁骨与第1肋骨间隙狭窄。

【辨证论治】

(一)固定方法

患肢悬吊制动休息,避免提拉重物和长时间下垂,能明显缓解胸廓出口综合征的症状。

(二)药物治疗

1.内治法　可祛风散寒,宣痹通络。方用桂枝汤、葛根汤。

2.外治法　可采用外敷通络骨质宁膏,或前斜角肌、喙突下胸小肌内普鲁卡因、醋酸泼尼松龙注射疗法。

(三)其他疗法

保守治疗无效、症状重、体征明显、影响生活和工作者,可采用下述手术治疗:

1. 颈肋切除术　适用于颈肋综合征。
2. 前中斜角肌和小斜角肌止点切断术　适用于前斜角肌综合征。
3. 经腋路第一肋骨切除术　适用于肋锁综合征。
4. 胸小肌止点切断术　适用于喙突胸小肌综合征。
5. 联合手术　适用于由几种原因造成的神经、血管压迫者。

【预防与调护】

避寒,发病时应适当休息,避免提重物和上肢长时间下垂。同时进行手部和上肢的功能锻炼,以促进血液循环,防止肌肉萎缩。

三、胸椎关节错缝

胸椎关节由于身体扭转姿势不当或受到暴力发生侧向错移,导致背部疼痛和功能障碍者,称为胸椎关节错缝,也称为胸椎后关节紊乱症,或胸椎后关节滑膜嵌顿。胸椎关节错缝常发生于第 3~7 胸椎,多见于青壮年和体力劳动者。

【病因病机】

胸椎关节错缝多因突然遭受间接暴力,致胸椎小关节发生侧向错移,如交通事故或打球、摔跤、肩扛重物突然被撞,此时背部突然遭受暴力,致使胸椎关节受到过度牵拉或扭转,可引起椎间小关节错缝或滑膜嵌顿。

【临床表现与诊断】

有明显的外伤史。伤后背部即出现持续性剧烈疼痛,深呼吸、咳嗽、打喷嚏等用力时均可使背痛加剧。受损胸椎节段棘突有压痛,压痛点在棘突上或棘间韧带处。棘突偏离脊柱中轴线,后凸隆起或凹陷。受损胸椎节段椎旁软组织可触及痛性结节或条索状物。后背如负重物,渐渐牵掣胸痛,转侧困难,久坐时需经常变换体位。严重者因胸椎小关节紊乱刺激交感神经节前纤维,引起相应内脏的自主神经功能紊乱,出现胸闷痛、心律失调、烦热盗汗、憋气、呼吸不畅、胃脘胀痛、肝区窜痛等症状。

胸椎 X 线检查,主要显示棘突偏歪,两侧横突不等长或椎间隙两侧不等宽。

【辨证论治】

以手法治疗为主,配合药物、固定和练功等治疗。

(一) 手法治疗

1. 旋转复位法　主要适用于有胸椎棘突偏歪者。患者端坐于方凳上,两足分开与肩等宽,以胸椎棘突向右侧偏歪为例,术者坐或立于患者之后,先用两手从胸椎两侧自上而下地轻轻揉按、搓擦 3~5 分钟,以松解紧张的肌肉。接着术者右手经患者右腋下穿过胸前至患者左肩,用手掌压住左肩上方,右肘部卡住患者右肩,左手拇指用力向左推住右偏的棘突,同时嘱患者双足踏地,臀部正坐不要移动。然后嘱患者前屈胸椎,再继续向右侧弯,在最大侧弯时使患者躯干向后内侧旋转,同时左拇指用力向左顶推棘突,直至拇指下椎体有轻微错动感,或伴有胸椎关节出现“咔哒”响声,表示关节错缝复位完成。最后使患者恢复正坐,术者用拇、示指自上而下理顺棘上韧带。

2. 掌推复位法　患者取俯卧位,胸部垫一薄枕,双手抓住床头,助手握住患者双踝做对抗牵引。术者立于患者右侧,先以揉按、搓擦等法施于胸椎两侧软组织,以缓解肌肉痉挛。如果患者是因前屈位受伤引起的胸椎小关节错缝,术者一手掌根部按压患椎略后凸的棘突,另一手掌重叠于其上。助手徐缓、持续不断地牵引 3~5 分钟,术者双手用力向下按压,可感到伤处棘突移动,或听到胸椎关节"咔哒"响声,复位即告完成。如果胸椎关节错缝是因过伸位受伤引起,术者将两手掌分别置于患椎上下棘突处,在助手牵引的同时,术者两手掌分别向头尾部用力推动,可使错缝的小关节复位。如果胸椎关节错缝是因旋转伤力引起,术者两手拇指顶住患椎棘突,确定好用力方向,在助手牵引的同时,用力将偏歪的棘突向中线推顶,即可复位成功。在复位的过程中,大部分患者可听到"咔哒"的复位声。复位后,指导患者起床活动。

(二)固定方法

急性的胸椎关节错缝复位后不需固定。陈旧伤者宜仰卧硬板床上休息,以减轻疼痛,缓解肌肉痉挛,防止继续损伤。

(三)练功疗法

陈旧伤者,宜做胸背部的各种功能锻炼,以促进气血循行,疏通经络,增强肌力。

(四)药物治疗

1. 内治法 治宜舒筋活血止痛,方用和营止痛汤、活血止痛汤加减。

2. 外治法 治宜活血止痛,舒筋活络,常用风湿跌打膏、活血外敷散等。

(五)针灸疗法

常用穴有胸段夹脊穴、大椎、至阳、委中、阳陵泉、肝俞、脾俞、肾俞等,强刺激,并可在背部等痛点针刺加拔火罐。

(六)其他治疗

1. 封闭疗法 用 2% 盐酸利多卡因注射液 2ml 加醋酸泼尼松龙注射液 25mg 做痛点封闭,每周 1 次,连续 3 次。

2. 物理疗法 可采用超短波、磁疗、微波、中药离子导入等,以减轻疼痛,缓解肌肉痉挛,促进恢复。

【预防与调护】

胸椎关节错缝强调以预防为主,经常做扩胸锻炼,对于本病的预防有益,劳动或运动前做好充分准备活动。平时要加强腰背肌锻炼。伤后应注意休息与背部保暖,勿受风寒。

四、胸锁关节错缝

胸锁关节腔内的软骨盘受外力作用引起微小错动,导致胸锁关节部位疼痛,称为胸锁关节错缝。

【病因病机】

多因交通事故、扭转、运动等因素造成。胸锁关节由锁骨的胸骨端关节面、胸骨柄的锁骨切迹和第 1 肋软骨组成。胸锁关节纤维软骨盘、关节囊及周围的韧带对维护胸锁关节稳定性起至关重要的作用。但胸锁关节锁骨内侧端关节面仅有不到 50% 与胸骨柄上的相应关节面相连接,且关节面处于倾斜状态,因此,胸锁关节作为微动关节,其本质上是不稳定的。当胸锁关节遭受突然的过度扭转外力或长期劳损时,可引起纤维软骨盘错动或损伤,发生疼痛。

【临床表现与诊断】

有明显的外伤史。伤后胸锁关节部位疼痛,局部不肿或微肿,前胸负重感,扩胸、俯卧活动受到限制,活动上臂、深呼吸、咳嗽、打喷嚏等时疼痛加剧。X 线检查多无异常表现。

【辨证论治】

(一)手法治疗

1. 坐位扩胸法 患者端坐,挺胸抬头,两手叉腰。术者立于患者背后,将膝部顶住患者的两肩胛骨间,双手握其两肩,向背侧徐徐牵引,使之挺胸伸肩,嘱患者深吸气后用力咳嗽,同时术者用力向后牵拉患者双肩,即可复位。

2. 仰卧位扩胸法 患者取仰卧位,背部垫一薄枕,保持扩胸状态,以左侧胸锁关节错缝为例,术者立于患者左侧,左手固定患者左肩,先以右手掌部的大小鱼际自胸骨由近及远地轻轻揉按、搓擦 3~5 分钟,再以示、中指指腹自胸骨沿锁骨下缘由内向外推抹 1~2 分钟,以松解紧张的肌肉。然后双手掌根置于患者两肩,稳力下压,感患者胸廓相对紧张时,双手稳住不动约 1 分钟,与患者谈话分散其注意力,并观察患者呼吸,在患者吸气时,双手突然用力快速压患者双肩,有时可闻及"咔哒"声响,即告复位成功。最后以右手掌根轻揉患处,指导患者起床活动。

(二)固定方法

新伤复位后一般不需固定。陈伤复位后,轻者用颈臂三角巾或吊带保护 3 周。严重者应做双肩"8"字绷带固定,仰卧硬板床,背部垫高,使双肩处在后伸位固定 3~4 周。

(三)练功疗法

早期可做肩部外展和旋转运动,中后期进行扩胸练功活动。

(四)药物治疗

1. 内治法 治宜活血化瘀、消肿止痛,方用和营止痛汤、活血止痛汤加减。

2. 外治法 治宜祛瘀止痛、舒筋活络,可选用活血止痛膏、风湿跌打膏、跌打万花油等。

(五)针灸疗法

一般采用远端取穴,常用穴有血海、合谷、太渊等,强刺激,以泻法为主。

【预防与调护】

睡眠时需平卧去枕,肩胛间垫高,以保持双肩后仰,有利于维持复位。固定期间如发现上肢神经或血管受压症状,或绷带松动,应及时调整绷带松紧度。练功活动应循序渐进,平时日常工作、运动时应避免再次受伤,以防病情反复、迁延不愈。

五、肋软骨炎

肋软骨与肋骨交界处非感染性炎症,局部肿胀疼痛,称为肋软骨炎。

【病因病机】

本病原因不明,一般认为与劳损或外伤有关。好发于上臂长期持重者,过度劳累是本病的诱因。发病后临床症状的轻重、缓解程度与过度劳累有密切关系。

大体标本可见肋软骨向前呈弓形弯曲,梭形肿胀,软骨增生,韧带增厚,软骨内钙质沉积,肋软骨钙化呈环状,肋骨增宽,局部软组织肿胀。显微镜下见肋软骨骨膜增厚,有炎症浸润,纤维组织增生,骨内有钙质沉积。

【临床表现与诊断】

本病好发于 20~30 岁,女性多见,发病部位常见第 2、3 肋骨与肋软骨交界处,发病急者可突然发作,出现胸部刺痛、跳痛或酸痛;发病慢者,第 2、3 肋骨与肋软骨交界处呈弓状逐渐隆起,肋软骨增宽,肋弓呈唇样外翻,局部软组织肥厚,相邻肋间肿胀,感觉钝痛,有时可放射至肩背部、腋部、颈胸部,感觉胸部憋闷。患者可周身不适及食欲不振、低热,严重者局部疼痛较重。休息或侧卧位时疼痛可缓解,深呼吸、咳嗽、打喷嚏、挺胸与劳累后疼痛加重。临床上本病需要与胸壁结核、胸壁肿瘤、类风湿关节炎等相鉴别。

笔记栏

【辨证论治】

（一）药物治疗

1. 内治法　治宜舒筋活血，通络止痛，方用小活络丹等。疼痛重者，可服非甾体抗炎药物，亦可同时给予维生素 B 族等神经营养药物。

2. 外治法　外敷舒筋活络中药，如通络骨质宁膏等。

（二）其他疗法

局部可以应用电疗、磁疗、热敷等。

经上述治疗症状仍不减轻的患者，可采用醋酸泼尼松龙 25mg 加 2% 普鲁卡因 4ml 做局部阻滞封闭。每周 1 次，共 3~4 次。

局部阻滞仍然无效的患者可行小剂量放射治疗，一般总量达 2 000~3 000rad 即可。

极少数顽固的病例可行肋软骨切除术。

【预防与调护】

发病时应适当休息，避免过劳；避风寒，防止感冒、咳嗽的发生。平时应加强锻炼身体，增强体质。

第三节　腰部筋伤

02章03节PPT

PPT 课件

一、急性腰扭伤

急性腰扭伤是指腰部肌肉、筋膜、椎间关节、腰骶关节的急性损伤，俗称闪腰、岔气。属中医"瘀血腰痛"范畴，是临床常见病，以青壮年和体力劳动者多见。平素缺乏锻炼者偶尔参加劳动也易发生急性腰扭伤。本病男性患者多于女性。

【病因病机】

大多由间接暴力造成。人体在某种状态下腰部肌肉强烈收缩，使肌肉和筋膜受到过度牵拉、扭曲，甚至撕裂，导致血离经脉，瘀积于内，气机受阻，不通则痛。损伤常因受力的大小不同，组织损伤的程度也不一样。致病原因很多，最常见的有动作失调、姿势不良、重心失衡或准备不足等。

【临床表现与诊断】

患者多有腰部扭挫伤史。腰部一侧或两侧疼痛剧烈，活动、咳嗽、打喷嚏，甚至深呼吸时疼痛加剧。轻者伤时疼痛不明显，数小时后或次日症状加重。严重者腰部当即呈撕裂样疼痛，不能坐立、行走，疼痛有时可牵涉一侧或两侧臀部及大腿后侧。腰肌呈紧张状态，常见一侧肌肉高于另一侧。有时可见脊柱腰段生理性前曲消失，甚至出现侧曲。患者常用两手撑腰，借以防止因活动而发生更剧烈的疼痛。严重者卧床难起，辗转困难。损伤早期，绝大多数患者在腰骶关节、髂嵴后部或第三腰椎横突处有明显的局限性压痛，同时可扪及腰部肌肉明显紧张。腰部各个方向活动均受限，特别是前屈受限明显，检查时见患者上床、翻身、起坐困难。直腿抬高试验及拾物试验呈阳性，加强试验为阴性，可与腰椎间盘突出症压迫神经根引起的下肢痛相鉴别。X 线检查可见脊柱腰段生理性前曲消失或有轻度侧曲。

【辨证论治】

（一）理筋手法

首先点按有关穴位，如肾俞、阳关、委中等穴以舒筋活络，当肌肉松弛后，再行按腰扳腿，最后揉摸舒筋。常用手法有：

1. 按揉法 患者俯卧位，肢体放松。用两手拇指指腹或掌根，先自大杼穴开始由上而下按揉，再点按环跳、承扶、委中、承山、昆仑等穴，以疏通经脉。

2. 调理腰肌 患者俯卧位，㨰推其两侧腰肌，着重于痉挛一侧。由周围逐步向痛点推理，再在痛点上方将竖脊肌向外下方推理直至髂后上棘，反复操作 3~4 次。

3. 斜扳法 患者取侧卧位，患侧在上，髋、膝关节屈曲，健侧髋、膝关节伸直。医者立于患者前侧或背侧，一手置于其肩部，另一手置于其臀部，两手相对用力，使患者上身和臀部做反向旋转（肩部旋后，臀部旋前，同时令患者腰部尽量放松），活动到最大程度时，用力做一稳定推扳动作。此刻往往可听到清脆的弹响声，腰痛一般可随之缓解。

4. 按腰扳腿 一手按住患者腰部，另一手前臂及肘部托住患者一侧小腿上段，手反扣大腿下段。双手配合，下按腰部及托提大腿相对用力，有节奏地使下肢起落数次，随后摇晃、拔伸，有时可闻及响声。同法再做健侧。

5. 揉摸舒筋 以掌根或小鱼际着力，在患者腰骶部行揉摸手法。以患侧及痛点处为主，边揉摸边滑动，以局部感到微热为宜。

（二）药物治疗

1. 内治法 早期治宜活血化瘀，行气止痛，方用和营止痛汤加减，也可服用跌打丸、三七片、伤科七厘散等中成药。后期治宜补益肝肾，活血强筋，方用补肾壮筋汤加减。西药可选用非甾体抗炎药物。

2. 外治法 可用狗皮膏、伤湿止痛膏外贴于患处，或用正红花油、正骨水、独活止痛搽剂外搽腰部痛处。

（三）其他疗法

取穴位肾俞、命门、志室、腰阳关、委中、承山、昆仑、阿是穴，用强刺激泻法，留针 10 分钟，取针后用热沙袋在腰部压痛处热敷 5 分钟；也可用曲安奈德 50mg 加 2% 利多卡因 5ml、生理盐水 10ml 做痛点封闭，每周 1 次。疼痛缓解后，再采用理疗、磁疗等方法进一步治疗。

【预防与调护】

损伤早期不宜强行锻炼。平时卧硬板床，可防止进一步损伤，并有利于损伤组织的修复。后期宜加强腰部的各种功能锻炼，可做飞燕点水、仰卧架桥锻炼，以增强肌力，防止粘连。

二、慢性腰肌劳损

慢性腰肌劳损主要指腰骶部肌肉、筋膜、韧带等软组织的慢性损伤，导致局部无菌性炎症，从而引起腰骶部一侧或两侧的弥漫性疼痛，主要症状为腰或腰骶部疼痛，反复发作，时轻时重，缠绵不愈，劳累时加重，休息后减轻，弯腰工作困难，疼痛可随气候变化或劳累程度而变化。本病多见于中老年人，近年来发现青壮年发病也占相当比例，常与职业或工作环境有密切关联，是慢性腰痛中最常见的一种疾病。

【病因病机】

导致慢性腰肌劳损常见的原因有：

1. 积累性损伤 由于腰部肌肉疲劳过度，如长时间的弯腰工作，或由于习惯性姿势不良，或由于长时间处于某一固定体位，致使肌肉、筋膜及韧带持续牵拉，肌肉内的压力增加，血供受阻,肌纤维在收缩时消耗的能源得不到补充,产生大量乳酸,加之代谢产物得不到及时清除,积聚过多,从而引起炎症、粘连。如此反复,日久可导致组织变性,增厚及挛缩,并刺激相应的神经而引起慢性腰痛。

2. 急性损伤之后未得到及时正确的治疗或治疗不彻底 反复多次损伤,致使受伤的腰肌筋膜不能完全修复,因慢性无菌性炎症,受损的肌纤维变性或瘢痕化,也可刺激或压迫神经末梢引起慢性腰痛。

3. 先天性畸形 如隐性骶椎裂使部分肌肉和韧带失去附着点,从而减弱了腰骶关节的稳定性,一侧腰椎骶化或骶椎腰化,两侧腰椎间小关节不对称使两侧腰骶肌运动不一致,造成部分腰背肌代偿性劳损。

4. 风寒湿邪侵袭 风寒湿邪侵袭可妨碍局部气血运行,促使和加速腰骶肌肉、筋膜和韧带紧张痉挛而变性,从而引起慢性腰痛。

【临床表现与诊断】

长期反复发作的腰部酸痛或胀痛,直腰困难,不能久站,不能坚持弯腰工作,经常频频伸腰或者以拳击腰部以减轻疼痛。适当休息可减轻,活动过度又加重,寒冷气候时可使症状加重。压痛点广泛不局限,以棘突两侧、腰椎横突及髂后上棘多见。重者伴随压痛可有一侧或双侧骶棘肌痉挛僵硬。腰部外观多无变化,活动功能一般正常。X线检查多无异常,少数可见骨质增生或脊柱畸形。神经系统检查多无阳性体征,直腿抬高试验阴性,亦无反射障碍与肌萎缩。

【辨证论治】

(一) 理筋手法

以舒筋活血、益肾强腰为原则。常用手法有:

1. 循经揉 患者俯卧,医者以双手循两侧太阳膀胱经由上向下用滚法或揉法治疗,用力由轻到重,往返重复4~5遍。然后以掌根在痛点周围揉按2~3分钟。

2. 穴位按压 患者俯卧,医者以双手拇指指腹依次按压两侧三焦俞、肾俞、气海俞、大肠俞、关元俞、小肠俞、膀胱俞、志室、秩边等穴位,手法可以稍重些。

3. 拍击腰背 患者俯卧,医者以指掌背面拍击其腰背部斜方肌、背阔肌、竖脊肌、腰背筋膜等处,然后以小鱼际直接按背部、横擦腰背部,速度由慢到快,以皮肤发热为度。

(二) 药物治疗

1. 内治法

(1) 寒湿型:治宜散寒祛湿,温通经络,方用甘姜苓术汤、独活寄生汤加减。

(2) 湿热型:治宜清热利湿,舒筋通络,方用四妙散加减。

(3) 气滞血瘀型:治宜行气活血,舒筋祛瘀,方用补肾壮筋汤加减。

(4) 肾亏体虚型:治宜补肾填精益气,方用左归丸、温肾通络汤加减。

2. 外治法 可选用狗皮膏、麝香壮骨膏或中药热敷。

(三) 其他疗法

可针刺委中、足三里、三阴交、肾俞、志室等穴,针刺时加上灸法,取针后热敷,效果更好。局部亦可行拔罐或理疗,能健腰强肾,疏通经络,必要时也可采用封闭治疗。

【预防与调护】

平时应加强体育锻炼,使肌肉、韧带、关节囊经常处于健康和发育良好状态。注意劳逸结合,避免寒湿、湿热侵袭及在不良体位下劳动时间过长。急性扭伤者应及时治疗。

三、腰椎间盘突出症

腰椎间盘突出症是指由于某些原因造成纤维环破裂,髓核突出,压迫或刺激神经根或硬膜囊产生的以腰痛、下肢放射痛为主要症状的疾病。本病多见于 20~50 岁的青壮年及体力劳动者,男性多于女性,是临床上常见的腰腿痛疾病。发病部位在腰 4~5、腰 5~ 骶 1 间隙者占大多数。近年来其发病率呈逐步上升趋势。

【病因病机】

20 岁以后,椎间盘组织会逐渐出现水分减少,弹性减弱,椎间隙变窄,周围韧带松弛等一系列退行性改变,这是腰椎间盘突出症发生的基本要素,在此基础上,当受到其他外在因素影响时,如外伤、慢性劳损以及感受寒湿等,可使椎间盘组织的退变加快,正常功能逐步丧失,纤维环在薄弱的部位发生破裂,髓核可由破裂处膨(突、脱)出,膨(突、脱)出的髓核可刺激、压迫纤维环或后纵韧带上的神经、脊神经根或马尾神经等,引起腰痛、坐骨神经痛或股神经痛。除此以外,腰椎间盘突出症还与脊柱畸形、长期震动、妊娠、腰椎穿刺、遗传等因素有关。髓核处于半液体状态时,如及时治疗,突出的组织可以消散、吸收,神经刺激、压迫会随之减轻或消失。若髓核已变性,成为透明或纤维软骨碎片或钙化等,就会长期压迫神经,引起明显、持久的神经痛,且易与神经根、硬膜粘连。

中医学将腰椎间盘突出症归属于"腰痛""腰腿痛"或"痹证"的范畴。临床病证具有本虚标实的特点。风、寒、湿、热、闪挫、瘀血、气滞、痰饮等可引起腰痛,但其根本原因在于肾虚。

【临床表现与诊断】

腰椎间盘突出症根据向后突出的部位不同,可以分为以下几种:

1. 单侧型 单侧型临床最为多见,髓核突出和神经根受压只限于一侧。

2. 双侧型 双侧型是髓核自后纵韧带两侧突出,两侧神经皆受压迫。

3. 中央型 中央型是椎间盘自后中部突出,仅压迫下行的马尾神经,产生马鞍区麻痹、大小便障碍或双下肢瘫痪等症状。

典型的腰椎间盘突出症表现为腰腿痛伴下肢放射痛,以单侧为多,腰部活动受限,脊柱侧弯,直腿抬高试验及加强试验阳性、腱反射异常和皮肤感觉障碍等神经根受压表现。患者常可指出疼痛放射路线及具体的部位。腰腿痛症状反复发作是腰椎间盘突出症的临床特征之一,腰椎生理前凸变浅或消失,腰部后伸困难。压痛点和放射性痛一般在病变棘突间隙及椎旁 1~2cm 处,可作为诊断及定位的有力依据。病程长、反复发作的患者可出现肌力减弱、肌肉萎缩及相应的腱反射减弱或消失。

X 线检查正位片可显示腰椎侧弯,椎间隙变窄或左右不等;侧位片显示腰椎生理弧度减少或消失。CT 与 MRI 检查能清楚地显示椎间盘突出状态和硬膜囊、神经根受压状况。必要时可行脊髓造影、肌电图检查,对腰椎间盘突出症的诊断亦具有一定的意义。

本病应与急性腰扭伤、第三腰椎横突综合征、腰椎椎管狭窄症、梨状肌综合征等疾病相鉴别,具体详见有关各章节。

【辨证论治】

(一) 理筋手法

适用于首次发作,病程较短,或病程虽长,但症状较轻者。对于中央型突出者,或骨质增生明显、突出物有钙化者,或骨质疏松者不宜采用理筋手法。常用的理筋手法有:

1. **按揉法** 患者俯卧位,先用㨰法沿脊柱两侧自上而下㨰数次,放松骶棘肌,随之以大鱼际或掌根在两侧足太阳膀胱经上来回反复按揉3次;再以双手叠掌,自胸腰椎督脉向下逐次移动按压。

2. **点压法** 先以两手指腹沿夹脊穴点按,后在秩边、环跳、殷门、承山等穴按压,至患者感觉酸胀时止,再以掌根轻柔按摩。

3. **推法** 用两手掌按压于脊柱两旁,给予一定压力并推向两侧。具有舒筋通络,行气消瘀之功效。

4. **卧位斜扳法** 患者侧卧位,术者面向患者,一手按肩后部,一手按髂前上棘,两手同时做相反方向斜扳,通常可听到一清脆的弹响声。

5. **拔伸按腰法** 取俯卧位,嘱患者双手上举拉住床头,一助手双手握患者双踝做拔伸牵引,术者叠掌按压突出部位棘突,在助手持续拔伸牵引下骤然向上抖动时用力下压掌根。

6. **屈膝屈髋法** 患者仰卧位屈膝屈髋,术者两手扶患者双膝关节做顺、逆时针方向的环转后用力下按,然后将患肢由屈膝屈髋位拉向伸直位,反复3次。

(二)药物治疗

1. 中药

(1) 风寒闭阻型:患者腰腿冷痛,受寒及阴雨天加重,肢体发凉,喜暖怕冷,舌质淡,苔白滑或腻,脉沉紧或濡缓。治宜祛风散寒,通络止痛。方用独活寄生汤加减。

(2) 湿热壅滞型:患者腰腿疼痛,肢体烦热,遇热或雨天加重,恶热,口舌干,小便短赤,大便不畅,舌红苔黄腻,脉濡数或弦数。治宜清热利湿。方用四妙丸加减。

(3) 气滞血瘀型:患者腰腿痛如刺,日轻夜重,痛有定处,痛处拒按,腰部板硬,俯卧转侧艰难,大多近期有腰部外伤史,舌质暗红,或有瘀斑,脉弦紧或涩。治宜活血化瘀,舒筋通络。方用桃红四物汤加减。

(4) 肝肾亏虚型:患者腰腿痛缠绵不愈,劳累后加重,肢体麻木有冷感,沉重乏力,肌肉萎缩。治宜补益肝肾,强筋壮骨。方用补肾壮筋汤加减,偏阴虚者加六味地黄丸,偏阳虚者加金匮肾气丸。

2. 西药内服

(1) 非甾体类抗炎镇痛药:如布洛芬、美洛昔康。对于同时患有肝病、肾病、高血压、糖尿病患者要注意禁忌证。

(2) 中枢性肌肉松弛剂:如苯丙氨酯、乙哌立松。

(3) 神经营养药:如维生素 B_{12}、维生素 B_1 等。

(三)其他疗法

对于病程超过半年以上,反复发作,经2~3个月系统保守治疗无效,或病情重,有广泛严重下肢肌力减弱、感觉减退及马尾神经损害,并影响生活和工作者,可行后路腰椎间盘摘除术。

还可以采用以下治疗方法:

1. 针灸治疗以疏导气机为主。常用穴位有腰阳关、肾俞、腰夹脊、八髎、环跳、承扶、殷门、风市、阳陵泉、委中、承山、昆仑、悬钟、上巨虚、秩边等。

2. 低、中、高频电疗法,红外线、石蜡等物理疗法,可减缓疼痛,改善微循环,消除神经根水肿,促进腰部及患肢功能的恢复。

3. 针刀疗法能将椎间盘粘连组织推离神经根和硬膜,缓解临床症状。

4. 急性期可将生理盐水和局部麻醉药物、激素、神经营养药等按照不同比例通过骶管滴注入硬膜外,起到消除神经根水肿和炎症作用。

5. 对早期患者或反复发作的急性患者可采用牵引治疗。骨盆牵引多采用仰卧、略微屈膝屈髋位。牵引力量大小可根据患者的感受进行调节,一般每侧牵引悬重在 10~20kg,每日 1~2 次,每次 30~60 分钟。牵引可解除腰部肌痉挛,增宽椎间隙,减小椎间盘内压力,减轻突出物对神经根的压迫,有利于髓核不同程度的回纳。

【预防与调护】

平时应定期进行健康检查,及时发现、防护腰椎间盘损伤。注意保暖,避免和减轻症状的发生和加重。功能锻炼可预防肌肉萎缩,恢复肌肉张力,维护脊柱稳定,防止椎间盘突出。常用的功能锻炼方法有"三点式""五点式""拱桥式""飞燕点水式",以及直腿抬高、仰卧蹬腿等,亦可进行太极拳、八段锦、易筋经等功法练习,但一定要循序渐进。

四、第三腰椎横突综合征

腰部肌肉在第三腰椎横突处反复摩擦,造成第三腰椎横突周围组织的损伤,产生炎症反应,刺激周围神经,出现以第三腰椎横突处压痛为主要特征的慢性腰痛疾病,又称第三腰椎横突滑囊炎、第三腰椎横突周围炎等。因其可影响邻近的神经纤维,故常伴有下肢疼痛。本病多见于青壮年和体力劳动者。

【病因病机】

第三腰椎位于脊柱各腰椎的中点,处于脊柱腰曲前凸顶点,为 5 个腰椎体的活动中点,其活动度较大,两侧的横突最长,是腰肌和腰方肌的起点,并有腹横肌、背阔肌的深部筋膜附着其上,故腰腹部肌肉收缩时,此处受力最大,易使附着点处撕裂致伤。伤后局部发生炎性肿胀、充血、液体渗出等病理变化,以后可产生骨膜、纤维组织、纤维软骨等增生,引发横突周围瘢痕粘连、肌腱挛缩等病理改变,风寒湿邪可加重局部炎症反应。

臀上皮神经发自腰 1~ 腰 3 脊神经后支的外侧支,穿横突间隙向后,再经过附着于腰 1~腰 4 横突的腰背筋膜深层,分布于臀部及大腿后侧皮肤。故第三腰椎横突处周围组织损伤可刺激该神经,日久神经纤维发生变性,导致臀部及腿部放射疼痛。腰部一侧的第三腰椎横突损伤可使同侧肌紧张或痉挛,日久继发对侧腰肌紧张,导致对侧第三腰椎横突受累、牵拉而发生损伤,故临床上常见双侧出现症状。

【临床表现与诊断】

有腰部扭伤史或慢性劳损史,也可无任何诱因。腰部疼痛多表现为腰部及臀部弥散性疼痛,有时可向大腿及腘窝处扩散,但多不超过膝关节。腰部活动时或活动后疼痛加重,有时患者翻身及行走均感困难,晨起或弯腰时疼痛加重。初期可见患侧腰部及臀部肌肉痉挛,表现为局部隆起、紧张,病程长者出现患侧肌肉萎缩,继发对侧肌紧张,导致对侧第三腰椎横突受累、牵拉而发生损伤。竖脊肌外缘第三腰椎横突尖端处有局限性疼痛(有的可在第 2 腰椎或第 4 腰椎横突处),有时压迫该处可引起同侧下肢反射痛,反射痛的范围多不过膝。腰部功能多无明显受限。直腿抬高试验可呈阳性,但多超过 50°,加强试验阳性。X 线检查可显示一侧或双侧第三腰椎横突过长,有时左右两侧横突不对称或向后倾斜。

【辨证论治】

(一)理筋手法

以推、揉、按、搓等手法为主,理顺腰、臀、腿部肌肉,解除痉挛,缓解疼痛。再以拇指及中指分别挤压、弹拨、按揉第三腰椎横突尖端两侧,剥离粘连,活血散瘀,消肿止痛。手法应由浅入深,由轻到重。必要时可扳腿使腰部反复后伸,或斜扳使腰部肌肉进一步放松。

(二) 练功活动

患者身体直立,两足分开,与肩同宽,两手叉腰,两手拇指向后挺按第三腰椎横突,按揉局部,然后旋转、后伸和前屈腰部,以利于舒通筋脉、放松腰肌、解除粘连、消除炎症。

(三) 药物治疗

1. 内服药

(1) 肾气亏虚型:偏肾阳虚者,治宜温补肾阳,方用补肾活血汤、金匮肾气丸等;偏肾阴虚者,治宜滋补肾阴,方用知柏地黄丸或大补阴丸加减。

(2) 瘀滞型:治宜活血化瘀,行气止痛,方用地龙散加杜仲、续断、桑寄生、狗脊之类。

(3) 寒湿型:治宜宣痹温经通络,方用独活寄生汤或羌活胜湿汤;兼有骨质增生者,可配合服骨刺丸。

2. 外用药　用麝香壮骨膏或温经通络膏外贴,或局部涂搽正骨水、麝香止痛喷雾剂。亦可配合中药热熨或熏洗。

(四) 其他疗法

非手术治疗无效,且无法工作和生活者可施行手术治疗,在局部麻醉或连续硬膜外麻醉下,行胸腰筋膜松解加横突部软组织剥离术,必要时可行第三腰椎横突切除术。

还可以采用以下治疗方法:

1. 针灸治疗　取阿是穴,留针 10~15 分钟。每日 1 次,10 次为一疗程。

2. 封闭疗法　取确炎舒松 20mg 加 1% 利多卡因 5ml,于压痛点明显的第三腰椎横突处做骨膜及周围组织的浸润注射,每周 1 次,可做 2~3 次。

3. 蜡疗、红外线、频谱仪治疗。

【预防与调护】

平时加强腰背肌的锻炼,注意腰部的保暖,勿受风寒。疼痛明显时应卧硬板床休息,起床活动时可用腰围保护,以减轻疼痛,缓解肌肉痉挛。

五、腰椎椎管狭窄症

腰椎椎管狭窄症是指腰椎椎管或神经根管、椎间管因先天发育或后天各种因素(退变、外伤、失稳及其他),骨性或纤维性结构异常,导致单一平面或多平面的一处或多处管腔内径值减少而引起的马尾神经或神经根受压,出现以腰腿疼痛、间歇性跛行为主要临床症状的疾病。常见于 50 岁以上的中老年人,男性多于女性。

【病因病机】

腰椎椎管狭窄症可分为原发性和继发性两种,临床上以后者最为常见,主要由于退变、外伤、医源性、炎症等因素导致脊椎失稳、滑脱、解剖结构关系失常,造成椎管、神经根管或椎间孔的内径和容积变小而狭窄。

腰椎椎管狭窄症的病理表现主要为椎管、神经根管、椎间孔内压力增高或椎体不稳,刺激、压迫神经根或马尾神经。神经根受压在腰椎活动,尤其是后伸动作时表现更为明显,异常改变的组织结构使神经根被刺激或摩擦而充血肿胀。同时椎管容积进一步减小,其内压力增高,引起硬膜外静脉回流障碍,组织水肿、炎症,使神经根或马尾神经出现相应的临床症状。如椎管狭窄进一步发展,可对马尾及神经根造成持续性压迫,这种状况下,不管患者采取何种姿势均不能使腰腿痛有明显改善。

中医将腰椎椎管狭窄症归属于"腰腿痛"的范畴。其发病为内外因所致,内因多为肝肾亏虚,筋骨羸弱;外因则为风寒湿侵袭,痹阻经络,气血循行不畅,不通则痛。

【临床表现与诊断】

主要表现为下腰痛、腿痛和间歇性跛行。有时也表现为由于腰 1~3 神经根管狭窄压迫、刺激,出现大腿前内侧和小腿前内侧疼痛或麻木。下腰痛往往伴有小腿、足背、足底的疼痛或麻木。间歇性跛行是腰椎椎管狭窄症的特征性表现形式,也是其重要的诊断依据。所有的症状可在久行、久立后加重,但下蹲、弯腰休息或骑自行车时可很快缓解症状,继续行走则又出现同样症状。中央型椎管狭窄可出现双下肢疼痛麻木、大小便困难、性功能障碍等。

腰椎多无侧弯,腰段生理性前凸减小。腰背伸时,可出现腰骶部、腿疼痛症状加重。下肢肌肉和臀部肌肉可出现肌力减弱,甚至萎缩。受压神经相应部位痛觉减退。跟腱反射减弱或不能引出,膝反射无变化。直腿抬高试验阳性少见。

腰椎正、侧、斜位 X 线检查有助于诊断,常在腰 4~5、腰 5~骶 1 之间见椎间隙狭窄、骨质增生、椎体滑脱、腰骶角增大、小关节突肥大等改变。

CT 检查可显示椎体后缘骨质增生,椎管矢径变小;关节突关节增生肥大,向椎管内突出,椎管呈三叶形,中央椎管、侧隐窝部狭窄,黄韧带肥厚等征象。

MRI 检查可显示硬膜后方受压节段黄韧带肥厚,腰椎间盘膨出或脱出,马尾有无异常等。

本病应与腰椎间盘突出症相鉴别。腰椎间盘突出症多见于青壮年、重体力劳动者,常有腰部扭伤反复发作史。腰痛及下肢放射痛。体格检查生理前凸减弱或消失,脊柱侧弯,腰部棘突旁压痛并可有下肢放射痛,受压神经感觉减退,其所支配的肌肉肌力减弱。仰卧挺腹试验阳性,直腿抬高试验和加强试验阳性。而腰椎椎管狭窄症病程较慢,主要症状为腰腿痛和间歇性跛行,症状和体征常常不相一致。影像学检查有助于两者之间的鉴别。

【辨证论治】

(一) 理筋手法

理筋手法适用于轻度椎管狭窄症。手法治疗可以缓解腰部肌肉紧张,松解粘连,消肿止痛,疏通经络,调节异常的椎体关节结构。操作时应轻柔,禁用强烈的旋转手法,以免加重病情。

1. 舒经活络

(1) 按揉法:患者俯卧位,术者立于患者一侧,术者沿督脉、膀胱经向下,经臀部、大腿后部、腘窝部直至小腿后部,采用掌根按、揉法,上下往返 3~4 次,以充分缓解腰骶部肌肉痉挛。

(2) 点按法:可依次点按腰部夹脊、腰阳关、肾俞、大肠俞、次髎、环跳、承扶、殷门、委中、承山等穴,以疏理气机。

(3) 弹拨、拿捏法:弹拨骶部两侧的竖脊肌,拿捏腿部肌肉,以进一步疏通经络。

2. 运动关节法

(1) 蹬腿牵引法:患者仰卧位,术者立于患侧,以左下肢为例,术者一手扶握住患肢踝关节前方,另一手握小腿后方,使髋、膝关节呈屈曲位,双手配合,使髋关节做被动的顺时针或逆时针方向的旋转活动各 3~5 圈,然后嘱患者配合用力,迅速向上做蹬腿活动,术者顺着蹬腿的方向用力向上牵引患肢,操作 3~5 次,必要时依同法治疗另一侧。

(2) 直腿抬高屈踝法:患者仰卧位,术者立于患侧,使患腿直腿抬高,在此基础上,术者一手使踝关节置于内旋或外旋位,另一手用力背屈踝部 2~3 次。必要时对侧依同法操作。

(3)直腿牵腰法:患者仰卧位,或两腿伸直端坐床上,术者立于床头,以两侧大腿前部抵住患者伸直两腿的足底,以两手握住患者的双腕,使腰骶向前屈曲到一定程度之后,一拉一松,动作不宜过快,利用弹性冲击法使腰部产生一张一弛的屈曲活动,其活动范围以患者能耐受为度,可重复 8~12 次。若合并椎间盘突出,症状较重,患者应卧床休息,必要时做骨盆牵引或重力牵引治疗。

(二)药物治疗

1. 肾气亏虚型 偏于肾阳虚者治宜温补肾阳,可用右归丸、肾气丸加减。偏于肾阴虚者治宜滋补肾阴,可用左归丸、大补阴丸。

2. 外邪侵袭型 偏风湿者以独活寄生汤为主,偏寒邪者以麻桂温经汤为主,湿热腰痛者治宜清热化湿,以加味二妙汤为主。

西药可采用非甾体抗炎药物如双氯芬酸、布洛芬、美洛昔康等内服,除能止痛外,尚可缓解因神经受压而引起的炎症反应。

(三)其他疗法

腰椎椎管狭窄症发展到一定程度时,有括约肌功能障碍、神经功能缺损、跛行进行性加重、反复发作以及非手术治疗无效者可进行手术治疗。手术治疗的目的是松解狭窄区对马尾或神经根的压迫刺激,以解除症状。常用扩大半椎板切除减压术、腰椎间开窗潜行扩大减压术。

还可以采用以下治疗方法:

1. 针灸疗法能调理椎体周围韧带、肌肉的功能状态,直接调节血管周围交感神经和神经肌肉的兴奋性,促使周围关节囊、滑膜充血及水肿消退,有助于缓解对神经根的刺激、压迫。常取肾俞、志室、气海俞、命门、腰阳关、环跳、委中、承山等穴,每日或隔日 1 次,10 次为一疗程。

2. 行硬膜外或骶骨穿刺封闭治疗,能松解粘连、消除炎症、减轻症状,是一种有效的保守疗法。

3. 选用红外线、超短波、离子导入及局部中药热敷等物理疗法。

【预防与调护】

重体力劳动者工作时应佩戴腰围,以维护、加强腰椎的稳定,亦有助于疼痛症状的缓解。肥胖患者应适当减轻体重。勿久行久立,勿穿高跟鞋,避风寒湿邪。经常加强腰腹部肌肉及下肢肌肉的锻炼,有助于腰椎的稳定和防止可能出现的肌肉萎缩。

六、腰椎滑脱症

由于先天或后天的原因,其中一个腰椎的椎体相对于邻近的腰椎向前滑移,即为腰椎滑脱。如无椎弓峡部不连,一个椎体或数个椎体向前或向后移位,移位距离不超过椎体的 4/5 称为假性滑脱;因椎弓峡部不连所致的腰椎滑脱症,又称真性滑脱。腰椎滑脱好发于第 4 腰椎至第 5 腰椎水平,约占 95%,以中老年女性多见,是引起慢性腰腿痛的常见疾患之一。

【病因病机】

腰椎弓峡部崩裂的重要病理特征是峡部缺损或断裂。产生椎弓峡部崩裂的原因,一是急性外伤致峡部断裂;二是椎弓峡部有先天缺损或结构薄弱,在发育不良的基础上,受到慢性劳损而产生的一种应力性疲劳骨折。腰椎滑脱是因峡部不连而引起,椎体向前滑脱,个别也有向后滑脱。滑脱最常见的部位是腰骶部,腰椎有正常生理前凸,骶骨有生理后凸,两个弧形在该处成为一转折点,称骶骨角。躯干的重力加在骶骨角上,有一向前的分力,形成腰骶间的剪力,使腰4、5有向前滑脱的趋势。正常上椎体的下关节突与下椎体的上关节突相互交锁,防止脊柱向前滑动。如双侧椎弓峡部崩裂,腰椎失去了正常的稳定,即使轻度的外伤或积累性劳损,也可使腰椎的椎体连同以上的脊柱向前滑脱移位。

腰椎的滑脱使椎管扭曲,管径变小,黄韧带增生肥厚,造成椎管狭窄。再加上关节周围组织增厚和腰椎退行性变骨赘形成,卡压神经根,造成腰部疼痛,并牵涉致臀腿部,感觉障碍或肌肉无力,亦可能出现椎管狭窄压迫马尾神经的症状。临床上根据椎体移位的程度,腰椎滑脱分为4度。将滑脱椎体的下一椎体上面分成4等份,根据滑脱椎体后下缘向前移位的位置分为Ⅰ~Ⅳ度滑脱。腰椎滑脱一般分为发育不良型、峡部不连型、退变型、创伤型及病理型5种。

【临床表现与诊断】

大多数腰椎滑脱没有症状或仅表现为腰痛,有时伴有臀和腿部放射疼痛,呈酸痛、牵拉痛,有麻木或烧灼感,与天气变化无关,站立或弯腰疼痛加重,卧床减轻。可有缓解期,约25%的患者疼痛可波及小腿和足部。无滑脱者,可无症状,或有轻度腰痛。严重滑脱者,可有马尾神经受压症状,下肢行走无力,少数可有会阴部麻木感,小便潴留或失禁。间歇性跛行少见,发生后坐或卧片刻即可缓解。

检查下腰段有前凸增加或呈保护性强直,有滑脱或前凸重者腰骶交界处出现凹陷。局部压痛,重压、叩打腰骶部可引起腰部及双侧下肢坐骨神经痛,腰部活动受限。股后肌群松弛,患者弯腰时不需要将腰弯至90°即可手尖触地,但行走时不能足跟着地。坐骨神经受压者直腿抬高试验阳性,小腿外侧触、痛觉减退。个别患者可有马鞍区麻木及泌尿生殖功能障碍。腰骶段正侧位与斜位X线检查可显示腰椎峡部有增宽的裂隙、硬化、颈部细长等改变,椎体向前或向后移位,并可观察腰椎滑脱的程度。

【辨证论治】

(一)理筋手法

理筋手法治疗具有促进局部气血流畅、缓解肌肉痉挛和整复腰椎滑脱的作用。但手法宜刚柔相济、和缓有力、稳妥轻快、力度适当,忌强力按压和扭伤腰部,造成更严重的损害。

1. 推理竖脊肌法 患者俯卧,两下肢伸直,医者立于其左侧,用两手掌或鱼际自上而下反复推理腰椎旁竖脊肌直至骶骨,并以两拇指分别点按两侧志室穴和腰眼穴。

2. 腰部拔伸牵引法 患者俯卧,两手紧抱床头,医者立于床尾,握住患者两踝,助手拉住患者腋下,沿纵轴方向进行对抗牵引2~5分钟。

3. 腰部屈曲滚摇法 患者仰卧,两髋、膝屈曲。医者一手扶其两膝部,一手持两踝部,使患者腰部滚摇数分钟。将其膝部尽量贴近腹部,腰部过度屈曲,再将两下肢用力牵拉伸直。

4. 坐位脊柱旋转复位手法 有时在手法之后,症状和体征即刻减轻。

(二)固定方法

急性外伤性腰椎滑脱,或年幼的腰椎弓崩裂患者,经手法复位满意后,可行石膏裤外固定。症状轻者,可用宽腰带或腰围固定加强下腰的稳定性。

(三)药物治疗

1. 内服药

(1)肝肾亏虚型:治宜补肝肾,舒筋活络,强壮筋骨。方用补肾壮筋汤加减。偏阳虚者加巴戟天、肉苁蓉、补骨脂、骨碎补;偏肾阴虚者加鹿角胶、枸杞子、菟丝子、蒸首乌。

（2）风寒湿阻型：治宜祛风散寒，除湿止痛。方用独活寄生汤加减。腰部冷痛者加制川乌、制草乌、细辛、桂枝；麻木者加制乳香、没药、伸筋草；风盛加防风、荆芥、羌活；寒盛加附子、桂枝；湿盛加草薢、汉防己、五加皮。

（3）血瘀气滞型：治宜活血化瘀，通络止痛。方用身痛逐瘀汤加减。若腿部冷痛重着麻木者，可加土鳖虫、乌梢蛇、蜈蚣。

2. 外用药　可外敷定痛膏或定痛散。

（四）其他疗法

腰椎滑脱明显，腰痛较重，或有神经压迫症状，经非手术治疗不能减轻症状者可行椎管扩大减压术或椎间融合术。手术目的主要是加强脊柱稳定，解除对神经根的压迫。

局部封闭、骶管封闭或椎间孔封闭，以及针灸、理疗也有一定疗效。

【预防与调护】

适当进行腰肌练功活动可以减轻骨质疏松，减慢退变进程。防止腰部过伸活动，经常佩戴腰围以控制进一步腰椎滑脱。

📖 知识链接

腰椎不稳症

腰椎不稳症的定义一直存在争议。目前使用最普遍的定义是：在生理负荷下，腰椎不能维持正常对合关系，出现神经功能障碍、严重畸形和致残性疼痛。

目前对腰椎不稳的诊断尚存诸多争议，较统一的认识是：①有腰腿痛等临床症状；②查体可见有疼痛、压痛或神经症状；③腰椎动力位 X 线检查可见病变相连椎体间有水平位移。这是目前较为普遍接受的标准，尽量拍摄站立位屈伸侧位片，并观察椎间隙的狭窄、牵张骨赘的形成、椎间孔大小的改变等，有助于腰椎不稳的判定。

本病首选非手术治疗，主要方法有：①休息及锻炼；②佩戴腰围支具，但不宜长期使用，以免发生腰肌萎缩；③药物治疗主要为非甾体抗炎药口服或外用，可消炎和止痛；④局部封闭治疗可消除炎症，缓解症状；⑤其他治疗如推拿、针灸、针刀、热敷、电刺激及超声等，可缓解肌肉紧张，减轻脊柱压力，促进炎症吸收，缓解症状。由于腰椎不稳可通过腰椎骨质增生进行稳定代偿，故大部分患者通过非手术治疗可获得较满意的疗效。

正规保守治疗 6 个月无效，且患者要求积极治疗时，应采取手术治疗。融合与稳定手术是腰椎不稳的标准术式，加用或不用内固定器械，视患者的不同情况灵活选择。

第四节　盆骶部筋伤

一、骶髂关节错缝

骶髂关节错缝是指骶髂关节周围韧带被牵拉而引起的损伤，临床上多见于中年以上者，是引起下腰痛的常见原因之一。

02章04节PPT

PPT 课件

骶髂关节由骶骨和髂骨的耳状面构成。两个关节面不规则,有交锁限制关节活动的作用。关节表面有软骨。骶髂关节是微动关节,其活动度及其内部的结构随年龄增长而改变。足月胎儿的骶髂关节是光滑、平整的,随着年龄增加,关节内突起与凹陷增加并发生相互交锁,30岁后关节开始强硬并影响活动。年轻人骶髂关节的运动为滑动,而老人为向腹侧倾斜或旋转性滑动。

【病因病机】

间接暴力是导致本病的主要原因,如弯腰、下蹲时搬物斜扭,下楼时踏空失足等。妊娠期妇女因黄体酮的分泌使韧带松弛及体重增加,重力前倾而引起本病。

在不良位置和肌肉不平衡的情况下,当人抬持或搬运重物时斜扭,或因摔倒时臀部或半身着地,身体发生扭转而使骨盆部位产生旋转剪力,此剪力主要作用于骶髂关节。当外力使骶髂关节活动超过其正常的生理范围时,轻者可引起关节周围的韧带撕裂伤,重者可造成关节半脱位。小儿因骶髂关节面小且较平滑,关节周围韧带相对松弛,较易发生骶髂关节损伤;孕妇由于黄体分泌的松弛素的作用,胶原纤维的内在力量和坚硬度减小,韧带变松弛,骶髂关节的活动度增加,稳定性减弱,轻微外伤或分娩可导致关节损伤;中老年人由于年高体弱、多病、肥胖,使骶髂关节负重增加,韧带松弛,又因腰骶、骶髂关节的退行性改变和慢性劳损等,在某种诱因作用下易发生关节错缝。

骶髂关节错缝依据损伤时的机制不同,分为前移(错)位和后移(错)位两种。当弯腰时损伤,主要为附着于髂骨前侧的股四头肌紧张,向前牵拉髂骨,而骶骨向同侧后旋,两者牵引作用力相反,致髂骨向前移位(前错位),较少见;当髋关节屈曲,膝关节伸直时,绳肌紧张,向后方牵拉髂骨,而骶骨向对侧前旋,两者牵引作用力相反,致髂骨向后移位(后错位),最为常见。

【临床表现与诊断】

多有暴力性外伤史。患侧骶髂关节疼痛,常放射至臀部和股外侧,甚至小腿外侧。躯干向患侧倾斜,患肢不能负重或跛行,疼痛严重者需要用双手撑住凳子以减轻疼痛。患者脊柱腰段可有侧弯,腰肌紧张。患侧髂后上、下棘压痛明显,骶髂部有叩击痛。旋腰试验、4字试验、床边试验、骨盆挤压分离试验和俯卧提腿试验均为阳性。骨盆X线检查正位片可显示骨盆倾斜,伤侧髂骨移位,两侧关节间隙不等宽,关节面排列紊乱。

有下肢放射痛的骶髂关节损伤须与腰椎间盘突出症相鉴别。腰椎间盘突出症的压痛点多在腰4、5或腰5、骶1棘突旁,同时有放射性痛至小腿或足,伸踇肌力减弱,小腿前外或后外侧皮肤感觉减退,胫后肌腱反射及跟腱反射减弱或消失,CT检查可清楚地显示椎间盘突出的部位、大小、形态和神经根、硬脊膜囊受压情况。

【辨证论治】

(一) 理筋手法

先以掌揉法或擦法在腰骶部施术,放松腰背部肌肉,再根据关节移(错)位的类型选用复位手法。

1. 骶髂关节后移(错)位

(1) 单髋过伸复位法:患者俯卧位,术者立于患者左侧,右手托患膝上部,左掌根按压同侧骶髂关节,先缓缓旋转患肢髋关节5~7次,术者尽可能上提大腿使髋关节过伸,左手掌同时下压骶髂关节,两手呈相反方向扳按。此时可闻及关节复位响声或手下有关节复位感。

(2) 牵拉按压复位法:患者俯卧位,助手握患者踝部向后上方牵引,术者双手掌叠按其患侧骶髂关节,在牵拉的同时向下按压,可听到关节复位声。

(3) 斜扳复位法:患者侧卧,患侧在上,屈髋屈膝,健侧下肢伸直,全身肌肉放松。术者立于患者前面,前臂置于患者肩前部,向后固定其躯体;另一上肢屈肘置于患侧臀部向前,双臂同时向前后交错施力,逐渐增大幅度,感到有明显的抵抗时,骤然加力顿挫闪动一次,可听到复位的弹响声。

(4) 双人推送法:患者俯卧,助手两手叠放在患者健侧的坐骨结节上准备向上推;术者立于助手对面,双手亦叠按于患侧髂后上棘,准备用力下推,二人同时相对用力即可复位。此法可连续操作 2~3 次。

2. 骶髂关节前移(错)位

(1) 单髋过屈复位法:患者仰卧,助手按压健侧伸直的膝关节处;术者立于患侧,一手握患侧踝关节,另一手扶按患侧膝关节,屈伸患侧髋膝关节 5~7 次,再向对侧季肋部过屈患侧膝关节,趁患者不备用力下压,闻及复位声响,手法即告完毕。

(2) 屈髋屈膝冲压法:患者仰卧位,术者立于患侧,一手握患侧踝关节,令其向胸腹部尽可能屈髋屈膝;另一手屈肘,前臂向下冲压膝关节 2~3 次,使髋膝关节过度屈曲,膝部抵胸腹部为度,以听到弹响或患者痛感减轻、消失为佳。

(二) 固定方法

损伤轻微者不需要固定;损伤较重或伴有错缝者经复位后,需卧硬板床休息 1~2 周,然后方可逐渐进行活动。

(三) 药物治疗

急性损伤内服跌打丸、云南白药等;慢性劳损者服用左归丸、右归丸等。亦可选用活血化瘀、舒筋通络类中药水煎外敷。

(四) 其他疗法

除急性损伤最初 48 小时外,均可采用物理治疗或骶髂关节及其周围封闭治疗。

【预防与调护】

治疗后期可行腰部功能锻炼,加强腰骶、骶髂部的软组织运动耐力,增加腰骶部的稳定性,减少损伤的发生。注意纠正日常生活中的不良姿势,避免过劳及风寒侵袭。对急性或初发性骶髂关节损伤应及时治疗,防止转变为慢性劳损。

二、尾骨痛

尾骨痛又称为尾痛症,是临床上较为常见的疾病,属中医的"痹痛症"范畴。好发于女性,男女之比约为 1∶5.3。

【病因病机】

本病病因至今尚未完全明了,近来的研究表明可能与以下一些因素有关。

1. 外伤　外力直接作用于尾骨,导致尾部肌肉挫伤、骨折或脱位,牵拉尾骨产生疼痛。

2. 慢性劳损　反复轻微累积性损伤,可持续拉伤尾部关节囊或韧带致尾骨部疼痛。

3. 退行性变　骶尾关节逐步退变,变窄,不规则,硬化,使关节被动活动时产生尾部疼痛。

4. 感染　骨盆部的感染灶,深部感染经淋巴引流至骨盆肌肉,可致肌炎或肌肉的反射性痉挛,产生尾部痛。

5. 其他因素　第 5 腰椎滑脱,肿瘤压迫硬膜和神经根可致尾骨痛。较大的中央型腰椎间盘突出、功能性神经官能症、下骶神经根蛛网膜炎亦可产生尾骨痛。不论是骨组织损伤，还是单纯的局部软组织挫伤，或慢性积累性劳损，均会导致尾部的炎症、出血、水肿，周围神经末梢压迫而产生疼痛。骨盆内肌肉，如肛提肌、尾骨肌、肛门括约肌等，因肌肉持续收缩造成局部缺氧、痉挛、乳酸堆积，使疼痛加重，形成恶性循环。

【临床表现与诊断】

部分患者有明显外伤病史，亦有无明显诱因发病者。患者主诉尾骨疼痛，疼痛的轻重与体位及坐姿有关。疼痛多呈局限性，但有时也可波及整个骶部、臀上部或下腰部，甚至沿坐骨神经疼痛，易误认为坐骨神经炎、盆腔内疾患或腰痛。长期尾骨痛患者，有时可造成继发性的神经官能症。外观多无异常。约85%患者在尾尖部或附着于尾骨两侧边缘的肌肉有压痛，局部肌肉痉挛。肛门直肠检查，骶尾关节处有不正常活动，伴有敏感及压痛，诊断便可成立。X线检查大多无异常，但可观察是否有骨折脱位。

【辨证论治】

尾骨痛的治疗应以中西医结合外治法保守治疗为主，若保守疗法无效，疼痛严重，影响工作、生活，可考虑手术治疗。

（一）理筋手法

患者取左侧卧位，髋、膝关节尽量屈曲。术者右手戴手套，以示指缓慢插入肛门内，直接放至尾骨、骶骨下部，再以示指触及尾骶骨的两侧，最好横跨肛提肌及尾骨肌，指尖部可达梨状肌，然后沿肌肉纤维运动方向进行按摩。手法由轻逐步加重施力。待肌肉痉挛缓解后，用拇指及示指提住尾骨端，向下施加牵引，轻轻摇动。开始每日可施手法一次，以后如症状好转，次数可逐渐减少。

（二）药物治疗

内服药以舒筋活血、祛瘀止痛为主，宜用舒筋活血汤加减。外用可选用海桐皮汤煎水熏洗或坐浴；亦可用吲哚美辛栓塞入肛门。

（三）其他疗法

本病不宜轻易手术，首先须明确诊断及做好鉴别诊断。经长期非手术治疗无效，疼痛严重，影响生活及工作者，可做尾骨切除术。

痛点部位局部注射，一般均能获得较好的疗效。封闭时应掌握注射深度，避免注入直肠。

【预防与调护】

加强臀部肌肉锻炼以增加尾骨的稳定性，并改善血液循环。注意适当变换体位及活动，同时宜使用橡皮圈或棉坐垫改变坐姿，或坐位时以大腿中段为着力点，以减轻尾骨受压。

三、耻骨联合错缝

耻骨联合错缝是指骨盆前方两侧耻骨纤维软骨联合处，因外力而发生微小的错移，表现为耻骨联合距离增宽或上下错动，出现局部疼痛和下肢抬举困难等功能障碍的软组织损伤性疾病，有人也称耻骨联合分离症。常见于孕产期，女性多于男性。

耻骨联合是由两块纤维软骨间盘组成，两个间盘之间有一耻骨联合腔。有耻骨上韧带、耻骨弓状韧带加强，有人将耻骨联合算作半关节。关节周围的韧带均比较薄弱，真正具有连接作用的为关节内的纤维软骨盘，与椎间纤维软骨盘相似，唯有一甚小的滑膜腔，而无髓核。耻骨联合的构造特点说明，当暴力冲击时，常引起耻骨骨折，而不易发生耻骨联合分离。耻骨联合可进行微小的运动，如旋转和移位，并且多与骶髂关节和髋关节同时运动，在妊娠晚期和分娩时可出现耻骨联合分离现象。

【病因病机】

本病很少因单纯的外力所致,主要见于妊娠后期和产后妇女,尤其在分娩前,由于内分泌因素影响,使耻骨联合韧带松弛是本病发生的内在因素。怀孕后期,由于胎儿重量压迫骨盆造成耻骨联合分离,或在分娩时,如果产程过长,胎儿过大,接生粗暴,使松弛的耻骨联合韧带发生损伤,产后耻骨联合不能恢复到正常位置而发生分离。

当单腿站立负重突然滑跌或跌倒时,单侧臀部着地,地面的反冲与体重相互作用,以及外来暴力直接作用于耻骨联合部,还不足以引起耻骨骨折;或劈叉和横向劈腿过大,局部挫伤等情况下,都可致使耻骨联合部的距离增宽加大或上下错动而产生临床症状,出现耻骨联合错缝,有的还可以发生耻骨联合软骨炎。

【临床表现与诊断】

多有明显的外伤史或为经产妇女。耻骨联合部疼痛,重者疼痛剧烈,活动受限,单侧或双侧下肢难以负重,不能行走,翻身困难;轻者行动无力,上下台阶及单腿站立、弯腰、翻身等动作,都可引起局部疼痛加剧。局部压痛与叩击痛明显,髋关节外展、外旋活动受限,耻骨联合加压及骨盆分离与挤压试验阳性。错移较重者,可触摸到耻骨联合上下缘不齐或分离的间隙。骨盆 X 线检查可见耻骨联合间距离明显增宽,超过 5mm,有的可达 30~50mm,并有上下错位现象。慢性者可见联合之关节面毛躁不平、增生等。

本病应与耻骨骨折相鉴别。耻骨骨折是一种严重外伤,多由直接暴力所致,多见于交通事故和塌方。X 线检查或 CT 检查可清楚地进行鉴别。

【辨证论治】

(一) 理筋手法

理筋推拿手法是本病行之有效的治疗方法,再配合适当的卧床休息,病情很快即能恢复。

1. 牵引复位法　患者取仰卧位,医者用一足蹬住健侧的耻骨下部,双手握住患侧下肢踝部,手足同时协调突然用力,做上蹬下牵动作,即可复位。或患者取仰卧位,医者双手握住患者双踝部,使患者呈双腿屈髋屈膝并外旋外展状后,两手突然用力将双腿内旋内收拉直,即可复位。

2. 按压复位法　患者取仰卧位,医者双手掌重叠按压在耻骨联合部,在患者深吸气状态下突然向下用力按压,即可复位。或患者取俯卧位,医者双手掌重叠按压于骶尾部正中,在进行旋转按揉的情况下,双手突然用力向下按压,从而使其复位。或患者取侧卧位,患侧在上,健侧腿伸直而患侧腿屈髋屈膝,医者面对患者,一手及前臂托住患侧大腿内侧,另一手按压于髋部,先将髋部环转几圈,然后双手同时协调用力,外展下压使耻骨联合逐渐靠近而达复位。

3. 斜扳复位法　患者取侧卧位,患侧在上,做腰部斜扳法。或一手向下按压其骶髂关节处,另一手托起踝上部,双手相反方向用力推扳使其复位。

(二) 固定方法

损伤轻微者不需要固定。损伤较重或伴有错缝者经复位后,利用骨盆矫正带进行物理固定矫正 1~2 周,然后方可逐渐进行活动。

(三) 药物治疗

急性损伤内服跌打丸、云南白药等;慢性劳损者服用左归丸、右归丸等。亦可选用活血化瘀、舒筋通络类中药水煎外敷。

(四) 其他疗法

1. 物理或封闭治疗 除急性损伤最初 48 小时外,均可采用物理治疗或耻骨联合及其周围封闭治疗。

2. 按揉腰骶 患者取俯卧位,医者先用拇指按揉八髎、白环俞、秩边、环跳等穴位,再用揉、按、擦等手法施于骶髂部,治疗 3~5 分钟,并推揉拍打腰骶部组织,以透热为度。

3. 按揉放松 患者取仰卧位,医者先用拇指揉按中极、曲骨等穴位,再揉按耻骨联合部 1~2 分钟、股内收肌群起点处 1~2 分钟,然后再拿捏股四头肌及推擦股内侧肌群,使局部软组织充分放松。

【预防与调护】

本症为慢性损伤,可能出现反复疼痛,必要时需佩戴专业的骨盆矫正带保护,治疗期间腰及下肢不宜做大幅度活动,以利于耻骨联合处恢复。注意纠正日常生活中的不良姿势,避免外伤。局部要保暖防寒,避免过劳及风寒侵袭。对于急性或初发性耻骨联合错缝时要及时治疗,防止转变为慢性劳损。

四、坐骨结节滑囊炎

坐骨结节滑囊炎是一种常见病,多发于体质瘦弱而久坐工作的中老年人,臀部摩擦、挤压经久劳损而引起局部炎症,故又称"脂肪臀""编织臀""坐骨结节囊肿"。儿童可因蹾伤引起。

坐骨结节滑囊是一种潜在的囊,又称坐骨 - 臀肌滑囊,属肌下囊,位于臀大肌与坐骨结节之间,由疏松结缔组织分化而成,为一密闭的结缔组织扁囊,囊腔呈裂隙状,其外层是致密结缔组织,内层是滑膜,内含少许滑液,功能为增加臀大肌与坐骨结节之间的润滑,缓解压力,减少摩擦,促进其运动的灵活性。当滑囊受到过量的摩擦或压迫时,滑囊壁发生炎症反应,造成滑膜水肿、充血、增厚或纤维化,滑液增多,即形成滑囊炎。临床上坐骨结节处可出现圆形肿块,硬度随囊内的张力及囊壁的厚度而不同,少数则因蹾伤而引起。

【病因病机】

坐骨结节滑囊炎有急、慢性之分。急性坐骨结节滑囊炎较少见,一般为急性外伤所致,伤后滑囊内有急性炎症变化的血性或浆液渗出液。慢性坐骨结节滑囊炎较多见,可因长期压迫或反复摩擦而发炎,病理表现为滑膜充血、水肿及绒毛状增生,囊壁增厚,并产生无菌性渗出液。

1. 长期坐位工作者 尤其是在电动缝纫机使用、拖拉机驾驶及道路设备机器操作过程中,机器震动对坐骨结节滑囊产生刺激,很容易发生坐骨结节滑囊炎。

2. 长期坐位运动者 如赛艇、骑马、瘫痪人士轮椅比赛等,运动员坐下来时坐骨 - 臀肌滑囊挤压坐骨结节产生的急性及慢性剪切力亦可以导致坐骨滑囊炎,严重时影响运动员参加运动。

3. 恶性肿瘤及截瘫患者 由于长期卧床,坐骨结节承受重量,长期刺激坐骨结节滑囊,也容易导致炎症发生。

【临床表现与诊断】

臀尖(坐骨结节部)疼痛,坐时尤甚,严重者不能坐下,但疼痛局部局限,不向它处放射,日久臀尖部酸胀不适。坐骨结节压痛、屈膝屈髋试验阳性,普通 X 线检查对坐骨结节滑囊炎不具有特异性,部分可以表现为同侧坐骨结节皮质毛糙,骨质破坏,或者坐骨结节附近的钙化。超声检查方便、便宜,往往作为臀部病变的首选。多囊坐骨结节滑囊炎超声表现为囊腔内均有隔状强光带回声,大部分囊腔相通,张力低;单囊者超声表现为圆形单囊性、囊壁不规则、后方回声增强。MRI 检查具有视野大、多方位成像、软组织分辨率高等优点,可更加准确地判断病变部位及范围,避免临床上穿刺的盲目性,对临床医师选择手术方式有重要价值,还可确定囊肿的数量,囊肿有无分隔及囊肿周围结构情况。

本病应与腰椎间盘突出症相鉴别。腰椎间盘突出症可有臀部疼痛,但压痛点多在腰 4、5 或腰 5、骶 1 棘突旁,同时有放射性痛至小腿或足,CT 检查可清楚地显示椎间盘突出的部位、大小、形态和神经根、硬脊膜囊受压情况。

【辨证论治】

（一）理筋手法

理筋推拿手法是本病行之有效的治疗方法,再配合适当的卧床休息,病情很快即能恢复。选取局部阿是穴以及大肠俞、委中、阳陵泉、悬钟、昆仑、太溪等穴位进行按压。用拇指螺纹面按揉阿是穴、大肠俞、阳陵泉、悬钟各 30~50 次,用擦法在患部及大腿前后侧操作 10~15 分钟,拿捏委中、阳陵泉、昆仑、太溪各 10~20 次,伸屈患侧下肢 10 次左右,拍击患部及下肢 2~3 分钟。

（二）药物治疗

急性损伤内服非甾体抗炎药、活血化瘀消肿药;慢性劳损者服用舒筋通络药物,外敷活血化瘀膏药等。

（三）其他疗法

1. 物理或封闭治疗　可采用热敷、烤电等物理治疗或局部封闭治疗。

2. 针刀疗法　患者取俯卧位,要严格执行无菌操作规程。针刀部位的皮肤按常规严格消毒后,铺上消毒小洞巾。按照定点、定向、加压分离、刺入的标准流程操作,对病变滑囊部位进行松解、剥离、切开等微创治疗。

3. 手术切除　保守治疗无效或反复发作者,应尽早做滑囊切除术。

【预防与调护】

预防坐骨结节滑囊炎,首先要改善座椅,如在硬板凳和木椅等硬质座椅上垫上厚软的棉布或海绵垫,或改坐沙发和藤椅,以减少对坐骨结节的摩擦。改变不良的坐姿习惯,不要长时间盘腿而坐或长时间跷二郎腿,不要长时间坐着不动,应每隔 1 小时站起来做伸腿、弯腰活动,并用手指按摩坐骨结节处几分钟,以促进局部的血液循环。局部要保暖防寒,避免过劳及风寒侵袭。

（张　弛　马　勇　梁祖建　王式鲁　谢文鹏）

复习思考题

1. 颈椎病的主要临床分型有哪些?

2. 试述腰椎间盘突出症的分型及临床表现。

3. 试述腰椎间盘突出症与腰椎椎管狭窄症的鉴别要点。

4. 先天性斜颈的发病机制是什么?

第三章

上肢筋伤

> **学习目标**
>
> 通过本章学习,加深对肩、肘、腕部相关解剖结构的认识,掌握上肢常见筋伤的病因病机、症状特点、检查方法、临床表现及治疗原则,总结各个不同部位和类型筋伤的理筋手法、固定时间和练功锻炼,为临床处理上肢筋伤及相关疾病奠定理论基础。

第一节　肩与上臂部筋伤

肩部位于上肢与躯干连接部,是上肢运动的基础。由锁骨、肩胛骨、肱骨头、韧带、关节囊、肌肉相互连接而形成四个关节,即盂肱关节、胸锁关节、肩锁关节、肩胛胸壁关节。在正常情况下,肩部的活动是一个联合运动,各关节相互配合来实现上肢活动范围的最大化。功能健全的肩部可以让我们更好地完成运动锻炼和各种日常活动需要。

(一)肩部的关节

1. 盂肱关节　又称肩关节,是由肩胛骨的关节盂与肱骨头连接而成的球窝关节。肱骨头大而凸、关节盂小而浅、关节囊松弛、韧带薄弱、骨性的内在稳定结构极少,使肩关节相对不稳定,但这也使肩关节又具有极大的灵活性。关节盂面上被覆一层中心薄、边缘厚的透明软骨,盂缘被纤维软骨环即关节盂唇所围绕并加深关节窝的凹陷度,增大了与肱骨头的接触面积,进而帮助稳固该关节。关节囊为纤维组织构成,环绕在关节周围。松弛的囊壁给肩关节提供了较大的活动度。

盂肱关节囊的附属韧带共同为肩关节提供稳定,其中喙肩韧带起于喙突外缘,在肩锁关节的前部止于肩峰的内缘。喙肩韧带与肩峰构成喙肩弓,为肩关节上部的屏障,上臂抬高时,肱骨大结节位于喙肩弓的下部,成为肱骨头外展的支点。盂肱韧带为关节囊前壁的增厚部,有限制关节极度外旋的功能。喙肱韧带起于肩胛骨喙突的外缘,向前下部发出,在冈上肌与肩胛下肌之间与关节囊同止于肱骨大小结节,为悬吊肱骨头的韧带。冻结肩的患者,此韧带固定于缩短的内旋位,限制肱骨头外展外旋,故肩关节活动受限。

2. 胸锁关节　由锁骨内端与胸骨柄的锁骨切迹和第一肋骨间所形成的摩动关节,被关节囊及韧带围绕固定,有胸锁前后韧带相连接。此关节对肩肱关节的活动起一定的作用。如因某种疾病或外伤影响此关节时,肩关节活动范围也因之而受累。

3. 肩锁关节　由肩峰内端及锁骨肩峰端,借着关节囊、肩锁韧带、三角肌、斜方肌腱附着部、喙锁韧带(锥状韧带、斜方韧带)等连接组成。功能有两种,其一能使肩胛骨垂直向上或向下;其二能使肩胛骨关节盂向前或向后。前者如耸肩活动,后者有如推铅球运动。喙锁韧带,为联系锁骨与肩胛骨喙突的韧带,起于喙突,向后上部伸展,止于锁骨外端下缘,分为斜方韧带及锥状韧带。当锁骨旋转活动时,此韧带延长。上肢外展时,有适应肩锁关节 20°活动范围的功能。喙锁韧带为稳定肩锁关节的重要结构,此韧带损伤后必须修复。

4. 肩胛胸壁关节　肩胛骨与胸壁之间并无关节,而是由丰富的肌肉联系,但在其功能上可视为肩关节的一部分。此间隙之间被前锯肌分为前后两部分,肩胛骨在此间隙沿胸壁活动。肩胛骨可通过胸锁关节、肩锁关节在胸壁上做旋转运动,活动范围在 60°左右。

(二) 肩部的肌肉

肩关节由于关节囊松弛,韧带薄弱,关节盂较浅,主要依靠关节附近肌肉维持关节的稳定,肌肉在关节任何位置都可以产生主动的固定张力。在此稳定的基础上肌肉组成功能"群",高度协调在不同的关节间完成灵活的功能活动。当关节周围的肌肉发生损伤时,通常会扰乱整个肩部的自然运动链继发引起关节病变,说明肌肉对肩关节稳定的重要性。正常盂肱关节活动应具备两个条件,其一必须相当稳定;其二肱骨头必须与关节盂密切接触,这就需要有良好的肩胛部肌肉和完整的肌腱帽。肩部的重要肌肉有如下几种。

1. 肌腱袖　系由冈上肌、冈下肌、小圆肌、肩胛下肌组成。四腱以扁宽的腱膜牢固地附着于关节囊的外侧和肱骨外科颈。肩袖在功能上可作为一个整体,在肩关节运动时使肱骨头稳定于关节窝内。还有悬吊肱骨、协助三角肌外展肩关节的功能,如果肩袖损伤时盂肱关节则将失稳。肩关节运动时肱骨头就会和其周围骨性结构(如肩峰和喙突)碰撞,这会造成关节囊、肌腱、血管和神经的损害。

2. 三角肌　为肩关节外展坚强有力的肌肉,起点广泛,远端以扁腱止于肱骨干的三角肌结节,其肌束分为前、中、后三部。上臂外展运动主要由三角肌中部纤维和冈上肌协同作用,其前部肌纤维可内旋及屈曲上臂,后部肌纤维可以外旋及伸展上臂。三角肌瘫痪时其功能可由冈上肌、胸大肌代偿,并有 20°~30° 的外展功能。

3. 胸大肌　起点分为锁骨部、胸肋部、腹部。肌腹呈扇形,逐渐移行为扁腱,止于肱骨结节间沟外侧唇。该肌主要作用为内收内旋肱骨,仅锁骨部对上臂有外展作用,并可与三角肌协同前屈上臂。此肌损伤对肩肱关节功能影响较小。

4. 背阔肌　为三角形肌肉,起自躯干背部、止于肱骨结节内侧的底部,有内收、内旋、伸直肱骨的功能,与胸大肌、大圆肌协同作用,使肱骨内收向胸壁靠拢。

5. 肱二头肌长腱　起于盂上结节及关节盂的后唇,向下越过肱骨头进入结节间沟,沟前有横韧带防止长腱滑脱。此腱有防止肱骨头向外向上移位的作用。当肱骨前屈或后伸时,长腱沿结节间沟上下滑动。前臂旋后肘关节屈曲时,腱的紧张力增加,但并不沿结节间沟滑动。肱二头肌断裂后,影响肩部运动的稳定。肱二头肌腱腱鞘发炎时,由于肌腱腱鞘肿胀,肩外展及内外旋均受累,且活动时局部显著疼痛。

(三) 肩部各关节的运动

肩部关节的运动比较复杂,胸锁关节、肩锁关节、肩胛胸壁关节、盂肱关节既有单独的运动,又有其相互之间的密切联系,它们协同完成内收、外展、前屈、后伸、内外旋转运动,以及这些运动连续起来的旋转活动,来实现上肢活动范围的最大化。它们运动链中任何纽带的无力、疼痛或不稳定都会大大降低整个复合体的效力。因此肩关节功能的恢复,是衡量骨伤科筋伤治疗水平的重要标志。处理肩部损伤时,必须要有整体观念。

一、肩部扭挫伤

肩部受到外力的打击、碰撞或过度牵拉、扭捩而致肩关节周围软组织的损伤,以肩部不同程度肿胀、疼痛、活动功能受限为主症的疾病,称之为肩部扭挫伤。中医称为"髃骨骱伤筋"。本病可发生于任何年龄,发生部位多在肩部的上方或外侧方,并以闭合伤为其特点。治疗上力求早期治愈,以防转变为慢性损伤。失治可并发冻结肩等严重疾病。本病不涵盖合并有肩部肌腱完全断裂、骨折、脱位等病症。

【病因病机】

《素问·阴阳应象大论》记载"气伤痛,形伤肿",猝然跌仆损伤,气血必乱,随之经络气血运行失去常度,气血凝滞不得宣通,或者循行不畅,而发生肿胀疼痛诸证,甚至影响到脏腑不和。失治复感风寒湿邪,则诸邪合而为病,日久气血不畅可致肩痹。

本病多因间接外力引起肩关节过度牵拉或重物直接打击、跌倒碰撞肩部,投掷、拎提物体用力过度而引起肩部肌肉、韧带或关节囊的损伤或撕裂,致使肩部瘀肿疼痛,功能障碍。如碰撞性暴力来自外侧方,喙锁韧带将首先受到影响;跌倒时来自冠状面的侧向暴力则易伤及肩锁关节,故损伤多见于肩部上方或外侧方。

【临床表现与诊断】

(一) 临床表现

有明显外伤史。轻度扭挫伤以肩前扭伤为多见。在当时多不在意,休息之后开始出现症状,逐渐加重,瘀肿或不瘀肿,但有压痛,轻者1周内症状明显缓解。跌撞挫伤较重者,肩部发生剧痛,或刺痛、酸痛。疼痛逐渐加重,范围较广。患者喜将患肢上臂紧贴胸胁,固定肩部,以求减少痛苦。专科体格检查:肩部肿胀,皮下常出现青紫、瘀肿。局部有钝性压痛,肩关节活动受限,患臂不能转动高举。但无弹性固定,无方肩畸形,也无骨擦感。较重的患者伴有组织的部分纤维断裂或并发小的撕脱性骨折损伤,症状可迁延数周。临床诊断时,先要注意判断筋断与否,以及是否合并有骨折与脱位。

(二) 影像学检查

肩关节正、侧位X线检查可排除骨折或有无关节脱位;CT检查可以发现有无隐匿性关节盂缘骨折、肱骨头部压缩骨折;磁共振检查可见肩部软组织肿胀、肌纤维断裂、韧带损伤、骨髓水肿信号。

(三) 鉴别诊断

1. 肱骨外科颈骨折　发病多见于老年患者,可有明显外伤史。伤后肩部肿痛,环形压痛,纵向叩击痛,活动功能障碍,嵌插性骨折无骨擦感,X线检查可确定骨折类型及移位情况。

2. 肩关节脱位　发病多见于成年男性患者,可有明显受伤史。伤后肩部方肩畸形。弹性固定,活动功能障碍,特殊体征有搭肩试验、直尺试验阳性。X线检查可见关节脱位。

【辨证论治】

(一) 理筋手法

隋代《诸病源候论》指出"卒然致损,故血气隔绝,不能周荣",局部出现疼痛,须用"按摩导引,令其血气复也",也就是运用伤科手法"按其经络,以通郁闭之气,摩其壅聚,以散郁结之肿",从而使经络通畅,引血归经,气血流通而损伤修复。

体位:患者坐位,术者立于患侧,一脚屈膝踏于患者坐凳边,使患肢肘部放于医生抬起的大腿上。然后施行手法治疗。

1. 手指点穴法　缓急解痉。点揉肩部四穴：肩前穴、肩髃穴、臑俞穴、臂臑穴。以右手拇指螺纹面着力,每穴点揉半分钟。点揉肩髃穴时,应将患侧上臂外展约80°。

2. 揉搓摩法　行气活血、舒筋通络。术者在肩前、后、内、外等处寻找痛点阿是穴,予以轻柔按压3~5分钟,继以双手平掌摩法,于患者肩关节前后面反复旋摩3~5分钟。

3. 拿弹法　拨、弹有关肩前筋或外侧筋,斜方肌或胸大肌、腋后及腋下痛筋,大、小圆肌等。拨筋、弹筋以消瘀定痛。

4. 旋肩法　患者取坐位,术者立于患者身后,右手虎口背托于其右腕上,屈肘内收带动患者屈肘,由下内胸前上举,再外旋外展后伸放下,重复数次,幅度可由小到大(图3-1)。

图 3-1　旋肩法

旋肩法操作视频

知识链接

压掌掏肩法

此法系上海魏氏伤科(魏指薪教授)治疗肩部扭伤常用手法,可以理顺肩部各组肌肉,对于肩部扭伤有较好的疗效。以右侧为例：患者坐位,患肢手臂伸直上举,手掌背屈向上。医者一手托住患者肘部使其伸直,另一手的手掌对着患者手掌。手掌向下压,肘部向前旋转。一般用力连续向下压掌两次。通过压掌使患者肩臂肌肉筋络拔直,再将肘部屈曲外展。医者两手交换位置,一手固定患肩,一手握住腕部准备向后掏出。向后掏出时,手臂仍处于旋前位。当向后完全伸直的同时,迅速将手臂旋后。最后再将手臂回旋到前上方。以上操作必须前后衔接,一气呵成。

压掌掏肩法操作视频

(二) 固定方法

扭挫伤较重者,伤后可外敷消瘀止痛药膏,应用肩"人"字绷带包扎,再用三角巾将患肢屈肘90°悬挂胸前,以限制患肩活动5~7天。

(三) 练功疗法

以主动活动为主,被动活动为辅,其目的是恢复肌肉的力量及韧带、肌腱、关节周围组织的弹性,改善和恢复肩关节的基本功能。运动包括肩部外展、内收、前屈、后伸、旋外、旋内和360°环旋等。反复进行,每次3~5分钟。

1. 耸肩环绕法　动作由小到大,由慢到快,在吊带期内即可开始。耸肩环绕,两臂侧平举,屈肘,以手指松散接触肩部按顺逆时针方向环绕(图3-2)。

2. 弯腰旋肩法　患者弯腰,患肢自然下垂,先做前后甩动,然后做环转运动。活动范围逐步由小到大,每次10~15分钟(图3-3)。

被动运动是借助外力活动肩关节,多在患者不能做主动运动的情况下采用。动作要协调,循序渐进,逐步加大活动量,以舒解挛缩的肌肉和韧带。活动应保持在无痛范围内进行。

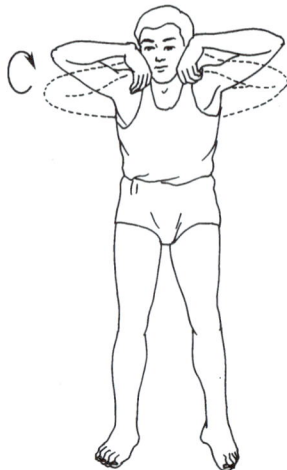

图 3-2 耸肩环绕法　　　　　　　　　图 3-3 弯腰旋肩法

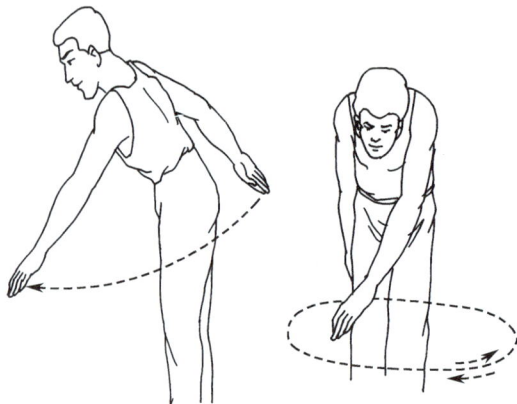

(四) 药物治疗

急性肩部扭挫伤局部肿胀较甚,或部分患者精神过度紧张,不愿接受手法治疗时,可先用药物治疗,待肿痛稍减后再做手法治疗。

1. 中药辨证治疗

(1) 内服药

1) 血瘀气滞证:见于初期,局部肿胀,疼痛拒按,功能受限,或见瘀血斑,舌质暗或有瘀斑,苔白或薄黄,脉弦或细涩。治宜散瘀消肿、生新止痛,方用舒筋活血汤加减。痛重难忍时加服云南白药或七厘散。

2) 风寒湿阻证:多见于后期,以肩部酸胀疼痛为主,有沉重感,遇风寒则疼痛加重,得温则疼痛减轻,舌质淡,苔薄白或腻,脉紧。治宜祛风散寒,除湿通络,方用三痹汤加减。若伴有关节活动不利者,治宜活血舒筋,方用小活络丹加减。

(2) 外用药:损伤初期,可外敷消瘀止痛药膏、三色敷药、双柏散等;后期可外贴麝香止痛膏、伤湿解痛膏,外搽正骨水、跌打万花油等。

2. 西药治疗　肩部疼痛剧烈可口服非甾体抗炎药,如双氯芬酸钠、塞来昔布等。

(五) 针灸疗法

针刺疗法一般采取"以痛为腧"与循经取穴相结合,痛点进针,配取肩髎、肩井、天宗、风池、合谷等穴,常用泻法,以消肿止痛、缓解肌肉紧张痉挛。风寒湿阻证结合灸法温经散寒,除湿通络,每日 1 次。

(六) 其他疗法

1. 物理疗法　有镇痛、缓解肌肉痉挛、促进局部炎症吸收及增强组织代谢等作用,可选择使用。损伤初期可采用冰芒散等冷敷疗法,中后期可应用红外线与超声波疗法等。

2. 封闭疗法　可选用曲安奈德每次 10~20mg,加 0.25% 利多卡因 10~20ml,行痛点封闭治疗。每周 1 次,2~3 次为 1 个疗程。

【预防与调护】

平时工作、运动时应注意保护肩部,避免外力挫伤及超出肩关节范围活动,避免过度的扭掖、牵拉受力等。伤后不宜长时间固定,以免关节粘连致冻结肩。伤后应逐步加强功能锻炼。

二、冈上肌肌腱炎

冈上肌肌腱炎是指劳损和轻微外伤后逐渐引起的冈上肌肌腱退行性改变,是一种慢性无菌性炎症,以肩部疼痛、功能障碍为主要临床表现的疾患。又称冈上肌肌腱综合征、肩外展综合征。属中医"筋痹""伤筋"的范畴。本病好发于中青年及以上人群。病变以肱骨大结节上方1cm区域冈上肌肌腱处最易发生,少数患者在退变的基础上,发生异常钙盐代谢沉积,可形成钙化性肌腱炎。

冈上肌起于肩胛骨冈上窝,肌腱在喙肩韧带及肩峰下滑囊下面、肩关节囊上面通过,止于肱骨大结节,血液供应较差。被斜方肌和三角肌覆盖,与冈下肌、小圆肌、肩胛下肌共同组成肩袖,附着于肱骨解剖颈。冈上肌由肩胛上神经支配,其作用为并固定肱骨于肩胛盂中,使盂肱关节保持稳定,并与三角肌协同动作使上肢外展。

【病因病机】

(一) 劳伤

《素问·宣明五气》:"久行伤筋。"劳损外伤致局部气血运行不畅,气滞血阻,筋脉不通,不通则痛,此为外因。冈上肌位于肩袖中央,又是肩部力量之集汇点。冈上肌肌腱上、下方分别与肩峰下滑囊、肩关节囊紧密相连,当上臂做外展运动时,冈上肌则通过肩峰与肱骨头之间的狭小地带,极易受压磨损(图3-4)。由于反复机械性创伤,日久形成劳损,导致肌腱无菌性炎症,使肌腱发生水肿、渗出、粘连,甚至纤维化、钙化。亦可有直接机械性外伤使冈上肌肌腱损伤。关节在静止状态时,冈上肌肌腱则承受上肢重力的牵拉。

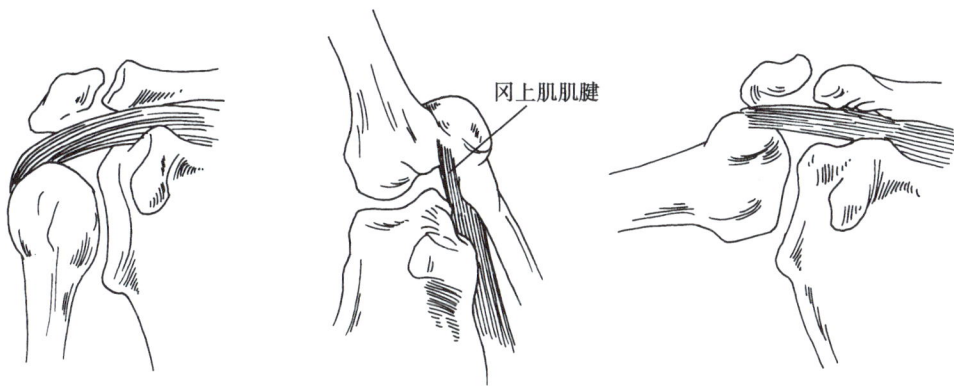

图3-4 冈上肌肌腱

(二) 肝肾不足

肝主筋,肾主骨,全身筋膜有赖于肝血的滋养,只有肝血充盈才能使筋膜得到濡养,肝肾充沛,筋壮骨强。中年以后,肝肾之精及气血渐亏,肝血不足,血不荣筋;肾精不足则骨不坚强,冈上肌肌腱濡养不足,不荣则易于损伤。《素问·痹论》记载:"风寒湿三气杂至,合而为痹。"复感风寒湿邪相互夹杂侵入肩臂,使局部气血瘀滞,经络不畅,继而出现疼痛,关节不利,或肌腱失用,肩外展困难,不能抬举等症状,系内外因合而发病。

【临床表现与诊断】

(一) 临床表现

一般好发于中年。单纯冈上肌肌腱炎发病缓慢,常有轻微的外伤或受凉史,冈上肌肌腱炎症状一般不明显,肩部外侧渐进性疼痛。查体冈上肌肌腱抵止部的大结节处常有压痛,并随肱骨头的旋转而移动。冈上肌肌腱炎的特征为"疼痛弧",即每当肩外展 60°~120° 时,出现明显疼痛。若越过此范围继续外展上举时则又无疼痛。反之,上肢由外展上举位落下达 120°~60° 时,又出现剧痛。这是冈上肌肌腱碰触肩峰的角度,即通过肩峰与肱骨头所构成的狭小间隙时遭受挤压的缘故,因此 60°~120° 亦称为"疼痛弧"。

偶有钙化性肌腱炎急性发作者可出现剧烈疼痛,以肩峰大结节处为主,并可向颈、肩和上肢放射。肩部活动及受寒时加重。肩关节外展活动时疼痛尤为明显,患者常避免这一动作。

单纯的冈上肌肌腱炎并没有肌力丧失现象,轻者仅上肢外展受限,但被动外展不受限制,重者肩部疼痛不能活动,肌肉萎缩。

(二)影像学检查

X 线检查偶见冈上肌肌腱钙化及骨质疏松,为组织变性后的一种晚期变化(图 3-5)。

MRI 检查可以见到冈上肌周围水肿影或肌腱信号降低(图 3-6)。

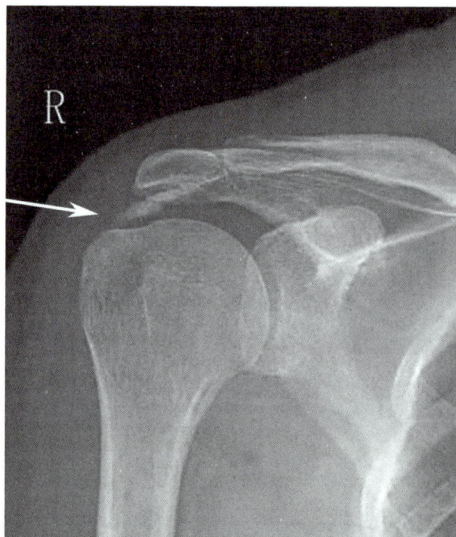

图 3-5 冈上肌肌腱炎 X 线检查

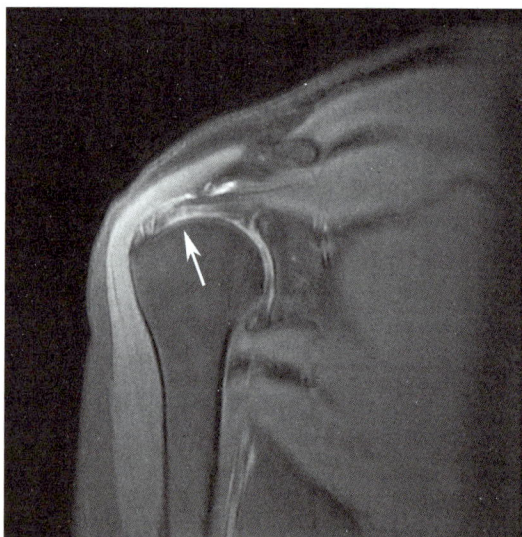

图 3-6 冈上肌肌腱炎 MRI 检查

肌骨超声可以显示肌腱端局部增厚、钙化、血流改变和滑囊积液等,随着冈上肌肌腱炎病情进展,局部钙质聚集增多,超声可以显示钙质的大小和位置,辅助临床诊断(图 3-7)。

(三)鉴别诊断

1. 肩关节周围炎 肩关节以夜间疼痛明显,肩关节主动、被动活动均受限,疼痛感从患侧上肢外展开始持续整个关节运动过程。

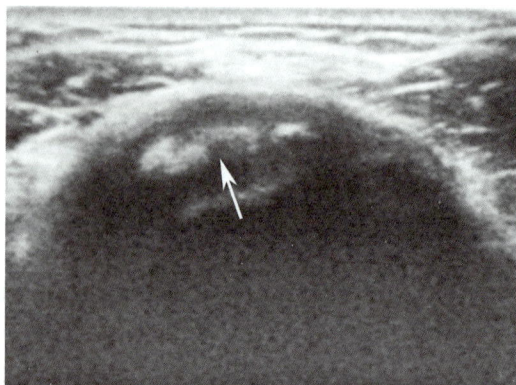

图 3-7 钙化性冈上肌肌腱炎肌骨超声检查

2. 粘连性肩关节滑囊炎 活动开始时不痛,外展 70° 以上出现疼痛,超外展则疼痛明显加重。

【辨证论治】

（一）理筋手法

理筋手法有活血散瘀、消肿止痛和理筋散结、舒筋通络等作用。根据急、慢性不同病期、病情轻重,选其所宜,随证施治,急性期以轻手法为主,慢性期宜稍重。

1. 手指点穴法　患者正坐,医生立于其患侧,嘱其尽量放松肩部肌肉,点揉肩井、肩髃、曲池、合谷等穴,有前举痛者加点云门、尺泽等穴,有后伸痛者加点臑俞穴。

2. 拿法、揉法　以冈上及肩部为重点,自上而下理顺筋络。患者端坐靠背椅上,医生的双手拿捏冈上部数次后,手掌分开,成八字掌,以虎口对患臂,自肩髃穴附近起向下揉捏,并结合拨络法,自上而下揉按肩前、上臂诸筋络。疏松筋结,舒筋活络。

3. 牵肩法　医者以一手按在肩峰上,拇指在后,余指在前,一手握腕提起患臂,轻轻摇动,并缓缓拔伸,稍停留片刻。必要时可做几次快速的拔伸动作。再将患臂向前摇摆,先低摇,后根据病情逐步提高。

4. 摇肩法　患者正坐屈肘,医者一手扶持肩部,一手托拿肘部做转摇活动。前摇一周,后摇一周(360°),相间而行。可由 6~7 遍开始,以后逐步增加。

5. 半量旋肩法　嘱患者屈肘,医者一手握其上臂,另一手握腕,做肩内外旋法、肩内旋后伸法以松解粘连。

6. 牵抖法　患者端坐于靠背椅上,医者双手握住患侧大小鱼际处,微用力向下方牵引并做连续小幅度上下抖动以舒筋活络,滑利关节。

（二）固定方法

急性发作较重病例,可行颈腕吊带将患肢置于胸前,配合短期休息。

（三）练功活动

急性期宜避免做外展外旋等用力动作。疼痛缓解后应加强功能锻炼。可做前后左右甩手(图 3-8)、上下通臂、弯肱拔刀、展旋活动以逐渐恢复关节功能。

图 3-8　前后左右甩手

（四）药物治疗

1. 中药辨证治疗

(1) 内服药

1) 瘀滞证:肩部疼痛肿胀,以夜间为甚,痛处固定、拒按,肩部活动时可闻及摩擦音,舌质暗红,或有瘀斑,苔白或薄黄,脉弦或细涩。治宜活血通络、舒筋止痛,方用活血舒筋汤加减。痛甚加乳香、没药。

2)虚寒证:肩部冷痛,劳累后疼痛加重,遇寒痛剧,得温痛缓,舌质淡,苔薄白,脉沉细无力。寒甚者宜温经散寒,可服大活络丹或小活络丹等;体弱气血虚者宜补气养血,方用当归鸡血藤汤加减。

(2)外用药:急性期肿痛较重时,外敷活血止痛膏,局部疼痛畏寒者,可外敷温经通络膏。亦可用上肢损伤洗方熏洗或用腾药热熨患处。

2. 西药治疗　肩部疼痛剧烈者可口服非甾体抗炎药,如双氯芬酸钠、塞来昔布等。

(五) 针灸疗法

取主穴:肩髃透极泉、肩髎、肩前、曲池。备穴:臂臑、巨骨、天宗。治法:先针刺肩部三穴,直刺 2~3 寸,用捻转提插法运针,使肩关节全部有酸胀麻感,并可传至手指。留针 20 分钟,加以艾灸。以疏风通络、温经散寒,每日 1 次。

(六) 针刀疗法

适用于损伤在 3 周以上的陈旧性冈上肌肌腱炎,时间越久,治疗效果越明显。用针刀将冈上肌起点、止点的粘连松解,瘢痕刮除,使冈上肌的动态平衡得到恢复。钙化性冈上肌肌腱炎可以在肌骨超声定位下行针刀反复切割,开放病灶,有利于钙化部分自然分解吸收。

(七) 其他疗法

1. 物理疗法　物理疗法有镇痛、缓解肌肉痉挛、促进局部炎症吸收及增强组织代谢等作用,可选择使用。急性期肿痛较重时可采用冷敷疗法,中后期可应用红外线与超声波疗法等。体外冲击波治疗可以通过改善局部血氧灌注,改变炎症反应过程,刺激生长因子释放、调节转化生长因子基因表达,使胶原蛋白合成,以此重塑腱性结构,促进愈合。

2. 关节腔注射疗法　可选用曲安奈德每次 10~20mg,加 0.25% 利多卡因 10~20ml,行肩峰下痛点封闭治疗。每周 1 次,2~3 次为 1 个疗程。也可注射富血小板血浆(platelet rich plasma,PRP)。PRP 含有生长因子和生物活性物质,可用于治疗肌腱、韧带、肌肉和骨骼创伤。修复过程中,PRP 通过激活细胞因子,调节细胞增殖及趋化作用,生成血管及蛋白质。

3. 关节镜治疗　对于明确的冈上肌肌腱炎,钙化症状较重保守治疗无效者,亦可采用关节镜手术清除钙化病灶,或肩峰下成形术改善症状,疗效明显。

【预防与调护】

注意指导正确的活动姿势,平时避免肩部劳损,也要避免突然、过量的肩关节活动。坚持自我保健,指导患者适当运动,患者坐位,用健侧拇指与其他四指指腹在肩部进行捏拿,自上而下,由轻而重,再由重而轻地反复捏拿,以肩关节局部有舒适感为度。患者站立位,双臂做前后左右甩手动作数次以舒利关节。如肩关节不适难以自行缓解,则应及时就医以免病情迁延。

三、肩袖损伤

肩袖,又称肌腱袖,是由起自肩胛骨,覆盖于肩关节前、上、后方的冈上肌、冈下肌、小圆肌和肩胛下肌的肌腱组成的扁而宽的共同肌腱。其中肩胛下肌止于肱骨小结节,其余三肌自前至后抵止于大结节上(图 3-9)。共同肌腱的附着处形如衣袖口,故名肩袖;又因冈下肌和小圆肌外旋肱骨,而肩胛下肌内旋肱骨,故又称旋转袖。肩袖与关节囊密切结合,有稳定肩关节的作用。在肩袖内,小圆肌、冈下肌、冈上肌之间无明显分界线,但在肩胛下肌止端上缘与冈上肌肌腱之间有一间隙,其间有一薄层带弹性的膜,结合喙肩韧带及关节囊加强肩袖间隙组织。肩袖位于肩峰下滑囊的底部和肩关节腔顶部之间,使滑液囊与关节腔互不相通。若肩袖破裂,两者就直接相通(图3-10)。

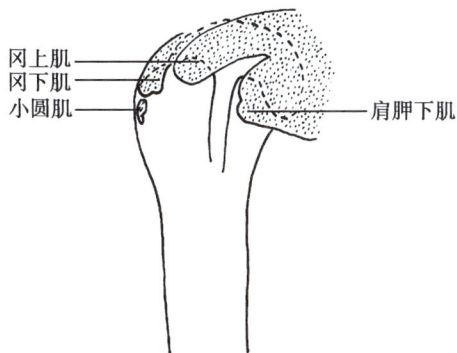

图 3-9　肩袖组成结构

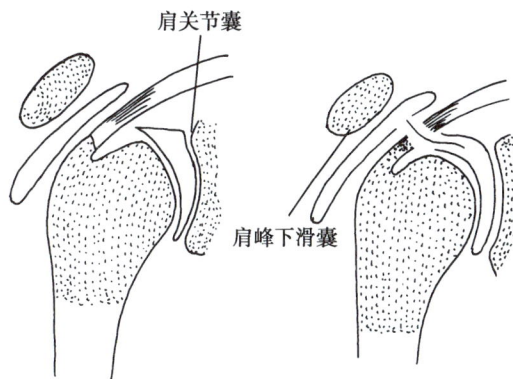

图 3-10　肩袖撕裂后滑囊相通

肩袖环绕肱骨头的上端,可将肱骨头纳入关节盂内,使关节稳定。当肩关节剧烈运动或外伤时,常可出现冈上肌肌腱与肩胛下肌腱抵止处撕裂,出现肩袖松弛,从而引起肩关节向下半脱位或不稳定。肩袖损伤在肩部筋伤中并不少见,随着年龄的增长,肩袖肌腱退变或因累积性损伤所致肌腱变性使其变脆,弹性和延展性降低,以致轻微外力即可造成肩袖挫伤乃至完全性肌腱断裂。新鲜外伤性肩袖破裂容易漏诊、误诊,从而引起慢性肩部疼痛,导致肩部功能障碍,故应提高对本病的认识。

【病因病机】

肩袖断裂多见于40岁以上患者,年轻患者往往伴有严重损伤。患者因职业和工种,如搬运工和投掷、棒球运动员等,因长期、反复使肩关节在活动范围极限的情况下用力转肩,反复、过度地磨损而使肌腱袖充血、水肿、增厚,导致粘连和肌腱退变。在此基础上,肩部的过度牵拉或扭挫等轻微外伤或不慎感受风寒之邪均可引起明显的临床症状。直接暴力很少造成肩袖破裂,因为肩袖受肩峰保护,直接外力不易损伤。间接暴力多因上肢外展,骤然内收而破裂。尤以冈上肌肌腱薄弱,冈上肌位于肩袖中央,当局部上举外展活动时,经常受肩峰、喙肩韧带的磨损而诱发慢性退变。从冈上肌的解剖结构和承受的机械应力来看,该部为肩袖的薄弱点,当肩关节在外展位而遭受急骤的内收活动时,承受牵拉力最大,故易发生破裂,约为50%。

肩袖损伤根据断裂程度,可分为部分断裂和完全断裂两类。部分断裂仅发生在肩袖某一部分,又分为肩袖骨膜侧断裂、肩袖滑囊侧断裂、肩袖内肌纤维断裂和肩袖纵行断裂四种病理类型。完全断裂是整层肩袖破裂,关节腔与肩峰下滑液囊直接相通,又可分为完全横行断裂、完全纵行断裂、完全断裂肩袖挛缩和完全断裂大部撕裂等类型。

【临床表现与诊断】

伤后局部疼痛限于肩顶,并向三角肌止点放射,当肩袖破裂时,患者自觉有撕裂声响,破裂以后,活动肩部时局部显示弹拨、肿胀、皮下出血。由于局部疼痛,肌肉紧张,影响关节活动,肩关节外展时,破裂的肩袖在肩峰下滑过,可有严重疼痛,待破裂口超出肩峰范畴时则疼痛立即停止。所以,疼痛出现在肩关节外展60°~120°范围内,小于60°或大于120°时无疼痛。

肩峰下和肱骨大结节肩袖断裂处有明显压痛,根据压痛部位之大小,可以确定撕裂范围的大小,冈上肌断裂时,压痛在大结节的顶部。冈下肌断裂时,压痛在大结节顶部的外侧。肩胛下肌断裂时,压痛在大结节的前下方。患者在上举及旋转上臂时可感到有弹响,尤其是完全断裂者,弹响更为明显。但在慢性滑囊炎或肌腱炎时也可发生弹响。肩袖断裂 2~3 周后即可出现冈上肌、冈下肌萎缩,尤以冈下肌明显,病程长者小圆肌也可明显萎缩。因肩袖完全断裂,肩部运动功能障碍者,日久三角肌也可萎缩变扁,但不如冈上肌、冈下肌显著。

本病应与肱二头肌长头肌腱断裂相鉴别,后者断裂部多位于肱骨结节间沟处。急性外伤破裂时剧痛,肘部屈曲无力。慢性破裂者,屈肘力量逐渐减弱。抗阻力屈肘试验无力感或疼痛加重。

【辨证论治】

对于新鲜和比较小的肩袖断裂,采用非手术方法治疗非常有效。一般保守治疗 3 周,肩部肌力和外展活动程度均可有所增加,可不必手术,再继续治疗 2 个月。若 3 周后肌力和外展均不满意者,可考虑手术治疗。

(一) 理筋手法

对早期患者应慎用理筋手法。在功能恢复期可在肩关节周围使用㨰、穴位点按、拿捏、弹拨、摇肩、牵抖等手法,并配合肩外展及上举被动运动,争取及早恢复肩关节功能。

(二) 固定方法

肩袖断裂早期患者如无严重功能障碍,从各方面亦证明为不全破裂时,可用局部外固定方法。可在局部封闭下将肩部外展、前屈、外旋,用外展支架固定 4~6 周,使撕裂的肩袖边缘接近,解除固定后可施以揉摩和㨰按手法于肩部前缘,并配合肩外展及上举被动运动。

(三) 练功活动

开始时被动上举,随后练习侧方外展、上举,外展、上举无痛且达到最大上举范围后,开始做增强肌力训练。

(四) 药物治疗

1. 内服药

(1) 血瘀气滞型:肩部肿胀,或有皮下瘀血,刺痛不移,夜间痛剧,关节活动障碍。舌暗或瘀点,脉弦或沉涩。治宜活血祛瘀,消肿止痛,方用活血止痛汤加减。

(2) 肝肾亏损型:无明显外伤或轻微扭伤日久,肩部酸软无力,活动受限,肌肉萎缩。舌淡,苔薄白,脉细或细数。治宜补益肝肾,强壮筋骨,方用补肾壮筋汤加减。

(3) 血不濡筋型:伤后日久未愈,肌萎筋缓,肩部活动乏力,面色苍白少华。舌淡苔少,脉细。治宜补血荣筋,方用当归鸡血藤汤。

2. 外用药 可外敷消瘀止痛药膏等;中后期可用擦剂或损伤洗剂熏洗。

(五) 其他疗法

完全断裂或陈旧性断裂的患者,非手术治疗一般无效。若不行恰当的手术修补,势必造成肩峰下关节病,出现不同程度的关节功能障碍。临床证实,完全破裂且撕裂的范围和间距较大的病例,自愈机会较少,应考虑手术修补。现绝大部分肩袖修补手术已在全关节镜下手术操作完成,创伤小,恢复快,疗效确切。

还可以采用以下治疗方法:

1. 肩袖损伤疼痛较剧烈的患者,可于肩峰下间隙行局部封闭,用复方倍他米松注射液(得宝松)1ml 或泼尼松龙 25mg 和 2% 普鲁卡因 2ml 局部封闭。

2. 理疗等。

【预防与调护】

经常从事肩部活动的工作者,要注意变换体位和姿势,改变长时间反复同一动作,平时避免肩部劳损非常重要,投掷、棒球等运动员在进行各种体育锻炼、比赛活动时,要预先进行充分的准备活动。

伤后初期不宜功能锻炼,避免损伤加重,延缓愈合。后期应坚持自我保健,适当运动,3个月内应避免提举重物和攀岩等动作。

四、冻结肩

冻结肩是肩关节囊及其周围肌肉、肌腱、韧带、滑液囊等软组织的慢性非特异性炎症,因关节内、外粘连,而以肩部疼痛、功能活动受限为其临床特征。中医认为本病是由于感受风、寒、湿邪,造成肩关节周围疼痛、活动功能障碍,犹如关节被冻结一般,故称之为"冻结肩",或"露肩风""漏肩风"。属中医"肩痹""肩凝"等范畴。此外还有"肩凝症"等病名。本病多发于 50 岁左右的患者,故又称"五十肩"。起病缓慢,病程冗长。

【病因病机】

五旬之人年老体弱,肝肾渐衰,气血虚亏,筋肉失于濡养,加上肩部过度劳伤,若受外伤或风寒湿邪侵袭,易致肩部经脉不运,气血凝滞,致血不荣筋、寒凝筋脉而变生诸证。

冻结肩的发病原因,一般认为是在肩关节周围软组织退行性变的基础上,加之肩部受到轻微的外伤、积累性劳损、受凉等因素的作用后,未能及时治疗和注意功能锻炼,肩部功能活动减少,以致肩关节粘连,出现肩痛,活动受限而形成本病。其主要的病理变化是肩关节的关节囊及关节周围软组织发生的一种范围较广的慢性无菌性炎症,引起软组织广泛性粘连,限制了肩关节活动。由于肩部肌腱、肌肉、关节囊、滑囊、韧带充血水肿,炎症细胞浸润,组织液渗出而形成瘢痕,造成肩周组织挛缩,肩关节滑囊、关节软骨间粘连,肩周软组织广泛性粘连,进一步造成关节活动严重受限。

【临床表现与诊断】

(一) 临床表现

本病好发于 50~60 岁的中老年人,女性多于男性,多数病例慢性发病,隐匿进行,常因上举、外展动作引起疼痛始被注意。亦有疼痛较重及进展较快者。个别病例有外伤史。主要症状为肩周疼痛,肩关节活动受限或僵硬。疼痛可为钝痛、刀割样痛,夜间加重,甚至痛醒,可放射至前臂或手、颈、背部,亦可因运动加重。检查时局部压痛点在肩峰下滑囊、肱二头肌长头肌腱、喙突、冈上肌附着点等处。肩关节各方向活动受限,但以外展、外旋、后伸障碍最显著,如不能梳理头发,洗脸、挠背、穿衣服等一些复合功能受限。病程较长者,可见肩胛带肌萎缩,尤以三角肌萎缩明显。此病进行数月至两年左右,疼痛可不同程度地消失,肩部活动逐渐恢复。根据不同病理过程,可将本症分为急性期、粘连期和缓解期。

1. 急性期　病期约 1 个月,亦可以延续 2~3 个月。本期患者的主要临床表现为肩部疼痛,肩关节活动受限,受限是由疼痛引起的肌肉痉挛,韧带、关节囊挛缩所致,但肩关节本身尚能有相当范围的活动度。

2. 粘连期　病期为 2~3 个月。本期患者疼痛症状已减轻,少数加重并伴肩关节活动严重受限。肩关节因肩周软组织广泛粘连,活动范围极小,外展及前屈运动时肩胛骨随之摆动而出现耸肩现象。

3. 缓解期　缓解期为本症的恢复期。本期患者随疼痛的消减,在治疗及日常生活劳动中,肩关节的挛缩、粘连逐渐消除而恢复正常功能。

(二)诊断

冻结肩是软组织病变,所以 X 线检查多为阴性,对直接诊断无帮助,但可以排除骨与关节疾病,有的可见骨质疏松、冈上肌肌腱钙化。

本病需与肩部骨、关节、软组织的损伤及由此而引起的肩关节活动受限的疾患相鉴别。此类患者都有明显外伤史,且可查到原发损伤疾患,恢复程度一般较本病差。同时,要注意与颈椎病相鉴别,颈椎病有肩臂放射痛,但肩部往往无明显压痛点,仅有颈部疼痛和活动障碍,肩部活动尚好。

【辨证论治】

本病主要采用保守治疗。部分患者可以自愈,但时间长,功能恢复不全。积极治疗可以缩短病程,加速痊愈。肩关节的功能锻炼在治疗中必不可少,在发病早期就应该积极进行,中期如进行积极的锻炼及治疗,则可缩短病期,加速恢复。

(一)理筋手法

本病急性期不宜推拿,因推拿可使炎症反应加剧,增加粘连形成。慢性期可采用推拿手法,患者正坐,术者用右手拇、示、中三指对捏三角肌肌束,沿垂直于肌纤维走行方向拨动5~6次,再拨动痛点附近的冈上肌、肱二头肌长头肌腱各 5~6次,然后按摩肩前、肩后、肩外侧。继之,术者左手扶住肩部,右手握患者腕部,做牵拉、抖动、旋转活动,然后逐渐将患肢外展、上举、内收、前屈、后伸(图 3-11)。施行手法时,会引起不同程度的疼痛,要注意用力程度,

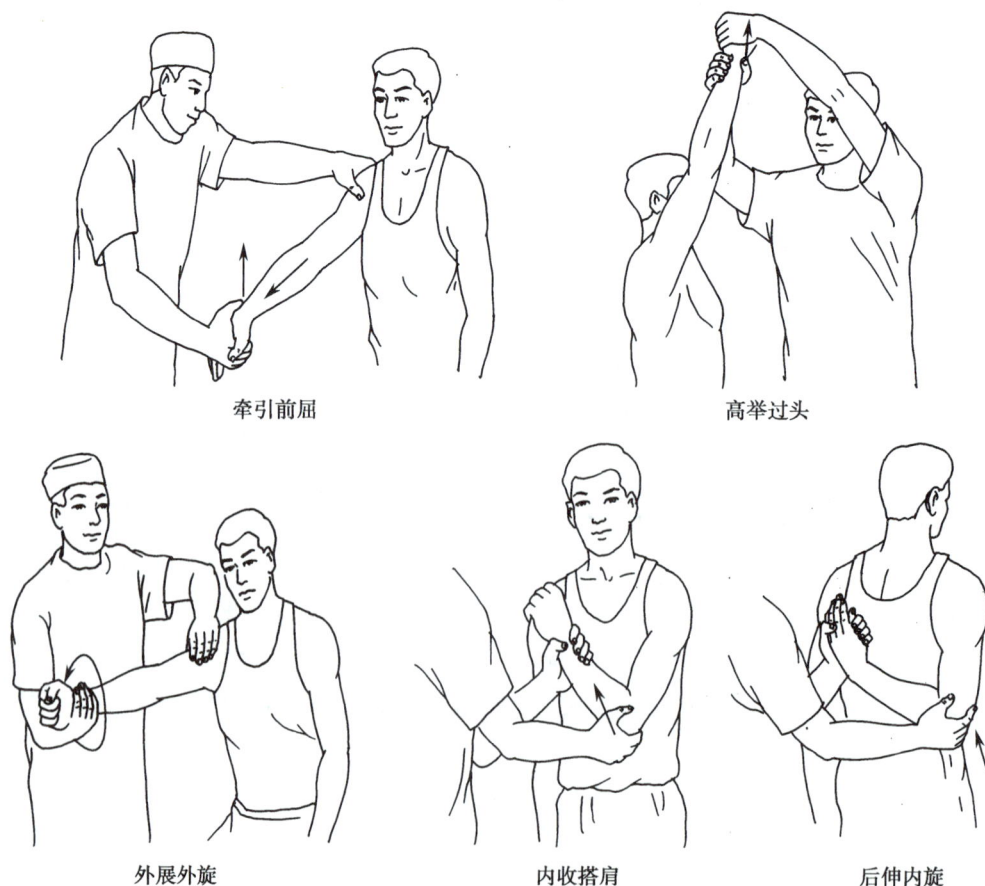

牵引前屈　　　　　　　　　　　　　　高举过头

外展外旋　　　　　　内收搭肩　　　　　　后伸内旋

图 3-11　冻结肩理筋手法

以患者能忍受为宜。隔日治疗1次,10次为一疗程。主要是通过被动运动,使粘连松解,增加活动范围。

(二)练功活动

患者在早期做内旋、外旋、外展、环转上臂动作,反复锻炼,循序渐进(图3-12)。

爬墙锻炼是让患者侧面靠近墙壁站立,在墙壁上画一高度标志,以手指接触墙壁逐步向上移动,做肩外展上举动作,每日2~3次,每次5~6分钟,逐日增加上肢外展度数。亦可采用滑轮挂绳,挂绳的一端系着患肢,患者以健侧上肢向下牵拉挂绳的另一端,帮助患侧肩关节进行锻炼活动(图3-13)。

图 3-12 早期环转上臂锻炼

图 3-13 滑轮锻炼

(三)药物治疗

1. 内服药

(1)风寒型:见于病变各期。肩部疼痛,畏风恶寒,或肩部有沉重感,肩关节活动不利,复感风寒之邪疼痛加剧,得温痛缓;舌质淡,苔薄白或腻,脉弦滑或弦紧。治宜祛风散寒,通络宣痹,方用三痹汤、桂枝附子汤加减。

(2)瘀滞型:多见于病变的早、中期。外伤筋络,瘀血留着,肩部肿胀,疼痛拒按,或按之有硬结,肩关节活动受限,动则疼痛;舌质暗或有瘀斑,苔白或薄黄,脉弦或细涩。治宜活血化瘀,行气止痛,方用身痛逐瘀汤加减。

(3)气血亏虚型:多见于病变后期。肩部酸痛日久,肌肉萎缩,关节活动受限,劳累后疼痛加重,伴头晕目眩,气短懒言,四肢乏力;舌质淡,苔少或白,脉细弱或沉。治宜补气养血,舒筋通络,方用黄芪桂枝五物汤加或当归鸡血藤汤加减。

2. 外用药 应舒筋活血、祛风止痛。常用海桐皮汤外洗,外贴狗皮膏、奇正消痛贴等。

(四)其他疗法

1. 泼尼松龙局部注射有抑制炎症反应、减少粘连的作用。一般用泼尼松龙25~50mg加1%普鲁卡因5ml,每周1次,3次为一疗程。

2. 超短波、磁疗、中药电离子导入等理疗方法亦有效。

3. 取阿是穴、肩髎、肩髃、肩外俞、巨骨、臑俞、曲池等穴,用泻法,结合灸法,每日1次。

【预防与调护】

患者在平日生活与工作中,应注意天气凉热变化,不要使肩关节受到寒凉刺激,以免加重病情。尤其是在夜间更应注意。注意不要使肩关节过度疲劳。

除肩关节在急性疼痛中外,应经常活动,多做一些上举、外展、背伸运动。锻炼必须持久,不能操之过急,否则有害无益。指导患者进行正确的爬墙锻炼等活动,以促使其肩关节功能的恢复。

病案分析

病案:患者,女,52岁。因左肩部疼痛3月余,加重伴活动受限20天来诊。3个月前无明显原因出现右肩部疼痛,逐渐加重,夜间尤甚,并渐出现肩关节活动受限,20天前天气变化受凉后开始加重,生活工作不便。

患者急性痛苦面容,心肺、腹部查体无异常。左肩部无明显肿胀,肩前、后、外侧均有压痛,肩关节外展、后伸受限,被动外展肩关节,肩部随之高耸。舌质淡,苔薄白或腻,脉弦滑。X线检查未见明显异常。

分析:应诊断为冻结肩。患者老年女性,肝肾渐衰,气血虚亏,筋肉失于濡养,加之肩部过度劳伤,外感寒邪侵袭,致肩部经脉不运,气血凝滞、血不荣筋、寒凝筋脉而发为此病。而患者发病后未能及时治疗和注意功能锻炼,以致肩关节粘连,出现肩痛,活动受限加重。此属粘连期,患者疼痛症状已有减轻,但肩关节活动严重受限。肩关节因肩周软组织广泛粘连,活动范围极小,外展及前屈运动时肩胛骨随之摆动而出现耸肩现象。

证属风寒侵袭,治宜祛风散寒,通络宣痹,方选三痹汤加减。同时采用推拿手法,患者正坐,术者用右手拇、示、中三指对捏三角肌肌束,沿垂直于肌纤维走行方向拨动5~6次,再拨动痛点附近的冈上肌、肱二头肌长头肌腱各5~6次,然后按摩肩前、肩后、肩外侧。继之,术者左手扶住肩部,右手握患者腕部,做牵拉、抖动、旋转活动,然后逐渐将患肢外展、上举、内收、前屈、后伸,使粘连松解,增加活动范围。并指导患者进行爬墙功能锻炼,嘱其必须持久,循序渐进,不能操之过急。

五、肩峰下滑囊炎

肩峰下滑囊炎属于中医"肩痹"范畴。由于各种致病因素刺激肩峰下滑囊而引起炎症反应,出现肩部疼痛及外展功能受到限制等症状,称为肩峰下滑囊炎。

肩峰下滑囊位于三角肌近侧深面,该滑膜囊顶部与肩峰及喙突肩峰弧紧密连接,而底部与肩袖和肱骨大结节相连。主要作用是使肱骨大结节与三角肌、肩峰和喙肩韧带分开,减轻在肩关节外展和旋转时以上结构间的摩擦,滑膜囊是一个潜在的间隙,有滑膜做内层,分泌滑液,润滑囊的内层,具有滑利肩关节、减少磨损的作用。在肩关节外展时,使大结节在肩峰下活动更灵活。

【病因病机】

肩峰下滑囊炎主要继发于囊底结构的病理变化,即冈上肌肌腱的病变,亦有因风湿病所致者。致伤原因多为过度磨损或冈上肌肌腱炎而使囊内积液后出现症状。滑膜囊组织夹于肩峰和肱骨头之间,长期反复摩擦可致损伤。冈上肌肌腱炎性改变时,易累及滑膜囊组织而发生炎性渗出、肿胀等改变。炎性改变迁延日久,不断刺激滑膜囊组织,使之增生,相互粘连,尤以囊内为著。失去正常的缓冲功能,出现活动痛及压痛,并与邻近软组织慢性炎症并存,且互为因果、渗透传变。如此降低了肱骨大结节与肩峰软组织之间的滑动性,影响了肩关节的外展、上举及旋转功能。

【临床表现与诊断】

肩部疼痛、活动受限和局限性压痛是肩峰下滑囊炎的主要症状。

本病急性发病期,肩部广泛疼痛,逐渐增剧,运动时加重,尤以上举、外展、外旋为著,可向肩胛部、颈部、前臂等处放射;肱骨大结节处压痛明显,当滑膜囊肿胀积液时,亦可在肩关节区域三角肌范围内出现压痛。慢性起病者疼痛部位多在三角肌止点,肩关节外展、旋外时疼痛加重,且夜间疼痛为甚,影响睡眠,检查时压痛常在肱骨大结节部位。

晚期肩关节局部可出现肌肉萎缩。肩外侧、肩顶部有压痛,上臂外展、上举困难,若勉强上举时,则因疼痛而出现耸肩现象,上肢旋前时无痛,病情迁延者,肩关节活动范围逐渐缩小。

X线检查:一般无异常表现。病情日久者,可见冈上肌有钙沉着。

【辨证论治】

(一) 理筋手法

理筋手法适用于亚急性期或慢性期,主要采用按揉手法。促进炎症吸收与组织修复。再于局部以分拨理筋手法理顺筋络,以行气活血。患者取端坐位,术者站在患者患肢前外方,用拇指在肩髎穴上,由轻而重、由表及里,按压3~5分钟。拇指在肩峰下做环行揉按3~5分钟。

(二) 固定方法

急性期颈吊带休息3~7天。

(三) 练功活动

肩关节进行环绕运动,上肢自胸前依次由内下、前上、外后、下内翻转,前臂先旋后,手心向内,继而旋前,手心向外,方向相反,左起右落,右起左落,相继运行,次数不限。在进行功能锻炼时,要循序渐进。

(四) 药物治疗

1. 内服药

(1) 瘀滞型:多见于早期。局部肿痛、压痛,皮色暗红,触及有波动感,舌红,苔薄黄,脉弦略数。治宜活血、通络、止痛。方用舒筋活血汤加减。

(2) 虚寒型:多见于后期。局部酸胀、喜按,畏寒喜暖,神疲体倦,舌淡,苔薄白,脉沉细。治宜补气血,温经通络。方用桂枝汤加减。

2. 外用药 可适当选用复方南星止痛膏或中药热敷等方法。

(五) 其他疗法

长期顽固性疼痛经各种保守治疗无效者,可行手术处理,即肩峰下滑囊清理术或切除滑囊。少数患者有肩外展功能受限时,可考虑切除肩峰。

还可采用以下治疗方法:

1. 对于陈伤,可用拔罐法以攻逐瘀血,或祛风寒湿邪,有助于气血疏通。

2. 温针灸每日2次,每次20~30分钟,以调气活血,疏经通络。

3. 滑液囊肿大者，可先行穿刺抽液，囊内注射复方倍他米松注射液（得宝松）1ml，每周 1 次，2~3 次。亦可用针刀疗法松解粘连。

4. 可用超短波、红外线、经络频谱仪等对局部进行对症治疗。

【预防与调护】

注意保暖，避免肩关节受到寒凉刺激，同时注意不要使肩关节过度疲劳，以免加重病情。平时应在休息或睡眠前用温热毛巾对肩关节进行热敷，以缓解疼痛症状。愈后应注意加强肩部活动，肩关节进行环绕运动，循序渐进，运动量一定要适中。

六、肱二头肌长头腱鞘炎

肱二头肌长头腱鞘炎是由于肱二头肌长头肌腱在肌腱鞘内长期遭受摩擦劳损而发生肌腱退变与腱鞘粘连，甚至滑脱、撕裂等，使肌腱滑动功能发生障碍及产生疼痛的病变。本病是一种慢性劳损，属中医"筋痹"范畴。肱二头肌长头肌腱起于肩胛盂上粗隆，肌腱经肩关节，在肱骨结节间沟与横韧带形成的纤维管道内通过（图3-14）。肱二头肌的主要作用为屈肘和使前臂旋后。

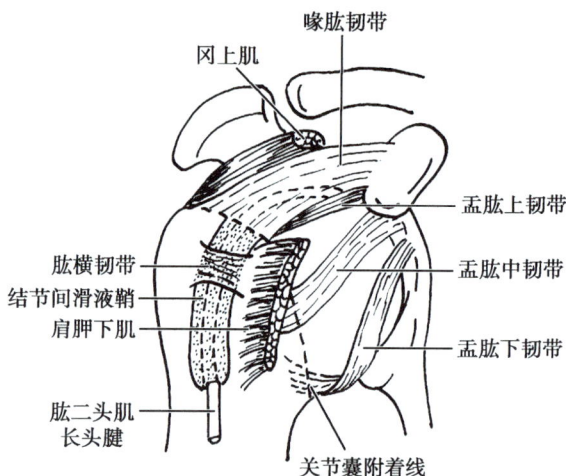

图 3-14　肱二头肌长头腱鞘

【病因病机】

本病常因反复活动劳损所致，大多数是由于肌腱长期遭受磨损而发生退行性变的结果。由于肩关节经常不协调地活动，损伤经筋，而致气血运行不畅，筋失所养，从而发生疼痛，活动受限。由于活动受限，则产生经筋粘连等病理改变，进而发生本病。又因肱二头肌长头有一部分在肩关节囊内，肩关节的慢性炎症，也可引起此肌腱腱鞘充血、水肿、增厚、粘连和肌腱退变，产生炎性病变。

由于肱二头肌长头肌腱经肱骨结节间沟，沟嵴上有横韧带将肌腱限制在沟内。在肩关节活动中，肌腱与肱骨结节间沟反复摩擦，特别是上肢外展位屈伸肘关节时，肱二头肌长头肌腱在腱沟内对肱骨产生压力，增大摩擦力，这种机械效应增加了对肌腱的磨损，导致肱二头肌长头肌腱损伤发病率较高。

【临床表现与诊断】

本病好发于 40 岁以上的中年人。常有肩部反复牵拉或扭捩等轻微外伤史或过劳史，部分患者因受风寒而发病。主要临床表现是肩前疼痛并可向上臂和颈部放射，肩关节活动受限。肩部活动时疼痛加重，常将上臂紧贴身体，避免上肢旋转活动。主动或被动牵张肌腱均可引起疼痛。上肢外展上举时，可诱发疼痛，包括外展、旋外、后伸和伸肘旋外，以及伸肘抗阻力外展。当肱二头肌活动时，常能触及轻微的摩擦感。

查体见肩前相当于肱骨结节间沟内的肱二头肌肌腱长头部位局限性深压痛，肩部肌肉痉挛，外展外旋运动明显受限。肱二头肌抗阻力试验（Yergason 试验）阳性，即抗阻力屈肘旋后位时，肩部前内侧疼痛。若压住大小结节处之长头腱，再令患者上举时，又可增加上举范围，但上举范围受限。

【辨证论治】

（一）理筋手法

急性发作时忌局部直线弹拨、刮筋,慢性期可用弹拨理筋法,使肌筋平顺舒利。

1. 拨筋法　具有舒筋活络,消炎镇痛的作用。患者坐位,术者将患者前臂屈曲,上臂外展 90°平肩或略小于 90°,以单侧拇指顺肱二头肌长头肌腱走行方向,取与肌腱纵轴相垂直的方向左右弹拨,分离肱二头肌长头肌腱抵止端,随之理顺(图 3-15)。弹拨应达到筋膜深部。

2. 牵抖法　患者坐位,术者两手握持患肢手腕,在向下牵引的同时,两手用力均匀颤动 3~5 次(图 3-16)。

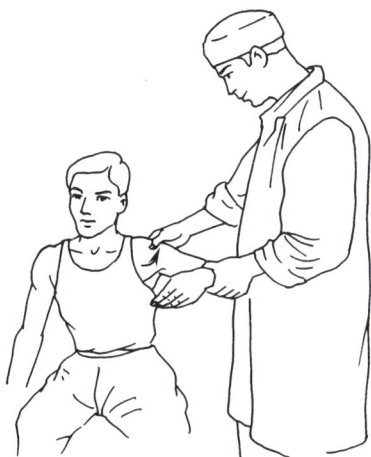

图 3-15　肱二头肌长头肌腱弹拨法　　　　图 3-16　牵抖法

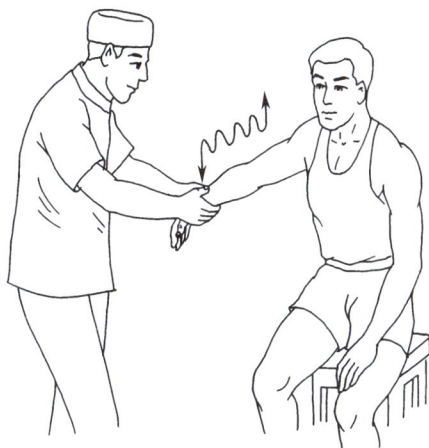

（二）固定方法

急性期最好使肘关节屈曲 90°,并以三角巾悬吊内收贴胸固定患肢,使肌腱松弛,制动可促进愈合。

（三）练功活动

待症状消失后,可逐渐加强患肢功能锻炼,以前屈上举活动为主,同时可做摇肩、晃肩与摆肩运动。

（四）药物治疗

1. 内服药

(1) 瘀滞型:多见于急性期。肩部疼痛较局限,夜间为甚,压痛明显,可触及硬结或活动有摩擦音。舌质暗红或有瘀斑,脉弦或细涩,治宜祛瘀通络,方用舒筋活血汤加减。

(2) 寒湿型:肩部沉重冷痛、顽麻,或肿胀,畏寒肢冷,遇寒痛剧,得温痛缓。舌质淡红,苔白滑,脉弦滑。治宜温经散寒,除湿通络,方用当归四逆汤、羌活胜湿汤等加减。

2. 外用药　急性疼痛者,外敷活血止痛膏或狗皮膏;局部沉重冷痛、顽麻者,可外敷温经通络膏、温通散,亦可用海桐皮汤热敷患处,每日 1~2 次。亦可选用损伤洗剂熏洗。

（五）其他疗法

对于慢性疼痛,难以忍受、症状持久、反复发作者,经非手术治疗无效的个别病例可行手术治疗,即在结节间沟下方切断肱二头肌长头肌腱,或仅切断肌腱,远断端绕过间沟,将肱二头肌长头肌腱固定在肱骨上端,以避开在间沟内滑动,或以长头远断端与短头缝合,术后固定 4 周,效果一般良好。现已可在关节镜手术下操作完成,创伤小,恢复快。

还可采用以下治疗方法:

1. 取肩髃透极泉、肩前、曲池,配以天宗、巨骨等穴进行针刺,使肩关节周围均有酸胀感,并传至手指,留针 20 分钟。

2. 注射复方倍他米松注射液(得宝松)1ml 或泼尼松龙 25mg 加 1% 普鲁卡因 2~4ml 做局部封闭。使用时应直接将药液注射到肱二头肌长头腱鞘内,每周 1 次,共 2~3 次。

3. 局部理疗或热敷可减轻疼痛。

【预防与调护】

指导正确的肩部活动姿势,平时避免肩部劳损。本病常因反复活动劳损所致,日常生活和工作中要避免肩关节不协调活动,尤其要避免过度的上肢外展位屈伸肘关节。指导患者自我保健,适当运动,循序渐进,以促进功能恢复。

七、肩峰下撞击综合征

肩峰下撞击综合征是由位于肩峰下、喙肩韧带和肱骨头间的软组织(包括肩袖、肩峰下滑囊、肱二头肌长头肌腱等)与肩峰、喙肩韧带反复摩擦、挤压、碰击,造成这些软组织发生无菌性炎症,并在肩的上举、外展运动范围内引起疼痛,甚至活动受限的病症。本病常见于长期进行过顶运动的人群,如投掷、网球、游泳等年轻的运动员,建筑工和油漆工,以及中老年人等,亦与肩峰下滑囊炎、冈上肌肌腱炎、肩袖损伤、肱二头肌长头腱鞘炎等肩关节疾病并发。属于中医"肩痹"范畴。

【病因病机】

本病常因反复过顶的活动劳损所致,大多数是由于肌腱长期遭受磨损而发生退行性变的结果。由于肩关节经常不断地不协调活动,损伤经筋,致气血运行不畅,筋失所养,从而发生疼痛,活动受限。由于活动受限,则产生经筋粘连等病理改变,进而发生本病。此外,肩峰前外侧端形态异常、骨赘形成,肱骨大结节的骨赘形成,肩锁关节增生肥大,以及其他可能导致肩峰 - 肱骨头间距减小的因素,均可造成肩峰下结构的挤压与撞击。这种撞击大多发生在肩峰前 1/3 部位和肩锁关节下面。反复的撞击促使肩峰下滑囊、冈上肌腱发生损伤、水肿、增厚、粘连和退变,乃至发生断裂。

中医认为,中老年人体弱,肝肾渐衰,气血虚亏,筋肉失于濡养,加上肩部过度劳伤,若受外伤易致肩部经脉不运,气血凝滞,血不荣筋,气阻筋脉而变生诸证。

【临床表现与诊断】

本病好发于运动员及 50 岁以上的中老年人,常有肩部反复上举前屈内旋等外伤史或过劳史,主要临床表现是肩前疼痛并可向上臂放射,肩关节活动受限。多数患者有反复应用肩部史,尤其是过头运动。疾病初期就可能产生活动时的疼痛,疼痛常从肩部放射到前臂,在上举或持物时加重,运动员可在投掷或打网球时出现疼痛。当疼痛不断发展后,会产生夜间痛。上肢力量或运动幅度逐渐减小,如不能把手放到背后,或做系扣、解扣动作,严重病例可发生冻结肩。在合并急性滑囊炎时,肩部会有明显的触痛,肩关节在各个方向的运动都受限制或出现疼痛。

X 线检查:常规前后位 X 线应包括正位,上臂内、外旋位;X 线球管从健侧往患侧向下倾斜 10° 指向患肩肩峰下间隙投照。肩峰肱骨头间距正常为 1~1.5cm,若小于 1.0cm 为冈上肌出口部狭窄,而小于 0.5cm 则提示广泛肩袖撕裂。

【辨证论治】

(一) 手法治疗

适用于亚急性期或慢性期,主要采用按揉手法,局部先予以揉法、掖法和搓法等,以缓急解痉、行气活血、通络止痛。患者取端坐位,医者站在患者患肢前外方,拇指在肩髎穴上,由轻而重、由表及里按压 3~5 分钟。再用拇指在肩峰下做环行揉按 3~5 分钟。最后在肩部施以弹拨分筋手法,行气活血,通络止痛。

(二) 固定

急性期应将患肢屈肘 90°用三角巾悬挂胸前,使患肩休息 3~7 天。

(三) 练功疗法

1. 耸肩环绕　先做肩部上提的耸肩活动,再两臂侧平举,屈肘,手指松散接触肩部,分别做肩关节顺、逆时针方向环绕。

2. 肩部环绕　马桩式站立,下身不动,全臂用力,上肢自胸前依次由内下、前上、外后、下内翻转,前臂先旋后,手心向内,继而旋前,手心向外,方向相反,左起右落,右起左落,相继运行,次数不限,循序渐进。

(四) 药物治疗

1. 中药辨证治疗

(1) 内服药

1) 瘀滞型:多见于早期。局部肿痛、疼痛拒按,皮色暗红,夜间疼痛尤为明显,可触及波动感,舌质暗红,苔薄黄,脉弦或涩。治宜行气活血,通络止痛。方用舒筋活血汤加减。

2) 虚寒型:多见于后期。局部酸胀疼痛,畏寒喜暖,神疲体倦,舌淡,苔薄白,脉沉细。治宜温经散寒,养血通络,方用当归四逆汤加减。

(2) 外用药:可适当选用复方南星止痛膏等外贴,或用海桐皮洗剂等中药外擦、热敷等方法。

2. 西药治疗　可口服非甾体抗炎药美洛昔康 7mg,每日 1 次,或外搽双氯芬酸二乙胺乳胶剂、辣椒碱软膏等,疼痛严重者可口服曲马多 25mg,每日 1 次,缓解疼痛。

(五) 针灸治疗

可取曲池、手三里、合谷、天宗、肩井等穴,用泻法,留针 20 分钟;或结合灸法,调气活血,疏经通络,每日 1 次温和灸,每次 20~30 分钟。慢性期者,亦可用拔火罐法治疗,以攻逐瘀血,或祛风寒湿邪,有助于气血疏通。

(六) 针刀疗法

亦可用针刀疗法松解粘连。

(七) 其他疗法

1. 封闭疗法　反复撞击使肩峰下滑囊肿大者,可先行穿刺抽液,再选用醋酸泼尼松龙 25mg 加入 2% 普鲁卡因 2~4ml 行囊内注射。每周 1 次,3 次为 1 个疗程。

2. 物理疗法　可选用电子脉冲理疗仪、红外线治疗仪、中药离子导入等方法对局部进行对症治疗。

3. 手术治疗　本病大多数不需要手术治疗,有以下指征可以考虑手术:长期顽固性疼痛经各种保守治疗超 6 个月以上无效者;疼痛仍剧烈甚至痛醒,伴有肩关节活动时疼痛加重,严重影响工作生活者;MRI 示肩峰下骨赘明显,肩峰下滑囊积液明显,冈上肌肌腱撕裂者。

【预防与调护】

患者在日常生活与工作中,应避免肩部过度外旋和外展活动,如游泳、打羽毛球等运动,或擦洗窗帘等家务,还应注意保暖,不要使肩关节受到寒冷刺激。急性疼痛期应以肩部休息为主,亚急性期或慢性期,要注意不使肩关节过度疲劳,以免加重病情。可在休息或睡眠前用热毛巾或热水对肩关节进行热敷,以缓解疼痛症状。平时应加强肩关节活动锻炼,并积极治疗肩部其他慢性病变。愈后应注意肩部适当功能锻炼,避免组织再次粘连,运动量要适中。

第二节 肘与前臂部筋伤

一、肘部扭挫伤

肘部扭挫伤是常见的肘关节闭合性损伤,多为直接或间接暴力作用导致的软组织损伤。肘关节伸屈范围在 0°~140°,由肱尺、肱桡及上尺桡三个关节组成,包在一个关节囊内,前臂的旋转功能由上、下尺桡关节完成,环状韧带使上尺桡关节稳定。肘关节还有内、外侧韧带及伸肌群、屈肌群的肌肉和肌腱包裹附着。凡使肘关节发生超正常活动范围的运动,均可引起关节内、外软组织损伤。常见的有肘关节尺、桡侧副韧带撕裂,关节囊、肱二头肌腱部分撕裂及其他肘部肌肉、韧带、筋膜的撕裂。其损伤程度差异较大,有的扭挫伤一开始就成为突出病症;有的在损伤后并未引起注意,直至肘关节活动受限时才引起重视。

【病因病机】

本病多由间接外力所致,如跌仆、高处坠下、失足摔倒、手掌着地,肘关节处于过度外展、伸直位造成肘部关节囊、侧副韧带、环状韧带和肌腱的不同程度的损伤,损伤的程度和伤力大小密切相关,轻则皮肤损伤,局部充血、水肿,严重者关节内出血、渗出,甚至影响肘关节的功能活动。

由于肘关节是活动较多的关节,因此该关节发生扭挫伤后治疗不及时或治疗不当,都可使血肿扩大。这种血肿有软组织内血肿和骨膜下血肿,常互相沟通。在血肿机化时,通过膜下骨化,以及骨质内钙质进入结缔组织肿块内,造成关节周围组织的钙化、骨化,即骨化性肌炎,是肘部损伤中最严重的并发症之一。

【临床表现与诊断】

有明显的外伤史,肘关节处于半屈伸位,肘部呈弥漫性肿痛,功能障碍。重者患侧肿痛明显,出现青紫瘀斑,甚至有波动感。多见于桡后侧,压痛点常在肘关节的内后方和内侧副韧带附着部。

部分严重的肘部扭挫伤有可能是肘关节脱位后已自动复位,只有关节明显肿胀,已无脱位症,易误认为单纯扭伤。其中关节囊和韧带、筋膜若有撕裂性损伤,做关节被动活动时有"关节松动"的不稳定感,并引起肘部剧烈性疼痛。

若肿胀消失,疼痛较轻,但肘关节伸屈功能不见好转,局部的皮肤肌肉较硬,可通过 X 线检查,确定有无合并骨化性肌炎。

严重的挫伤还应注意与骨折相区别,注意有无内外髁骨折、肱骨髁上骨折、尺骨鹰嘴骨折、桡骨小头骨折,以及环状韧带断裂引起的桡骨头脱位合并尺骨上段骨折等。在成人,通过 X 线检查可确定有无骨折,在儿童骨骺损伤时较难区别,可与健侧同时拍片以检查对比,

03章02节PPT

PPT 课件

以减少漏诊。

【辨证论治】

（一）理筋手法

肘关节急性扭挫伤伴有明显肿胀时，一般忌用手法治疗。尤其是粗暴的理筋手法，若伤后即来就诊者，宜将肘关节做一次 0°~140° 的被动屈伸，这对于微细的关节错位可起到整复作用。若肘伸直受限，可做肘关节的前臂旋后摇法，即在相对牵引拔伸下，边摇边将肘关节趋向伸直。若肘屈曲受限，可做肘关节的捻法治疗，即在相对拔伸下，边揉捻肌筋，边被动屈曲肘关节。上述手法不宜反复做，更不能强力屈伸，否则虽能拉开粘连，但同时又引起血肿，加重粘连，甚至引起血肿的钙化，诱发骨化性肌炎。

（二）固定方法

受伤初期要制动，患肢用三角巾屈肘 90° 悬吊于胸前，或采用屈肘位石膏托外固定，以限制肘关节的伸屈活动 2~3 周。

（三）练功活动

肘关节损伤不可忽视，极易形成关节挛缩、粘连及骨化性肌炎等，务必要足够重视，早期可做无痛范围内的活动。2 周后肘部肿痛减轻，可逐步进行肘关节的屈伸锻炼，应着重于自主锻炼，或辅以被动之理筋按摩，以使粘连机化逐步松解，关节恢复正常。

（四）药物治疗

早期宜散瘀消肿止痛，可内服桃红四物汤、三七粉，局部外敷三色敷药或消肿止痛膏、双柏散等。后期宜消肿和络利节，多在局部用药，选用舒筋活血药物熏洗或热敷。

（五）其他疗法

肘关节尺侧副韧带完全断裂，宜行手术治疗，术中注意避开和保护尺神经。

还可以采用以下治疗方法：

1. 选取曲池、小海、天井等穴行强烈针刺，不必留针。

2. 采用超短波等物理治疗或中药离子导入法治疗。

3. 泼尼松龙 12.5mg 加 1% 普鲁卡因 2ml 痛点封闭。

【预防与调护】

日常生活中，应尽量避免导致肘部损伤的各种因素。损伤早期嘱患者多进行握拳锻炼，以利于消肿。后期应多主动进行肘关节的屈伸活动，防止关节囊挛缩，关节僵直。肘部扭挫伤易形成关节僵硬和骨化性肌炎等并发症，应注意避免长时间的固定和粗暴的练功活动。经过恰当治疗和功能锻炼，一般预后较好。若严重软组织损伤，关节内出血、渗出，肘部内侧副韧带完全断裂，而又未行手术治疗者，则预后不佳，易发生肘关节功能障碍。

二、肱骨外上髁炎

肱骨外上髁炎是前臂伸肌起点受到反复牵拉，导致肘关节外上髁部之局部性疼痛，并影响伸腕和前臂旋转功能的慢性劳损性疾病。肱骨外上髁是肱骨外髁外上缘的骨性突起，有桡侧腕长、短伸肌，指总伸肌，小指固有伸肌和尺侧腕伸肌的肌腱在环状韧带平面形成腱板样的总腱附着，此处有微细的血管神经穿出。当做伸腕、伸指动作，屈肘，前臂旋转及肘内翻时，均有牵拉应力作用于肱骨外上髁。本病临床主要特征是肱骨外上髁处疼痛，压痛明显。临床亦称肱桡关节滑囊炎、肱骨外髁骨膜炎，因网球运动员较常见，故又称网球肘。

【病因病机】

肱骨外上髁炎常因急性损伤或慢性积累性劳损,使腕伸肌腱附着处反复受到牵拉刺激,引起部分撕裂和慢性炎症或局部的滑膜增厚、滑膜炎等变化,出现外上髁骨膜炎、滑膜炎、环状韧带退行性改变,重者可致肌腱断裂。本病多见于特殊工种,如砖瓦工、木工、网球运动员等。

【临床表现与诊断】

(一) 临床表现

多数起病缓慢,男女比例为3:1,右侧多见,主诉肘关节外侧酸痛,患侧手部感到无力,持物时有急骤失落感,前臂旋转活动受限。肱骨外上髁以及肱桡关节间隙处有明显的压痛点。外观上,肘关节不肿,肘之屈伸范围亦不受限制。腕伸肌紧张试验(Mills征)阳性。X线检查多属阴性,偶见肱骨外上髁处骨质密度增高的钙化阴影或骨膜肥厚影像。

(二) 诊断

本病应与以下疾病相鉴别:

1. 肱骨内上髁炎 肘痛部位在肱骨内上髁,为屈肌群劳损所致,因高尔夫球运动员多见,故又称为高尔夫球肘。而网球肘痛在外侧。

2. 骨化性肌炎 疼痛部位较广泛,多伴有功能障碍,X线检查可确诊。

【辨证论治】

(一) 理筋手法

先扭转、摇揉上臂、肘部、前臂数分钟,然后用拇指在痛点处用稳定力分刮数次,提弹前臂伸肌群的深浅层各2~3次,最后将前臂伸肌于屈腕屈肘、前臂旋前位做屈伸摇动数次,顺势伸肘扳数次(图3-17)。

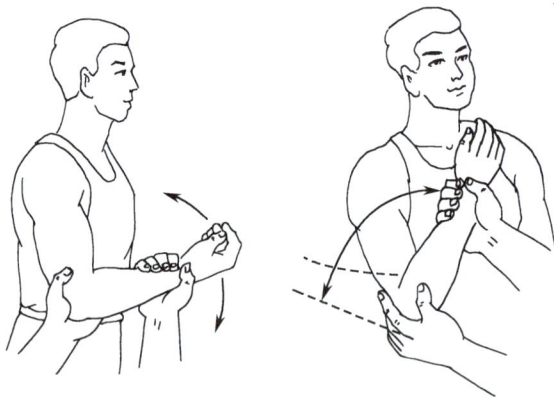

图3-17 肱骨外上髁炎理筋手法

(二) 练功活动

为防止肘关节僵硬及周围软组织粘连,每日应主动进行握拳、屈肘、旋前等功能锻炼。

(三) 药物治疗

1. 内服药 治宜舒筋通络,活血化瘀,可选用活血汤或舒筋汤加减,若体虚者,内服补中益气汤加鸡血藤、威灵仙、桂枝等。

2. 外用药 局部制动时,外敷消炎定痛膏或用海桐皮汤熏洗患处。

(四) 其他治疗

该病是一种自限性疾病,非手术治疗常能奏效,手术方法很少应用,只有症状严重、经保守治疗无效的极少数患者才行手术治疗。常用手术方式有伸肌总腱附着点松解术、环状韧带部分切除术等,术中注意避开和保护桡神经。

还可以采用以下治疗方法:

1. 泼尼松龙 12.5mg 加 1%普鲁卡因 2ml 做痛点注射,每周 1 次,连续 3~4 次。

2. 针刀疗法,此法多用于症状严重的肱骨外上髁炎患者。选取外上髁压痛点为治疗点,在肱骨外上髁部位沿人体纵轴方向垂直进针刀,先在肱骨外上髁部位纵行切割,横行分离,然后针体稍向外下、内上扇形分离 3~6 刀,出针刀。

【预防与调护】

本病多以手法治疗为主,辅以局部封闭疗法,常可获得一定疗效。治疗期间,尽量避免做旋拧动作,同时每日应主动进行握拳、屈肘、旋前、用力伸直锻炼,尤其是在治疗后坚持此法锻炼,对肱骨外上髁炎常可起到防治的双重效果。

三、肱骨内上髁炎

肱骨内上髁炎是前臂屈肌起点受到反复牵拉,导致肘关节内上髁部之局部性疼痛,并影响屈腕和前臂旋转功能的慢性劳损性疾病。肱骨内上髁是前臂屈肌及旋前圆肌肌腱附着处,经常用力屈肘、屈腕及前臂旋前时,尺侧屈腕肌处于紧张收缩状态,从而易使其肌腱的附着点发生急性扭伤或慢性劳损。肱骨内上髁明显压痛,同时尺侧屈腕肌及指浅屈肌有广泛压痛,抗阻力屈腕试验阳性,着凉时及夜间疼痛加剧。因高尔夫球运动员较常见,故又称为高尔夫球肘。

【病因病机】

肱骨内上髁炎的病因尚未完全明确,一般认为是屈肌总腱反复紧张牵拉造成的肌腱退行性改变和炎症性病灶,其病理改变有内上髁屈肌旋前肌起点处胶原纤维退变和血管成纤维细胞的增生,肌腱的破碎和撕裂,血管肉芽组织的积聚和肌腱坏死,同时伴发继发性的炎症反应。肱骨内上髁炎与多种因素相关,常见相关因素有职业、家务劳动、运动创伤,年龄和体质也有一定影响。

【临床表现与诊断】

(一)临床表现

多数起病缓慢,女性患者较男性患者多,常见于 40~50 岁的中年人,主要发于优势侧上肢,主诉肘关节内侧酸痛,屈曲加重,患侧手部感到无力,持物时有急骤失落感,前臂旋转活动受限。肱骨内上髁处有明显的压痛点,抗阻力旋前试验阳性。X 线检查多属阴性,偶见肱骨内上髁处骨质密度增高的钙化阴影或骨膜肥厚影像。

(二)诊断

本病应与以下疾病相鉴别:

1. 肱骨外上髁炎 肘痛部位在肱骨外上髁,为伸肌群劳损所致,因网球运动员多见,故又称为网球肘。而高尔夫球肘痛在内侧。

2. 骨化性肌炎 疼痛部位较广泛,多伴有功能障碍,X 线检查可确诊。

【辨证论治】

1. 非手术疗法 参考"肱骨外上髁炎"的治疗。

2. 手术疗法 常用手术方式有屈肌总腱附着点松解术,术中注意避开和保护尺神经。

【预防与调护】

本病多以手法治疗为主,辅以局部封闭疗法,常可获得一定疗效。治疗期间,尽量避免做旋拧动作,同时每日应主动进行功能锻炼。

四、尺骨鹰嘴滑囊炎

尺骨鹰嘴滑囊是肱三头肌附着于尺骨鹰嘴处的两个滑液囊,一个位于鹰嘴突与皮肤之间,另一个位于肱三头肌腱与鹰嘴上端的骨面之间(图3-18)。因外伤而引起以充血、水肿、渗出、囊内积液为特征的外伤劳损性病变。本病常见于矿工、学生,故亦称"矿工肘""学生肘"。

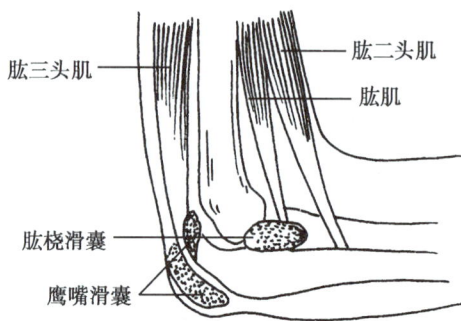

图 3-18 肘部滑囊

【病因病机】

本病发病原因以创伤为多见,常因撞伤或长期摩擦而致。急性损伤后,滑囊出现充血,水肿和渗出液增加,渗出液多为血性。渗液积聚,使滑囊膨胀,局部皮肤隆起,因疼痛而影响肘部屈伸活动。急性炎症若不及时治疗,可转化为慢性。或由于长期反复摩擦、压迫,引起该部滑囊呈慢性肥厚、绒毛状,滑膜充血、水肿,兼有增生、纤维化,偶有钙质沉着。囊内滑液逐渐增多,充盈整个囊腔。积液可因活动、摩擦不同程度减少,但难以完全吸收。有时活动过多反而使积液迅速增加。

本病属于中医"伤筋"范畴,中医认为,伤后气血瘀滞,关节肿胀,屈伸不利,日久则韧硬成块。

【临床表现与诊断】

(一)临床表现

主要表现为鹰嘴部皮下囊性肿物,直径约为2~4cm,可有轻微压痛,一般无疼痛及功能障碍。急性损伤后,由于大量血性液体渗出,可出现局部红肿,肤温稍高,有压痛,渗液多时可有波动感,关节活动不利,并逐渐形成圆形包块。慢性滑囊炎多为渐起,常为多次损伤后偶然发现,肿物在鹰嘴下,为圆形或椭圆形,囊壁有肥厚感,压痛不明显,有波动感,囊内可抽出无色透亮黏液。

(二)影像学检查

X线检查晚期肘部侧位片可见尺骨鹰嘴结节变尖、成角样改变。

(三)鉴别诊断

肘关节结核:关节肿胀在肱三头肌两边,不是偏桡侧,无肌肉痉挛,运动受限,肌肉萎缩,肘关节呈梭形肿胀。X线检查可见骨质破坏。

【辨证论治】

以手法、固定、练功为主,配合药物、物理治疗等方法。

(一)手法治疗

急性外伤发病者,手法多在伤后1周进行,用指揉法或弹拨法等。慢性滑囊炎可用较重手法刺激,首先用揉、散法,然后用刮法,舒筋通络,最后弹拨臂丛神经,拨指间关节。对于深部滑膜炎,用单拇指弹拨法,先屈后伸数次,常常可取得一定疗效。

(二)固定方法

急性损伤早期,采用颈腕带悬吊或小夹板制动,避免患部不合时宜的按摩。

(三)练功活动

练功活动主要适用于关节功能障碍者,可做前臂旋前屈伸与旋后屈伸各 10~15 次,每日 3 次。

(四)药物治疗

1. 内服药

(1)血瘀气滞型:肘部外后方及尺骨鹰嘴上方有条索状肿胀,质软有波动感,肘关节自主运动范围受限,被动活动疼痛加剧。舌红,苔薄,脉弦数。治宜活血化瘀,行气止痛,方用正骨紫金丹、五虎丹。

(2)气虚血瘀型:肘关节外后方及尺骨鹰嘴上方有肿胀,质稍硬,无波动感,肘关节运动障碍及疼痛。舌质淡,苔薄白,脉弦细。治宜补气活血通络,方用补阳还五汤加姜黄、鸡血藤、丹参等。

2. 外用药 患处外敷坎离砂或云南白药,酒调敷于患处。

(五)其他疗法

对合并感染的严重病例,应行手术切开引流;对慢性患者反复发作者,可行滑囊切除术。术中注意保护尺神经。

还可以采用以下治疗方法:

1. 用红外线、远红外线、超短波等进行物理治疗,每天 1~2 次。

2. 选曲池、外关、阿是穴,施捻转提插泻法,以肘部酸胀为度,留针 30 分钟,每日 1 次,10 次为一个疗程。

【预防与调护】

一般保守治疗效果良好。急性发作期,用三角巾或布带将前臂屈肘位悬吊于胸前,通过局部休息可达到治疗目的。平时应经常做一些缓慢的肘关节屈伸活动,并保持局部温暖,避免寒邪侵袭。预防复发的关键在于将滑囊彻底切除,未切除者应避免该部反复损伤。

五、旋前圆肌综合征

旋前圆肌综合征是指正中神经和骨间掌侧神经在前臂近侧受压后,产生的以该神经所支配的肌肉运动功能障碍为主的综合病症。

骨间掌侧神经即骨间前神经,是正中神经最大、最重要的分支。正中神经于肱骨内上髁下方 2~8cm,约前臂正中线与旋前圆肌体表投影的相交点,从神经干的背侧发出,与骨间前动脉伴行,贴于前臂骨间膜掌侧。主干在指深屈肌与拇长屈肌间下降,直到旋前方肌上缘,进入该肌深面并支配它,同时发出腕关节支到桡腕关节和腕骨间关节。骨间掌侧神经在沿途还发出许多肌支支配拇长屈肌、指深屈肌桡侧半及屈 2、3 指的远侧指间关节,也能协助屈近侧指间关节及掌指关节,并与支配指深屈肌尺侧半的尺神经肌支相吻合。骨间前神经也有小分支分布于前臂骨间膜,骨间前动脉,桡、尺骨和腕骨的骨膜。

【病因病机】

1. 急、慢性损伤 前臂的前侧面直接受到外力的损伤,或跌仆时,手掌撑地而前臂处于旋前位,伤后又均未能及时治疗,使得该处软组织发生纤维化或腱性组织变得坚韧;慢性损伤是指工作中长期用力屈肘、前臂用力旋前或用力屈腕、屈指,使得前臂所司屈肘、屈腕、屈指及前臂旋前之诸肌群反复受累而损伤,继之腱性组织变得坚韧或呈纤维化,而致正中神经、骨间掌侧神经受压而发生本病。

2. 发育异常　指旋前圆肌、指浅屈肌起点处腱性组织发育异常。

3. 其他　局部软组织肿物、前臂骨折等均可导致本病。

【临床表现及诊断】

(一) 临床表现

前臂可有不同程度的外伤史或劳累史,起病不一,任何年龄段均可发病,无明显性别差异,单侧发病多见,故常易被忽视。

在前臂肘窝下 2~4 横指处(相当于旋前圆肌下缘)有明显压痛点,骨间前神经投影处也可出现叩击痛。轻者拇指、示指或其他手指远侧指间关节屈曲力量减弱;重者不能屈曲,甚至出现远侧指间关节过伸,而近侧指间关节屈曲增加。

(二) 肌电图检查

提示有神经传递速度减慢,拇长屈肌,示指和中指的指深屈肌,以及旋前方肌有肌纤维震颤。

(三) 鉴别诊断

腕管综合征:由于腕管内容积减少或压力增高,导致正中神经支配区疼痛、麻木、手指运动无力等,疼痛可放射至示指、中指,用手指叩击腕掌部,中指等麻木为阳性。

【治疗】

(一) 手法治疗

1. 患者取坐位,医生面对患侧;患肢前臂屈曲向上,下垫以枕。

2. 先用揉法和㨰法,轻柔地沿前臂上下往返交替施术 3~5 遍。

3. 用弹拨法沿骨间前神经、旋前圆肌呈垂直方向弹拨 1~2 分钟,注意弹拨力量要适度。

4. 选择较敏感的痛点用一指禅推法,每个痛点每分钟频率 100 次以上。

5. 用擦法沿骨间前神经和旋前圆肌的投影区在前臂来回往返擦数次,以透热为度,并可加用灸法配合治疗。

(二) 固定方法

早期宜适当休息,患肢制动,必要时行石膏或夹板固定,置前臂于屈肘 90°、前臂旋前 60°~90°位 3~4 周。

(三) 练功疗法

症状减轻后,可进行腕、肘关节屈伸和前臂的旋转锻炼。

(四) 药物治疗

1. 内服药

(1) 瘀滞型:有急性损伤史,肘外侧及前臂近端伸肌群处疼痛、肿胀、灼热,活动痛甚,压痛或触及有肿物。舌红,苔薄黄,脉弦滑或弦细。治宜活血化瘀,消肿止痛,方用和营止痛汤、正骨紫金丹等。

(2) 虚寒型:有反复多次劳损史,肘外侧及前臂近端伸肌群处轻度肿胀、疼痛、压痛,劳累后疼痛加重,休息后减轻。手背麻木,手指无力。舌淡,苔薄白,脉沉细。治宜活血止痛,温经通络,方用当归四逆汤加减。

2. 外用药　瘀肿者,局部可外敷消肿止痛膏,后期用海桐皮汤熏洗。

(五) 其他疗法

1. 手术治疗　对于症状严重或反复发作的患者,宜施行手术治疗。手术解除神经受压的原因,必要时做神经内松解,疗效多较满意。

2. 局部封闭、中药离子导入、针灸等治疗均可获得一定效果。

> **知识链接**
>
> 旋后肌综合征
>
> 旋后肌综合征是由桡神经深支受压引起的以肌力减弱及麻痹为主的综合征,又称前臂背侧骨间神经卡压征、桡管综合征等,临床上较为多见。患者年龄多在 40~70 岁,男性多见。旋后肌起于肱骨外上髁、尺骨外侧缘的上部,肌束向外下,止于桡骨前面上 1/3 位置,具有使前臂旋后的功能。正常人桡神经在肱骨中段紧贴肱骨,在肘关节处分为深、浅两支。
>
> 临床表现:早期以肘部疼痛为主,若活动增加,腕部屈曲位前臂反复旋前、旋后运动时,肘部疼痛加剧。在伸肘位做中指抗阻力伸直试验时,肱骨外髁内侧疼痛。晚期前臂背侧骨间神经所辖肌肉瘫痪,有伸腕无力、伸指障碍或伸指无力等症状。旋后肌腱弓部压痛阳性,或可触到条索样肿物,但前臂和手指的感觉却无异常。因此,本病的特征是垂指且垂腕,肌肉瘫痪而感觉正常。
>
> 本病应与肱骨外上髁炎鉴别:本病可有放射性疼痛症状,肱骨外上髁炎的压痛点是在肱骨外上髁的部位,而本病的压痛点是在桡骨小头前外方。此外,本病中指抗阻力伸直试验阳性,而肱骨外上髁炎则为阴性。
>
> 本病及时诊断,早期治疗,桡神经受压得到充分松解,一般预后良好。如有囊肿样病变,一并切除之。晚期治疗或失治、误治,骨间背侧神经长期受压可造成神经的局部轴索变性,预后较差。

【预防与调护】

患臂应注意局部保暖、避免感受风寒,亦应注意休息,避免过劳;急性期过后或解除外固定后,应鼓励患者进行适当的功能锻炼。

六、桡侧腕伸肌腱周围炎

桡侧腕伸肌腱周围炎又称前臂伸肌腱周围炎,是由于腕关节频繁、过度屈伸活动,引起桡侧腕伸肌腱周围组织无菌性炎症的改变,前臂桡侧伸肌群主要有桡侧腕长伸肌、桡侧腕短伸肌、拇长伸肌腱和拇短伸肌腱,其在前臂下三分之一处相交,此处没有腱鞘,只覆盖一层疏松的腱膜组织,由于没有良好的滑动保护,频繁过度的活动即可发病。

【病因病机】

多为慢性劳损所致,也可因突然的暴力所致,引起肌腱组织水肿、纤维变性、浆液渗出粘连及新生血管等病理变化。本病多见于木工、瓦工及划船工等劳动者,好发于中青年以上的男性,右侧多见。

中医认为本病病因为外伤经筋,气血运行不畅,则筋脉拘挛,瘀肿疼痛,屈伸不利。

【临床表现与诊断】

有慢性劳损病史,一般与手腕用力过度有关,春秋季节发病较多,以右侧为多见。主要症状为前臂远端背侧下三分之一处疼痛、压痛、渗液、肿胀及发热。腕部活动受限,屈伸、握拳等动作可出现捻发音,局部触摸有摩擦感或捻发音,腕部活动时加重,休息症状可缓解。

【辨证论治】

（一）手法治疗

急性期亦可用理筋手法治疗。患者取端坐位,一助手握住患肢前臂上端,医者一手握住患侧拇指,与助手稍相对用力行牵引拔伸,另一手拇指沿着患肢桡侧腕伸肌腱,自下而上反复用顺法、捻法,直至腕关节活动时捻发音消失。

（二）固定方法

用硬纸板、石膏托或者小夹板固定腕关节 1~2 周,待捻发音消失后撤除外固定。

（三）练功活动

急性期可做握拳运动,恢复期可进行前臂的旋转活动。

（四）药物治疗

1. 内服药

（1）瘀滞证:有急性损伤史,前臂中下段背桡侧部肿痛,灼热,活动痛甚,压痛,可扪及捻发音。舌红,苔薄黄,脉弦滑或弦细。治宜祛瘀消肿,舒筋止痛,方用身痛逐瘀汤或正骨紫金丹。

（2）虚寒证:有反复多次劳损史,前臂中下段背桡侧轻度肿胀,疼痛,压痛,劳累后疼痛加重,休息后减轻。舌淡,苔薄白,脉沉细。治宜温经通络,消肿止痛,方用当归四逆汤加减。

2. 外用药　活血散或定痛膏调敷或外贴。

（五）其他疗法

磁疗法或局部注射封闭均可获得一定疗效。

【预防与调护】

防止过度运动劳损,注意保暖,避免寒凉刺激,加强功能锻炼。

七、肘关节骨化性肌炎

外伤如骨折、脱位、软组织挫伤之后,引起关节周围软组织内钙化、骨化并影响关节功能者为创伤性骨化性肌炎,又称创伤性骨化、关节周围骨化等。其特点为纤维组织、骨组织与软骨组织的增生及骨化,多与关节及关节附近的外伤有关。本病可见于肘部、髋部、踝部及肩部等全身各骨关节,以肘部为最常见,是肘部外伤后较常见的并发症（图 3-19）。

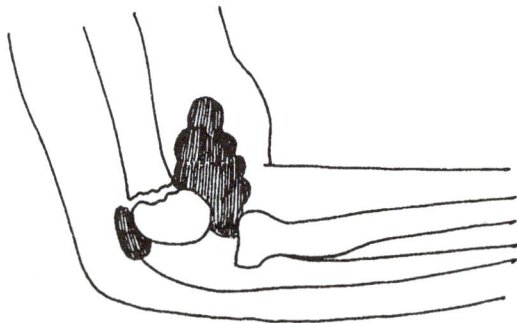

图 3-19　肘部骨化性肌炎

【病因病机】

肘关节骨化性肌炎是肘部损伤的严重后遗症之一,主要原因为外伤,其次为反复多次的积累性损伤。特别是肘关节脱位、肘部骨折后粗暴的手法整复,造成关节内出血、骨膜下血肿及周围软组织血肿。由于骨膜下的出血与软组织相通连,使骨细胞进入邻近部位肌肉组织并在其中继续增殖成骨,造成血肿部位的机化、钙化、骨化,影响关节活动功能。也有部分职业性质（如木工、钳工等）使肘关节反复多次牵拉损伤,造成关节周围的软组织出血、渗出,最后形成钙化或骨化,影响关节活动,此种损伤多伴有创伤性关节炎的发生。

【临床表现与诊断】

(一)临床表现

肘部软组织肿块较硬,逐渐增大,伴有疼痛,但夜间不痛。约 8 周后包块停止生长,疼痛消失,但影响肘关节活动,甚至强直。新生骨的形成在伤后数周至数月不等。

(二)影像学检查

一般伤后 3~6 周,X 线检查可见到骨化影,开始呈云雾状环形钙化,以后轮廓逐渐清楚,中央透亮。成熟后外周骨化明显致密,其内为骨小梁,与邻近骨之间常有一透亮分界线。

(三)鉴别诊断

1. 肘关节创伤性关节炎 创伤性关节炎病变在关节内,关节软骨面粗糙,软骨下骨质增生、硬化,关节间隙变窄,虽然临床表现相似,但 X 线检查可鉴别。

2. 异位骨化 异位骨化多呈局限性,发生在离开骨膜和骨组织较远的组织内,常见于跟腱、半月板等组织中。

【辨证论治】

骨化性肌炎是一种可预防的并发症,其主要措施是防止骨膜广泛剥离和血肿形成,以控制该病的发展。

(一)理筋手法

肘关节损伤后正确及时地整复肘部骨折和脱位,是预防肘关节外伤性骨化性肌炎的关键,复位应在 24 小时内,在良好的麻醉下进行,反复多次复位会加重损伤,增加发病机会。血肿期切忌施行粗暴的手法按摩。只有在局部无肿胀及压痛,活动后疼痛等症状无加重的情况下才宜进行手法治疗,尽可能在骨化组织逐渐成熟及局限后,能保留一定程度的关节活动及功能。

1. 活筋法 选用揉、搓、推等手法松解肘部肌肉痉挛,松解关节周围软组织粘连。

2. 摇揉法 在肘关节周围寻找压痛点,多见于内上髁、外上髁、肱二头肌腱附着点、尺骨鹰嘴等,术者一手握患者腕关节做摇肘动作,另一手分别在压痛点部位行揉、拨、弹、点等手法。屈侧痛点在伸直位施行,伸侧痛点在屈曲位施行。这样在活动关节的同时进行痛点治疗,可解除关节周围软组织的粘连、挛缩,促进肘关节的功能恢复。

3. 镇定法和扳法 适用于软组织挛缩为主的患者。其手法应稳健轻巧,所施的手法力量以患者能耐受为度,防止手法粗暴生硬。本手法具有松解屈侧软组织粘连的作用。患者仰卧位(以右侧为例),术者坐在患侧床边,左腿屈曲,置于床边,将患肢放在术者大腿前外侧,术者左手垫在患肢肘尖下,同时以左肘压在患者肩前方、右手按压前臂下端,行三点挤压矫正肘关节伸直障碍(图 3-20)。在此位置维持 30 秒,最后再轻轻用力一扳。屈肘困难的患者,术者站在患侧,将患肢屈肘固定在床边,左手固定上臂,右手推前臂下端,令其被动屈肘,维持 20 秒,尽可能增加屈曲度(图 3-21)。

(二)固定方法

关节脱位或关节附近的骨折复位后必须固定,使撕裂的关节囊及剥离的骨膜重新附着于原处,以防止骨化或使其范围缩小。较重的关节扭伤亦须给予固定,以防止发生这种并发症。固定方法可采用夹板或石膏固定。

(三)练功活动

在未成熟期,练功活动只能量力而行,仅允许在不痛的情况下做主动、轻缓的练功活动,使功能活动范围逐渐恢复。切勿做被动性牵拉或强力活动治疗,避免引起广泛的损伤性

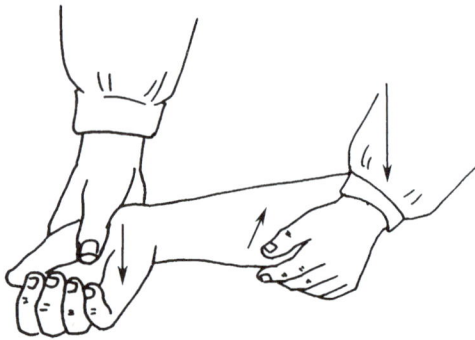

图 3-20 肘关节三点挤压法

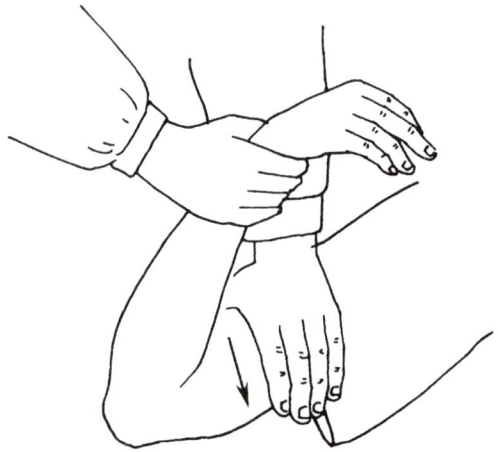

图 3-21 肘关节屈曲镇定法

骨化。

(四) 药物治疗

1. 内服药

(1) 血肿瘀积型:肘部疼痛拒按,弥漫性肿胀,局部有瘀斑,肘关节活动受限。舌质暗或有瘀斑,苔薄黄,脉弱或弦数。治宜活血止血,消瘀止痛,方用桃红四物汤加蒲黄、五灵脂、田三七。

(2) 气虚血凝型:肘关节前方肿胀硬实,无波动感,关节拘急不舒,屈伸活动障碍。舌质暗红,脉弦细或涩。治宜补气活血,方用补阳还五汤加减。

2. 外用药 早期可外敷消瘀止痛药膏、消炎散、消瘀散之类;后期可用上肢损伤洗方或海桐皮汤煎水熏洗患肢。

(五) 其他疗法

手术切除骨化组织及关节松解术,适用于骨化性肌炎急性期过后,肘关节已僵硬在某一体位或仅有轻微的活动度。尽管效果尚欠满意,但对有严重功能障碍者,仍不失为一种有效治疗方法。

还可以采用以下治疗方法:

1. 早期以曲安奈德 2.5~5mg 加利多卡因 2.5~5ml 做痛点封闭。

2. 针灸、理疗、超短波治疗等均有一定疗效。

【预防与调护】

凡是肘部急性扭挫伤、肘部脱位都应选择外固定,防止生硬的揉捏活筋并发肘部骨化性肌炎。早期诊断,早期治疗,把并发症减小至最低限度。预后一般良好,嘱患者注意功能锻炼。

📖 **知识链接**

异 位 骨 化

异位骨化是指在正常情况下没有骨组织的软组织内形成成熟的板层状新生骨。根据形成原因,异位骨化可分为 4 种类型:①创伤后异位骨化:常继发于肌肉骨骼的创伤,如骨折、脱位、关节手术;②神经源性异位骨化:常见于脑、脊髓损伤;③遗传型异位骨化:比较少见,如进行性纤维发育不良性骨化;④其他少见的类型:如烧伤、血友病、脊髓灰质炎、破伤风、多发性硬化等。

异位骨化最常发生于髋关节周围,尤其是人工关节置换或髋臼骨折术后。其他常见部位包括肘、膝、肩关节周围,以及肱肌、股四头肌等。进行性关节活动受限是异位骨化最常见的表现,早期关节周围可出现炎症反应,逐渐出现关节活动受限。X线检查是诊断异位骨化最简便、经济的方法,一般在伤后6~12周即能在X线检查上发现异位骨化。CT与MRI检查对诊断也有一定帮助。手术切除是异位骨化形成后导致严重关节功能障碍患者的唯一治疗手段。手术的成功与否取决于患者手术时机的选择,关键是对于异位骨化成熟度的判断。

预防异位骨化的主要方法为非甾体抗炎药,这是目前公认的预防人工髋关节置换和髋臼骨折术后异位骨化形成的最有效药物。此外,还有四磷酸盐、放射治疗等,但效果尚不理想。

八、肘管综合征

肘管综合征是由于肘管挫伤、狭窄,使管内尺神经产生无菌性炎症而引起的一系列神经软组织受损证候。肱骨内上髁、尺骨鹰嘴与两者之间的弓状韧带三者围成一骨性纤维鞘管即肘管,该管长1.5~2cm,上端开口于肱二头肌内侧头下极,下端开口于尺侧腕屈肌的肱头和尺头中间,外侧紧贴于肘关节囊、尺侧副韧带及鹰嘴内侧面,内侧壁为连于肱骨内上髁与尺骨鹰嘴之间的纤维带——弓状韧带(亦称肘管支持带),前壁为肱骨内上髁。肘管中有尺神经、尺侧上下动静脉的吻合系统。

【病因病机】

肘管综合征多是由于尺神经在肘管内受弓状韧带压迫所致,是肘部最常见的神经卡压征。肘管综合征的常见原因有外伤、创伤后肘外翻、肘关节长期的伸位压迫、反复性轻微外伤、关节炎及弓状韧带增厚等,软组织包块造成的压迫常见于腱鞘囊肿和脂肪瘤。此外,由于弓状韧带撕裂或松弛而导致尺神经半脱位、尺神经沟过浅或肘外翻引起的摩擦性神经炎,亦会出现类似肘管综合征的临床表现,无症状性尺神经半脱位的发病率约为16%。

【临床表现与诊断】

(一)临床表现

典型的临床表现为肘内侧疼痛,病程缓慢,开始时手指精细动作不灵便,进而发展到环指感觉迟钝及疼痛,并在屈肘时加重。手掌及小指内侧感觉异常或麻木,许多患者还会出现尺神经所支配的肌无力,表现为握物无力及手指外展无力。肘管处有压痛,肘屈曲试验阳性。通过肱骨内上髁后方尺神经沟处触诊尺神经,有触叩痛及异常感,在肱骨内上髁外侧触压尺神经时,触痛可达肘关节上,在肘下3~4cm处叩击尺神经表面时,患者环指、小指有冲击等异常感觉。

病程晚期,尺神经麻木,骨间肌、蚓状肌瘫痪。由于指总伸肌及指屈深、浅肌张力作用,会出现掌指关节过伸、指间关节屈曲的"爪形手"畸形。

(二)肌电图检查

肌电图显示尺神经在肘部传导速度减慢或完全性传导阻滞。

【辨证论治】

（一）理筋手法

肘管综合征呈进行性损害，早期以拇指沿肱骨内上髁尺神经沟弹拨尺神经，在伸肘和屈肘位交替进行，手法宜轻柔，再顺尺神经方向按压小海、灵道等穴，掌揉小鱼际及第1背侧骨间肌处，反复5遍，约10分钟。

（二）药物治疗

1. 内服药　治宜行气消瘀，舒筋活络，方选补阳还五汤加减。若湿胜者，肌肉骨节酸痛、活动不利、上肢重着麻木为其特征，方选薏苡仁汤加减。

2. 外用药　局部以海桐皮汤湿热敷，以达到减轻组织水肿的目的。

（三）其他疗法

经保守治疗无效，可选用手术治疗。常用方法有肘管切开减压术、尺神经前移和肱骨内上髁切除术。

还可以采用以下治疗方法：

1. 直流电离子导入　将2%维生素B_1导入阳极，5%碘化钾导入阴极，以维持神经营养及神经传导功能，促进慢性炎症消散，减轻肘管压迫。每次15~30分钟，每日1次，20次为一个疗程。

2. 内镜疗法　具有切口小，操作简便，损伤小，松解彻底等特点。近年来，将其应用于肘关节无明显畸形、尺神经无明显变性的肘管综合征，已取得一定疗效。

【预防与调护】

肘管综合征呈进行性损害，如不解除压迫，可能发生手内在肌的永久麻痹，故应积极采取相应的治疗，以免延误病情。病程长短、病变程度与疗效有密切关系。一般来说，病程短、症状轻的患者经过治疗多能治愈；对于慢性劳损迁延不愈，并已出现"爪形手"肌萎缩的患者效果欠佳。

第三节　腕及手部筋伤

腕、手部是人们赖以生活、工作的重要运动器官。手是重要的运动和感觉器官，一只正常的手，既能做有力的动作，又可以完成精细的操作。腕部不仅是手和前臂的连接结构，同时也使手的运动更加灵活。

上肢的功能集中表现在手部，手部解剖复杂，组织结构精细，解剖学中已详细论述。这里仅就与手外伤诊断与治疗有关的手的姿势加以描述。

手的姿势有休息位和功能位，这是两个根本不同的概念。手的休息位即手处于自然静止状态的姿势。此时，手内在肌和外在肌、关节囊、韧带的张力处于相对平衡状态。表现为腕关节背伸10°~15°，轻度尺偏。掌指关节和指间关节呈半屈曲位，从示指到小指，越向尺侧屈曲程度越大，当腕关节被动背伸则手指屈曲程度增加，腕关节掌屈时手指屈曲程度减少。各指尖指向腕舟骨结节。拇指轻度向掌侧外展，其指腹接近或触及示指远侧指间关节桡侧（图3-22）。手的功能位是手可以随时发挥最大功能的位置，如张手、握拳、捏物等。表现为腕关

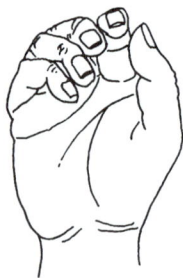
图3-22　手的休息位

节背伸 20°~25°,轻度尺偏。拇指处于对掌位,其掌指关节和指间关节微屈。其他手指略微分开,掌指关节及近侧指间关节半屈位,远侧指间关节轻微屈曲,各指的关节屈曲位置较一致(图3-23)。手外伤后,特别是日后关节功能难以恢复正常,甚至会发生关节强直者,在此位置固定,可使伤手保持最大的功能。

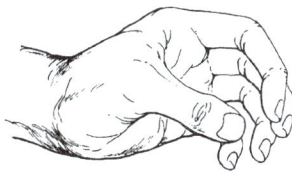

图 3-23　手的功能位

一、腕部扭挫伤

腕部的结构复杂、运动灵活,常因运动不慎或用力不当造成腕部的扭挫伤。腕部扭挫伤涉及桡腕关节、腕中关节、腕掌关节及其他相关的软组织。前臂的肌腱及滑液鞘均经过腕部,这些结构依靠特殊变厚的深筋膜与腕骨保持密切的联系,这样的解剖关系,可以适应腕部的大范围运动和手的多种复杂功能,当外力超过腕部软组织的承受能力时,即可发生腕部扭挫伤或腕骨间骨错缝,出现相应症状,影响腕及手的功能。

【病因病机】

本病一般为直接暴力或间接暴力所致,间接暴力常见,是由于上肢用力过猛,或跌仆时手掌或手背着地,迫使腕部过度背伸、掌屈或旋转,引起腕部韧带、筋膜的扭伤,甚至撕裂;也可以因打击或挤压等直接暴力挫伤腕部。

【临床表现与诊断】

主要症状为腕部酸痛无力,腕关节活动受限,重则腕部肿胀疼痛,功能活动受限。挫伤者,一般肿胀较重,可见皮下瘀血斑,甚至皮肤破损等。

腕部扭挫伤根据病史、临床表现及检查不难诊断,但应与腕部的骨折与脱位、外伤性失稳相鉴别。诊断除需常规做正位和侧位 X 线检查外,还应做斜位 X 线检查或应力位 X 线检查。临床诊疗过程中,腕关节 MRI 检查有时也是必要的检查项目,可以发现隐匿性骨折、腕部韧带撕裂等,使诊断更加准确。

部分患者初诊未见明确骨折,但是其受伤机制及临床表现仍支持骨折的,需要进行 CT 或 MRI 检查,以免漏诊。

【辨证论治】

(一) 理筋手法

腕部肿胀、压痛不明显时,首先使用具有化瘀止血作用的介质,采用轻柔和缓的按、摩、揉、捏等手法作用于腕部,再分别拿住各指末端左右摇晃、拔伸 3~6 次,使受损之筋得以松弛、理顺,然后轻轻屈伸腕部,理顺筋络。

(二) 固定方法

损伤严重者,应用石膏托或石膏管型将腕部固定在功能位,3 周左右随病情好转情况去除外固定,改用绷带或护腕保护。

(三) 练功活动

受伤 24 小时后疼痛缓解,可练习手指伸屈活动。3~5 天疼痛减轻后,练习用力握拳及伸展手指的运动,待腕部外固定去除后,练习腕关节伸屈及前臂旋转活动,功能锻炼应以不加重腕部的疼痛为标准。

(四) 药物治疗

1. 内服药

(1) 气滞血瘀型:多见于损伤早期,局部肿胀疼痛较重,局部按痛,腕部活动不利。舌淡红,苔薄白,脉弦。治宜化瘀消肿,理气止痛,方用活血止痛汤加减。

（2）寒湿阻络型:伤后日久,手腕沉重冷痛,顽麻,肿胀反复,时轻时重,手腕屈伸不利。舌淡胖,苔白滑,脉沉弦或滑。治宜除湿散寒,祛风通络,方用薏苡仁汤加减。

2. 外用药　急性扭挫伤局部瘀肿者,可选用消瘀止痛膏、双柏散或消炎散外敷。肿痛减轻后,可选用上肢损伤洗方、海桐皮汤煎水熏洗。

（五）其他疗法

针刺治疗取合谷、腕骨、阳池、大陵等穴,以泻法为主;损伤 24 小时内不使用热敷、理疗等治疗,3 天后可以选用微波、超短波或中药离子导入等治疗。

【预防与调护】

伤后早期宜冷敷,有韧带撕裂者需予以固定,腕关节扭伤后容易发生腕部韧带挛缩,出现腕关节掌指关节僵硬,应主动进行活动,如早期主动进行指间关节、掌指关节的运动,待外固定去除后,积极进行腕关节的运动及前臂的旋转运动,揉转金属球、核桃等方法可以辅助进行。

二、桡尺远侧关节损伤

桡尺远侧关节解剖很复杂,其关节面是弧形的,由桡骨远端尺骨切迹和尺骨小头的环状关节面组成。三角纤维软骨的边缘在维持桡尺远侧关节的稳定和自腕骨向尺骨的负荷传递中起着重要的作用,即使关节极度旋转,关节也很稳定,因为桡骨和尺骨之间的压缩力被来自三角纤维软骨的另一侧边缘韧带的相互张力所阻断。另外,桡尺关节的稳定性与乙状切迹、骨间膜、伸肌支持带、尺侧伸腕肌及旋前方肌的肌力,甚至背侧韧带复合体的顺应性都有关,一般认为桡尺远侧关节的关节囊普遍较薄,无法提供常规所理解的关节稳定性。

【病因病机】

该病以青壮年发病率较高,又以女性较常见。当患者跌倒,腕部于背伸位触地,受到旋转、剪切应力,或长期做前臂回旋活动的工作(如洗衣服等),而致桡尺远侧关节的损伤。

【临床表现与诊断】

桡尺远侧关节损伤时,在桡尺掌侧或背侧部有局限性肿胀、压痛,前臂旋前或旋后受限,并且伴有疼痛,偶有弹响,腕关节背伸时,医者下压尺骨小头部疼痛加重,患手自觉腕部无力,不能端举重物。如损伤较重,破坏了桡尺远侧关节的稳定,则尺骨小头可能向尺侧或掌侧、背侧突起,前臂远端变平或变宽。

在桡骨远端骨折或桡骨下 1/3 骨折时,也能引起桡尺远侧关节的损伤。

桡尺远端前后被动活动增加,指压尺骨小头有浮动感或捻发感。

X 线检查一般无明显异常,部分病例正位片显示桡尺远侧关节间隙增宽,侧位片显示尺骨小头有前后轻度移位。

【辨证论治】

（一）理筋手法

如有桡尺远侧关节分离,尺骨小头突起者,可用手法复位。以右腕为例,复位时患者掌心向下,将患臂伸平,医者右手拇、示二指分别握住桡骨远端背侧与掌侧,余三指扶持手掌桡侧鱼际部;左手示指半屈曲,以末节的桡侧顶住尺骨小头,拇指扶持尺骨小头的背面,视尺骨小头移位情况,沿顺时针或逆时针方向环转腕关节,并将尺骨小头向桡侧和掌侧或背侧挤压靠拢,复位后无浮动感,患者自觉症状减轻。

（二）固定方法

首先将腕部以衬棉包扎 3~5 层，然后将大小适宜的纸板或纸垫放置妥当，再用绷带加压包扎固定，时间为 4~8 周，症状减轻可去除外固定，练习腕关节伸屈及旋转活动。

（三）练功活动与药物治疗

同"腕部扭挫伤"。

三、腕管综合征

腕管综合征在临床中较为多见。该病是由于正中神经在腕管中受压而引起的以手指（小指除外）麻木、疼痛、无力为主的感觉、运动和自主神经功能紊乱的一系列临床症状。

腕管是腕掌侧一个骨纤维性管道，其桡侧为舟骨及大多角骨，尺侧为豌豆骨及钩骨，背侧为月骨、头状骨、小多角骨，掌侧为腕横韧带。指深、浅屈肌腱及正中神经、拇长屈肌腱从腕管内通过（图 3-24）。

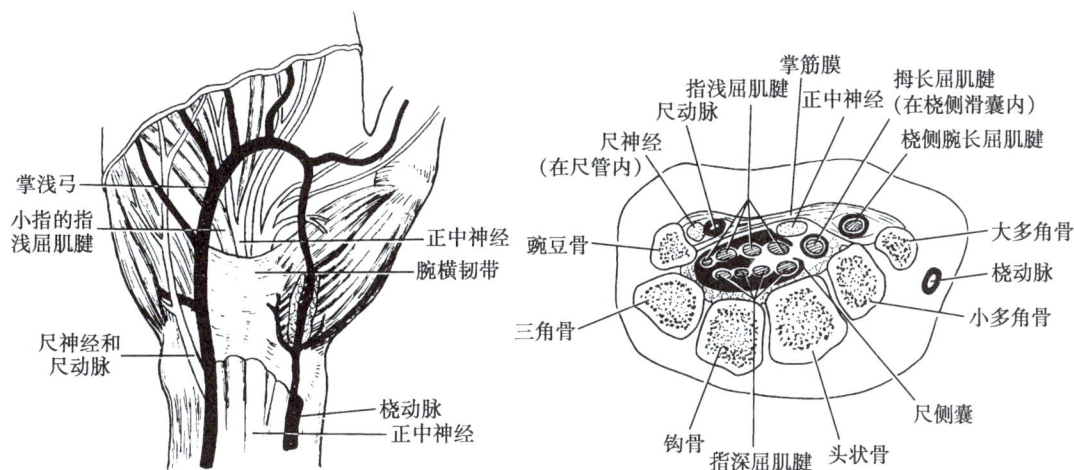

图 3-24　腕管解剖

【病因病机】

在腕管内通过的组织排列十分紧密。任何增加腕管内压的因素，都将使正中神经受到压迫而产生一系列症状。

1. 外源性压迫　腕管外可能对腕管产生的压迫只能来源于掌侧的腕横韧带浅面，而此处仅有皮肤和皮下组织。虽然皮肤严重瘢痕或良性肿瘤均是病因之一，但却很少见到。

2. 管腔本身变小　腕横韧带可因内分泌病变（肢端肥大症、黏液性水肿）或外伤后瘢痕形成而挛缩增厚；腕部骨折、脱位（桡骨远端骨折、腕骨骨折和月骨周围腕骨脱位等）可使腕管后壁或侧壁突向管腔，使腕管狭窄。

3. 管腔内容物增多、体积增大　腕管内腱鞘囊肿、神经鞘膜瘤、外伤后血肿机化，以及滑囊炎、指屈肌肌腹过低、蚓状肌肌腹过高等，都将过多占据管腔内容积，从而使腕管内各种结构相互挤压、摩擦，致正中神经功能障碍。

部分患者虽然没有上述原因，但由于长期过度用力使用腕部，如木工、厨师等，腕管内压力反复出现急剧变化：在过度屈腕时腕管内压力明显上升，过度伸腕时腕管内压力比过度屈腕时更高。这种压力的改变刺激正中神经，也是发生慢性损伤的原因。

【临床表现与诊断】

本病女性多于男性。患者主诉桡侧 3 或 4 个手指麻木、疼痛,夜间或清晨较明显。疼痛有时放射至肘部,甩手、按摩、挤压手及腕可使症状减轻。有时拇指外展无力,动作不灵活。正中神经皮肤分布区感觉迟钝。严重者可出现大鱼际肌萎缩、皮肤发亮、指甲增厚等神经营养障碍的症状。屈腕试验阳性,叩击试验(Tinel 征)阳性,即用手指轻叩腕掌部,出现沿正中神经分布区电击感等异常感觉。肌电图检查可以帮助确定诊断。

本病应与下列疾病相鉴别:

1. 颈肋 可有手部发麻或疼痛,但不局限于正中神经区,较多在患手尺侧,患者往往伴有血管受压症状,如手指发冷、发绀、桡动脉搏动较另一侧减弱,X 线检查示有颈肋可以鉴别。

2. 颈椎病与颈椎间盘突出症 由于神经根受压引起的麻木区不单在手指,前臂也有感觉减退区。运动、腱反射也出现某一神经根受压的变化。但屈腕试验与神经干叩击试验为阴性。

3. 多发性神经炎 常是双侧发病,不局限于正中神经。尺、桡神经也受累,呈手套状之感觉麻木区。

【辨证论治】

(一) 理筋手法

术者可用拇、示指指腹或指尖按压、揉摩患者外关、阳溪、鱼际、合谷、劳宫及阿是穴,然后将患手在轻度拔伸下,缓缓旋转、屈伸腕关节。最后依次拔伸 1~4 指,以能发生弹响为佳。

(二) 固定方法

疼痛较重时,可选用贴体的夹板或石膏托将前臂与腕部固定于中立位,观察 1~2 周,如症状缓解可解除固定。

(三) 练功活动

固定 24 小时后疼痛减轻,在有外固定情况下,应加强练习各指伸屈活动,解除固定后练习腕伸屈及前臂旋转活动,防止肌肉萎缩及肌腱粘连。

(四) 药物治疗

1. 内服药

(1) 气滞血瘀型:腕部肿胀、刺痛、压痛,得热时疼痛加剧,腕部活动不利。舌质红,苔薄白,脉弦或涩。治宜活血通络,方可选用舒筋活血汤加减。

(2) 阳虚寒凝型:腕部疼痛、麻木,遇寒冷可有发冷、发绀,手指活动不便。舌质淡,苔薄白,脉细。治宜调养气血,温经通络。方用当归四逆汤加减。

2. 外用药 可贴宝珍膏或万应膏。去除外固定后可用八仙逍遥汤熏洗患手。

(五) 其他疗法

晚期病例或经非手术治疗无效者,或已有大鱼际肌萎缩者,应手术切开腕横韧带减压。术中保护正中神经返支是非常重要的,返支可通过图 3-25 中描绘的标志线来识别,正中神经可通过 Kaplan 线(将手掌尽量完全伸展,自拇指、示指相对缘的皮肤顶端皱褶处至钩骨钩的连线,即 Kaplan 线。)与示、中指指蹼垂线的连线交点来定位。常规减压包括纵行切开腕横韧带。

还可以采用以下治疗方法:

1. 针灸治疗取阳溪、外关、合谷、劳宫等穴,得气后留针 15 分钟,隔日 1 次,也可根据病情减少或增加次数。

2. 非肿瘤和化脓性炎症者，早期可采用非手术治疗，用含有利多卡因、维生素 B_{12}、曲安奈德注射液等制剂的溶液做腕管内注射，每周 1 次，3 次为一个疗程。应注意不能将药物注入正中神经内，否则可能因类固醇晶体积累而产生化学性炎症，反而加重症状。

【预防与调护】

对腕部的创伤要及时、正确地处理，尤其是腕部的骨折、脱位，要尽早复位，合理固定。已发生腕管综合征者，施行理筋手法之后要固定腕部，可用纸壳夹板或石膏将腕部固定于中立位，保持腕部中立位以减轻对正中神经的压迫，也可以将前臂及手腕部悬吊，不宜做热疗，以免加重病情。经保守治疗无效者应尽快决定手术治疗，防止正中神经长时间受压而变性，造成正中神经功能不可逆性损害。早期活动手指可减少愈合过程中的粘连。

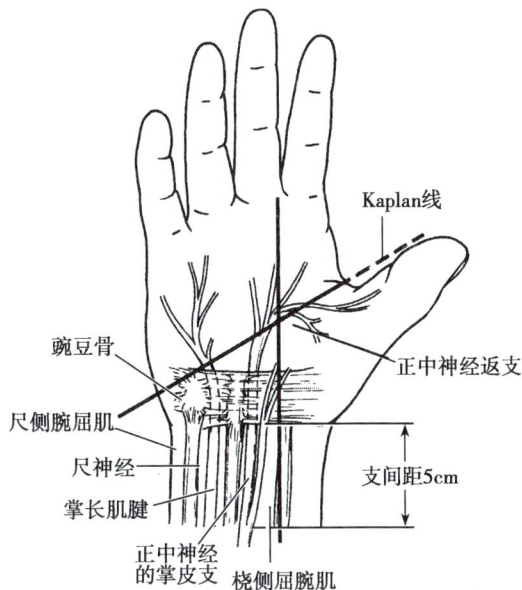

图 3-25　腕管部位重要的标志线

病案分析

病案：患者，男，57 岁，技术人员，因左手麻木 2 个月来诊。患者 2 个月前左腕部劳累过度，感左手拇指、示指、中指及手掌桡侧半麻木，休息后无明显缓解。患者 30 年前左腕部外伤骨折史，具体情况不详，骨折愈合良好，但活动过多后感左手不适，休息后缓解。

患者一般情况良好，查体见左手拇指、示指、中指及左手掌桡侧半感觉麻木，左手大鱼际肌略萎缩，屈腕试验阳性，Tinel 征阳性，压迫腕横韧带处左手麻木症状加重，双上肢运动、反射及血运未见异常，肌力 5 级，上肢深反射正常，病理反射未引出。肌电图检查提示左侧正中神经腕关节以下部分受损。

分析：该患者应诊断为"左侧腕管综合征"。结合患者外伤骨折病史、临床表现、查体及肌电图检查，可明确诊断。给予患者手法治疗，用拇、示指指腹或指尖按压、揉摩患者外关、阳溪、鱼际、合谷、劳宫及阿是穴，然后将患手在轻度拔伸下，缓缓旋转、屈伸腕关节，依次拔伸 1~4 指，以能发生弹响为佳。并指导患者练习各指伸屈、腕伸屈及前臂旋转活动，防止失用性肌萎缩及粘连。若患者保守治疗无效，应手术切开腕横韧带减压，注意避免损伤正中神经返支。

腕管综合征的诊断需要注意：

1. Tinel 征现已作为由于解剖学上的狭窄部位造成神经慢性嵌压所导致的神经脱髓鞘或者损伤的一种征象。

2. 腕管综合征的特殊试验中，每一种在敏感性及特异性上都存在重要的问题，必须结合详细的临床检查。Tinel 征阴性时也可能存在神经嵌压，个别无症状患者也可以表现为 Tinel 征阳性。

3. 神经传导速度 / 肌电图检测仍是最特异性和最敏感的,是诊断腕管综合征最重要的依据,但部分病例分析证实仍有假阴性率的可能,诊断时需综合分析。

4. 几乎所有患者都有夜间痛醒史,这是因为强壮的屈肌使腕部在睡眠过程中呈屈曲状态,这种体位增加了腕管内的压力。

四、腕关节三角软骨复合体损伤

腕关节三角软骨复合体为三角形的纤维软骨组织,其底边附着于桡骨远端尺骨切迹的边缘,尖端附着于尺骨茎突基部。具有限制前臂过度旋转的功能,是桡尺远侧关节的主要稳定装置。一般在前臂旋后位时,三角软骨掌侧部分紧张度增大,而在旋前位时背侧部分紧张度增大。正常三角软骨在任何旋转角度均处于紧张状态。

腕关节三角软骨复合体损伤是指因受直接暴力或间接暴力作用,伤后腕部出现以肿痛、活动时有弹响、旋转受限等为主要临床特征的疾病。

【病因病机】

由于下尺桡关节的解剖结构相对不稳定,突发扭转暴力可使下尺桡关节过度旋转,超出正常范围,导致三角软骨复合体损伤。另外,长期劳损也可引起三角软骨复合体退变。按致伤原因不同,可分为外伤性损伤和退行性损伤。

1. 外伤性损伤 腕关节受到直接或间接暴力作用,导致腕关节处于过伸或过屈位并伴随旋转,造成三角软骨与周围组织的纤维连接断裂,软骨结构损伤甚至破裂,腕关节失去正常的生理功能。

2. 退行性损伤 由于腕关节长期、反复旋转挤压运动导致关节软骨变性、破坏,或腕关节炎症反应改变了软骨所处的生化环境,诱发腕三角软骨复合体退变。

本病也常并发于桡骨远端骨折或腕部严重的其他损伤后,此时腕三角软骨损伤的早期症状常被其他严重损伤所掩盖。

【临床表现与诊断】

多数患者有腕部外伤史或过度重复使用史,表现为持续腕尺侧慢性疼痛,关节无力、肿胀、活动受限,腕关节活动及前臂旋转时腕疼痛加剧,尤以旋前时疼痛更甚,活动时可有弹响声,握力显著下降。腕关节尺侧挤压试验阳性。X线片可见桡尺骨远端分离、重叠,也可见尺骨茎突骨折;CT、MRI 及放射性核素扫描等均可辅助诊断。

本病应与下列疾病进行鉴别:

1. 腕部扭挫伤 两者均可见腕部肿痛,活动受限。但腕部扭挫伤肿痛较重,屈伸受限明显,前臂旋转活动受限不明显,且下尺桡关节无弹响声。

2. 桡尺远侧关节损伤 两者均可见患处肿胀、压痛,前臂旋前或旋后受限,桡尺远侧关节损伤,前臂旋转时偶有弹响,而腕关节三角软骨复合体损伤前臂旋转时,弹响声更明显。桡尺远侧关节损伤关节稳定性破坏,尺骨小头可能向尺侧或掌侧、背侧突起,前臂远端变平或变宽。而本病无此症状。

【辨证论治】

(一)理筋手法

采用拔伸捺正法。先行腕部牵引,维持牵引下环转摇晃腕关节,再轻揉尺骨头与桡骨远端的尺侧缘,后适度力量按压此处,屈伸并再次摇晃腕关节,最后维持腕部于功能位并固定。

(二)固定方法

损伤初期,行理筋手法后,用与腕部贴合适宜的纸夹板或铝板将腕关节固定于功能位4~6周;后期佩戴护腕保护。

(三)练功活动

损伤早期避免腕部旋转活动,可行手指屈伸锻炼。解除固定后在护腕保护下逐渐加强腕关节功能活动。

(四)药物治疗

同"桡尺远侧关节损伤"。

(五)其他疗法

1. 封闭疗法 用醋酸泼尼松龙12.5~25mg加1%利多卡因2~3ml做痛点注射,每周1次,3次为1个疗程。

2. 物理疗法 可酌情应用离子导入、磁疗、蜡疗、超短波、激光等。

3. 手术治疗 如保守治疗效果不满意,可考虑手术治疗,主要有尺骨短缩术、三角软骨清创术、腕关节镜下三角软骨清创术等。

【预防与调护】

本病具有易发、难愈的特点,损伤早期应注意固定休息,为软骨修复提供良好环境,4~6周后再逐渐进行腕关节屈伸及旋转功能锻炼。平时佩戴护腕保护,注意腕部保暖防寒。

五、腕尺管综合征

腕部尺神经通道位于腕关节掌尺侧,起于豌豆骨近端,止于钩骨钩的远端。在豌豆骨与钩骨之间有豆钩韧带作为腕尺管的衬底。管的顶部有小鱼际肌起始部、腕掌侧横韧带及尺侧腕屈肌扩张部覆盖。中间构成一个骨纤维性鞘管,即腕尺管(Guyon管)(图3-26)。尺神经及尺动脉通过此管至手掌部。任何原因导致腕尺管内尺神经受压,出现神经支配区域感觉及运动障碍的一系列临床症状,称为腕尺管综合征。

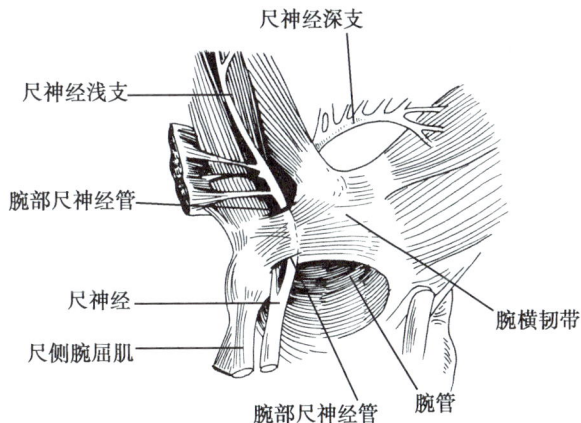

图3-26 腕尺管的解剖

【病因病机】

尺神经于豌豆骨远端分为浅、深二支,两者并行进入腕尺管。慢性或职业性损伤,如重复性劳动,局部反复压迫致使韧带增厚为常见病因。另外,此部位的骨折、变异的肌肉、腱鞘囊肿、血管瘤等均可以压迫神经产生临床症状。

【临床表现与诊断】

本病多见于中年男性患者,临床上根据尺神经的不同压迫平面而出现不同的症状和体征。尺神经手背支在腕上1.5cm处分出,支配尺侧一个半手指背侧的感觉,腕尺管综合征若单纯压迫深支,则出现尺神经支配的手内在肌功能障碍,而深支的第一个分支支配小指展肌,因此可根据各肌肉受累的不同而确定受压平面,轻者仅以小指或环指指腹皮肤感觉障碍

137

为主,伴小指展肌、第一骨间背侧肌无力,严重时可出现相应的肌肉萎缩。

本病应与肘管综合征或胸廓出口综合征相鉴别,具体可参阅有关各章节。

【辨证论治】

(一) 理筋手法

患者平伸出患腕部,术者用双手拇、示指揉捏豌豆骨与掌横纹处 3~6 次,并用摇腕法使腕部摆动 3~6 次。

(二) 固定方法

注意休息,必要时用夹板或石膏制动腕部。

(三) 练功活动

可做前臂内外旋转与转腕等练功治疗,但在锻炼过程中,如发觉腕、手部麻木与无力加重时,要适当注意运动量。手功能练习时,尽量使示指和小指放在中指和环指前,做内收和外展运动,内收时拇指对掌,外展时分开。

(四) 药物治疗

同"腕管综合征"。

(五) 其他疗法

非手术治疗无效时,可行手术切开尺管减压,松解对尺神经的压迫。需要注意的是,松解需要沿着尺神经的运动支进行,以保证松解的完整性。

还可以采用以下治疗方法:用含有利多卡因、维生素 B_{12}、曲安奈德注射液等制剂的混合溶液做腕管内注射,每周 1 次,3 次为一疗程。注射时从豌豆骨顶点下方约 0.5cm 处进针注入药液,注意进针时避免伤及尺神经。

【预防与调护】

不宜做热疗,以免加重病情。经保守治疗无效者应尽快决定手术治疗,防止尺神经管内神经长时间严重受压而变性影响恢复。

六、腱鞘囊肿

腱鞘囊肿是发生于关节或腱鞘附近的囊性包块,内含有无色透明或微呈白色或淡黄色的胶冻样黏液。亦称"筋结""筋聚""腕筋瘤"等。腱鞘囊肿好发于腕背、足背和腘窝等处,以腕背部发病率最高。多为单发,也有多发,多见于青壮年,女性多于男性。

【病因病机】

腱鞘囊肿的发病原因不明。目前多数人认为是关节囊、韧带、腱鞘中的结缔组织,因局部营养不良,发生退行性变性造成囊肿。此外,也有部分病例与外伤有关。

【临床表现与诊断】

任何年龄都可发生,但多见于青壮年,女性多于男性。腕部有三个部位多见:最常见于腕背,起自腕舟骨及月骨关节的背侧,位于拇长伸肌腱及指伸肌腱之间;其次多见于腕掌面偏桡侧,在桡侧腕屈肌腱与拇长展肌腱之间;再次为手掌远端及手指近节掌侧的指屈肌腱腱鞘上,如米粒大小,触之硬韧感。

部分病例除出现肿物以外,无其他自觉不适,但多数患者主诉有局部胀痛,腕力减弱。手掌侧的囊肿,握物时有挤压痛。过多的活动或用力后,症状可加重。囊肿的大小与症状的轻重无直接关系,囊肿小而张力大者,疼痛多较明显;囊肿大而柔软者,多无明显症状。

囊肿可以突然发现,也可以由小到大缓慢发展。受外力后或没有明显外力作用,囊肿可自行消失,以后可再长出。腕背较小的囊肿,当腕掌屈时可出现,当腕背伸时可隐没不见。

【辨证论治】

（一）理筋手法

对发病时间短,未经治疗而囊性感明显,触摸囊肿感觉囊肿壁薄而活动者,将腕背伸或掌屈(肿物在背侧者掌屈,反之背伸),使囊肿较为固定并突出后,术者用拇指向近侧或远侧挤压囊壁,囊壁薄弱一侧因囊内张力骤增而破裂,一般情况术者拇指下感觉张力突然降低,这时再用手揉捏囊肿部位,使之逐渐减小或消失。破裂后,嘱患者从囊肿盲端向破口处挤压,每日晨起、上午、下午、睡前各 1 次,每次反复挤压 3~5 个回合,坚持 2~3 周。这样能使囊壁始终贴合在一起,可大大减少复发概率。

（二）固定方法

用大小合适的纸壳加绷带,给予适当的压力包扎固定 1~2 天。

（三）练功活动

手法治疗 24 小时后,疼痛减轻即可练习腕、指活动,包括伸、屈腕及各指,旋转前臂等功能锻炼。

（四）药物治疗

囊壁已破,囊肿变小,局部仍较肥厚者,用茴香酒或万应膏,使肿块进一步消散。

（五）其他疗法

非手术治疗效果不佳或反复发生者,需手术治疗。手术治疗时需将囊肿基底起源处的韧带或腱鞘暴露清楚,将囊肿蒂连同其基底处的病变组织,以及周围部分正常的腱鞘及韧带,彻底切除,术后局部加压包扎。

还可以采用以下治疗方法:针刺破挤法,即用不同类型的针刺破囊壁,挤出内容物,或用粗针头吸出内容物,注入曲安奈德注射液 5~10mg 后,用纱布加压包扎固定。以上方法,适用于囊壁厚、病程长、手法无效果者。

【预防与调护】

患者平时不要剧烈活动腕部,尽量避免腕部过度活动,避免冷水等刺激,以免加重症状。平时可以戴护腕保护,以减轻症状。

七、桡骨茎突狭窄性腱鞘炎

桡骨茎突部有拇长展肌和拇短伸肌的共同腱鞘(图 3-27)。在日常生活和劳动中,桡骨茎突部的肌腱在腱鞘内经长时间的摩擦和反复的损伤后,滑膜呈现水肿、增生等炎症变化,引起腱鞘管壁增厚、粘连或狭窄并发生一系列临床症状者,称桡骨茎突狭窄性腱鞘炎。

【病因病机】

拇长展肌和拇短伸肌肌腱,经过桡骨茎突桡侧的纤维鞘管内,出鞘管后肌腱呈一折角分别抵止于第 1 掌骨基底和拇指近节指骨基底。当拇指和腕关节屈伸活动时,此折角加大,从而增加了肌腱与腱鞘的磨损,故发病率较高。因此,腱鞘可发

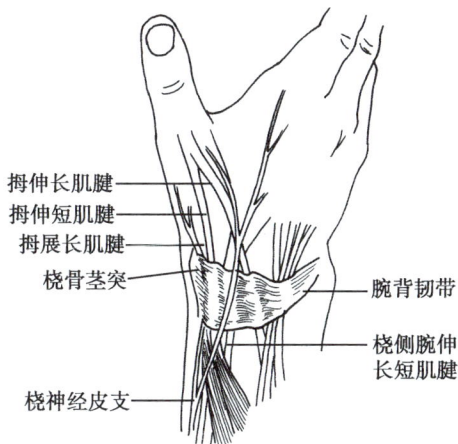

图 3-27　桡骨茎突部位解剖

拇伸长肌腱
拇伸短肌腱
拇展长肌腱
桡骨茎突
桡神经皮支
腕背韧带
桡侧腕伸
长短肌腱

生损伤性炎症,致肌腱、腱鞘均发生水肿、肥厚、管腔变窄,肌腱在管内滑动困难而产生症状。

该病好发于30~50岁,女性多于男性。女性的拇长展肌和拇短伸肌肌腱从腕到拇指止点的折角大于男性,发病率高于男性的原因可能与此特点有关。此外,哺乳期或更年期的女性发病率高于平常,可能与内分泌变化有关。

【临床表现与诊断】

起病多较缓慢,有时可突然出现症状。桡骨茎突处疼痛和压痛,有时可触及增厚的鞘管。拇指与腕关节屈伸活动时疼痛明显,尤以腕关节尺偏及屈拇动作时更甚,握拳尺偏试验阳性。个别病例拇指伸展活动受限。

【辨证论治】

(一) 理筋手法

术者一手托扶患手,另一手在桡侧痛处做轻柔按摩、推拿,边做边拔伸牵引与旋转腕部,最后将拇指伸屈外展5~6次,并向远心端牵拉。以上方法需缓慢而稳妥,可每日或隔日1次。

(二) 固定方法

疼痛重时,可用大小合适、能与拇指贴合的纸板或铝板,将拇指固定在背伸20°、桡侧偏15°和拇指外展位,根据患者情况可固定3~4周。

(三) 练功活动

拇指与腕部及其他各指的活动,应在不引起桡骨茎突部疼痛的情况下,循序渐进地进行。

(四) 药物治疗

1. 内服药

(1) 气滞血瘀型:多为早期,有急性劳损史。局部肿痛,皮肤稍灼热,筋粗。舌苔薄白,脉弦或涩。治宜活血化瘀,行气止痛,方用活血止痛汤加减。

(2) 阳虚寒凝型:多为后期,劳损日久,腕部酸痛乏力,劳累后加重,局部轻度肿胀,筋粗,喜按喜揉。舌质淡,苔薄白,脉沉细。治宜温经通络,调养气血,方用桂枝汤加当归、威灵仙、黄芪等。

2. 外用药 手法治疗后,在固定期间,可外敷三色药膏。去除外固定后,可用海桐皮汤熏洗。

(五) 其他疗法

病程较长,桡骨茎突处结节隆起明显,或经非手术治疗不缓解或反复发作者,可行肌腱松解术,疗效肯定。

还可以采用以下治疗方法:

1. 针灸治疗 取阳溪为主穴,配合谷、曲池、手三里、列缺、外关等,得气后留针15分钟,隔日1次,疗程为4周。

2. 局部封闭治疗 用含盐酸利多卡因的醋酸泼尼松龙或曲安奈德混合液行局部封闭,每隔7~10天封闭1次,2~3次为一疗程。

3. 针刀疗法 在封闭后,经封闭点顺肌腱走向进针刀,达骨面后,纵行切开腱鞘,疏通分离,再横向推移松解拇长展肌和拇短伸肌肌腱数次。应注意避开桡动、静脉及桡神经浅支。

【预防与调护】

防止过度运动劳损,注意保暖,尽量不要使用冷水,特别是已患病后,因为寒冷刺激可以加重临床症状。

八、指屈肌腱狭窄性腱鞘炎

指屈肌腱狭窄性腱鞘炎又称扳机指或弹响指。本病可发生于不同年龄,多见于妇女及手工劳动者。任何手指均可发生,但多发于拇指。拇指扳机指可以是先天性的。

【病因病机】

发病部位在掌骨头相对应的指屈肌腱纤维鞘管(图3-28)的起始部。此处由较厚的环形纤维性腱鞘与掌骨头构成相对狭窄的纤维性骨管。指屈肌腱通过此处时受到机械性刺激而使摩擦力加大,加之该部掌骨隆起,手掌握物时,腱鞘受到硬物与掌骨头两个方面的挤压损伤,逐渐形成环形狭窄。反复的机械性刺激可使腱鞘在早期发生充血、水肿、渗出等无菌性炎症反应,迁延日久,则发生慢性纤维结缔组织增生、肥厚、粘连等变化。

局部过度的劳损而致气血瘀滞,筋脉受损,或是受寒凉刺激时,可引起寒凝经脉,经筋不能濡养,筋脉拘挛而发病。

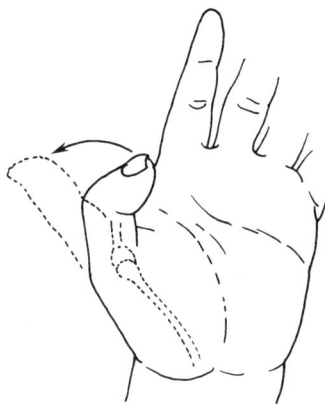

图3-28 扳机指肌腱嵌顿原因示意图

【临床表现与诊断】

成人指屈肌腱狭窄性腱鞘炎起病缓慢,最初晨起时患指发僵、疼痛,屈伸困难,活动后症状可改善。逐渐出现屈伸患指时有扳机样感觉,伴有弹响及疼痛,甚至手指交锁在屈曲位不能伸直,或在伸直位不能屈曲。患者主诉疼痛常在指间关节,而不在掌指关节。检查时在掌侧面、掌骨头部有压痛并可触及硬结,压痛明显。压此结节,嘱患者伸屈患指可感到结节沿腱鞘方向上下移动。

先天性拇长屈肌腱腱鞘狭窄,家长发现婴幼儿拇指指间关节常呈半屈曲状,扳动拇指指间关节伸直时,可有弹响。掌指关节掌侧可触到硬结节,无明显压痛。

【辨证论治】

(一)理筋手法

术者用手指触到掌指关节处的结节部做按压,横向推动,纵向推按,轻缓伸屈掌指关节3~6次,并向远端拉开,每日或隔日1次。

婴幼儿扳机指在6个月内常可自愈。如已发生交锁,对拇指发育不利,应进行手术松解。

(二)固定方法

早期减少局部活动,必要时可用夹板或石膏托固定2~3周。

(三)练功活动

局部疼痛减轻后,即可练习腕、指关节的伸、屈等功能锻炼。

(四)药物治疗

1. 内服药

(1)气滞血瘀型:多为急性损伤后出现局部轻度肿胀、疼痛、压痛,扪及筋结,手指屈伸不利,动则痛甚,有弹响声或交锁。舌质红,苔薄黄,脉弦。治宜活血化瘀,消肿止痛,方用活血止痛汤加减。

(2)阳虚寒凝型:多为慢性劳损或急性损伤后期,局部有酸痛感,压痛,可扪及明显结节,手指屈伸不利,有弹响声或交锁。舌质淡,苔薄白,脉细或沉细。治宜温经散寒,兼补气血,方用黄芪桂枝五物汤、当归四逆汤等。

2. 外用药 可用海桐皮汤等煎水熏洗。

（五）其他疗法

经上述治疗不缓解或反复发作者应行手术松解。手术方法：病变在拇指者，切口位于掌指关节掌侧皮横纹的稍远侧，注意不要损伤指神经，尤其拇指的指神经比其他手指更偏向掌侧。纵行切开腱鞘肥厚部分并切除。肌腱嵌顿得以解除，屈伸手指以确定狭窄的腱鞘已松解（图3-29）。

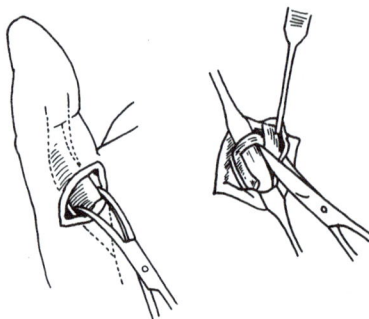

图 3-29 手术切除狭窄肥厚的肌腱腱鞘

还可以采用以下治疗方法：

1. 针灸治疗 取穴针刺，以痛为腧。米粒状结节部及周围痛点，均可做针刺，隔日1次。

2. 腱鞘内注射 用醋酸泼尼松龙 12.5mg 加 1% 盐酸利多卡因 2ml，做腱鞘内注射，每周 1 次，共 2~3 次。

3. 局部麻醉后，在痛性结节处，行针刀治疗。一般效果较好，必要时1周后再重复 1 次。

【预防与调护】

同"桡骨茎突狭窄性腱鞘炎"。

九、掌指与指间关节扭挫伤

人类的劳动与运动，均需通过手指的活动来完成，因此，掌指、指间关系的筋伤较为常见，尤以青壮年容易发生。

【病因病机】

掌指关节与指间关节两侧有副韧带加强，限制以上两关节的侧向活动。当掌指关节屈曲时，侧副韧带紧张，而指间关节的侧副韧带则在手指伸直时紧张，屈曲时松弛。因此手指受到弹击压轧，或间接暴力而过度背伸、掌屈和扭转等均可引起损伤。如各种球类运动员，当手指受到侧向的外力冲击，迫使手指远端过度侧向弯曲，可引起关节囊及对侧副韧带的撕裂，使掌指、指间关系发生错缝、脱位或扭挫伤。

【临床表现与诊断】

掌指、指间关节的扭挫伤，可发生于各指。受伤后，关节剧烈疼痛，迅速肿胀，常处于近伸直位。指间关节侧副韧带损伤时，疼痛以患侧为甚，侧向活动阳性及侧弯畸形。X线检查有时可见有侧方移位或指骨基底部撕脱骨折。这类患者如治疗不得当，可迁延很长时间。

【辨证论治】

（一）理筋手法

对无侧移位及骨折者，术者左手托住患手，右手拇指及示指握住患指末节牵引，将弯曲的患指伸直，使筋膜舒顺，关节滑利，并同时做轻柔推拿、按摩，以患者自觉舒服不疼为度。

（二）固定方法

对单纯的扭挫伤患者，可用大小适宜的纸板或铝板条，将患指固定于屈曲 35°~45° 位 3~4 周。

对错缝有侧副韧带损伤的患者，依上法固定，时间 6~8 周。

笔记栏

(三) 练功活动

治疗 24 小时后疼痛减轻者,可练习腕及未受伤指的活动,但不能使伤指疼痛加剧。3~5天后,练习伤指关节的活动,循序渐进,防止做被动的强烈运动。

(四) 药物治疗

1. 内服药

(1) 气滞血瘀型:损伤早期,局部肿痛,皮肤灼热、压痛,指关节屈伸不利。舌质红,苔薄白或薄黄,脉弦或弦涩。治宜活血化瘀,消肿止痛,方用活血止痛汤加减。

(2) 阳虚寒凝型:损伤日久,局部筋粗,压痛,酸痛乏力,指屈伸不利。舌质淡红,苔薄白,脉细弱或沉细。治宜温经散寒,养筋通络,方用补筋丸加减。

2. 外用药 初期伤指可敷贴消肿止痛膏、三色敷药或消炎散。后期可用海桐皮汤熏洗。

(五) 其他疗法

对陈旧性掌指、指间关节损伤的患者,关节活动受阻,应先行被动锻炼,药物熏洗。如有骨折片妨碍关节运动,可行切除与韧带修补术。

【预防与调护】

伤后早期宜冷敷,有韧带撕裂者需予以固定或手术修补,掌指、指间关节扭伤后容易发生关节强直,出现指间关节、掌指关节僵硬,应及时被动进行功能练习活动,如待外固定去除后,积极进行掌指、指间关节的屈伸运动等。

十、指屈、伸肌腱损伤

在手外科领域中,有关肌腱的问题占很大的比重,肌腱修复的质量直接关系到手功能恢复的程度。肌腱修复过程中,熟悉肌腱系统的功能解剖,掌握肌腱损伤的处理原则与操作技术,是肌腱修复术后获得较好疗效的基本条件。

【病因病机】

肌腱损伤常见于直接创伤如切割伤、挫伤,和间接损伤如过度负荷等。直接创伤又常见于锐器伤。间接损伤的机制多种多样,与解剖学位置、血管、骨骼发育情况及肌腱的受力程度密切相关。肌肉 - 肌腱 - 骨整体受力如果超出了此结构的生理范围,则会在连接的薄弱环节上发生断裂。多数肌腱能承受的张力较肌肉或骨骼能承受的张力大,所以,撕脱性骨折以及在肌肉、肌腱连接处发生的撕裂,比在肌腱内发生的撕裂伤要多。

当肌腱发生间接应力损伤时,常在过度负荷之前就已存在肌腱的病变。这种情况已通过对大量不同肌腱损伤进行研究后得到证实。

【临床表现与诊断】

肌腱损伤应按照问、望、触、活动测量的检查程序进行,仔细检查,避免误诊及漏诊。

(一) 指屈肌腱损伤

当指浅、深屈肌腱断裂,可发现该指屈侧肌腱张力消失,手指于伸直位,不能主动屈曲 (图 3-30)。

单纯指深屈肌腱断裂,受伤指远侧指间关节不能主动屈曲,可通过控制近侧指间关节检查远侧指间关节有无主动屈曲功能 (图 3-31)。

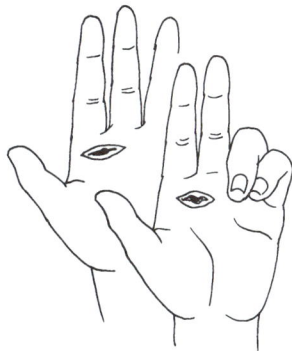

图 3-30 示、中指浅、深屈肌腱断裂,远近指间关节主动屈曲功能丧失

　　单纯指浅屈肌腱断裂,指深屈肌腱正常时,手指主动屈曲一般无明显异常,但可用固定相邻指于完全伸直位,健指深屈肌处于拉伸的紧张状态,再主动屈曲伤指,此时伤指则不能主动屈曲近侧指间关节(图 3-32)。

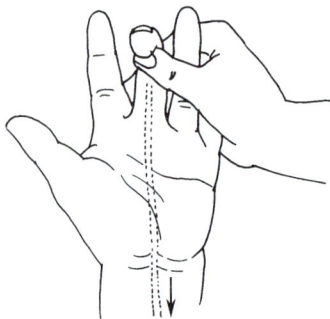

图 3-31　指深屈肌腱检查方法　　　图 3-32　指浅屈肌腱检查法

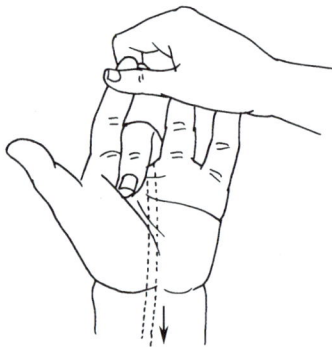

　　指深、浅屈肌腱均断裂,远近侧指间关节无主动屈曲功能,伤指呈伸直位。由于掌指关节有骨间肌、蚓状肌的作用,可主动屈曲。

　　陈旧性肌腱损伤,由于肌腱断端回缩、粘连,手指可处在伸直位或屈曲位。检查伤指,肌腱所经过部位空虚,触不到肌腱张力,伤处近端常可触到断腱回缩断端,并可随肌肉收缩而活动。

(二) 指伸肌腱损伤

　　指伸肌腱于止点处至近侧指间关节之间断裂时,则不能主动伸直远侧指间关节,出现锤状指畸形(图 3-33)。

　　指伸肌腱断裂发生在掌指关节至近侧指间关节间,表现为主动伸直近侧指间关节动作消失,掌指关节仍可主动伸直。此时,双侧腱束在伸指时尚可滑到手指背侧,起伸指作用及维持伸指位置。一旦侧腱束向两侧滑脱并挛缩,则产生近侧指间关节屈曲、远侧指间关节过伸现象(图 3-34)。即使将手指近侧指间关节被动伸直后,也不能维持伸直位。

　　发生在掌指关节伸肌腱帽或伸腱扩张部的断裂,该关节主动伸直受限或消失。在此部

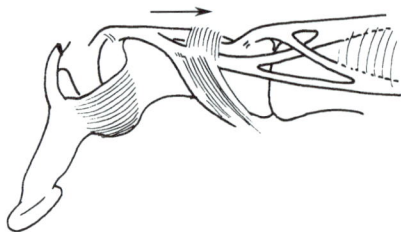

图 3-33　示指伸肌腱近止点断裂(肌腱近断端回缩可致近侧指间关节过伸)

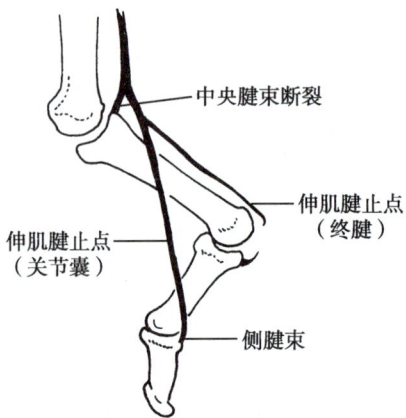

图 3-34　指伸肌腱中央腱束断裂,侧腱束向两侧滑脱

中央腱束断裂
伸肌腱止点(终腱)
伸肌腱止点(关节囊)
侧腱束

位近端,伸肌腱断裂时,有时可通过相邻指伸肌腱的联合腱带动伤指伸指动作,但伸指无力或伸指不充分。此种损伤易被忽略,检查时应注意,增加伸指阻力时力量明显降低。

【辨证论治】

（一）肌腱损伤处理原则

1. 修复时机

（1）一期缝合:屈伸肌腱无论在何区域断裂,只要情况允许,都应该进行一期缝合。

（2）二期缝合:在下列情况下可考虑行肌腱的二期缝合:①肌腱有缺损,直接缝合有困难;②肌腱缝合部位皮肤缺损,需行皮肤移植或皮瓣覆盖;③严重的挤压伤,合并骨与关节粉碎性骨折;④伤口污染严重。

（3）迟延缝合:下列情况下应选择迟延缝合:①肌腱损伤时伤口污染严重,不能一期闭合伤口;②患者有其他损伤,危及生命时;③术者不熟悉肌腱外科手术操作。

2. 肌腱缝合要求　在肌腱缝合方法与应用材料方面应有所讲究。力求肌腱缝合方法简便、可靠,有一定的抗张能力,并尽可能减少对腱端缝合处血供的影响。

3. 局部条件要求　肌腱愈合所需营养,主要是血液供给与滑液作用。所以,修复的肌腱应位于较完整的滑膜鞘内,或富于血液循环的松软组织床内,肌腱愈合质量好,粘连少。

4. 腱鞘的处理　损伤或修复的肌腱,自身可以愈合,滑液的作用对愈合很重要。完整的鞘管是防止肌腱粘连的很好屏障。

5. 肌腱缝合方法　有关肌腱的缝合方法较多,其中以 Kessler 缝合法、Kleinert 缝合法、"8"字缝合法最常用。近年来多提倡采用肌腱显微外科缝合方法,目的是尽量减少对肌腱血供的影响,有利于肌腱愈合和减少粘连。

（1）肌腱端-端缝合法:适用于新鲜肌腱断裂缝合或直径相等的肌腱移植缝接。主要有 Bunnell 缝合法、"8"字缝合法、Kessler 缝合法或改良 Kessler 缝合法、Kleinert 缝合法(图 3-35~ 图 3-38)。

（2）腱-骨缝合法:用于肌腱止点重建术(图 3-39)。

（二）固定方法

手部肌腱修复后一般应石膏固定 4~6 周,待肌腱愈

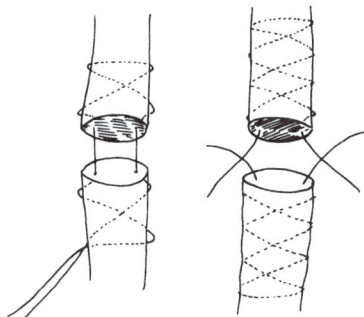

图 3-35　Bunnell 缝合法

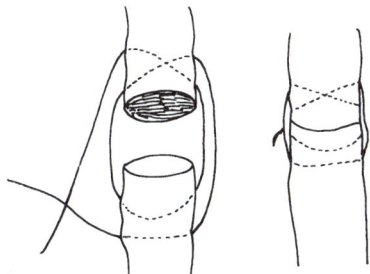

图 3-36　"8"字缝合法

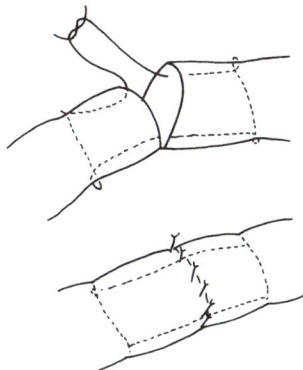

图 3-37　Kessler 及改良 Kessler 缝合法

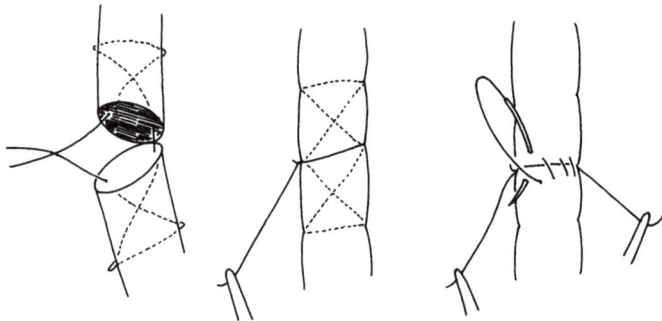

图 3-38　Kleinert 缝合法

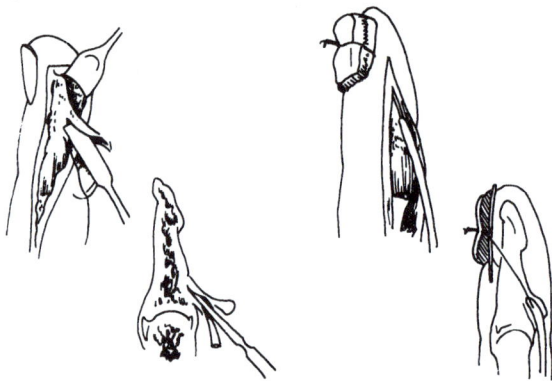

图 3-39　肌腱止点重建固定方法

合后,解除固定进行功能锻炼,并辅以物理治疗。

(三) 练功活动

肌腱缝合后,早期有控制地活动是防止肌腱粘连的有力措施,可加速肌腱愈合、减少粘连发生。早期被动活动应在严格监督及指导下进行,避免在锻炼时发生肌腱缝合处断裂。

(四) 药物治疗

1. 内服药　损伤早期治宜活血化瘀,利湿消肿为主,以减轻肌腱周围炎性渗出,减轻术后粘连;后期治宜温经通络,可内服当归四逆汤或麻桂温经汤等。

2. 外用药　后期可配合中药热敷、熏洗,方用上肢损伤洗方。

【预防与调护】

避免外伤,及时治疗,肌腱缝合后,指导患者早期有控制地进行练功锻炼,以促进功能恢复。

（尹宏兵　王志刚　余红超）

复习思考题

1. 简述冈上肌肌腱炎解剖学基础。

2. 肩关节包含哪些关节?

3. 简述肘关节骨化性肌炎的相关鉴别诊断。

4. 简述桡侧腕伸肌腱周围炎发病的解剖学基础。

5. 简述腕管综合征的特殊体征及临床意义。

6. 试述桡尺远侧关节损伤与腕关节三角软骨复合体损伤的鉴别诊断。

第四章

◇◇◇ 下 肢 筋 伤 ◇◇◇

📐 **学习目标**

通过本章节的学习,熟悉下肢筋伤疾病的概念、病因病机及诊断治疗等,重点掌握临床中常见病、多发病的诊治。

第一节　髋及大腿部筋伤

04章01节PPT

PPT 课件

髋关节是人体最完善的杵臼关节,由髋臼和股骨头组成。其形态特征是髋臼较深,股骨头为半球形,关节囊及韧带坚韧有力,关节周围有强大的肌肉附着,具有很强的稳定性,也有相当程度的灵活性,在负重和运动中具有不可替代的作用。髋关节的活动有前屈、后伸、外展、内收、外旋、内旋、环转等动作。

髋部及大腿部的肌肉和韧带比较坚实牢固,筋伤的发生率较其他部位低,但在局部骨折、脱位损伤中常并发损伤。此外,由于解剖部位存在着应力薄弱点,外力伤害或慢性劳损成为髋与大腿部筋伤的主要原因。局部损伤后失治、误治,或再感受风寒湿邪,易加重病情,延缓康复。

一、髋部扭挫伤

髋部扭挫伤是指髋关节在过度外展、外旋、屈曲、过伸等姿势下发生扭挫损伤,致使髋部周围肌肉、韧带和关节囊撕裂、出血、水肿,并出现一系列症状,中医通称为髋部伤筋。临床上根据损伤的时间可分为新伤和陈伤。本病多见于青壮年和儿童,早期明确诊断和针对性治疗对疾病的转归有良好的作用。

【病因病机】

青壮年多因剧烈运动、摔跌或高处坠下时,扭挫损伤髋部肌肉、韧带和关节囊,导致局部组织撕裂伤或有嵌顿现象,造成髋部疼痛、肿胀、功能障碍。

儿童多见于奔跑、跳跃、跳皮筋、劈叉、体操等运动损伤后,因其髋臼及股骨头发育尚未成熟,扭挫伤后,股骨头受到顶撞或松弛的关节囊短暂嵌入关节腔,引起关节滑膜炎、关节囊水肿及关节周围软组织肿胀,使髋部正常的生理功能失常。

【临床表现与诊断】

患者多有明确的髋部外伤史或过度运动史。损伤后患侧髋部疼痛、肿胀、功能受限,患肢不敢着地负重行走,呈保护性姿态,如跛行、拖拉步态、骨盆倾斜等。查体时可见骨盆向患侧倾斜,患侧腹股沟部有明显的压痛与肿胀,股骨大转子后方以及臀部肌肉亦可有压痛;髋膝微屈,髋关节各方向活动受限,被动活动时均可出现疼痛加重;患肢呈外展外旋半屈曲位,并呈假性变长,托马斯征阳性。X线检查多无异常表现,MRI检查可见关节腔积液,肌肉间积液、水肿,或肌肉、韧带、关节囊不连续信号。

若经久不愈,髋关节功能进行性障碍,或伴有低热,则应注意与股骨头骨骺炎、髋关节结核、化脓性髋关节炎、风湿热合并髋关节炎及髋关节一过性滑膜炎等疾病相鉴别。

【辨证论治】

治疗目的是舒筋活血、消肿止痛,防止髋部软组织产生粘连及挛缩,恢复髋关节的正常活动度。临床以保守疗法为主,注重个体化运用。

（一）理筋手法

患者取俯卧位,术者在髋部痛点做按压、揉摩;然后改仰卧位,术者在髋部痛处施行按揉、推拿、弹拨等理筋活络手法,最后一手固定骨盆,一手握膝,在屈膝屈髋下边摇转边下压,并外展外旋伸直下肢数次,以解脱嵌顿的软组织如滑膜等,消除因疼痛导致的肌肉痉挛,恢复髋关节的正常活动度。

（二）固定治疗

一般无须严格的固定,但患者应以卧床休息为主,减少负重及行走,以利早日恢复。

（三）练功活动

早期以卧床休息为主,可配合适当的髋关节屈伸、旋转等功能锻炼以防止肌肉粘连及挛缩;对于小儿不愿卧床,可令其坐凳上,屈膝屈髋,脚下踩一粗圆柱,来回滚动,以活动下肢,有助于病情缓解与功能恢复。

（四）药物治疗

1. 内服药　早期多为血瘀气滞型,症见髋部疼痛肿胀、刺痛不移、夜间痛甚,关节屈伸活动不利,舌暗红或有瘀点,脉弦涩。治宜行气活血、消肿止痛,方用活血止痛汤加减。后期为筋脉失养型,症见髋部隐隐疼痛、时轻时重、劳累后加重、休息后减轻,步行乏力,舌质淡,苔薄白,脉弦细。治宜养血壮筋,方用壮筋养血汤加减,也可选用活血化瘀类中成药及非甾体抗炎药。

2. 外用药　早期宜外敷消肿止痛膏或云南白药喷雾剂;后期可选用海桐皮汤外洗、热敷、熏蒸以促进血液流通,解除肌肉挛缩。

（五）其他疗法

用醋酸泼尼松龙 1~2ml 加 1% 利多卡因 1~3ml 做局部封闭,可较快地缓解疼痛,有助于病情恢复。

【预防与调护】

本病多由髋部运动过度引起,因此在进行各种运动前应充分做好准备活动。损伤早期以卧床休息为主,避免患肢负重与风寒湿邪侵袭;中后期可配合适当的髋部练功活动,以加速损伤修复。本病预后较好,一般 2~3 周即可痊愈。

二、梨状肌综合征

梨状肌综合征是指由于梨状肌损伤、炎症或变异,刺激或压迫坐骨神经而引起的以一侧臀腿疼痛为主要症状的病证。本病多见于中青年人,是临床腰腿痛的常见病证之一。梨状肌起始于骶骨前面,肌纤维经过坐骨大孔向外,止于股骨大转子的后内侧,是髋关节外旋的主要肌肉,受骶丛神经支配。梨状肌的体表投影:髂后上棘至尾骨尖做一连线,由此线中点向股骨大粗隆顶点做一连线,此直线即为梨状肌下缘(图4-1)。坐骨神经大多经梨状肌下孔穿出骨盆到臀部,部分有解剖变异者从梨状肌内穿过(图4-2),在臀大肌下面降至大腿后面,并在该处分为胫神经及腓总神经,传导小腿、足部的感觉及支配运动。若髋关节过度内、外旋或外展,可损伤梨状肌。

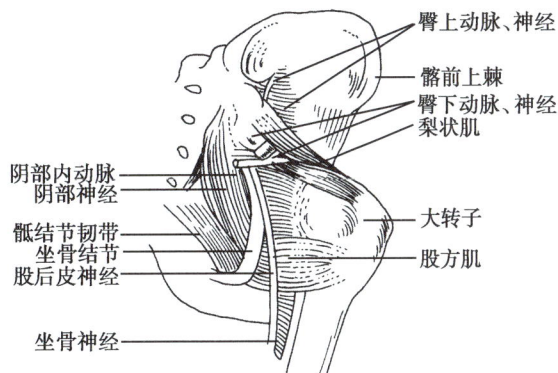

图 4-1 梨状肌的体表投影

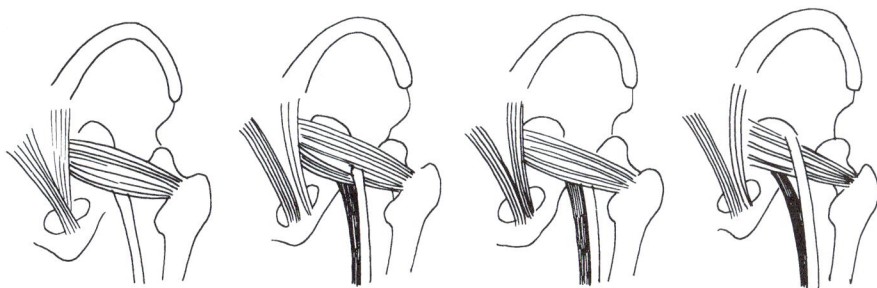

图 4-2 坐骨神经与梨状肌的关系类型

【病因病机】

梨状肌综合征分为急性伤筋和慢性劳损两种类型,多由间接外力所致,如髋部遇有扭闪跨越伤、反复下蹲等动作及慢性劳损,或感受寒冷潮湿,或人工髋关节置换术后,或骨盆腔内炎症刺激等,均可使梨状肌遭受损伤。特别是有坐骨神经走行变异者更易发生。急性伤筋可导致梨状肌肌腱撕裂、渗血和水肿,产生的炎症反应可使周围肌肉形成保护性痉挛,使坐骨神经受到刺激、牵拉或挤压而出现相应的临床症状。慢性损伤主要病理表现为局部肌纤维的变性、挛缩与粘连,因累及坐骨神经、臀下神经等出现臀部和下肢肌肉萎缩、肌力减退等一系列临床症状。久之可引起臀大肌、臀中肌的萎缩。本病归属于中医学"痹证"的范畴,与气血凝滞、痹阻经络相关。

【临床表现与诊断】

患者有髋部扭闪外伤史或感受风寒湿等病史。主要症状是臀部酸胀疼痛,向大腿放射,一般为单侧发病,肌痉挛严重者,呈"刀割样"或"烧灼样"疼痛,咳嗽、喷嚏可加重疼痛,睡卧不宁,甚至出现跛行,偶有会阴部不适、小腿外侧麻木。检查时腰部无压痛和畸形,活动不受限。梨状肌肌腹有压痛和放射痛,有时可触及条索状隆起肌束。髋内旋、内收受限并加重疼痛,梨状肌试验阳性,直腿抬高试验在小于60°时,梨状肌被拉紧,疼痛明显,而大于60°时,梨状肌不再被拉长,疼痛反而减轻,患者在蹲位休息后可使症状减轻或消失。X线检查可用于排除髋部骨性病变,肌电图可协助诊断。

临床应注意与腰椎间盘突出症、腰椎椎管狭窄症、臀上皮神经卡压综合征等相鉴别。

【辨证论治】

治疗的原则是松解粘连、通络止痛,解除梨状肌对神经、血管的压迫。以手法为主,配合药物、针灸、封闭等疗法。

(一) 理筋手法

常作为首选疗法,主要作用是舒筋通络,活血散瘀。通过局部手法缓解梨状肌痉挛,改善局部营养供应,解除对神经的压迫,同时可以加速血液循环,促进新陈代谢,消除局部无菌性炎症,修复受损的组织。急性期手法宜轻柔和缓,切忌暴力,以理筋轻手法为主,以免加重病情;慢性期手法宜深沉有力,以弹拨法为主。患者俯卧位,术者先按摩揉推臀部痛点数分钟,然后用拇指或肘尖用力深压来回拨动梨状肌,弹拨方向与梨状肌纤维方向相垂直 10~20次。最后按压痛点和牵抖患肢。每周 2~3 次,连续 2~3 周。

(二) 药物治疗

1. 内服药

(1) 血瘀气滞型:可见一侧臀部刺痛、酸胀,部位固定。舌质紫暗,苔白,脉涩。治宜化瘀生新,活络止痛,方用桃红四物汤、活血止痛汤加减。

(2) 寒湿痹阻型:可见臀部疼痛、沉重,遇寒加重,伴活动不利、跛行。舌质淡红,苔薄白,脉弦紧。治宜散寒除湿,祛风通络,方用独活寄生汤加减。

(3) 湿热阻络型:可见臀部重坠胀肿、局部反复肿胀,时轻时重,或有灼热,活动时疼痛加剧。舌质红,苔黄腻,脉滑数。治宜清热除湿,通络止痛,方用加味二妙散加减。

(4) 气血亏虚型:可见一侧臀部疼痛隐隐,迁延不愈,伴活动不利、跛行,舌淡,苔白,脉细弱。治宜补养气血,舒筋止痛,可用当归鸡血藤汤加减。

2. 外用药　可采用宝珍膏、复方南星止痛膏等外贴患处,亦可配合中药热敷、中药熏洗或应用中药离子导入法。

(三) 其他疗法

保守治疗无效且症状严重,或诊断明确但症状反复发作的患者,可视具体情况,施行梨状肌肌腱切断术或坐骨神经松解术等手术治疗,以松解或解除坐骨神经的卡压。

还可以采用以下治疗方法:

1. 用 1% 利多卡因 5~10ml 加复方倍他米松注射液(得宝松)25mg,做痛点封闭,可解除疼痛,并可作为诊断性治疗以排除其他疾病。一般 5~7 天 1 次,共 4 次。

2. 针刺治疗。取阿是穴及秩边、环跳、承扶、殷门、阳陵泉、足三里等穴进行针刺,急性期采用强刺激,运用泻法大幅度提插捻转,以有酸麻感向远端放散为佳。对于病久、病情较轻者,应轻刺激,采用平补平泻或补法。

3. 针刀松解粘连,减轻肌肉内压力,缓解肌肉痉挛,消除水肿,临床应用具有较好疗效。

4. 采用经络频谱仪、红外线透热照射仪、超短波等物理治疗,若配合药物外用则疗效更佳。

【预防与调护】

急性疼痛期应卧床休息,避免风寒湿邪侵袭及髋关节过度外旋和外展活动。缓解恢复期应加强髋关节及腰部练功活动。平时要加强锻炼,增强体质,劳逸适度,防止损伤。同时注意在进行各种体育活动锻炼过程中,需先进行一些适应性的准备活动,以防止再度出现损伤。

知识链接

臀中肌综合征

臀中肌综合征又名臀中肌筋膜炎,指各种原因导致臀中肌筋膜发生慢性无菌性炎症而以疼痛为主要症状的一类病证。本病多见于中青年人,是临床腰腿痛的常见病之一。臀中肌在人体站立时可稳定骨盆,从而稳定躯干,特别是在步行中的单足着地期尤为重要。日常生活中的躯干活动,如弯腰、直立、行走、下蹲等,臀中肌都起到很重要的作用,因而易产生劳损,尤其当突然改变体位时,更易发生损伤。

臀中肌综合征可分为急性伤筋和慢性劳损两种类型。急性伤筋可见于体位突然改变时,臀中肌受暴力牵拉,导致肌纤维损伤,出现局部出血、充血、水肿,血肿若未能及时吸收,周围组织发生粘连而出现一系列临床症状。慢性劳损可见于日常活动如行走、下蹲、弯腰等动作,长期反复容易发生疲劳性损伤,损伤部位不断受牵拉和刺激,使局部变性充血、肿胀,刺激周围组织,或感受寒冷潮湿,寒湿痹阻,导致臀中肌筋膜和肌纤维渗出、肿胀、变性而形成本病。本病归属于中医学"痹证"范畴,与气血凝滞、痹阻经络相关。

本病通过病史、临床症状、体格检查等不难诊断。治疗的原则是松解粘连、通络止痛,解除肌筋膜的无菌性炎症。以手法为主,配合药物、针灸、封闭、理疗等方法。对于经久不愈的患者可手术切除痛性筋膜束。

本病愈后良好,发病时需首先限制髋关节的外展活动,从而减少对臀中肌的牵拉,注意休息,加强保暖,避免受凉,避免长时间的坐立及重复某一种动作,如骑自行车等。

三、弹响髋

弹响髋是指髋关节在主动屈伸活动或行走时,出现弹动同时感到或听到闷响声为主要表现的疾病。多见于青壮年,常为双侧性。本病虽症状不显著,但对患者精神心理可能会造成一定的负面影响。

【病因病机】

弹响髋以病变发生部位之不同,可分为关节内及关节外两种。关节内的弹响较少见,是由于髋臼盂缘软骨松弛,股骨头呈自发性移位,或增厚的髂股韧带在髋关节过伸外旋时向前方滑移时引起,好发于儿童。关节外的弹响是由于臀大肌肌腱部的前缘或髂胫束的后缘增厚,当髋关节做屈曲、内收、内旋活动时,增厚的组织在大粗隆顶部滑动发出弹响,多发于青壮年,临床较为常见,又称阔筋膜紧张综合征。

中医学认为本病是局部肌筋气血凝滞、血不濡筋,导致筋肉挛缩、疼痛、活动弹响。也可以是关节活动过度,慢性积劳成伤,迁延日久,筋肉肥厚、粘连、挛缩,活动弹响。

【临床表现与诊断】

髋关节自动屈伸及行走时可发出弹响声,并不影响关节活动,疼痛不明显。若继发有大转子区滑囊炎时可出现疼痛,局部可触到条索样物,令患者主动伸直、内收或内旋髋关节,可摸到一条粗而紧的纤维带在大转子处滑动和发出弹响声。儿童的弹响髋常发生于髋关节突然屈曲和内收时。经 X 线检查排除髋关节周围的骨性病变后即可诊断。

临床应注意与先天性髋关节脱位、髋关节骨性关节炎等相鉴别。

【辨证论治】

治疗视病变程度而定,如只有弹响而无疼痛不适者,一般无碍健康,确诊后给予健康教育,不需特殊治疗。若髋关节时常有疲乏感且疼痛时,可采用非手术疗法对症治疗。若症情明显或影响患者生活、工作者,可考虑手术治疗。

(一) 理筋手法

患者取侧卧位,患侧在上,从臀部起,先顺阔筋膜张肌、髂胫束走行方向做按揉、推摩、提拿与弹拨法,并配合髋关节屈伸被动运动;再取仰卧位,在屈膝屈髋下,边摇转边下压,并外展外旋伸直下肢数次,最后在病患处施以摩擦手法,以热为度。

(二) 药物治疗

1. 内服药

(1) 筋脉失养型:病程迁延,髋部钝痛,喜按喜揉,肌肉萎缩,腿软无力,动则弹响,舌淡少苔,脉细。治宜养血荣筋,方用壮筋养血汤加减。

(2) 湿热壅盛型:局部肿胀,灼热红肿,疼痛较重,动则加重,扪及筋粗,或有波动感,舌红苔黄,脉弦数。治宜清热解毒,除湿通络,方用三妙丸合五味消毒饮加减。

2. 外用药 可选用下肢洗方或海桐皮汤局部熏洗热敷,洗后外敷宝珍膏等。

(三) 其他疗法

若由于髂胫束或臀大肌肌腱增厚,可将这些组织在大转子处切断或将大转子上的滑囊或骨块切除,术后早期进行练功活动。若属关节内型,时常合并髋臼后缘骨折,或关节内游离体者,可手术根除。

还可以采用以下治疗方法:

1. 用醋酸泼尼松龙 1~2ml 加 1% 利多卡因 2~4ml 做局部痛点封闭。

2. 局部麻醉下,针刀沿髂胫束两侧垂直刺入,纵行疏拨分离数刀,至手下感觉病变处有松解感时出刀。行针刀治疗后 1 周内避免剧烈活动。

【预防与调护】

本病一般不影响髋关节正常的功能活动,但长期的关节弹响声对部分患者生活、工作有一定影响,应做好健康教育工作。本病经保守治疗,预后良好。

四、髋关节一过性滑膜炎

髋关节一过性滑膜炎是一种非特异性炎症所引起的以急性髋关节疼痛、肿胀、跛行为主的病程短暂的疾病。目前对其发病机制尚无统一认识,故临床病名称谓很多,如暂时性滑膜炎、单纯性滑膜炎、小儿髋关节半脱位、应激髋综合征等。临床多见于 3~10 岁儿童,男孩较女孩多见。本病发生后,部分患儿可自行恢复,多数患儿需针对性治疗方可痊愈,否则有继发股骨头无菌性坏死的可能,所以早期诊断、及时治疗是本病的关键。

【病因病机】

本病病因尚不明确,可能与外伤或细菌、毒素及超敏反应等因素有关。多数患儿发病前有髋部的过度运动、劳累或感受风寒湿邪史。儿童时期,因其髋臼及股骨头发育尚未成熟,髋关节活动度大,关节囊较松弛,当奔跑、跳跃、不慎滑倒使下肢过度外展或内收时,由于髋关节间隙增宽,关节腔内的负压将关节滑膜或韧带吸入并嵌夹于关节腔内。当股骨头恢复至原来位置时,由于部分滑膜嵌顿于关节腔内,使关节不能完全复原。此外,关节内脂肪、韧带也可能被挤压或反折在髋臼与股骨头之间,影响股骨头恢复到原来位置,从而引起髋关节短暂的急性肿痛及渗液的滑膜炎症。

中医学认为该病是由于正气受损,卫外不固,风寒湿毒乘虚而入,使关节脉络不通,气血运行受阻而致。

【临床表现与诊断】

患儿多有蹦跳、滑跌等外伤史或上呼吸道感染、痢疾史。多数人发病急骤,表现为髋关节疼痛,伴有同侧大腿内侧及膝关节疼痛,动则痛剧,行走跛行。可偶伴有发热,持续数日,重症者类似急性髋关节感染。查体可见患肢髋关节处于屈曲、内收、内旋位,腹股沟前方及髋关节后方可有压痛,髋部活动受限,拒绝移动患肢,骨盆倾斜,双下肢长短不一,髋4字试验阳性,托马斯征阳性。X线检查示髋关节囊肿胀,关节间隙稍增宽,无骨质破坏。MRI检查可见髋关节囊增厚、髋关节积液等。髋关节穿刺检查可见关节液透明,细菌培养阴性。关节囊滑膜组织检查为非特异性炎症变化。实验室检查白细胞总数可增高,红细胞沉降率略快,抗链球菌溶血素O试验在正常范围之内。

临床注意与髋关节滑膜结核、股骨头骨骺炎、髋关节化脓性关节炎、股骨头坏死等疾病相鉴别。

【辨证论治】

本疾病病程较短,通常3~4天症状消失,髋关节活动恢复正常。因负重及髋关节伸展和内旋活动可增加关节囊内压而危及股骨头血供,故治疗重点是避免负重和限制髋关节活动。

(一)理筋手法

患儿仰卧,术者立于患侧,先用拇指轻柔弹拨患髋股内收肌群,以缓解肌肉痉挛,而后一手握踝部,一手握膝部,先轻轻做拔伸牵引,再屈髋屈膝,于无痛状态下旋转摇晃髋部,腿长者做屈髋内收内旋患肢,腿短者做屈髋外展外旋,随即伸直患腿,手法即完毕(图4-3)。若双下肢等长,骨盆不倾斜,症状可立即消失。术后尽量卧床休息。

(二)牵引疗法

可采用下肢微屈位皮牵引或袜套牵引,重量为体重的1/7,一般不超过5kg,维持牵引时间为1~2周。

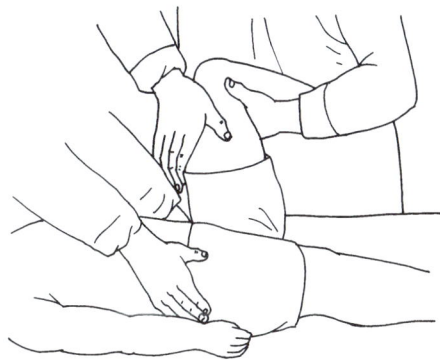

图4-3 髋关节一过性滑膜炎理筋手法

(三)药物治疗

1. 内服药

(1)损伤血瘀型:治宜活血化瘀,行气止痛,方选桃红四物汤加减。

(2)湿热内蕴型:治宜清热利湿,宣痹止痛,方选八正散加减。久病可服用舒筋汤。

2. 外用药 可在患髋周围外敷活血消肿止痛药膏或中药热敷熏洗。

(四)其他疗法

可选用间动电、干扰电、微波电及光疗法,配合中药离子导入等方法直接作用于髋关节,活血化瘀、舒经通络。

【预防与调护】

本病预后良好,大多能自行消失,很少见后遗症。小儿平时应避免下肢过度外展、外旋或内收、内旋等活动。发病后应卧床休息,避免下肢负重与过度活动,局部可适当热敷,以利滑膜炎症的消退。平时注意避免髋部外伤。

五、髋部周围滑膜囊炎

髋部周围有较多滑膜囊,临床上比较重要的有三个,即髂耻滑膜囊、大转子滑膜囊和坐骨结节滑膜囊。这些滑膜囊均直接或间接有助于髋关节的运动,减少肌腱与骨关节的摩擦。创伤、慢性劳损、局部感染及类风湿性病变等因素均可致滑膜囊炎。所谓髋部周围滑膜囊炎是指各种因素所致髋关节周围的滑膜囊积液增多、肿胀和炎症反应,出现局部酸胀疼痛、压痛明显、活动受限的一类病症。

【病因病机】

髂耻滑膜囊位于髂腰肌与耻骨之间,大转子滑膜囊位于臀大肌肌腱和股骨大转子之间,坐骨结节滑膜囊位于臀大肌与坐骨结节之间。由于滑膜囊处于特殊位置,局部长期持续的压迫和反复摩擦等慢性刺激,使囊壁渐渐增厚或纤维化而产生慢性无菌性炎症;少数因髋部剧烈活动,使附着在骨突上的肌腱损伤,从而牵拉损伤滑囊或肌腱损伤处的瘢痕刺激周围滑囊引起;部分患者有风湿或类风湿病史,或有局部感染史。早期病理改变主要是浆液性渗出物聚集在囊内,形成局限性的肿胀,若诊治不及时,迁延日久,囊壁变厚渐至滑囊闭锁,则使滑囊形成一个慢性炎症肿块。本病多见于老年人及长期坐位工作者,一般患者均较瘦弱。

中医学认为久坐伤气,气虚无力推动血行,则血运迟滞;局部组织长期受压、摩擦而致气滞血瘀、郁结不化、积聚化热,形成炎症。

【临床表现与诊断】

(一) 髂耻滑膜囊炎

髂耻滑膜囊炎又名髂腰肌滑膜囊炎,其病变多为慢性过程,主要表现为股三角部肿胀、疼痛和压痛,并可因股神经受压而出现股前侧及小腿内侧放射痛,偶尔发现局部逐渐增大的肿块。患侧大腿常处于屈曲位,若将其伸直、外展或内旋时,疼痛加重,局部压痛明显。X线检查主要用于排除腰椎、髋关节或大转子结核以及其他病变,诊断需要与髋关节脓肿、髂腰肌脓肿及股疝相鉴别。穿刺对诊断有帮助,如髂腰肌脓肿,可有一般炎症反应,白细胞增多,特别是多核细胞增多。

(二) 大转子滑膜囊炎

大转子滑膜囊炎一般无明显外伤史,发病时可有大转子部肿胀、疼痛、压痛,不能向患侧侧卧,行走不利,休息后症状减轻。检查时可于大转子后方触及囊性肿物,局部加压或髋关节屈曲与旋内时疼痛加剧,髋关节屈伸活动受限,为减轻疼痛,患肢常处于屈曲、外展和外旋位。X线检查示大转子处软组织肿胀阴影,有时可见钙化斑。局部穿刺抽液可见淡黄色液体。鉴别诊断需要与大转子结核、大转子骨骺炎、大转子化脓性骨髓炎相鉴别。

(三) 坐骨结节滑膜囊炎

坐骨结节滑膜囊炎好发于中老年人,患者一般有长期坐位工作史或跌倒史,常感臀部不适或疼痛,坐位尤其是臀部接触硬物时疼痛明显,站起疼痛即缓解,坐骨结节处压痛明显,摇旋髋关节时可引起牵扯痛。X线检查无异常表现。穿刺抽液可见淡黄色或血性液体。如果滑囊肿大明显,可刺激邻近的坐骨神经而出现相应神经症状,此时应与梨状肌综合征及腰椎间盘突出症相鉴别。

【辨证论治】

髋部周围滑膜囊炎的治疗,应针对病因,对症施治,防止复发。临床根据患者的具体情况而采取不同处理措施,注重综合疗法的应用。

(一) 理筋手法

对于慢性损伤性滑囊炎,医者在患处先施以掌摩法、掌揉法、推法放松局部,后适当用力,于深部按揉、弹拨肿物数分钟,以散结消肿、活血化瘀,最后用掌摩法、平推法以达舒筋止痛之功。术后局部贴敷药膏以增效。

(二) 药物治疗

1. 内服药

(1) 瘀血留滞型:可有明显外伤史,局部肿胀明显,可有瘀斑,疼痛拒按,舌暗红,脉弦。治宜活血散瘀,消肿止痛,方用桃红四物汤加减。

(2) 气虚湿阻型:损伤日久或反复长期劳损。关节局限性肿胀疼痛,反复发作,劳累加重,舌淡胖,苔白滑,脉濡。治宜益气健脾,利湿止痛,方用健脾除湿汤加减。

(3) 湿热壅盛型:局部红肿灼热,疼痛较剧,拒按,扪之有波动感,伴发热口渴,舌红苔黄,脉数。治宜清热除湿,通络止痛,方用五味消毒饮合三妙丸加减。

2. 外用药　疼痛期局部用金黄膏、消肿膏、三色敷药等外敷,恢复期采用海桐皮汤熏洗热敷。

(三) 其他疗法

经保守治疗无效者,或诊断明确,但症状严重、反复发作的患者,可行滑囊切除手术或做病灶清除术。切除物须常规做病理检查,以排除其他病理变化所致之滑膜囊炎。

还可以采用以下治疗方法:

1. 局部穿刺抽液,然后注入 1% 利多卡因 5ml 加曲安奈德 40mg 做局部封闭,本法可作为诊断性治疗。

2. 局部麻醉下,用针刀垂直刺入滑囊后,做纵横行十字剥离,至滑囊壁完全切开,刀下有松解感时出针刀。术后避免剧烈活动。

3. 选用蜡疗及光疗法,以及中药离子导入法等。

【预防与调护】

本病应注意减少坐位时间,避免损伤与外邪侵扰。发病后以卧床休息为主,减少局部压迫,避免受凉,禁食辛辣刺激之物。本病预后良好。

六、臀肌挛缩症

臀肌挛缩症是由于臀部肌肉及其筋膜的纤维变性挛缩,继发髋关节内收、内旋功能障碍,进而表现为特有的步态、姿势异常及体征的临床病症。其发病原因与多次反复在臀部肌内注射药物有关。

【病因病机】

一般认为,本病是多种致病因素引起臀部肌间隙内压力增高,肌肉压迫性缺血或化学性肌炎,导致肌肉纤维化和瘢痕挛缩。其中臀部注射因素被认为是最强的危险因素,其他因素包括免疫因素、遗传因素、创伤医源性因素、感染因素及特发性因素等。

【临床表现与诊断】

本病多有臀肌反复注射药物史。常见于儿童,亦可见于青少年,可双侧或单侧发病。患者髋关节内旋内收活动受限。站立时下肢呈外旋位,不能完全靠拢。行走时呈明显的"外八字"形。下蹲活动时,轻者蹲时双膝先分开,然后下蹲后再并拢;重者只能在外展、外旋位下蹲,髋内收、内旋受限。体征多呈现跳步征、尖臀征、蛙腿征,交腿试验阳性,髋部弹响,髂胫束试验(Ober 征)阳性。骨盆 X 线检查骨质多无异常改变,严重者可见骨盆倾斜,或见"假性双髋外翻"。血液检查示肌酸肌酐正常,均无肌肉病表现。

本病应与弹响髋、脊髓灰质炎后遗症等疾病鉴别。

【辨证论治】

治疗分为非手术治疗与手术治疗,前者适用于轻中度患者,多无明显髋、膝关节功能障碍,主要症状为不会跷二郎腿、髂胫束试验弱阳性等;后者适用于重度患者,而术后亦应配合非手术治疗等综合疗法,以提高疗效。

(一)理筋手法

患者取俯卧位,先在臀部施以㨰法、拿揉法及弹拨法数分钟,以充分放松臀部肌肉及其筋膜的纤维变性挛缩。再取仰卧位,屈膝屈髋并将患髋内收、内旋、伸直活动数次,范围由小到大、力量由轻到重,最后以牵抖患肢而收功。手法前后可配合中药热敷或理疗。

(二)药物治疗

1. 内服药

(1)早中期:为瘀阻筋络型,症见髋部酸胀、疼痛不适,日轻夜重,髋关节屈伸活动不利,站立及行走时无明显异常,上楼及跑跳时步态异常,臀外侧区可触及筋粗筋结,舌质暗,苔薄白,脉弦涩。治宜益气活血,通络止痛,方用补阳还五汤加减。

(2)晚期:为筋脉失养型,症见病久体亏,步行乏力,臀部酸胀,臀肌萎缩,髋伸屈活动明显受限并伴有弹响,可触及条索样硬结,站立及行走时呈明显的"外八字"形,跑跳时更明显,舌质淡,苔薄白,脉沉细。治宜养血壮筋,和营通络止痛,方用壮筋养血汤加减。

2. 外用药 可在局部应用中药热敷熏洗或外擦剂如红花油等。

(三)练功活动

注重股四头肌锻炼和下肢步行、跑跳练习,加强患髋功能活动,如并膝下蹲、四面摆腿、仰卧举腿、蹬空增力等动作的练习。

(四)其他疗法

针刀治疗可以松解臀肌挛缩组织粘连、消除硬结条索、减轻组织压力、改善血液循环、促进炎症消退、加快水肿吸收、解除血管神经卡压。

对于重度患者,或经非手术治疗无效且已明显影响患肢功能者,应选择手术治疗。主要术式有臀肌挛缩带切除术、臀肌挛缩带 Z 形延长术、臀肌挛缩带切断术及臀大肌止点松解术等。不论何种术式,均应强调术后早期、主动的练功活动,同时要防止术后并发症,如坐骨神经损伤、血肿感染、切口皮肤瘢痕化及外展肌力减弱等。

【预防与调护】

因注射因素被认为是最强的危险因素,故应在源头上杜绝苯甲醇溶酶的使用。在农村经济卫生较差的地区,加强预防和治疗工作。患儿使用药物,应按口服、肌内注射、静脉滴注的顺序选择给药,避免在臀部过多的肌内注射或两侧轮流交替注射,且注射后宜采用热敷以促进药物吸收。手术应尽量安排在青春期发育前进行,并做好围手术期的综合治疗。

七、大腿部肌肉群损伤

大腿部肌肉较丰富,前侧群有股四头肌及缝匠肌,内侧群为股内收肌,包括浅层的耻骨肌、长收肌、股薄肌和深层的短收肌、大收肌,后侧群包括股二头肌、半腱肌、半膜肌。大腿部肌肉群相互协作,支配髋、膝关节的活动。大腿部肌肉群损伤是指大腿部肌肉遭受直接暴力打击而致的挫伤,以及因扭捩所致的肌纤维的撕裂伤,严重时可致肌肉完全断裂,影响髋、膝关节的功能。常见的大腿部肌肉群损伤包括股四头肌损伤、股内收肌损伤及股二头肌损伤。本病多见于运动量过大与运动前准备不足的运动员及中老年人。

【病因病机】

(一)前侧肌群

前侧肌群以股四头肌损伤最为常见。股四头肌遭受直接钝性暴力打击或运动碰撞可引起挫伤,轻者部分肌纤维损伤,重者肌肉断裂。由间接暴力引起的损伤系该肌剧烈收缩所致,如超重的负重蹲起、足球运动的后摆腿与正脚背大力踢球等均可产生急性损伤。反复跪跳、牵拉可造成慢性劳损,如登山运动、重体力劳动、行军长走等。股四头肌位置表浅,特别是股直肌为双关节肌,肌肉扁窄,跨度长,易损伤。损伤轻者或慢性劳损,可使肌腱于附着处或肌腱交界处发生撕裂伤,肌纤维损伤出血、渗液,形成小的血肿或粘连。损伤重者为部分或完全断裂,有时还可引起肌肉起止点的撕脱性骨折,组织内广泛出血,肿胀疼痛明显,功能活动障碍,日久血肿机化,瘢痕组织形成。

(二)股内收肌群

股内收肌群位于大腿内侧,主要作用是使大腿内收,稍外旋。可因过度牵拉或反复牵拉造成大腿内侧部疼痛、行走不便等症。多在骑摩托车或骑马时两腿用力夹持时间过长或突然用力内收的情况下发生;足球运动员铲球、小儿攀登高处时,髋被动外展,可造成同样损伤;在打羽毛球和网球跨步救球时,或在滑冰运动中,高速滑行时被绊倒,也可拉伤内收肌群。由于长收肌起自耻骨上支,在大收肌起点的前方,向下斜行止于股骨粗线,跨度较长,起止点集中,故首先受累。损伤程度根据暴力大小而不同,轻者仅为少数肌纤维断裂,重者肌肉可完全断裂。损伤后局部出血,继而纤维化。慢性的反复损伤可引起耻骨部止点处的病理性改变,造成附着处或肌腱交界处撕脱、撕裂。由于劳累复受风寒引起者,发病较缓。

(三)后侧肌群

后侧肌群以股二头肌损伤最为常见。股二头肌损伤多由于膝关节过伸位时,大腿前侧受到外力而造成的抵止部撕裂损伤。此外,小腿内翻、内收时也可造成股二头肌拉伤,部分则可见于直接暴力打击或运动碰撞引起的挫伤。损伤后软组织内出血、水肿,部分肌肉纤维断裂,小腿屈曲功能下降,日久血肿机化,瘢痕组织形成。

【临床表现与诊断】

(一)股四头肌损伤

患者大腿前方有明显的外伤史。外伤后局部疼痛剧烈,肿胀显著,不敢触碰,伤肢的功能活动受限,数小时后可出现瘀斑,伸小腿、屈大腿时疼痛加重;重者明显跛行,或需扶拐行走,膝关节屈曲小于90°;完全断裂者可在髌上疼痛部位触及肌腱离断后近端收缩遗留的凹陷空隙;单纯股直肌断裂常因肿胀不易触及断端,造成漏诊。迁延日久可使股四头肌痿废无力,甚至肌萎缩。

查体见患肢伤处压痛明显,压痛点固定或广泛,髋、膝关节活动功能受限,股四头肌抗阻力试验阳性;若为慢性劳损或陈旧性损伤者,大腿前侧压痛虽轻微,但跟臀试验可诱发大腿前部不同程度的牵拉痛,或见肌萎缩、肌无力现象。肌肉僵硬、血肿明显者,穿刺可抽出血性积液。X线检查可以排除附着处的撕脱性骨折,陈旧性损伤后出现钙化阴影,提示发生骨化性肌炎。本病应与股骨干骨折、膝关节半月板损伤、股外侧皮神经卡压综合征等相鉴别。

(二) 股内收肌损伤

患者大腿上端内侧疼痛,局部有压痛。当患者仰卧时,检查者一手握拳,横置于患者双膝间,做抗阻力内收患肢,可见上端疼痛加剧。髋、膝关节稍屈曲、外旋,行走可见跛行。X线片可排除肌肉起始部位的撕脱性骨折。本病应与股骨颈骨折、髋关节滑膜炎等疾病相鉴别。

(三) 股二头肌损伤

患者外伤后大腿外侧及腓骨小头部肿痛,压痛明显,伤肢的功能活动受限,迁延日久可使股二头肌痿废无力,甚至肌萎缩,查体大腿外侧及腓骨小头部可见瘀斑,可有膝关节屈曲功能受限,屈小腿抗阻力时疼痛加重;若是存在肌腱撕脱伤,在屈小腿抗阻力时肌力下降。需行X线片排除腓骨小头撕脱性骨折,血液化验可无阳性结果。本病应与膝关节半月板损伤、腓骨小头骨折等相鉴别。

【辨证论治】

首先辨清肌肉损伤的性质与程度,如直接钝性暴力伤、慢性劳损伤,还是牵拉伤、挫伤、撕裂伤与断裂伤,以及损伤的部位。轻度损伤者,可做手法、药物和练功活动治疗;挫伤引起肌肉下血肿,血肿应力争一次抽出,并立即冰敷或活血消肿止痛类中药外敷,加压包扎固定;若有股四头肌肌肉部分断裂者,应将患肢置屈曲位石膏固定4~6周;完全断裂者,应早期手术修补缝合断端,恢复伸膝装置的完整性。

(一) 理筋手法

1. 股四头肌损伤 初期不宜直接按摩,应绝对卧床休息,限制患肢活动。中后期可适当对伤肢进行理筋手法。患者取仰卧位,术者立于患侧,先在大腿部伤处施以㨰法、推法、拿揉法及弹拨法数分钟,以松解肌肉及其筋膜粘连;再屈膝屈髋反复伸直活动数次,范围由小到大、力量由轻到重,最后以牵抖患肢而收功。手法前后可配合中药搽擦、热敷熏洗或理疗。本法也适用于术后恢复性治疗。

2. 股内收肌损伤 初期不宜手法治疗,以卧床休息为主,待肿胀大部分消除,疼痛减轻时,可用拇指顺有压痛或较硬的内收肌群做由远端向近端推的顺筋手法,再做屈膝、屈髋动作1~2次。

3. 股二头肌损伤 初期一般不宜用手法治疗,中晚期患者可适当在局部采用理筋手法,在局部做轻柔按摩,以松解肌肉及筋膜粘连,并且行膝关节屈伸、摇转等动作数次。

(二) 药物治疗

1. 内服药

(1) 血瘀气滞型:突然强力收缩或直接暴力撞击致伤。局部疼痛,肿胀,瘀斑,压痛。如肌肉断裂伤者,疼痛剧烈,在断裂处可扪及肌肉凹陷,患肢功能障碍。舌暗红,脉弦。治宜活血祛瘀,消肿止痛,方用复元活血汤或活血舒筋汤加减。

(2) 瘀热阻络型:损伤后局部肌肉僵硬,关节强直,有条索状硬结,或灼热红肿,活动后肌肉疼痛加重。舌质红,脉弦数。治宜活血散瘀,清热解毒,方用仙方活命饮加减。

(3) 气血虚损型:肌肉萎缩,活动无力,劳累后肌肉酸痛,面色苍白,少气懒言。舌淡,脉细无力。治宜补气血,壮筋骨,方用当归鸡血藤汤或健步虎潜丸等。

2. 外用药 早期局部外敷双柏散或消肿止痛膏,中后期可配合中药外洗。也可应用非甾体抗炎药物外擦。

(三) 固定方法

股四头肌部分撕裂或完全断裂术后的患者,一般用石膏固定在髋、膝轻度屈曲位6周,股内收肌及股二头肌损伤一般不用严格的固定,但急性损伤者在治疗同时应卧床休息 2~3 周,抬高患肢利于消肿,避免患肢负重,以利早日康复。

(四) 练功活动

早期以适当主动练功为主,预防失用性肌萎缩,练功方式以主动轻微舒缩股四头肌活动为主。肌肉部分肌纤维断裂者,应将伤肢处于受损肌肉拉长位,练功方式以主动屈膝后伸为主,目的是使损伤的肌纤维不致因瘢痕挛缩而变短,后期主动伸膝练功。肌肉完全断裂和肌腱附着处完全断裂者,术后 6 周加强主动练功,加强患髋功能活动,防止肌肉萎缩。如进行下肢步行、跑跳练习、并膝下蹲、四面摆腿、仰卧举腿、蹬空增力等动作的练习。

(五) 其他疗法

对于肌肉完全断裂或有肌腱附着处撕脱分离者,可早期手术清除血肿,做肌腱、筋膜、肌肉组织的修补缝合术。对于陈旧性股四头肌断裂者可利用减张缝合术,或阔筋膜修补缝合、股四头肌延长术。术后伤肢固定 4~6 周。

还可以采用以下治疗方法:

1. 损伤后期可选用间动电、干扰电、微波电及光疗法,配合离子导入、磁疗、蜡疗法等,以镇静止痛、滑利关节。

2. 损伤后期,痛点固定,影响肢体功能活动者,选用曲安奈德 40mg 加 1% 利多卡因 3~5ml 对痛点进行局部注射,5~7 天 1 次。

【预防与调护】

损伤早期应以卧床休息为主,不宜手法理筋治疗,以免加重损伤;中后期可理筋按摩,配合适当的练功活动,加速肢体的功能恢复;平时应加强体质训练,在进行各种运动前应充分做好放松性准备活动。

第二节 膝及小腿部筋伤

04章02节PPT

PPT 课件

膝关节是人体最大、最复杂的关节,由股骨远端、胫骨近端、髌骨、半月板、侧副韧带、交叉韧带和滑膜等组织组成,这些结构保持关节的稳定,任何一种结构的损伤都会出现膝关节局部的肿胀、疼痛等相关症状,从而影响关节的稳定性及运动功能。在人体所有关节中,膝关节最易受损,在膝关节损伤的治疗中,应最大限度地保护和修复膝关节的侧副韧带、交叉韧带、半月板和髌腱等结构的完整性和连续性。膝部以股四头肌最为重要,主要是伸膝功能,对膝关节的稳定性也有重要作用;当膝关节长期制动时,常并发股四头肌的萎缩,影响关节功能的恢复,所以在任何膝关节疾病的治疗过程中,都应重视股四头肌的练功活动。

中医称膝关节为"膝髌",由于膝关节周围筋肌结构甚多,所以中医学有"诸筋者,皆属于节"及"膝为筋之府"之说。而对膝关节的损伤处理,应从全局观点出发,既要合理地处理原发性损伤,又要加强股四头肌练功活动,只有这样才能使膝关节的功能得以恢复。

一、膝关节侧副韧带损伤

膝关节侧副韧带损伤是指由于外伤致使膝关节的侧副韧带发生挫伤、断裂,以膝部疼痛,步行时关节侧方不稳,出现内外翻畸形等为主要表现的膝部损伤。膝关节侧副韧带分为内、外两条(图 4-4),内侧副韧带起自股骨内髁结节,向下止于胫骨内髁内侧面。内侧副韧带的功能主要为限制膝关节外翻和外旋。外侧副韧带起自股骨外髁结节,向下止于腓骨小头,呈束状,主要具有限制膝关节内翻的作用,损伤后则会出现上述功能障碍。

【病因病机】

体育运动、交通事故及日常生活运动均是常见的侧副韧带损伤原因。接触性暴力与非接触性暴力均可致伤。暴力作用下,膝关节发生外翻或内翻是内外侧副韧带损伤的机制。内侧副韧带损伤的发病率比外侧副韧带的发病率高,同时内侧副韧带损伤也是最为常见的膝关节韧带损伤。

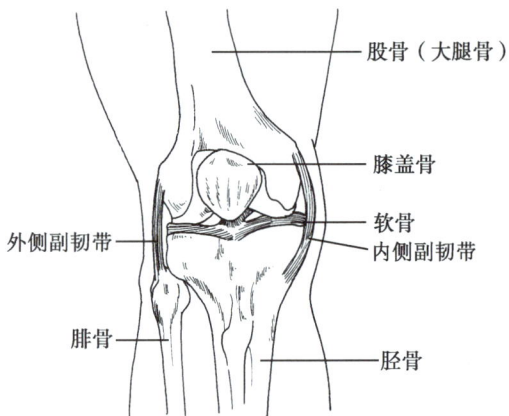

图 4-4　膝关节侧副韧带

长期患有膝关节骨性关节炎的老年患者,关节结构发生改变,甚至处于半脱位状,膝周韧带长时间处于不正常张力状态,易出现损伤情况。

【临床表现与诊断】

多有明确的外伤史,膝关节肿胀、疼痛、皮下瘀斑,局部压痛明显,功能障碍是主要症状,主动及被动活动均导致疼痛加重。损伤部位可出现肿胀,内侧副韧带严重损伤时,可出现关节内积血,撕裂部位可见皮下瘀斑,膝关节呈 135°半屈曲位,主、被动活动均受限,小腿外展时疼痛加重。若合并半月板损伤,膝关节可出现交锁征。外侧副韧带位于关节外,如损伤后也出现关节积血则提示有关节内结构的损伤。有时还可触及韧带断裂部位明显凹陷或回缩卷曲的韧带断端。外侧副韧带损伤易合并腓总神经损伤,可出现足下垂及小腿外侧下 1/3 及足背外侧面的感觉障碍。

沿韧带附着及循行部位可触及位置明确的压痛,压痛的区域提示损伤的部位与范围。膝关节侧方应力试验阳性,表现为膝关节内或外翻松弛。单纯侧副韧带损伤时,伸膝位侧方应力试验可表现为阴性,此时还应在膝关节屈曲30°进行检查。如伸膝位检查时亦显著阳性,则提示侧副韧带合并后内或后外侧关节囊、腘肌腱及交叉韧带等结构损伤。关节内积血时浮髌试验阳性。

在应力试验下行 X 线检查示伤侧关节间隙增宽或轻度错位,或呈撕脱性骨折。MRI 检查对膝关节软组织损伤诊断具有较高的敏感性,内外侧副韧带信号异常或连续性中断(图 4-5)。

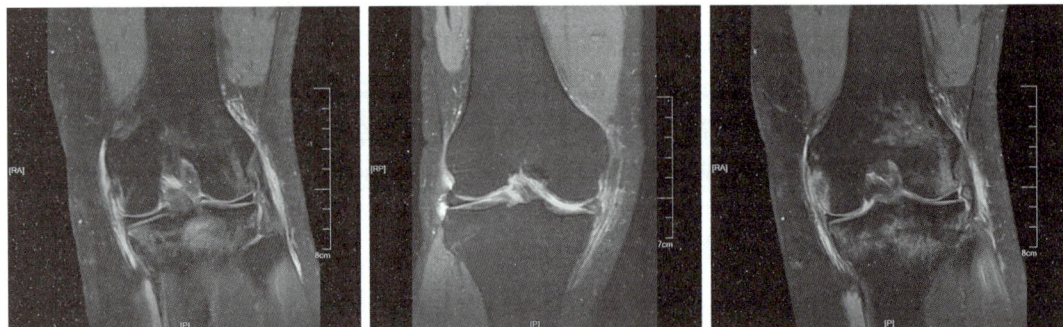

外侧副韧带损伤　　　　　内侧副韧带损伤　　　　　内外侧副韧带损伤

图 4-5　侧副韧带撕裂 MRI 检查图像

本病需与膝关节半月板损伤、交叉韧带损伤相鉴别,具体详见各有关章节。

> **知识链接**
>
> **膝关节三联损伤**
>
> 　　膝关节三联损伤,又称 O'Donoghue 损伤三联征。膝关节在受到外翻、旋转、暴力作用时,如果暴力程度超过保护膝关节、限制膝关节过度外翻旋转的内侧结构作用力时,会产生内侧副韧带损伤、内侧半月板损伤以及前交叉韧带的合并损伤,是严重危害膝关节功能的复杂性损伤之一。

【辨证论治】

(一) 理筋手法

损伤较轻,症状不明显者,早期可在损伤部位及其上下施以轻柔的揉、摩、擦等手法,随着症状的减轻,肿胀消退,手法可逐渐加重,帮助理顺经筋、散瘀消肿。晚期对关节屈伸活动困难者,还可进行屈伸手法,以缓解挛缩,松解粘连。对韧带损伤严重或断裂者,单纯理筋治疗效果较差。

(二) 固定方法

关节积血者予以抽吸,弹性绷带加压包扎。损伤严重时扶拐 1~2 周;部分撕裂及完全撕裂需超膝关节夹板或长腿石膏托屈膝 30° 固定 3~4 周,或 2~3 周后佩戴可调试功能支具。

(三) 练功活动

患者扶拐时,在疼痛可耐受下即可进行关节活动及肌肉的等长锻炼,疼痛消失后可进行抗阻肌力训练;采用夹板或石膏托固定者,固定期间可扶拐部分负重,并进行肌肉等长锻炼。拆除外固定后,开始在支具保护下行膝关节屈伸及抗阻肌力训练。正常活动应在关节运动范围及肌力恢复后进行。

(四) 药物治疗

1. 内服药

(1) 瘀血阻络型:伤后肿胀严重,剧烈疼痛,皮下瘀斑。膝关节松弛,屈伸障碍,舌质暗、有瘀斑,脉弦或涩。治宜活血消肿,祛瘀止痛,方用桃红四物汤加减。

(2) 筋脉失养型:伤后迁延,肿胀未消,钝痛酸痛,喜揉喜按。肌肉萎缩,膝软无力,上下台阶有错落感。舌淡无苔,脉细。治宜温经活血,壮筋活络,方用壮筋养血汤加减。

(3) 湿阻筋络型:伤后日久,肿胀反复,时轻时重,酸楚胀痛。筋粗筋结,屈伸不利。舌淡胖,苔白滑,脉沉弦或滑。治宜除湿通络,方用羌活胜湿汤加减。

2. 外用药　局部瘀肿者,可选用消瘀止痛膏、加味双柏散等外敷。伤后日久者,选用海桐皮汤或四肢损伤洗方熏洗热敷患膝。

(五) 其他疗法

手术治疗的指征包括明确诊断合并交叉韧带、半月板等结构损伤;合并有撕脱骨折显著移位;经保守治疗仍存在明显关节不稳定。急性损伤时,一般均可将撕裂的侧副韧带进行缝合修复,发生在韧带附着部的撕裂缝合困难时,可在骨质上钻孔,将缝线穿过固定。也可采用带缝线铆钉、带齿垫圈螺钉或 U 形钉,将韧带固定到新鲜骨床上。撕脱骨折应解剖复位固定,以避免发生韧带松弛现象。陈旧性损伤不可修复者则需进行韧带的重建。

【预防与调护】

本病经过积极治疗大多可以治愈,预后较佳。患膝关节应限制内、外翻动作。遗留关节内、外翻不稳定者,多是由于过早的负重运动所致,长期关节不稳定常可导致关节过早退变及其他稳定结构的损伤。

二、膝关节交叉韧带损伤

膝关节交叉韧带损伤是膝关节内较为严重的损伤之一。膝关节交叉韧带连接股骨髁与胫骨平台,分为前、后两条,交叉如十字,常称十字韧带。前交叉韧带起于胫骨上端关节面髁间棘内侧的前方凹陷处,与外侧半月板的前角相连,向上、后、外呈扇形走行,止于股骨外侧髁内侧面的后部,有限制胫骨过分前移的作用;后交叉韧带起于胫骨髁间棘后窝后部,向上、前、内斜行走向,止于股骨内侧髁的内面后部,有限制胫骨过度后移的作用(图4-6)。

膝关节的交叉韧带是限制胫骨在股骨上向前或向后移动的主要稳定结构,同时两者还具有协同内、外侧副韧带等结构,限制膝关节过伸、旋转及内、外翻的功能。由于外伤致使膝关节的前、后交叉韧带发生挫伤或断裂伤,临床主要表现为膝部肿胀,压痛与积液、积血,膝部肌痉挛,膝关节处于强迫体位,步行乏力、关节不稳等症状、体征。因此,交叉韧带对稳定膝关节起着重要作用。

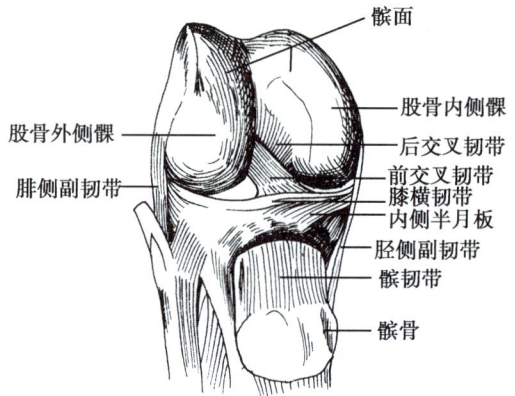

髌面
股骨内侧髁
股骨外侧髁
腓侧副韧带
后交叉韧带
前交叉韧带
膝横韧带
内侧半月板
胫侧副韧带
髌韧带
髌骨

膝关节(右前)

图4-6 膝关节交叉韧带

【病因病机】

膝关节交叉韧带损伤多因膝关节受到严重的打击外力引起。直接暴力如运动创伤或交通事故时膝部遭受直接撞击,间接暴力如运动中急停、突然改变方向等均可导致交叉韧带损伤。临床中前交叉韧带损伤远较后交叉韧带损伤多见。

暴力直接作用于股骨下端的前方或胫骨上端的后方,使胫骨发生相对于股骨的向前移位,可导致前交叉韧带损伤;如暴力作用于胫骨上端的前方,使胫骨发生相对于股骨的向后移位,可导致后交叉韧带的损伤。

【临床表现与诊断】

本病有明显外伤史。损伤时常自觉有撕裂感,疼痛剧烈,关节迅速肿胀。前交叉韧带损伤患者常难以描述准确的疼痛部位,后交叉韧带损伤患者则常诉胫骨平台后方疼痛。严重肿胀者出现皮下瘀斑,可伴有胫骨隆突骨折和半月板损伤。部分患者刚受伤时尚可主动屈伸活动,但多数情况下立即出现功能障碍,膝关节呈半屈曲位强迫体态。急性症状显著缓解后,一般均可恢复日常活动功能,部分患者甚至可以继续进行剧烈运动,但大部分患者存在关节乏力、不稳定感,在运动中容易反复受伤。运动后疼痛或慢性疼痛、反复关节肿胀、股四头肌萎缩也常见于陈旧性损伤患者中。

前交叉韧带损伤者前抽屉试验阳性,Lachman 试验阳性,轴移试验阳性;后交叉韧带损伤者后抽屉试验阳性,胫骨平台后移征阳性。

笔记栏

X 线检查可明确是否存在韧带附着部撕脱骨折,MRI 检查可明确损伤部位、程度(图4-7)。膝关节镜检查在其他检查不能确诊时能确定关节内损伤的具体情况,尤其对复合性损伤的诊断和治疗有较大的价值。

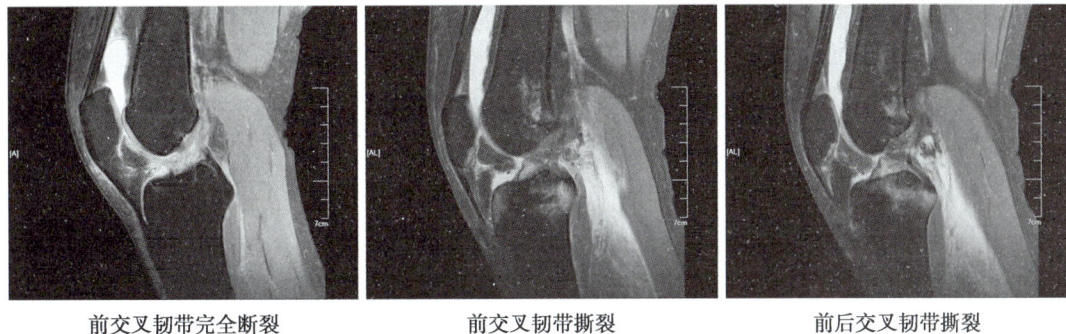

前交叉韧带完全断裂　　　　　　前交叉韧带撕裂　　　　　　前后交叉韧带撕裂

图 4-7　交叉韧带撕裂 MRI 检查图像

膝关节交叉韧带损伤通常存在显著关节肿胀及功能障碍,此时需要与膝关节内侧副韧带损伤、髌骨脱位、半月板边缘型撕裂等可以导致同样临床表现的损伤相鉴别。内侧副韧带损伤时膝关节外翻应力试验阳性,并在撕裂部出现显著压痛;半月板边缘型撕裂可在关节间隙平面对应的撕裂部位出现明确的局限性压痛,且往往伴随显著的关节交锁现象。

课堂互动

膝关节是临床上最常见和多发的筋伤部位。根据课程内容,结合骨伤科专科检查在疾病诊断中的重要性及特殊性,在课堂上现场开展膝关节筋伤疾病的相关专科检查练习。

【辨证论治】

(一) 理筋手法

早期可在损伤部位及其上下施以轻柔的揉、摩、擦等手法,随着症状的减轻,肿胀消退,手法可逐渐加重,帮助理顺经筋、散瘀消肿。晚期对关节屈伸活动困难者,还可进行屈伸手法,以缓解挛缩,松解粘连。对韧带损伤严重或断裂者,单纯手法治疗效果较差。

(二) 药物治疗

1. 内服药

(1) 瘀血阻络型:伤后肿胀严重,剧烈疼痛。皮下瘀斑,膝关节松弛,屈伸障碍。舌暗瘀斑,脉弦或涩。治宜活血消肿,祛瘀止痛,方用桃红四物汤加减。

(2) 筋脉失养型:伤后迁延,肿胀未消,钝痛酸痛,喜揉喜按。肌肉萎缩,膝软无力,上下台阶有错落感。舌淡无苔,脉细。治宜养血壮筋,方用壮筋养血汤或补筋丸加减。

(3) 湿阻筋络型:伤后日久,肿胀反复,时轻时重,重坠胀痛。屈伸不利。舌淡胖,苔白滑,脉沉弦或滑。治宜除湿通络,方用羌活胜湿汤加减。

2. 外用药　局部瘀肿者,可外敷消瘀止痛药膏、加味双柏散等。伤后日久关节活动不利者,可用四肢损伤洗方或海桐皮汤熏洗热敷患膝,洗后配合练功活动。

(三) 固定方法

损伤早期应先关节穿刺抽出关节积血,弹性绷带加压包扎。超膝关节夹板或长腿石膏托屈膝30°固定4~6周,或3~4周后佩戴可调试功能支具,允许膝关节活动在30°~60°之间。

(四) 练功活动

早期进行股四头肌等长收缩锻炼,拆除外固定后在支具保护下逐步增加膝关节活动范围,同时重点加强股四头肌及腘绳肌的肌力训练,正常活动应在关节运动范围及肌力恢复后进行。

(五) 其他疗法

手术治疗的指征包括单纯性交叉韧带完全断裂,或伴随其他结构如半月板、侧副韧带、腘肌腱等损伤;合并撕脱骨折显著移位;经保守治疗仍然存在膝关节不稳定。对于希望参加较剧烈或对抗性较强的运动,或职业中对膝关节负荷要求较高的患者也应进行手术治疗。随着关节镜技术的发展,关节镜监视下进行韧带手术已基本替代了传统的切开手术,相对于传统切开手术,其具有创伤小、恢复快等优点。总之,手术应贯彻稳定性功能重建与等长重建原则,全面处理,严防膝关节功能障碍。

【预防与调护】

即使存在交叉韧带功能的缺失,通过适当的康复训练,大多数患者膝关节功能均可满足日常基本活动需要,但关节稳定性的缺失不可避免会导致关节过早退变以及其他稳定结构的损伤。积极、规范的治疗及循序渐进的康复训练,可最大限度地减少关节稳定性的损害,部分或完全恢复关节的运动功能,佩戴护膝可增加膝关节的稳定性。

三、膝关节半月板损伤

膝关节半月板损伤是指暴力造成的膝关节半月板撕裂或分层断裂。青壮年多见,尤其常见于球类运动员、矿工、搬运工及长期下蹲位工作者。半月板是位于股骨髁与胫骨平台之间的纤维软骨盘,分为内、外侧半月板。内侧半月板较大,呈C形,前后角间距较远,附着于胫骨平台髁间棘后区;外侧半月板稍小且厚,前后角间距较近,近似O形(图4-8)。半月板的主要功能是传递载荷和稳定关节。随着年龄增大,半月板弹性减退、强度下降而变得更加容易损伤。外侧半月板常有先天性盘状畸形,称先天性盘状半月板。

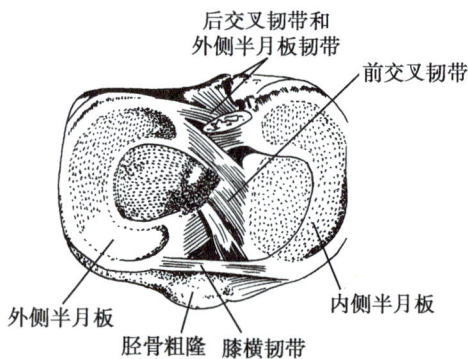

图4-8 膝关节半月板(右膝)

【病因病机】

当膝关节处于半屈曲外展位时,由于股骨髁骤然内旋牵拉,可导致内侧半月板损伤;或膝关节为半屈曲内收位,股骨髁骤然外旋伸直时,可致外侧半月板损伤。引起半月板损伤的外力因素还有研磨性外力,因外侧半月板负重较大(或先天性盘状半月板),对于长期蹲、跪位工作的人,由于半月板长期受关节面的研磨挤压,可加快半月板的退变,易发生外侧半月板慢性撕裂性损伤,常见为分层破裂。

老年人因半月板退行性改变,弹性变弱,轻微的外力作用或长期的慢性劳损也可出现半月板损伤。

【临床表现与诊断】

多数患者有膝关节突然旋转、跳起落地等外伤,或有膝关节反复轻微扭伤史。伤后立即出现疼痛,患者常诉膝关节一侧疼痛,或膝关节活动到某一位置时出现疼痛。膝关节常常不能完全伸直,压痛位于关节间隙,位置局限而固定。肿胀通常较轻微,边缘附着部撕裂可导致关节内血肿,出现显著肿胀。部分患者有时发生关节交锁,活动中突然伸直障碍,同时出现剧烈疼痛,这是破裂半月板嵌夹于关节内不能解脱所造成的。交锁发生后通常需经自己或他人协助将患肢旋转、摇摆后,突然出现弹响才能恢复,随即疼痛减轻。陈旧性损伤患者由于关节稳定性减弱及股四头肌萎缩肌力减退,常常出现"打软腿"现象。

体征可见膝关节间隙位置局限而固定的压痛点,过伸或过屈试验阳性,回旋挤压试验阳性,挤压研磨试验阳性。

X 线检查的直接意义不大,但有助于排除膝关节的骨性病变或其他疾患,MRI 检查可明确损伤的部位、类型及程度,确诊率高(图 4-9)。

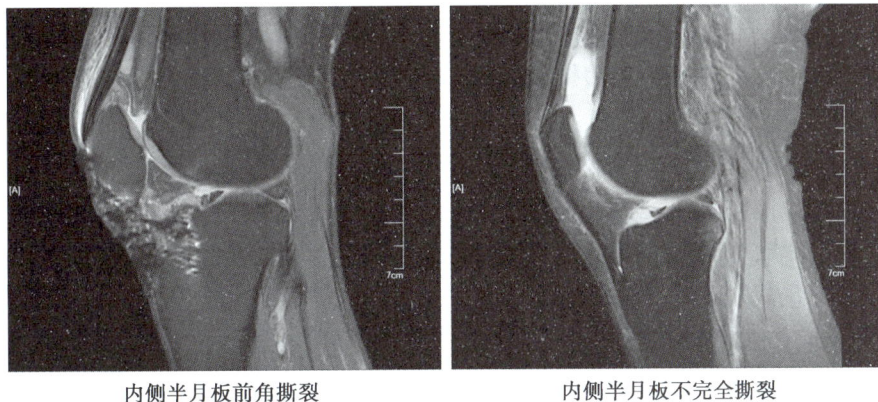

内侧半月板前角撕裂   内侧半月板不完全撕裂

图 4-9 内侧半月板撕裂 MRI 检查图像

【辨证论治】

(一)理筋手法

早期可在损伤部位及其上下施以轻柔的揉、摩、擦等手法,随着症状的减轻,肿胀消退,手法可逐渐加重,帮助理顺经筋、散瘀消肿。关节交锁者可在膝关节内外翻的同时,施以轻柔的旋转手法予以解锁。晚期对关节屈伸活动困难者,还可进行屈伸手法,以缓解挛缩,松解粘连。对半月板损伤严重者,单纯手法治疗效果较差。

(二)药物治疗

1. 内服药

(1)气滞血瘀型:膝关节疼痛肿胀明显,关节交锁不易解脱,局部压痛明显,动则痛甚。舌质暗红,苔白,脉弦或细涩。治宜活血化瘀,消肿止痛,方用桃红四物汤加减。

(2)痰湿阻滞型:损伤日久或手术后膝关节肿胀明显,酸痛乏力,屈伸受限。舌淡胖,苔腻,脉滑。治宜健脾通络,温化痰湿,方用二陈汤加减。

(3)肝肾亏损型:无明显的外伤史或轻微扭伤,肿痛较轻,静时反痛,损伤日久,肌肉萎缩,膝软无力,弹响交锁频作。舌红或淡,少苔,脉细或细数。治宜通络止痛,补益肝肾,方用补肾壮筋汤或健步虎潜丸加减。

2. 外用药　早期局部瘀肿者,可外敷消瘀止痛药膏、三色敷药等。后期关节活动不利者,可用四肢损伤洗方或海桐皮汤熏洗热敷患处,洗后配合练功活动。

(三)固定方法

一般不需要严格制动,经休息、适当的药物及物理治疗后,即可逐步负重行走。

(四)练功活动

早期进行肌肉的等长锻炼,在疼痛可耐受下进行主动活动范围锻炼,疼痛消失后可进行抗阻肌力训练。

(五)其他疗法

手术治疗的指征包括明确诊断且经非手术治疗无效,或急性损伤出现交锁征经手法或牵引不能解锁。目前常用的手术方法包括半月板修补术和半月板部分切除术。

对损伤后期出现明显股四头肌萎缩的患者,常取血海、梁丘、足三里、阳陵泉、阴陵泉、委中、承山、三阴交、阿是穴等穴位进行针刺,有助于疏通经络,顺行气血,达到缓解局部肌肉痉挛及疼痛的目的。

【预防与调护】

半月板损伤患者,应减少患肢运动,避免膝关节骤然的扭转、伸屈动作。若施行手术治疗,术后 1 周开始股四头肌舒缩锻炼,术后 2~3 周如无关节积液,可下地步行锻炼。

病案分析

病案:患者,男,27 岁,因右膝关节疼痛 2 天来诊。患者 2 天前打球时不慎扭伤右膝关节,当即感局部疼痛,后出现关节肿胀,自行外敷"骨通贴膏"治疗,疼痛缓解不明显。查体:右膝部轻度肿胀,内侧关节间隙处压痛,极度屈曲膝关节可使疼痛加重,主、被动活动右膝有弹响,挤压研磨试验阳性,麦氏征阳性。舌暗红,苔白,脉弦。X 线检查示右膝未见明显异常,MRI 提示有内侧半月板后角Ⅲ度损伤。

分析:应诊断为膝痹(气滞血瘀型)。患者 2 天前打球时不慎扭伤右膝关节,即感局部疼痛,后出现关节肿胀。由于暴力突然作用使半月板随股骨髁的正常运动不能迅速完成,半月板被嵌挤于股骨髁与胫骨平台之间,挤压和旋转暴力共同作用超过了半月板所能承受的极限,最终导致半月板损伤。

中医认为外来暴力作用引起膝部经脉受损,经络阻塞,不通则痛,营血离经,阻塞络道,瘀滞于皮肤腠理,"血有形,病故肿",故出现肿胀、关节屈伸不利,发为膝痹。治法宜活血化瘀,消肿止痛。方用桃红四物汤加减内服,外用三色敷药。石膏固定于屈膝10° 休息位,限制膝部活动,禁止下床负重。5 日后,肿痛稍减进行股四头肌主动舒缩练功活动,防止肌肉萎缩。3 周后解除固定,步行锻炼。经系统治疗后患者疼痛缓解,膝关节活动度良好。

四、膝周滑囊炎

膝关节承负重荷,运动量大,肌肉和肌腱布满四周,所以周围滑囊较多,滑囊的存在对肌腱的运动起缓冲作用,与关节腔相通的滑囊可扩大滑膜分泌和散发热量的面积,但滑膜囊也常为病变发生的部位。滑膜囊简称滑囊,是结缔组织中形成的封闭式的囊腔,其壁薄,内层为滑膜,多位于肌腱与肌腱、肌腱与骨骼之间。

膝关节周围滑囊较多,主要分为前侧、外侧、内侧三组。前侧主要是髌骨周围滑囊,包括髌上囊、髌前皮下囊、髌前筋膜下滑囊和髌前腱下滑囊、髌下滑囊等(图4-10)。外侧主要包括外侧腓肠肌滑囊、腓骨滑囊、腓腘滑囊、腘肌滑囊、髂胫束滑囊等。内侧主要有鹅足囊、内侧腓肠肌滑囊、腓肠肌内侧头 - 半膜肌滑囊、膜肌滑囊、内侧副韧带滑囊、半膜肌腱 - 半腱肌腱间滑囊等。

滑囊受到外力损伤或长期慢性刺激,可出现以滑液增多、滑膜囊肿大并引起局部疼痛为主要表现的一种疾患。临床以髌前、髌下滑囊炎和鹅足滑囊炎多见。

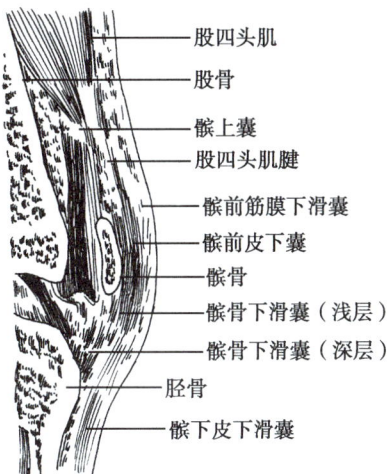

股四头肌
股骨
髌上囊
股四头肌腱
髌前筋膜下滑囊
髌前皮下囊
髌骨
髌骨下滑囊(浅层)
髌骨下滑囊(深层)
胫骨
髌下皮下滑囊

图 4-10 髌周滑囊

【病因病机】

膝关节周围滑囊炎常由于反复摩擦、挤压、碰撞等因素引起,可见于长时间跪地工作或洗衣服的人群,也可因急性损伤或关节内及周围感染而诱发。急性滑膜炎常因创伤或感染而发病,积液多为血性与脓性;慢性滑膜炎多与从事的职业有关,以长期慢性刺激为主,其主要病理改变为囊壁水肿、肥厚或纤维化,滑膜增生呈绒毛状改变。

【临床表现与诊断】

多数患者有明确的外伤史或长期慢性劳损病史。髌前滑囊炎主要表现为髌前局限性肿块,肿块波动征阳性、柔软、界限清楚;髌下滑囊炎检查胫骨髁间髌韧带两侧生理凹陷消失并突出;两者均可有轻度疼痛或无疼痛,髌骨和膝关节活动不受限制,多无全身症状。若合并感染,则症状和体征加重,多有全身症状,表现类似于急性化脓性关节炎。鹅足滑囊炎在膝关节内侧疼痛,尤其是屈伸膝关节时疼痛,有时疼痛也向上扩散。内侧肿胀,平胫骨结节内侧胫骨内髁处压痛尤为明显。

X 线检查对本病诊断无太大帮助,可用于排除髌骨及膝关节的结核性及感染性疾病。MRI 检查有助于明确部位及病变程度。

滑膜囊穿刺可见有淡红色或棕黄色滑液,培养液无细菌生长。本病若出现感染病灶时,应做常规实验室检查,血常规检查可有白细胞、中性粒细胞数偏高。

【辨证论治】

(一) 理筋手法

应以轻柔手法为主,可在痛点及周围施以点穴、推拿、揉摩等手法,以达到活血消肿、舒筋止痛的目的。忌用大力粗暴手法,以免引起再度损伤,使肿胀加重。

(二) 药物治疗

1. 内服药

(1) 气滞血瘀型:起病较急,局部肿胀明显,疼痛剧烈,局部压痛明显,动则痛甚。舌质暗红,脉弦或细涩。治宜活血化瘀,消肿止痛,方用桃红四物汤加减。

(2) 风湿内侵型:病程较长,局部肿胀疼痛较轻。舌质淡,苔滑,脉滑。治宜祛风燥湿,强壮筋肌,方用羌活胜湿汤或当归鸡血藤汤加减。

2. 外用药 急性期可外敷双柏散、如意金黄膏,慢性期可外贴万应膏。根据病情适当配合抗生素治疗。

(三) 练功活动

急性期应适当休息,抬高患肢,禁止负重,行股四头肌等长收缩。肿胀消退后,应积极进行直腿抬高及膝关节的伸屈活动锻炼。

(四) 其他疗法

对于慢性滑囊炎,久治无效或反复发作者,可行手术切除,应注意勿损伤膝部联合腱、副韧带和关节囊,术后固定时间不宜过长。

若为急性创伤引起,病程较短、无感染征象,或慢性滑膜炎,可在严格无菌条件下行穿刺抽吸,并向滑膜囊中注射泼尼松龙 25mg 加 1% 利多卡因 2~4ml 后弹性加压绷带包扎,以减少渗出、缓解症状、促进修复。若为感染性滑膜炎且已成脓者,可穿刺抽出脓液,或尽早切开排脓,并配合使用抗生素。

【预防与调护】

急性期应制动,症状缓解后适当行股四头肌收缩锻炼,以免肌肉萎缩。平时应注意膝部保暖,并避免从事原来的工作与不良的运动。

五、髌骨软化症

髌骨软化症又称髌骨软骨软化病、髌骨劳损,是股髌关节软骨由于损伤而引起的退行性病变。出现以膝部疼痛、活动不利为主要表现的骨关节病。好发于活动强度大的青少年、运动员及中年肥胖女性。

【病因病机】

髌骨软化是髌骨痛的一个原因,软化原因一般分为两类:一是关节力学异常,如创伤或劳损、股骨髁或者髌骨的形态异常、股四头肌失衡、半月板病变等;二是生物化学因素,如继发于其他疾病、关节内激素注射、退行性变等,涉及疾病过程、年龄因素和医源性因素。

本病多发生在髌骨关节面中间区与内侧区交界部分。在膝关节长期过度伸屈活动中,髌股之间的摩擦及撞击比较常见,容易导致髌骨关节面粗糙、软化、纤维化、碎裂和脱落,从而使股骨与髌骨相对应的关节面也发生同样的变化,并逐渐形成髌股关节的反应性增生、退行性变,最后形成骨性关节炎。

中医学认为本病多以劳伤为主,病位在于筋、骨,与肝、肾关系密切。患者素体肝肾亏虚,筋骨不利,复遭持续劳损,或伤后风寒湿邪侵袭,以致经络痹阻,局部气血瘀滞,故痛为主;肝主筋,肾主骨,筋骨失却濡养,故其症状表现为患膝疼痛,酸软乏力,行走不利;湿邪留滞,则为肿胀。

【临床表现与诊断】

本病多有膝部外伤史或劳损病史,常见于 30~50 岁的中壮年,特别是女性体胖者,且随年龄的增长而逐渐加重。发病初期只感觉膝关节疲软无力,加重时髌骨深面疼痛,活动时或活动后加重,上下楼梯时明显,休息后消失,屈膝久坐或下蹲下跪时疼痛加重,半蹲痛是本病的重要征象。常见体征有膝关节轻度肿胀,髌骨周缘特别是内侧关节面压痛;膝关节活动基本正常,活动时髌骨下有摩擦音,或有"软腿"或"假交锁征"现象;久之股四头肌轻度萎缩;髌骨研磨试验阳性,伸膝抗阻试验阳性,挺髌试验阳性。X 线检查可见密度增高的软骨骨质硬化影,早期无明显改变,中、后期的侧位及切线位片可见到髌骨边缘骨质增生,髌骨关节面粗糙不平、软骨下骨硬化、囊样变、股髌关节间隙变窄等改变。

【辨证论治】

（一）理筋手法

髌骨软化症的患者,可辅助行按摩推拿手法。其基本程序为患者仰卧,患肢伸直,股四头肌放松,术者用手掌轻轻按压髌骨体做研磨动作,以不痛为度,每次 5~10 分钟;然后用拇、示指扣住髌骨的两侧,做上下捋顺动作,以松解髌骨周围组织,减轻髌股之间的压力和刺激;再于膝关节周围施以按法、揉捻法、捋顺法、散法等舒筋手法。

（二）药物治疗

1. 内服药

（1）肝肾亏虚型:膝软乏力,上下楼梯时明显,或出现"软腿"或"假交锁征",脂肪垫压痛,大腿肌肉萎缩。舌淡苔薄白,脉细无力。治宜补益肝肾,强筋壮骨,方用补肾壮筋汤加减。

（2）痰湿痹阻型:膝关节酸软不适或疼痛,并日渐加重,疼痛部位不确切,上下楼梯、下蹲时疼痛加重,局部肿胀,或浮髌试验阳性;伴体倦神疲,纳呆。舌淡胖,苔白腻,脉弦滑。治宜祛痰化湿,通络止痛,方用羌活胜湿汤加减。

2. 外用药　早期发病者,膝部可外敷舒筋膏,或运用活血止痛类外擦药。病久者,应用海桐皮汤煎煮熏洗热敷患膝。

（三）其他疗法

主要是关节腔内注射,临床一般应用透明质酸钠,疼痛明显者可用肾上腺皮质激素。物理治疗可采用红外线、超短波、蜡疗等局部透热,以及中药离子导入治疗,均有一定效果。采用针灸治疗时,肝肾亏虚者可取内膝眼、外膝眼、阳陵泉、膝阳关、血海、梁丘,配三阴交、太溪、肾俞等穴;痰湿痹阻者可取内膝眼、外膝眼、阳陵泉、膝阳关、血海、梁丘,配足三里、丰隆等穴,留针 30 分钟,每周行针 1~2 次。

【预防与调护】

应避免长期反复做碰撞或摩擦髌周滑囊的运动,急性期经积极治疗多可治愈,病程较长者,给予保守治疗症状也多可缓解。

六、膝关节创伤性滑膜炎

膝关节创伤性滑膜炎是指膝关节损伤后引起的滑膜无菌性炎症反应,以关节积血、积液为主要表现的疾病。临床上分为急性创伤和慢性劳损两种。一旦滑膜病变,如不及时、有效地处理,滑膜则发生功能障碍,影响关节活动而成为慢性滑膜炎,逐渐变成骨性关节炎。

【病因病机】

1. 急性损伤　以暴力打击、创伤、过度劳损、关节附近骨折或外科手术等机械性损伤为主要形式,使滑膜受损出血,关节积血,滑膜水肿、充血,产生大量积血或积液。

2. 治疗失误　急性创伤期关节内的积液、积血如不及时清除,在长期慢性刺激和炎症反应下,滑膜可逐渐增厚、纤维化,转变为慢性滑膜炎。

3. 慢性劳损　由于长期慢性刺激致使滑膜增厚,产生炎症渗出致关节积液形成。严重者滑膜可发生粘连,使关节功能丧失。

急性期关节内积血,是创伤导致经脉受损,气滞血瘀所致。慢性滑膜炎以肥胖女性多见,中医称"痹证夹湿"或"湿气下注"。

【临床表现与诊断】

患者多有明显的膝关节外伤史或慢性劳损史,多见于运动员及年老体胖者。急性膝关节创伤性滑膜炎患者在损伤后出现膝部肿胀、疼痛,关节活动受限,伸直及完全屈曲时胀痛明显;慢性者多合并膝骨性关节炎,膝关节反复肿胀、疼痛,膝关节活动受限,且股四头肌出现萎缩。

查体患者压痛点不定,或可在原发损伤处有压痛,部分患者皮肤温度可增高,伸直及完全屈曲位时胀痛明显,浮髌试验阳性。

在严格无菌条件下,做膝关节穿刺抽液送检。抽出液应为淡红色液,表面无脂肪滴,白细胞计数小于 0.5×10^9/L。膝关节正、侧位 X 线拍片显示骨质无异常,MRI 提示膝关节积液,滑膜水肿。

本病应与膝关节滑囊炎、创伤性关节内积血相鉴别。

创伤性关节内积血多由于关节内骨折,韧带、滑膜等软组织损伤,手术等直接引起,伤后立即发生,疼痛明显;创伤性滑膜炎常在受伤后 6~7 小时后逐渐出现,多无明显疼痛。前者常伴有局部和全身体温增高,后者多无此症状;关节穿刺抽液,前者常为血性液体,后者为粉红色液体。

【辨证论治】

(一)理筋手法

宜在膝关节肿胀消退后采用手法治疗,以活血化瘀、消肿止痛、预防粘连。患者取仰卧位,医者先点按髀关、伏兔、双膝眼、足三里、阴陵泉、三阴交、解溪等穴;然后嘱患者髋、膝关节屈曲 90°,医者一手扶患者膝部,一手握其踝上,在牵引下摇晃膝关节 6~7 次;将膝关节充分屈曲,再将其伸直。最后,在膝部周围施以㨰法、揉捻法、散法、捋顺法等。动作要轻柔,以防再次损伤滑膜组织。

(二)药物治疗

1. 内服药

(1)气滞血瘀型:损伤后 6~7 小时发生,膝关节肿胀、疼痛,局部皮温可升高,膝关节活动受限,膝关节穿刺抽液可抽出淡红色液体,表面无脂肪滴。舌质红,苔白,脉弦。治宜活血化瘀,利水消肿,方用桃红四物汤加减。

(2)湿邪痹阻型:病程较长,膝关节反复肿胀、疼痛,活动后加重,休息后可缓解,股四头肌可出现萎缩。舌淡,苔滑,脉弦滑。治宜祛风燥湿,强壮筋骨,方用羌活胜湿汤加减。若寒邪较重,治宜散寒、祛风、除湿,内服乌头汤;若风邪偏盛,宜祛风除湿,内服蠲痹汤。

2. 外用药 急性期外敷消瘀止痛膏等;慢性期可外用万应膏或宝珍膏。关节活动不利者,可用海桐皮汤熏洗患处。

(三)固定方法

急性期应将膝关节固定于伸直位制动 2 周,卧床休息,抬高患肢,并禁止负重,以减轻症状,但不能长期固定,以免肌肉萎缩。

(四)练功活动

膝关节制动期间可进行股四头肌舒缩活动,后期加强膝关节的屈伸锻炼。

(五)其他疗法

膝关节肿胀反复发作,经保守治疗后不能缓解者,可采用关节镜下滑膜清理术,切除增生的滑膜、消除水肿。

对膝关节积血、积液较多者,可穿刺抽尽关节内的积血、积液后,用弹性绷带加压包扎,以促进消肿和炎症的吸收,防止纤维化和关节粘连。

【预防与调护】

急性期应完全休息,避免进行剧烈的活动,及时正确的治疗对避免转变为慢性病变至关重要。慢性期,关节内积液较多者,亦应卧床休息,减少关节活动,以利炎症的吸收、肿胀的消退。平时要注意膝关节的保暖,勿受风寒,勿劳累。

七、腘窝囊肿

腘窝囊肿是腘窝内滑液囊肿的统称。腘窝内的滑液囊很多,部分常与关节腔相通(图4-11)。多数腘窝囊肿发生于半腱肌滑囊和腓肠肌内侧头与半膜肌之间的滑囊,约占50%,临床也称贝克囊肿(Baker cyst);此外,股二头肌、半腱肌与关节囊等薄弱的部位,也可发生。本病的发生与膝关节内压力升高致使关节囊在薄弱处突出有关,故又称为膝关节后疝。它是关节内的液体经过膝关节与滑囊之间的正常通道溢入滑囊引起的一类临床病症。

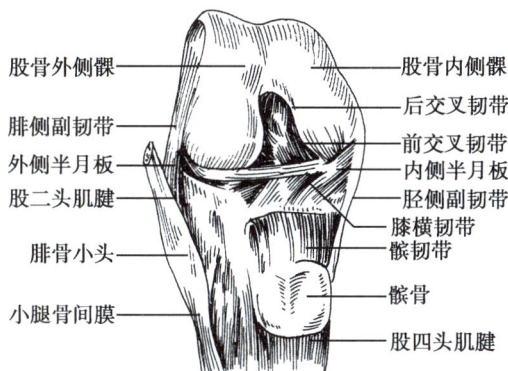

图4-11 腘窝部滑囊位置(膝关节周围结构)

【病因病机】

腘窝囊肿的发病原因很多,可能与膝关节的慢性损伤有关。此外,滑囊无菌性炎症积液积聚,或继发于膝关节疾病如骨性关节炎、类风湿关节炎及关节损伤等产生较多渗出物,可使滑囊由深部向后膨出,发生腘窝囊肿。最根本的原因是关节内的疾病增加了关节内的压力,迫使液体进入腓肠肌内侧的滑囊或经后方关节囊的薄弱环节形成滑膜疝。

【临床表现与诊断】

本病好发于任何年龄,囊肿生长缓慢。初期可有腘窝部不适或肿胀感,有时有下肢乏力感,部分患者无明显自觉症状。当囊肿增大,则可出现肿块,膝关节在屈曲时功能受限,伸直时腘窝有紧张感。查体时可见在膝关节后方有一个或多个囊性肿物,大小不等,呈圆形或椭圆形,囊性而有张力,表面光滑,无压痛或仅有轻压痛,可影响屈膝功能,伸膝时软组织紧张,肿块境界触不清,屈膝时软组织松弛,在腘窝部可触及肿块边界。囊肿可与关节囊相通,有时可伴有关节退行性变、损伤、积液和股四头肌萎缩,胫神经或腓总神经放射性疼痛。囊肿穿刺抽液,其内容物为淡黄色胶样黏液。

X线检查可没有明显阳性表现,B超检查、MRI检查可以帮助诊断,排除其他病变。本病临床上可与腘窝脂肪瘤相鉴别。腘窝脂肪瘤质地较软,无囊性感,一般不随膝关节体位改变而变化,肿物穿刺一般抽不出黏液样内容物。

【辨证论治】

(一) 理筋手法

对滑膜囊不与关节腔相通、囊肿较小者,可试行挤压法。患膝呈屈曲位,医者用手把囊肿推挤到一侧,最好能压在骨性的壁上,然后,用拇指用力把囊壁挤破,加压揉挤,使黏液分流,囊壁闭锁,再予以局部加压包扎。

(二) 药物治疗

1. 内服药 囊壁挤压破裂,囊肿变小后,可服用活血化瘀的中药。

2. 外用药 如囊壁已破,囊肿变小,为使肿物进一步消散,可在局部擦万花油、正红花油,或外敷消瘀止痛膏、双柏膏。

(三) 其他疗法

非手术治疗无效,或囊肿较大且影响关节活动者,需手术切除囊肿。手术切除囊肿的同时要治疗关节内病变,否则易复发。

单纯腘窝囊肿可囊内注射醋酸氢化可的松。关节内病变引起的腘窝囊肿,应先处理关节内病变。通常关节内病变治愈后,囊肿可自行消失。

【预防与调护】

本病通过积极治疗,预后较好。治疗期间应减少膝关节屈伸活动。

八、腓肠肌损伤

腓肠肌损伤为骨科常见疾病,分为急性损伤和慢性劳损两种,是临床常见的运动损伤病症。

【病因病机】

本病多因小腿肌肉强力收缩而导致的损伤。可发生于任何年龄,急性患者常见于剧烈运动的青壮年,比如运动员,慢性患者可见于长时间站立的工作者或急性病症未能完全治愈的患者。

【临床表现与诊断】

表现为小腿后部局限性肿痛,行走困难,伴局部皮肤瘀血紫红。痛苦面容,患侧小腿后部肌肉压痛,向足跟部放射痛,腿部活动受限。X线检查可排除骨折损伤。

【辨证论治】

需明确损伤的性质与程度,如是直接暴力损伤,还是慢性劳损,是牵拉伤、挫伤,还是撕裂伤、断裂伤。轻度损伤者,可做手法、药物和练功活动治疗;挫伤引起肌肉下血肿者,血肿应力争一次抽出,并立即冰敷或应用活血消肿止痛类中药外敷,加压包扎固定;若有肌肉部分断裂者,应予以石膏固定;完全断裂者,应早期手术修补缝合断端,恢复其完整性。

(一) 理筋手法

损伤初期不宜直接按摩,应绝对卧床休息,限制患肢活动。中后期可适当对伤肢施以理筋手法。患者俯卧位,沿着腓肠肌肌纤维及腱部走行方向,施以㨰法、揉法、弹拨等手法,加速局部血运、缓解疼痛、松解粘连。范围由小到大,力量由轻到重。

(二) 固定治疗

应注意休息,减少活动,以利于损伤恢复。严重者可予以支具或石膏固定 2~3 周。

(三) 药物治疗

1. 内服药 血瘀气滞者,宜活血散瘀,消肿止痛,方用桃红四物汤加减;肝肾亏虚者,宜补益肝肾,方用健步虎潜丸加减。

2. 外用药 以活血通络消肿的中药熏洗,每日 1~2 次,7~10 日为 1 个疗程。

(四) 针刺疗法

1. 可取头针足运感区,行强刺激捻针后,可达舒筋通络之功效。

2. 取患肢局部肌肉疼痛的起止点处进行围刺,通密波电针,有活血化瘀的功效,使痹阻的经络畅通。电针对于多种疼痛性疾病均有良好的效果,密波能降低神经应激功能,常用于止痛、镇静、缓解肌肉和血管痉挛等。

【预防与调护】

腓肠肌损伤往往因运动不当引起,应做好前期充分的准备活动,避免高强度劳动和运动造成腓肠肌的损伤。急性损伤时应先用冰袋敷于患处,24小时后才能运用热敷治疗,手法治疗也应轻柔。

04章03节PPT

PPT 课件

第三节 踝及足部筋伤

踝关节又称距骨小腿关节,由胫、腓骨下端的踝关节面与距骨滑车组成,主要作用就是负重。足部骨骼由跗骨、跖骨及趾骨组成,它们构成跟距关节、距舟关节、跟骰关节、跗跖关节及跖趾关节;足弓颇似拱桥,有纵弓和横弓,依靠腱膜、韧带及肌肉维持,有很强的弹跳和缓冲作用。

足踝部的重要韧带有踝内、外侧副韧带和下胫腓韧带,重要支持带有踝内、外侧支持带。踝关节的血供来自胫前动脉、足背动脉、胫后动脉及腓动脉在踝关节附近发出的分支。神经支配主要来自胫神经、隐神经、腓深神经及腓肠神经的分支。踝关节通过骨性结构、韧带、关节囊及肌肉、肌腱等组织相互协调,共同完成各种动作,如背伸、跖屈,以及内翻、外翻等。

一、踝关节扭伤

踝关节扭伤甚为常见,可发生于任何年龄,但以青壮年较多。临床上分为内翻扭伤和外翻扭伤两类,以前者多见。

【病因病机】

多因踝关节突然受到过度的内翻或外翻暴力引起。其中尤以跖屈内翻扭伤多见,当踝关节处于跖屈位时,距骨可向两侧轻微活动而使踝关节不稳定,此时外侧的距腓前韧带因遭受的张力最大而容易损伤;单纯内翻扭伤时,容易损伤外侧的跟腓韧带;由于三角韧带比较坚强,外翻扭伤较少发生,但严重时可引起下胫腓韧带撕裂。直接暴力损伤,除韧带损伤外,多合并骨折和脱位。

【临床表现与诊断】

有明显的外伤史。受伤后踝关节出现明显肿胀、疼痛,不能走路,勉强行走时疼痛加剧。伤后2~3天局部可出现瘀斑。内翻扭伤时,在外踝前下方肿胀、压痛明显,足内翻时疼痛加剧;外翻扭伤时,在内踝前下方肿胀、压痛明显,足外翻时疼痛加剧。

X线检查应先摄正侧位片,检查有无骨折,对无骨折又不能排除韧带断裂者,局部麻醉下行与受伤姿势相同的内翻或外翻正位应力X线检查。一侧韧带撕裂往往显示患侧关节间隙增宽,下胫腓韧带断裂可显示内外踝间距增宽。单纯的内侧副韧带及下胫腓韧带断裂,X线检查可见踝穴增宽,距骨体与内踝间隙增大。CT检查可以发现X线检查难以明确的隐匿性骨折,具有鉴别诊断意义。MRI检查可以看到踝关节腓侧副韧带或者三角韧带的连续性破坏,周围组织弥漫性炎症反应。

本病应与踝关节骨折相鉴别:两者受伤后都可能出现踝关节疼痛、肿胀和站立行走功能障碍,后者查体可见踝关节畸形,可及骨擦感及异常活动,行X线检查可明确诊断。

【辨证论治】

(一) 理筋手法

对单纯韧带扭伤或韧带部分撕裂者,可进行手法治疗。肿胀严重者,则不宜重手法。患者平卧,术者一手托住足跟,一手握住足尖,缓缓做踝关节的背伸、跖屈及内翻、外翻动作,然后用两掌心对握内外踝,轻轻用力按压,有散肿止痛作用(图4-12)。并由下而上理顺筋络,反复进行数遍,再按摩商丘、解溪、丘墟、昆仑、太溪、足三里等穴。

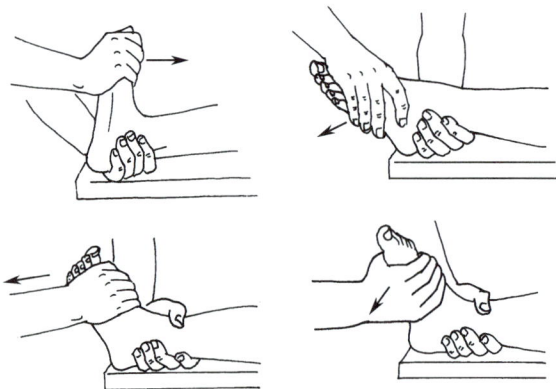

图4-12　踝关节扭伤理筋手法

知识链接

"宫廷正骨"流派手法治疗踝关节筋伤

　　"宫廷正骨"是北京地区中医骨伤科重要的学术流派,源自清代上驷院绰班处。上驷院绰班处是清代特有、负责医治宫廷内各类跌打损伤的机构,直属于内务府,历史地位十分特殊,是蒙医正骨术和传统中医骨伤科精髓的有机结合。"宫廷正骨"文化底蕴丰厚,学术特点鲜明,诊疗方法精妙,传承至今已有二百余年的历史。2008年列入国家级非物质文化遗产代表性项目名录。该流派在手法运用上强调"轻柔和缓、外柔内刚"的诊治思想,体现了"机触于外,巧生于内,手随心转,法从手出"的正骨手法要旨。轻:动作要轻,使患者在心理上易于接受。柔:是手法用力要柔和,不能粗暴、生硬,强调刚中有柔,柔中有刚,刚柔相济。手法的力量要根据患者病情,并结合医生自身功力运用。对新伤用力要轻,动作要缓,而陈旧伤则可逐步加重用力。和:就是心、手相合,医者用手"体会"病患损伤的具体情况,取得疾病的正确诊断是治疗的基础,用"心"指导双手施术是治疗目的。缓:对于体质较弱、病情较重的患者治疗时要徐徐用力,以能耐受为限。在踝关节筋伤的手法治疗时,该流派主张在轻揉"筋节"的同时,运用"摇、拔、戳"手法进行治疗。"摇"法是指术者在助手的对抗牵引下,双手握住关节远端顺时针摇动关节的手法;"拔"法即牵引、拔伸的意思;"戳"法是"宫廷正骨"的独特手法,为术者握住肢体远端向关节内戳按的手法。摇法可以使因外伤导致的踝关节周围痉挛的软组织得到放松,从而使踝关节解除"交锁";拔法通过拔伸、牵引局部疼痛的软组织,使迂曲、挛缩的毛细血管运行畅通,从而改善局部的血液循环;戳法充分利用踝穴的作用,使发生轻微移位的踝关节复位,并能使卡压于关节内的滑膜等组织解除嵌顿。

(二) 固定方法

　　损伤严重者,根据损伤程度可选用绷带、胶布或石膏外固定,保持踝关节于受伤韧带松弛的位置。内翻扭伤采用外翻固定,外翻扭伤采用内翻固定,并抬高患肢,以利消肿,暂时限制行走。一般固定 3 周左右。若韧带完全断裂者,固定 4~6 周。

(三)练功活动

损伤急性期,在疼痛减轻后,应尽早进行跖趾关节屈伸活动;解除固定后开始锻炼踝关节的伸屈功能,并逐步练习行走。

(四)药物治疗

1. 内服药　初期治宜活血祛瘀,消肿止痛;后期宜舒筋活络,温经止痛。
2. 外用药　初期外敷活血祛瘀、消肿止痛药物;后期可配合舒筋活络、温通经络的药物熏洗。

(五)其他疗法

外侧副韧带断裂因单纯行石膏固定未能得到良好愈合,以致踝关节松弛无力者,早期手术修补可愈合良好,重建韧带功能。陈旧性损伤外侧韧带断裂未能及时修复,致踝关节有松动不稳等症状时,可行外侧副韧带重建术。术后用石膏固定 4 周,继用足踝支具保护,逐渐康复训练,通常术后 12 周腓骨肌力量完全恢复时,恢复正常活动。内侧三角韧带如伴有下胫腓韧带断裂,距骨明显倾斜,并向外侧移位,踝关节内侧间隙增宽,对踝关节稳定性影响大,需手术进行三角韧带修补,同时用加压螺钉固定下胫腓联合,使胫腓骨靠拢,以恢复正常踝穴,再用石膏外固定。

损伤中、后期,关节仍疼痛或局部压痛者,可选用曲安奈德 30mg 加 2% 利多卡因 2~4ml、生理盐水 3ml 做痛点封闭,每周 1~2 次。

【预防与调护】

踝部扭挫伤早期,肿胀严重者可局部冷敷,忌手法按摩;注意避免反复扭伤,以免形成慢性踝关节不稳定,从而出现习惯性踝关节扭挫伤。

二、跗跖关节扭伤

跗跖关节是跗骨与跖骨相邻的关节,是由第 1~3 楔骨和骰骨的前端与 5 块跖骨组成的一个微动关节。由于足的内翻损伤机会多,所以外侧的跗跖关节损伤比较常见,而且常合并跗跖关节的错缝或脱位。

【病因病机】

跗跖关节多因行走不慎或上、下楼梯时踏空,或在跑、跳等运动中扭伤。在足内收、内翻时,可使跗跖关节韧带撕裂,以致部分或全部跗跖关节错缝及半脱位。

【临床表现与诊断】

患者有明显的外伤史。足部明显肿胀、疼痛,皮下瘀血,足的活动功能受限,负重行走时疼痛加重,往往用足跟着地跛行。足内翻损伤时,第 4~5 跗跖关节处压痛明显;足外翻损伤时,第 1 楔骨与第 1 跖骨组成的跗跖关节处疼痛明显;做跗跖关节被动活动时或重复受伤机制的内、外翻动作时,损伤处疼痛加剧。X 线检查一般无异常,但合并骨折或脱位时可见相应表现。

本病诊断时应注意与跗跖关节脱位及骨折相鉴别,X 线检查显示骨折或脱位可协助鉴别诊断。

【辨证论治】

(一)理筋手法

1. 内外翻挤按法　此手法适用于骰骨与第 4、5 跖骨组成的外侧跗跖关节及第 1 楔骨与第 1 跖骨组成的内侧跗跖关节损伤。以外侧跗跖关节损伤为例,患者正坐,伤足伸出床边,术者坐在伤肢内侧,一手拿握骰骨部位将跗骨固定,一手拿握第 4、5 跖骨,双手拇指相对,拿跖骨之手做轻微摇法,并同时相对拔伸,再使伤足内翻跖屈,在持续拔伸下,将足外翻背屈,双手拇指向内下方用按法,然后拉住第 4、5 足趾牵引,另一手在伤处轻轻地用捋顺法。使轻度脱位的关节复位,撕裂的韧带捋顺,积聚的瘀血消散。

2. 跖屈挤按法 此法用于整个跗跖关节扭伤的患者,尤其是 2~4 跗跖关节损伤。一助手用双手固定患者的跗骨,术者双手拿住跖骨,同时双手拇指压患处,并做摇拔跖屈牵引,然后背伸,双手拇指将跖骨向下按。最后,再用理筋手法捋顺筋脉。术后患者应卧床休息 2 周,尽量少下地活动。

(二)固定方法

损伤严重者,根据其损伤程度可选用绷带、胶布或石膏外固定,保持跗跖关节于受伤韧带松弛的位置。并抬高患肢,以利消肿,暂时限制行走。一般固定 3 周左右。若韧带完全断裂者,固定 4~6 周。

(三)练功活动

损伤急性期,在疼痛减轻后,应尽早进行跖趾关节屈伸活动;解除固定后,锻炼踝关节的伸屈功能,并逐步练习行走。

(四)药物治疗

1. 内服药 早期治宜活血化瘀,消肿止痛;中、后期治宜舒筋活络。
2. 外用药 早期可外用活血祛瘀、消肿止痛药物;后期可配合舒筋活络、温通经络的药物熏洗。

(五)其他疗法

中后期仍有疼痛者,可采用曲安奈德 20mg 加 2% 利多卡因 2ml,生理盐水 2ml 做痛点封闭,每周 1 次,2~3 周为一疗程。

【预防与调护】

跗跖关节扭伤早期,肿胀严重者可局部冷敷,忌手法按摩;新伤未久,锻炼时注意循序渐进,避免过早恢复行走,以免加重损伤。

三、跟腱断裂

跟腱断裂是一种常见的损伤,多发生于青壮年。临床上,根据跟腱断裂的程度,分为完全性断裂与不完全性断裂;根据是否有伤口与外界相通,分为开放性跟腱断裂与闭合性跟腱断裂;根据受伤的时间,分为新鲜性断裂与陈旧性断裂。

【病因病机】

直接暴力损伤多为刀、铲、斧等锐器直接切割所致,造成跟腱开放性断裂。断裂口较整齐,腱膜也多受损。间接暴力伤多由跟腱本身的病理变化引起,如职业性运动损伤造成的肌腱退行性改变、跟腱钙化等,再受到骤然猛力牵拉,如剧烈奔跑、钝器击打等,均可使跟腱受过度牵拉而产生部分甚至完全性的跟腱断裂,断端多参差不齐,一般损伤在跟腱的附着点以上 2~6cm 处,腱膜可能完整。另外,严重的跟腱周围炎和痛风等都可使跟腱变弱而易于断裂。

【临床表现与诊断】

闭合性跟腱断裂有典型的外伤史,局部明显肿胀、疼痛,小腿无力,行走困难。查体时可见患侧踝关节跖屈活动减少或消失,而被动的踝关节背伸活动反较正常侧增加,在跟腱断裂处可触及一横沟,并有明显压痛。患者直立位,足跟离地,可发现患足提踵高度较低或不能提踵,即提踵试验阳性。Thompson征(捏小腿三头肌试验)阳性亦表明跟腱断裂,具体操作为:患者俯卧,双足下垂于检查床缘,医者挤捏患者小腿三头肌时,如踝关节不能出现跖屈活动即为阳性。

开放性跟腱断裂易于诊断,跟腱走行部位有伤口存在,即提示有跟腱断裂的可能性,若清创时仔细检查伤口,即可发现跟腱断裂,明确诊断。

陈旧性损伤多为跛行,不能提踵,触及跟腱有凹陷,小腿肌肉萎缩,但因断端瘢痕粘连,局部连续性尚可,因为部分愈合和瘢痕形成可使肌腱连续,Thompson征可能为阴性,踝跖屈角度比对侧小,足跟突出。

X线检查可排除跟骨结节部的撕脱性骨折,有时可见软组织钙化或增厚影像。超声检查可表现为肌腱回缩增粗,肌丝缺如,由于出血和渗出,裂隙中间为低回声区或无回声区。MRI检查部分跟腱损伤者表现为肌腱增粗,形态不规则,肌腱束部分毛糙,线条形或不规则斑片状信号增高,但是部分层面显示连续。完全性断裂者表现为肌腱增粗或局部变细,形态不规则,断端迁曲皱缩,断裂处呈毛刷状改变,呈混杂增高信号。

本病应与跟骨骨折相鉴别。跟骨骨折时表现有局部压痛、叩击痛,或有骨擦音、畸形等,X线检查有骨折征象。

【辨证论治】

跟腱断裂的治疗目的在于恢复跟腱的完整性,以保持足踝的跖屈力量。在修复过程中尽量设法保持跟腱的平滑,以利跟腱的活动。

(一) 理筋手法

急性期不宜行手法治疗。对于陈旧性损伤,踝关节活动功能受限者,可用摇踝法环旋摇晃踝关节,并使踝关节被动跖屈,背伸及内、外翻。最后可用推按手法及劈法收功。

(二) 固定方法

对新鲜的闭合性不完全断裂,可予石膏垂足位固定6~12周,每更换石膏时应逐渐增加背屈,拆除石膏后,使足跟抬高,继续使用踝关节软性支具辅助固定,半年内不做剧烈运动。

(三) 练功活动

早期做股四头肌的收缩锻炼,外固定解除后进行踝关节的屈伸活动及行走锻炼。

(四) 药物治疗

1. 内服药 早期治宜活血祛瘀,消肿止痛;后期宜补肾滋肝舒筋。

2. 外用药 后期可配合运用中药外搽、熏洗,以舒筋活络,温通经络。

(五) 其他疗法

对新鲜的完全性断裂或开放损伤,宜早期行手术治疗,手术方法包括直接缝合法、筋膜和腱膜瓣修补术等。术后膝关节屈曲30°、踝关节跖屈30°位石膏固定,3周后改用高跟短腿石膏固定,6周拆除,穿垫高鞋跟的矫形鞋练习踝关节屈伸及小腿肌力,保护3个月,半年内不做剧烈运动。陈旧性跟腱损伤因有腓肠肌萎缩、短缩及无力,踝关节不能主动跖屈,常需要做跟腱修补,可采用小腿三头肌筋膜翻转成形术,而不应勉强做端对端缝合。

【预防与调护】

一般在拆除石膏外固定后改穿垫高鞋跟的矫形鞋,使跟腱处于松弛状态,逐步练习踝关节屈伸能力及小腿三头肌的肌力,循序渐进,半年内不做剧烈运动。

四、腓骨长短肌腱滑脱

腓骨长短肌腱滑脱是指腓骨长、短肌腱滑脱至外踝前方而造成的一种病理性损伤,是骨伤科的少见病。清代吴谦《医宗金鉴·正骨心法要旨》载:"筋之弛、纵、卷、挛、翻、转、离、合,虽在肉里,以手扪之,自悉其情。"本病属中医学"筋出槽"范畴。

【病因病机】

正常情况下,腓骨长短肌腱共同通过外踝后侧的腓骨上、下支持带深面的骨性纤维管,向前进入足部外侧,若纤维带断裂,则产生滑脱,从而导致局部的筋出槽,周围筋络亦因此而损伤,血脉破损,气血瘀滞于跟腱周围,故出现疼痛等临床症状。

(一) 运动损伤

在滑雪、滑冰、踢足球等剧烈运动时,足于轻度内翻位受到突然强力背屈外力作用,引起腓骨肌猛烈地反射性收缩,腓骨肌腱冲破上支持带限制,滑向外踝前方。

(二) 习惯性滑脱

由于腓骨肌上、下支持带及骨性纤维管韧带发育不良或慢性损伤产生退变,使韧带变脆,当踝关节急剧内翻、背屈时,腓骨肌腱可滑向外踝前方,且常伴有弹响及疼痛。当踝跖屈时,腓骨肌腱可自行复位,故临床称为习惯性腓骨肌腱滑脱。

【临床表现与诊断】

急性损伤者呈跛行步态,外踝处疼痛、肿胀,外踝前方可触及移位的腓骨肌腱,并有明显压痛。慢性复发性损伤者,足部易发生疲劳,局部疼痛,轻度跛行,局部有肿胀,日久腓骨肌萎缩,踝关节则由于肌力平衡遭到破坏致稳定性下降。有明显外伤史者,局部软组织肿胀,皮下可见瘀斑,外踝下端可出现压痛。

患肢主动外翻或抗阻力外翻,局部疼痛加重。踝关节背伸、外翻时,可扪及腓骨肌腱向外踝前滑动并有弹响,跖屈时或用手向后推挤时,肌腱可滑回原位;连续背伸跖屈踝关节时,可听到肌腱滑动弹响声,并可触及滑脱的肌腱。

具有明确的外伤史或上述症状、体征者可诊断为本病。另外,X 线检查可排除骨折,对本病有间接诊断意义。

【辨证论治】

(一) 理筋手法

旋摇分推复位法:急性期肌腱滑脱患者可应用手法复位。患者仰卧,一助手固定小腿中下段,术者一手握住足跟,另一手握住足的跗距关节脱位部,先拔伸摇晃踝关节,然后使足跖屈、外翻,握足之手的拇指从外踝的前上向后下方推脱位的肌腱,使其复位。之后使足内翻、背伸,按压肌腱之手再用力沿肌腱向后、上方推按,使肌腱回复原位。最后,再用捋法理顺局部软组织。

(二) 固定方法

局部复位之后可用小棉垫压住外踝后方,以胶布粘贴及绷带包扎,并用内外侧踝关节夹板于中立位固定 4 周,亦可用短腿石膏固定。

(三) 练功活动

患者早期宜主要练习股四头肌的功能和足的跖屈运动,去除外固定后可穿垫高鞋跟的矫形鞋步行锻炼,恢复足的正常功能。

(四) 药物治疗

1. 内服药 早期可内服七厘散、活血丸等药物活血化瘀、消肿止痛;中后期可服用舒筋丸或壮筋续骨的六味地黄丸、八珍汤等药物,补益肝肾、益气养血。

2. 外用药 早期患者可外敷双柏膏、接骨散等药物;去除外固定后患者可选用骨科下肢洗方外洗治疗,亦可外贴狗皮膏等药以活血通络。

(五)其他疗法

对早期损伤手法治疗无效者,或早期延误治疗转为慢性、习惯性滑脱而影响关节活动者,均应采用手术修补、复位等治疗。

【预防与调护】

康复早期避免足踝部剧烈运动,尤其是避免踝关节背伸外翻用力,以免引发肌腱再次滑脱,从而造成反复多次滑脱,病情缠绵难愈。

五、跟腱周围炎

跟腱周围炎又称跟腱炎或跟腱滑囊炎,是指跟腱及其周围组织(脂肪、筋膜、滑膜囊)因外伤或慢性劳损引起的无菌性炎症,常有渗出、水肿。临床表现为局部疼痛和足跟不能着地,踝关节背伸疼痛加重。多见于运动员、参加军事训练的人员及中老年人。

【病因病机】

外伤、慢性劳损和感染是引起本病的主要原因。外伤或在弹跳、急跑中造成跟腱的钝挫、撕裂、捩伤,以致跟腱周围充血、水肿等。慢性劳损是由于跟腱、滑膜囊的退行性改变,或跟腱及周围组织的局部炎症性改变等。感染性跟腱炎主要由于局部急、慢性感染性炎症所引起。

【临床表现与诊断】

患者多有跑步或弹跳过多的损伤史。急性期,跟腱周围肿胀、压痛,踝关节屈伸可引起疼痛,做足跖屈抗阻力试验疼痛加剧;慢性期,跟腱周围变硬,踝关节屈伸受限,此时疼痛可能减轻,但踝关节活动不利,跟腱附着部肿胀,跟骨后上方有囊样隆起,表面皮肤增厚,皮色略红、肿胀、触之有囊样弹性感,局部压痛明显。

X线检查多无异常发现,病程长而影响行走者,跟骨可有骨质疏松的表现。晚期可见跟腱周围的钙化影。MRI检查可见跟腱连续性完整,但是跟腱周围呈现高低混杂信号。

本病应与闭合性跟腱断裂相鉴别。跟腱断裂多发生于年轻人,一般在骤然运动或劳动时,因足用力跖屈所致,感觉跟腱部位骤然疼痛,有受沉重打击之感。此后走路时跖屈无力,检查时一般在跟腱止点上方3cm左右有压痛,断裂处可摸到凹陷,足跖屈功能减弱或丧失,提踵试验阳性。

【辨证论治】

一般情况下,跟腱周围炎在经过一段时间的自我护理后会得到改善。但如果不及时治疗,跟腱炎可能会引起长期持续的疼痛或引发跟腱断裂。

(一)理筋手法

1. 捋顺法 患者俯卧,小腿及足踝部垫枕,医者以捋法自小腿后部承山穴向下按摩至跟腱,手法由轻渐重,由浅及深,以有明显酸胀感为宜,反复3~5次。在捋顺跟腱部位的同时,另一手配合踝关节的屈伸活动,屈伸幅度在生理范围内尽量加大。

2. 提拿法 患者侧卧,先以轻柔手法按揉小腿腓肠肌及跟腱,然后逐渐加重,再以提拿法提拿跟腱3~5次,最后用摩法使跟腱温热。此法尤适于"筋聚"者,以散其结。

3. 推揉法 患者俯卧,医者先以搓揉法使小腿肌腹放松,然后用拇指推揉跟腱局部,上述三种治疗方法均可配合踝关节的摇动,方法:嘱患者俯卧屈膝 90°,踝关节跖屈,以充分放松跟腱,医者一手握足背,一手在小腿后侧先施轻快柔和的拿法,随后握足背之手将踝关节摇动,并慢慢加大幅度使踝关节背屈。

(二)固定方法
踝关节活动应在支具辅助下部分负重,逐渐加量,直到患者无跛行地行走。

(三)练功活动
早期做股四头肌的收缩锻炼,外固定解除后进行踝关节的屈伸活动及行走锻炼。4~6 周后,当行走时不痛及踝关节活动不受限制时,可进行增加强度的运动训练。

(四)药物治疗
1. 内服药　治宜养血舒筋,温经止痛。也可用非甾体抗炎药。
2. 外用药　采用舒筋通络、活血化瘀中药外敷或熏洗。

(五)其他疗法
对于保守治疗失败者(治疗 6~9 个月无好转),可行手术治疗。主要手术方式有滑囊切除术、腱减压、跟骨结节的后上角突起部切除术等。

还可以采用复方倍他米松注射液 1ml 加利多卡因 2ml,腱鞘内及肌腱封闭,每周 1 次。或者配合理疗,如使用超短波、磁疗等。

【预防与调护】
平时锻炼要循序渐进,逐渐增加活动的量和强度;在锻炼时,穿的鞋子要合脚;防寒保暖,避免风寒湿邪侵袭;经常用热水浸泡及洗脚;已发生本病者应注意休息,适当采取伤处局部冰敷、患肢抬高等调护措施。

六、踝管综合征

踝管综合征又名跗管综合征,是指胫神经及经过踝管内侧的纤维骨性管道的胫后肌腱等受压而产生的一组临床症状。踝管为一个缺乏弹性的骨纤维管,由内踝后下方、距骨和屈肌支持带共同构成。其内容物由前向后依次为胫后肌腱,趾长屈肌腱,胫后动、静脉,胫神经及足踇长屈肌腱(图 4-13)。

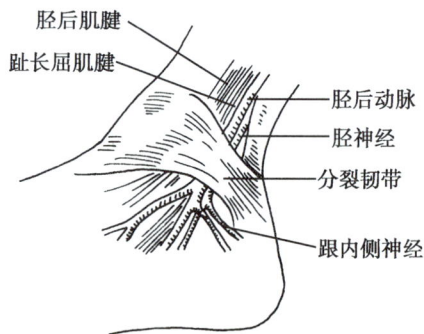

图 4-13　踝管解剖

【病因病机】
造成本病的最常见原因是踝关节反复扭伤,足踝部过度活动或突然急剧活动,踝管内肌腱因摩擦增加而产生腱鞘炎,使肌腱水肿增粗,踝管内压力增加,神经受压而产生相应症状。踝部骨折形成的瘢痕或骨性增生,亦可减小踝管的容积,使神经受压。另外,踝管内的胫神经鞘瘤或足踇长屈肌肥厚,也可使踝管内压力增加产生神经受压症状。

本病的病理变化是踝管内压力增加,使神经受压发生功能性改变,神经短期受压与缺血产生分布区的疼痛和感觉异常,长期受压可出现支配区肌肉乏力、萎缩等。

【临床表现与诊断】
本病好发于青壮年男性。早期症状轻微,表现为长期站立或走路较久后内踝后下部有轻度麻木及烧灼样疼痛,局部有压痛。踝关节外翻位或活动后疼痛加剧,内翻位或休息制动后症状减轻或消失,容易反复发作。中期症状加重,疼痛呈持续性,休息及睡眠时仍有疼痛,疼痛的范围扩大,可沿小腿内侧向上放射至膝关节下方,一般不会延及足背,足底感觉减退,两点分辨能力降低。踝管附近出现梭形肿块,叩击肿块可引起明显疼痛并向足底放射,即Tinel 征(蒂内尔征)阳性。后期上述症状加剧,并可出现跖内侧神经支配区皮肤干燥、不出汗、脱皮、皮色青紫等自主神经紊乱的症状。也可见足跇外展肌或小趾外展肌和第1、2骨间肌的肌肉萎缩。本病若累及跟内侧神经分支则会出现足跟痛的症状。

少数患者 X 线检查可见距骨内侧有骨刺或骨桥形成。肌电图测出胫神经传导速度减慢将有助于诊断。

【辨证论治】

（一）理筋手法

1. 推揉小腿踝管法 患者俯卧位,术者立于伤侧,双手自小腿内后侧交替推至踝管下部数十次;继之,双手拇指或多指揉上述路线数分钟,重点在踝管部。

2. 拨擦踝管按穴法 接上法。术者一手托握足部,另一手拇指或示、中指拨踝管及其踝管内所通过的神经、肌腱等1~3分钟;然后用大鱼际或小鱼际部擦踝管2分钟;拇指按压承筋、承山、阴陵泉、三阴交、太溪、照海等穴,各半分钟。

3. 托握足部牵动法 患者仰卧位。术者立于床头,双手托握足部,牵拉踝关节1分钟;继之,在牵引姿势下左、右摇转踝关节各数十次,并将踝关节背伸、跖屈、内翻、外翻活动数次。

（二）药物治疗

1. 内服药 治宜活血化瘀通络、消肿止痛、清热利湿、补益肝肾。

2. 外用药 外敷可用活血消肿药物。另可配合中药进行熏洗、热敷。

（三）其他疗法

本病经非手术治疗无效且反复发作者、踝管内瘢痕形成或骨质增生者、踝管内有梭形肿块或 X 线检查显示距骨有明显骨赘生长者,均应采用手术治疗以解除神经的压迫。晚期患者神经麻木、肌肉萎缩需要较长时间才能恢复,有些患者只能部分恢复。

还可以采用以下治疗方法:

1. 针刀疗法既有针灸疏通经络气血镇痛的功能,又有闭合手术之功效,比神经松解术创伤小。

2. 用当归红花注射液、复方倍他米松注射液加利多卡因行局部封闭治疗。

3. 理疗、电疗等方法。

【预防与调护】

对足踝部的创伤要及时处理,防止胫神经长时间严重受压而形成永久性损伤;发病后不宜做热疗,以免加重病情;平时要防止反复扭伤。

七、跟痛症

跟痛症是以足跟疼痛为主,由外伤、劳损、足跟部某种疾病引起的跟骨骨膜及周围纤维组织损伤造成的无菌性炎症,是一种常见的慢性损伤性疾病。好发于 40 岁以上的人群。

【病因病机】

跖腱膜在跟骨附着点经常受到强大的牵拉力作用,使这一区域的跖腱膜及跟骨骨膜容易损伤(图4-14)。另外,跟骨骨刺也可压迫跖内侧神经、跖外侧神经的分支,造成顽固性跟痛。

人体重量相当大一部分集中在跟骨结节上,这也是它容易损伤的原因之一。此外,突然长途行走,或长时间站立劳动,或足跟损伤后周围软组织的炎症反应,或鞋底过硬等也是常见的诱发因素。

中医学认为本病属"痹证"范畴,多因年老肝肾亏虚,筋骨失养,复感风寒湿邪或因慢性损伤,伤及筋骨,导致气血瘀滞,痰瘀内阻,其病程缠绵,久病伤肾入络,入侵于骨,致跟骨及周围筋脉受损而成。

【临床表现与诊断】

起病缓慢,通常无急性外伤史。常见足跟内侧或足跟底部灼痛,疼痛呈持续性,足跟着地、大量运动、负重走楼梯后或晨起站立时疼痛加重,行走片刻后疼痛减轻,局部无肿胀,有压痛。严重者足跟软组织可发红及肿胀,压痛范围扩大。经休息后,疼痛可缓解,可反复发作。

X 线检查可协助诊断,跟骨侧位片可见跟部骨刺或钙化阴影,骨刺有时在非负重区。有无骨刺或骨刺大小与疼痛的程度无关。多数患者有跟骨骨质疏松。

本病需要与跟腱止点撕裂伤、跟骨骨骺炎相鉴别。跟腱止点撕裂伤,严格来讲属于跟腱不完全断裂,痛点在跟腱位置,经过超声或 MRI 可以明确鉴别。跟骨骨骺炎见于 6~14 岁儿童,足跟后部疼痛,运动后加重,局部有压痛,但无红热表现。通过病史、年龄和疼痛部位可以鉴别。

【辨证论治】

跟痛症患者行走困难,许多患者病史较长,影响日常生活,特别是对老年人影响更大。因此,应当重视对跟痛症的治疗。

（一）理筋手法

1. 顶捻法　患者俯卧位,患侧屈膝90°,足底向上,医者以拇指顶捻法施于足跟底部,重点在足跟的压痛点及周围,约 10 分钟,然后辅以掌擦法使足跟温热即可。

2. 按揉法　患者仰卧位,医者以大指从足跟部沿跖筋膜按揉数遍,再配合弹拨跖筋膜,重点在其跟骨附着点周围及然谷穴,最后顺跖筋膜方向用掌擦法,以透热为度。

3. 按摩法　患者俯卧位。医者从患肢小腿腓肠肌起,至跟骨基底部,自上而下以抚摩、揉捏、推按、点压、叩击的手法顺序施治。使局部产生热胀与轻松感。点压时重点取三阴交、金门、中冲、太冲、照海、昆仑、申脉等穴。

4. 叩击法　患者俯卧屈膝位,足心向上,医者摸准骨刺部位压痛点,一手推住踝部固定,一手以掌根叩击痛点,由轻至重逐渐加力,连续数十次,再以手掌在足跟部用擦法。

（二）药物治疗

1. 内服药　疼痛重者治宜养血舒筋,温经止痛,口服非甾体抗炎药;肾虚性跟痛症治宜滋补肝肾,强筋壮骨。

2. 外用药　可采用活血化瘀、温经通络的药物外敷或熏洗。

（三）其他疗法

本病还可以采用局部注射封闭治疗,每周 1 次,1~3 次为一疗程。或者采用针刀、超声波、冲击波治疗等。

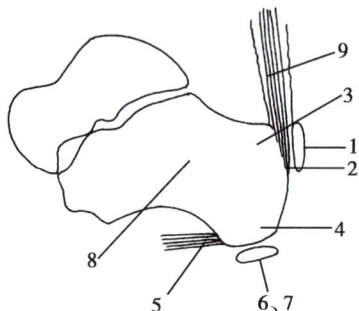

图 4-14　发生在跟骨周围的痛症
1. 跟腱滑囊炎;2. 跟腱止点撕裂伤;
3. 痹证性跟痛症;4. 跟骨骨骺炎;
5. 足底腱膜炎;6. 跟下滑囊炎;7. 跟骨下脂肪垫炎;8. 肾虚性跟痛症;
9. 跟腱周围炎

在非手术治疗无效时,应考虑手术疗法,较常用的手术方法有:跖腱膜松解、跟骨骨刺切除、跟骨钻孔减压等。注意预防感染。

【预防与调护】

平时应注意锻炼身体,保持足部韧带弹性;避免足部持续负重;防止足部过度疲劳;每天用温水泡脚,保持足部卫生和良好的血液循环;穿鞋要宽松。以上措施均有助于防止本病的发生或复发。

八、跖痛症

跖骨头挤压跖神经所引起的跖部疼痛称为跖痛症。本症多发于30~50岁妇女、足部狭瘦松弛者、非体力工作之男性,或慢性消耗疾病之后。大多为单侧,青少年较少见。

【病因病机】

本病多由第1跖骨先天发育异常导致足横弓慢性损伤,或穿高跟鞋、窄头鞋等因素使跖骨头部长期被外力挤压,导致趾神经长期受压或刺激引起。

【临床表现与诊断】

(一)临床表现

1. 松弛性跖痛症

(1)前足跖骨头跖面横韧带上有持续性的疼痛,不负重时疼痛立即减轻或消失。严重时患者行走或站立时患足跖部不能着地,有时需改变着力点才能减轻疼痛。

(2)跖面压痛,侧方挤压跖骨头可以减轻疼痛,可在第1、2跖骨头之间摸到间隙。

(3)前足变宽,足底2、3跖骨头处可见胼胝,骨间肌萎缩者足趾可呈爪形。

2. 压迫性跖痛症

(1)行走时前足疼痛,为阵发性放射痛,呈刺痛或刀割样痛,疼痛放射至第3、4趾,有时因剧痛而不能行走或站立。

(2)患足细长,前足有被挤压现象。

(3)跖面有压痛,而侧方挤压跖骨头可加重或引起疼痛。

(4)第3、4趾可有感觉异常。可于第3、4趾的跖面摸到结节样肿块。

(二)X线表现

X线检查可见,第1、2跖骨及两楔状骨间隙增宽;第2、3跖骨粗壮肥大,密度增加;第1跖骨短缩、内翻等畸形。松弛性跖痛症X线检查可见第1、2跖骨头间隙增宽,第1跖骨头内翻。由跖骨头无菌性坏死引起的跖痛症多见于第2跖骨头,X线检查显示跖骨头变平、硬化变形等。

【辨证论治】

(一)理筋手法

患者仰卧,下肢伸直。医者先点按阴谷、阴陵泉、三阴交、太溪、照海等穴,然后以拇指点按、揉捻痛点,再以擦法使足底发热。

(二)固定方法

跖部疼痛严重者宜适当休息,避免过久站立和行走,减少活动,并抬高患肢。

(三)练功活动

加强足内在肌锻炼,如原地弹跳等,以促进足内在肌力的恢复。

(四)药物治疗

1. 内服药 可口服非甾体抗炎药。中药治宜养血舒筋,温经止痛;肾虚性跖痛症治宜滋补肝肾,强筋壮骨。

2. 外用药　可采用活血化瘀、温经通络的药物外敷或熏洗。

(五) 其他疗法

松弛性跖痛症经非手术疗法,常可奏效,极少数才需手术治疗。压迫性跖痛症则需行手术治疗,疗效满意。长期非手术治疗无效者,可考虑手术治疗,常用的方法有跖骨头悬吊术、跖骨截骨术等。

还可以采用醋酸泼尼松龙 12.5mg 加 1% 普鲁卡因 2ml 或选用曲安奈德 15mg、2% 利多卡因 1.5ml、生理盐水 2ml 做封闭治疗。或者采用理疗热敷等。

【预防与调护】

不宜长期穿高跟鞋或窄头鞋;避免过久地站立和行走,特别是负重行走;平时应穿柔软、宽松的鞋子;积极进行前足内在肌锻炼(如原地弹跳等),增强其肌力。

附: 平足症

平足症又称"平底足""扁平足",指各种原因所致足弓低平,足部软组织松弛,跟骨外翻等一系列病症。多数扁平足者无临床表现,仅有少数平足者长时间站立后或行走后会出现足部不适症状。

【病因病机】

造成平足症的病因很多,原理复杂,临床中常将平足症分为两大类:先天性平足症与获得性平足症。

先天性平足症常在出生后或在生长迅速、负重活动增加时出现。足弓发育异常,如足副舟骨及足舟骨结节过大、胫后肌附着处软弱、第 2 跖骨较短所引起的足受力异常、足跗骨间软骨性或纤维性联合等均为引发本病的先天因素。

由于年龄的增长,体重增加,或是外伤、神经血管肌肉病变,均可造成足部肌力不平衡,日久韧带逐渐松弛,足弓塌陷,形成扁平足,即获得性扁平足。其形成机制非常复杂,目前认为中老年获得性扁平足主要是由胫后肌肌腱损伤引起。

【临床表现与诊断】

(一) 初期

长时间站立或行走后,患者足部易感疲乏,酸痛不适,肿胀,休息后可缓解,足弓低平,跟骨外翻。

(二) 中期

中期又称痉挛期,主要表现为腓骨肌痉挛,足部外翻、外展、背伸位活动受限,内侧距舟部明显下陷、突出,足部疼痛加重,休息后不能缓解。

(三) 晚期

晚期又称强直期,足部固定于外翻、外展、背伸位,或有疼痛,足部明显僵硬。

检查可见踝关节肿胀,尤其是在内踝后下方、胫后肌肌腱走行的部位。从足的后方观察更为明显。较严重的患者可出现足弓低平,舟骨结节突出,跟骨外翻,前足外展。内踝下到胫后肌肌腱舟骨结节止点处的范围内可有压痛。检查踝关节、距下关节和中跗关节活动,一般踝关节活动不受影响;而僵硬性平足症患者距下关节和中跗关节活动明显受限,外翻的跟骨不能被动纠正。患者自然站立时,医生从足后部观察患足,患足可看到比健侧更多的外侧足趾。

X 线检查初期无明显改变;固定性平足可见足弓塌陷,跟骨轴接近水平;晚期可见退变。

根据以上症状、体征及 X 线检查可做出诊断。

【辨证论治】

成人获得性扁平足治疗较为复杂,如无明显症状,暂不需特殊处理,仅观察病情变化即可;如出现症状,应积极进行治疗。

早期:患者早期出现较轻的症状时,可在专科医生指导下进行保守治疗,包括休息、理疗、按摩、足部肌肉功能锻炼等,并穿矫形鞋防止症状进一步加重。

中期:患者畸形与不适症状明显加重,并出现肌肉痉挛。此时应立即行保守治疗,严重者需行石膏或支具固定。如保守治疗效果不佳,则应采取手术治疗。

晚期:患者足弓完全塌陷,无弹性,骨、关节变形,强直,疼痛严重,并出现骨性关节炎。此时须进行手术治疗以缓解疼痛、恢复肢体功能。

(一) 非手术治疗

1. 固定治疗,减少活动,必要时可用石膏固定 4~6 周。

2. 患者肿胀疼痛明显时可口服非甾体抗炎药治疗。

3. 矫形垫、支具及功能鞋足弓支持垫、跟内侧垫高足垫和足踝支具等可改善局部症状。另外,穿硬底鞋可起到对足底的支撑作用;摇椅底的鞋可减少行走时足踝部应力;对于踝关节有病变者,为减轻症状,可穿行走靴。

(二) 手术治疗

如患者非手术治疗失败,可根据病变类型选用适当的手术治疗方法。

【预防与调护】

1. 如果平足程度较轻或未出现明显临床症状者,可以功能锻炼为主,不需特殊治疗。

2. 青春期体重明显增加的孩子,可每天做足部肌肉锻炼,如用足跟、足尖、足的外缘走路,或练习跳绳、跳橡皮筋、踏起足尖做体操或跳舞等。患者平时行走要注意脚不宜内扣,并纠正走"八"字步的习惯。

3. 青少年活动时要尽量穿软底鞋或运动鞋,以保证足弓的正常发育。

4. 平足症患者可在医生的指导下使用特制的鞋垫或穿特制的矫正鞋,进行矫正。15 岁以上的平足症患者可每天做脚趾捡黄豆、踩圆木、踢毽子等运动。

九、踇趾滑囊炎

踇趾滑囊炎多发于 40 岁以上妇女,为某些因素刺激局部滑囊而发生的无菌性炎性病变。踇趾滑囊炎是踇外翻畸形常见的并发症。

【病因病机】

本病因踇趾内侧滑囊长期受挤压、摩擦而发生无菌性炎症,以致局部组织充血、肿胀、疼痛,并伴有第 1 跖趾关节半脱位及骨质增生,常因疼痛而影响行走。

【临床表现与诊断】

踇趾滑囊炎患者第 1 跖趾关节内侧反复与鞋摩擦,局部疼痛、肿胀、充血,甚至皮肤表面形成胼胝。

早期患者症状不太明显,仅感局部微红或稍肿,穿尖头鞋时有受压感,活动时疼痛,长时间行走时疼痛可加剧。中期患者第 1 跖趾关节凸出,局部充血、肿胀、压痛,自觉患处皮肤增厚,并可触到一壁厚的滑囊。晚期可继发第 1 跖趾关节半脱位或骨质增生。

局部皮温高,可有红、肿、热、痛的表现。体格检查可见第 1 跖趾关节内侧突起处压痛,或触及囊性或硬性局限性肿块,肿块内可穿刺抽出淡黄色或血色液体。

X线检查负重位足关节正、侧位片,可见𝆮外翻畸形,跖趾关节退变增生,关节内侧骨赘形成。排除关节感染等疾患。超声检查可证实滑囊为囊性包块,囊内充满液体。

【辨证论治】

1. 理筋手法 手法按摩治疗可起到活血、通络、止痛的作用。将足𝆮趾向远端牵拉并内收以缓解症状,也可在第1趾蹼间夹硅胶分趾垫或使用夜间矫正支具,防止𝆮外翻畸形加重。

2. 针刀治疗 对于炎症较轻,但疼痛明显、痛点明确的患者,可以采用针刀治疗,以缓解炎症,松解粘连。术者可于患者第1跖趾关节内侧突起的痛点处定位。常规消毒及麻醉后,针刀刀刃与足趾纵轴平行,刀体垂直皮肤,刀刃刺入滑囊,进行剥离松解。术后按压止血,并行包扎,观察20~40分钟,患者无不适反应即可离开。

3. 封闭治疗 常规碘伏消毒局部皮肤,术者左手拇指和示指固定滑囊,细针头注射器抽取1%的利多卡因穿刺麻醉,并在皮下潜行0.3cm后再刺入滑囊底,抽尽囊液后用生理盐水冲洗,待冲洗液清亮后抽尽冲洗液,再注入曲安奈德注射液2~3ml,拔出穿刺针加压包扎固定。每周1次,可注射3~4次。

4. 药物治疗

(1)内服药:早期气滞血瘀为主者,可予七厘散或桃红四物汤等活血化瘀药口服;后期可应用补益肝肾之品,如六味地黄丸等。

(2)外用药:患者可采取局部外敷疗法,以消肿、散瘀、止痛;亦可用洗剂外洗治疗。早期瘀血肿胀可予双柏散等外用,如红肿兼有湿热者可予二妙散加减外洗。

5. 物理治疗 电脑中频、微波及红外线照射等理疗方法对本病具有一定效果。

(1)电脑中频治疗:电极置于患区两侧,电流强度以患者能耐受为度,时间20分钟,每日1次,共15~20次。

(2)微波治疗:极板置于患区局部,微热或温热,时间20分钟,每天1次,共15~20次。

(3)红外线照射:长波红外线照射可与外用药物配合使用,增强外用药物的抗炎、镇痛作用,缓解急慢性炎症反应;还可以使局部代谢增快,改善局部血液循环,促进炎性渗出的吸收,达到消肿止痛的作用。操作:照射患区,以患者自觉有温热感为宜,治疗时间20分钟,每日1次,共15~20次。

6. 手术治疗 对非手术疗法无效者可行滑囊切除术治疗。但当局部皮肤出现胼胝体样改变时,患者一般不宜行手术治疗,以免伤口经久不愈。对严重𝆮外翻畸形伴有反复发作𝆮趾滑囊炎者,可考虑手术矫正畸形,切除𝆮趾滑囊。并发或继发于𝆮外翻畸形的𝆮趾滑囊炎可因𝆮外翻畸形矫正手术的治疗而自动痊愈。患者在𝆮趾滑囊炎急性发作期间禁忌手术,以避免感染。

【预防与调护】

1. 𝆮趾内侧滑囊炎患者应注意选择合适的鞋,避免穿紧小的尖头鞋。

2. 患者应适当休息,避免行走过多致前足负重过度,这是减少复发的重要因素。

附:𝆮外翻

𝆮外翻是足部常见畸形,是指足𝆮趾偏离躯干中线,向外倾斜大于20°以上者。正常人𝆮趾纵轴线与第1跖骨纵轴线交角为10°~20°,称为生理性𝆮外翻角。

【病因病机】

本病的病因至今尚不十分清楚,可能与遗传因素、解剖结构异常,以及长期穿鞋过小过紧,重力挤压的机械因素有关。

𰻗外翻是原因复杂的进行性前足畸形,𰻗外翻导致的𰻗囊炎是患者疼痛的主要原因之一。𰻗外翻者第 1 跖趾关节外翻角增加,破坏了跖趾关节甚至前足的平衡关系,降低了稳定性。第 1 跖趾关节内侧产生明显的张力,内侧关节囊和侧副韧带被牵拉变长。内侧楔骨、第 1 跖骨与其他楔骨、跖骨联结松弛,在长期或不适当负重下,内侧楔骨和第 1 跖骨移位,引起纵弓和横弓的塌陷,𰻗趾因受𰻗收肌和𰻗长伸肌的牵拉向外移位,𰻗趾的跖趾关节呈半脱位。跖骨头内侧韧带附着部发生骨质增生,骨赘不断增大。当穿头窄尖或不合适的鞋行走时,骨赘可对原已发炎肿大的𰻗囊形成挤压,使囊壁受到摩擦,软组织损伤加重,肿胀 - 挤压 - 摩擦形成恶性循环,导致𰻗趾滑囊炎的发生。如不及时治疗,可能会造成感染,进而形成化脓性𰻗趾滑囊炎。

【临床表现与诊断】

𰻗外翻的主要症状是走路时足前部内侧疼痛。由于第 1 跖趾关节部向内侧凸起成角,穿鞋时易受挤压与摩擦,逐渐出现𰻗囊炎,且红肿疼痛,压痛明显。久则𰻗囊炎逐渐形成骨性硬变肿物,𰻗外翻畸形加重,𰻗趾活动受限,严重者行走困难。X 线正位片示𰻗趾明显外翻,大于 20°。有时伴有第 1 跖趾关节半脱位,或第 1 跖骨头内侧骨质增生。

根据病史、症状、体征及 X 线表现,可明确𰻗外翻诊断。

【辨证论治】

1. 非手术治疗　非手术治疗只能减轻症状,而不能矫正畸形。休息、局部热敷可减轻症状。金黄膏外敷可以活血止痛,消除炎症,适用于𰻗外翻合并𰻗囊炎患者。𰻗长伸肌和𰻗收肌轻度痉挛者,可用中药熏洗,然后采用揉、按、扳动𰻗趾尽量达到正常位,每天 1 次。

2. 手术治疗　目的是矫正𰻗外翻畸形。常见的手术方法有以下几种:

(1) 软组织手术:适用于轻度𰻗外翻(第 1、2 跖骨间夹角小于 12°),手术包括趾内侧骨赘切除、𰻗内收肌切断、外侧关节囊松解、内侧关节囊紧缩等。

(2) 截骨手术:适用于中到重度𰻗外翻(第 1、2 跖骨间夹角大于 12°),手术包括第 1 跖骨颈楔形截骨术及跖骨基底截骨术等。

(3) 关节成形术:适用于𰻗外翻伴有骨性关节炎、𰻗趾僵直者。

3. 其他疗法　醋酸泼尼松龙 0.5ml,2% 利多卡因 1ml,做局部封闭,可以快速消除炎症及疼痛,但不能频繁使用。红外线照射等理疗可以增加局部血液循环,消炎止痛。

【预防与调护】

青少年时期,以预防为主,宜穿宽松舒适的宽头、平跟软底鞋。鞋不可太小太紧,以避免足受挤压而变形。若合并扁平足,应积极治疗,扁平足得到治疗后,可有效地控制𰻗外翻的发展。

十、跗骨窦综合征

由于跗骨窦内及其邻近结构病变产生的一系列踝外侧和跗骨窦部慢性疼痛症状,称为跗骨窦综合征。

【病因病机】

跗骨窦是位于距骨颈和跟骨前上侧之间、由后内向前外走行的锥形空腔。其内侧为漏斗形的跗骨窦管,跗骨窦管的后方紧接载距突。跗骨窦是跟距后关节与前、中关节的分界,其中的主要结构包括脂肪垫、小血管、关节囊、神经末梢、滑囊和韧带。

跗骨窦部位病变可能由于韧带的损伤和距下关节的不稳定,以及创伤后局部炎症引起组织血流缓慢,产生窦内高压。而跗骨窦内神经血管的损伤,也可使韧带的本体感觉损伤,加重距下关节的不稳定。

【临床表现与诊断】

踝关节内翻扭伤病史。踝部跗骨窦处疼痛,部分患者可有踝关节不稳定的感觉,行走无力,尤其是在不平地面时症状加重。有时疼痛向足外侧放射。部分患者可有小腿部的热、凉、麻、痛等异常感觉。行走或足内翻时疼痛加重。患者足稍背伸,按压跗骨窦部位会引发疼痛,有时可见局部肿胀,踝及距下关节活动正常。

影像学检查时 X 检查无明显异常。CT 检查可见距下关节骨质硬化影。MRI 检查可见跗骨窦内 T_1 低信号、T_2 高信号改变。

【辨证论治】

1. 手法治疗　旋摇点穴法:患者取仰卧位,术者双掌相对用力抱踝挤压,以手掌面用力揉按患踝周围软组织及小腿三头肌 3 分钟,使僵硬肿胀得到放松。继用一手拇指点按跗骨窦区域后,以顺时针和逆时针方向旋揉该处 10 次,最后分别点按阳陵泉、丘墟、太溪、昆仑、解溪及阿是等穴各 1 分钟。医生两手置于患肢踝关节两侧,然后往相反方向用力使患踝尽量内翻、外翻各 10 次以松解跗骨窦内组织粘连。最后行理筋手法,揉按患部将周围韧带理顺。手法治疗每日 1 次,10 次为一个疗程。

2. 中药外用　可选用舒筋活血、散瘀止痛的中药制剂外敷。如跌打万应膏、展筋丹外敷,并用拇指按揉 2 分钟;敷药每日 1 次,10 次为一个疗程。病程较长、缠绵难愈者,可加用祛风除痹、活血止痛之骨科洗药、川芎行气洗剂治疗,每日 2 次,每次不少于 30 分钟,10 次为一个疗程。

3. 手术治疗　对于经非手术治疗不能缓解的患者可以考虑手术治疗。手术目的是跗骨窦的减压。手术可切开或在关节镜下完成。手术时应:①探查距下关节面有无骨软骨损伤;②取出关节游离体;③切除炎症、增生的滑膜;④切除撕裂或引起挤压的软组织;⑤评价距下关节的稳定性,如果距下关节已有明显的退变并伴有不稳定,可能需要行距下关节融合术。

【预防与调护】

大部分患者在 4~8 周后可以恢复正常的功能。对于有不稳定感觉的患者进行腓骨肌腱的锻炼和本体感觉的训练。疼痛严重时可使用胶带或支具固定,以限制距下关节的活动。

●（石　瑛　梅　伟　肖吉日木图　孙　旗）

复习思考题

1. 列出三个可引起坐骨神经痛的疾病并相互鉴别。

2. 试述回旋挤压试验检查方法及临床意义。

3. 如何区分踝关节扭伤与创伤性腓骨肌腱滑脱?

第五章

其 他 筋 伤

📘 **学习目标**

通过对本章节的学习,了解肌筋膜炎、肌纤维疼痛综合征、皮神经卡压综合征、颞下颌关节紊乱综合征的概念、病因病机、诊断治疗及相关知识,为深入学习中医筋伤学做好铺垫,也为日后临床诊治奠定理论基础。

一、肌筋膜炎

肌筋膜炎是一种常见的疼痛性疾病,又称纤维组织炎或肌肉风湿病,属中医"痹证"范畴。肌筋膜炎是指由于外伤、劳损或外感风寒等原因,导致筋膜、肌肉、肌腱和韧带等软组织发生的一种非特异性炎症变化。局部可见疼痛、僵硬、活动受限和软弱无力等症状。常发部位有颈肩、腰背、骶臀部等处。

【病因病机】

肌筋膜炎通常与外伤、劳累、受凉等有关。急性损伤后,未能及时适当治疗,肌肉筋膜组织逐渐纤维化,瘢痕形成,经络气血运行不畅,不通则痛;或慢性积累损伤,肌肉筋膜组织中产生粘连,迁延而形成慢性疼痛。久卧湿地,贪凉受冷或劳累后复感寒邪,使肌筋中经筋气血循行障碍,可导致肌筋膜炎形成。邪毒感染、风湿病的肌肉变态反应等都可使肌筋中经筋气血循环障碍,也可导致肌筋膜炎发生。

【临床表现与诊断】

有急性发作或慢性疼痛急性发作史,及感受风寒湿病史。主要临床表现为局部疼痛、肌肉紧张、僵硬、活动受限等。一般晨起或受凉时疼痛加重,活动后和遇暖则疼痛减轻。常无明显的固定压痛,但用手压迫或用手指捏挤受累肌肉时,出现局部触痛,部分患者可触及小的痛性"结节"。急性发作时,局部肌肉紧张,有广泛的压痛,活动受限,用普鲁卡因痛点注射后疼痛消失。针刺或注射痛点时,可出现局部抽搐反应。X线检查无明显异常,实验室检查抗链球菌溶血素 O 试验或红细胞沉降率正常或稍高。

【辨证论治】

坚持内外兼治的治疗思路,以预防为主,防治结合,治愈后要注意防止复发。

(一) 理筋手法

理筋的目的是减轻疼痛,缓解肌肉痉挛,舒筋活血,疏通经脉,防止产生肌筋粘连。主要在病变部位进行推拿按摩,在压痛点上运用手法,以按揉、搓擦、提捏、叩击、擦法和掌击法为主。每日 1 次,症状减轻后,逐渐减少按摩次数。

（二）练功活动

加强局部的功能活动,积极参加体育运动,如体操、太极拳等,以增强局部的肌力与体质。

（三）药物治疗

1. 内服药

(1) 风寒湿阻型:治宜祛风散寒,方用羌活胜湿汤、葛根汤等加减。

(2) 气血凝滞型:治宜行气活血,舒筋活络,方用舒筋活血汤加减。

(3) 气血亏虚型:治宜补益气血,舒筋活络,方用八珍汤或当归补血汤加减。

2. 外用药　采用局部外敷、药物熏蒸、药浴等方式,如贴狗皮膏、伤湿止痛膏、代温灸膏等活血化瘀、疏通筋络。

（四）其他疗法

可于疼痛部位循经取穴行针灸治疗,或在局部拔罐、走罐;封闭疗法等也有一定疗效,在痛点以氢化可的松加利多卡因封闭,每周 1 次;针刀、电疗、磁疗、蜡疗等亦可缓解临床症状。

【预防与调护】

练功活动可预防本病的发生,并增强本病的治疗效果。正确合理地从事工作和劳动,开展工间体操活动。改善居住条件,避免潮湿,注意防寒保暖。

二、肌纤维疼痛综合征

肌纤维疼痛综合征是一种非关节性风湿病,临床表现为肌肉骨骼系统多处疼痛与发僵,并在特殊部位有压痛点,同时伴有疲劳、焦虑、睡眠障碍、头痛、肠道刺激症状等。本病归属于中医学"痹证"之"周痹""肌痹"等范畴。本病为临床上常见病、多发之一,发病年龄多在 25~47 岁,育龄妇女占 80%~90%。对患者的生活质量和工作能力影响较大。

【病因病机】

一般认为本病是由遗传易感性、外伤、情感伤害、病毒感染、风湿、过敏、睡眠障碍、长时间姿势不良、工作过度、营养不良等多因素共同作用的结果。中枢神经系统、神经内分泌系统、肌肉骨骼系统及免疫系统的异常在本病的发病机制中起着重要作用。此外,本病与睡眠障碍、神经递质分泌异常及免疫紊乱有关。

中医学认为,阴阳失调,肝脾肾亏虚是本病的重要内因,而风寒湿热诸邪合而致病是其外因。痹病初犯人体,多留于肌表,阻于经络,气血运行不畅,筋脉失养,不通则痛,故见全身多处肌肉触压痛、僵硬等症;若成痹日久,则五脏气机紊乱,升降无常,脏腑失和,邪恋正损,痼疾难除,故临床所见病情复杂。

【临床表现与诊断】

全身广泛疼痛是所有肌纤维疼痛综合征患者均具有的症状。疼痛的性质多为刺痛且伴有烦躁不安等不良情绪。全身广泛压痛,多呈对称性分布。在压痛点部位,患者与正常人对"按压"的反应不同,但在其他部位则无区别。该病的核心症状是慢性广泛性肌肉疼痛,大多数患者伴有皮肤触痛,时轻时重,特殊性症状包括睡眠障碍、疲劳及晨僵。最常见的症状是麻木和肿胀。患者常诉关节或关节周围肿胀,但无客观体征;其次为头痛、肠激惹综合征。大部分该病患者都同时患有某种风湿病,这时临床症状即为两者症状的交织与重叠。

目前无特异性临床检查,实验室检查无客观异常发现。

本病应与以下疾病相鉴别:

1. 慢性疲劳综合征　本病可分为慢性活动性 EB 病毒感染和特发性慢性疲劳综合征两种。以不能忍受的疲劳为主要特点,伴有全身不适、头痛、认知困难、温度调节障碍以及颈或腋下淋巴结肿大,测定抗 EB 病毒包膜抗原抗体有助于鉴别两者。

2. 肌筋膜疼痛综合征　肌筋膜疼痛综合征亦称局限性纤维织炎,通常由外伤或过劳所致,一般预后较好。本病特点是按压压痛点时非常敏感,轻压即可诱发剧烈疼痛,和其相关联的远离部位也常有深压痛。压痛点通常叫激发点,按压这一点,疼痛会放射到其他部位。局部封闭激发点可暂时消除疼痛。如果持续性的疼痛引起Ⅳ期睡眠障碍,肌筋膜疼痛综合征就可能演变为肌纤维疼痛综合征。

【辨证论治】

目前多根据患者的病情程度进行个性化的综合疗法,以改善睡眠状态、减低痛觉感觉器的敏感性、改善肌肉血流量等。

(一) 理筋手法

可用点穴镇痛法、舒筋活络法及脊柱调衡法等治疗。

(二) 药物治疗

1. 内服药

(1) 气滞血瘀型:治宜行气化瘀,通络止痛,方用柴胡疏肝散合活络效灵丹加减。

(2) 寒湿阻络型:治宜散寒化湿,舒筋通络,方用蠲痹汤化裁。

(3) 肝郁脾虚型:治宜疏肝健脾,舒筋活络,方用逍遥散加减。

(4) 气血亏虚型:治宜益气养血,舒筋活络,方用三痹汤加减。

(5) 肝肾阳虚型:治宜温补肝肾,舒筋活络,方用补肾壮筋汤加减。

2. 外用药　采用中药熏蒸法为主,以达到温通经络,活血止痛的目的;或局部应用搽涂抹剂,如云南白药喷雾剂、红花油等。

(三) 其他疗法

可选择针刺触发点(即相关部位压痛点),结合其他疗法综合应用,包括物理疗法,精神疗法,体育锻炼如游泳、散步、耐力及伸展姿势训练等,强度以患者能耐受为准。

【预防与调护】

患者平时要放松心情,解除顾虑,坚持规律的体育运动,要培养多方面兴趣,多与人交往接触,等等。这些措施对预后大有帮助。

三、皮神经卡压综合征

皮神经卡压综合征是皮神经在走行过程中,由于某些原因受到慢性卡压而引起神经功能障碍,并出现一系列神经分布区不同程度的感觉障碍、自主神经功能障碍、营养障碍,甚至运动功能障碍为特征的临床综合征。该病是一个早已存在但未引起重视的临床常见病,归属于中医学"痹证""痛证""麻木""不仁"等范畴。

【病因病机】

现代医学认为,本病的发生与解剖性因素、全身性因素、姿势和职业性因素、应力集中、筋膜间室内高压等有关。因皮神经走行途经某些解剖部位,如骨性隆起、纤维骨性管道等,易遭遇反复摩擦刺激或受压。其他如石膏绷带固定过紧、止血带时间过长所致的神经麻痹,亦可引起肌力减退、僵硬、水肿、感觉异常和疼痛等病理改变。

中医学认为,其病因是风、寒、湿、热以及病理产物痰、瘀为患,其病机为正气内虚、气血阻滞、痰湿积聚、脉络不畅。

【临床表现与诊断】

疼痛多发生在颈肩背腰臀及四肢关节的骨突部位,疼痛性质为规律性或阵发性痛或灼痛,剧烈难忍,多为静息痛。以无明显诱因出现疼痛、不适为临床特点。同时有范围较小且界限模糊的感觉过敏、减退或缺失,但无运动障碍。当感受疼痛的游离神经末梢受到伤害性刺激,可反射性地引起相应肌肉的急剧或持续收缩,即所谓的保护性反射。通过神经干叩击试验可以明确病变部位的深浅和病变范围。压痛是明确诊断和有效治疗的前提。体感诱发电位对本病的诊断有参考价值,它有三种不同的刺激方法,即皮节、皮神经干和运动点刺激法。传导异常改变是神经卡压征诊断的一项重要指标。总之,若周围神经疾病具有上述特点,定位又是在易发生卡压的部位,即可考虑是皮神经卡压综合征。

皮神经卡压根据其病理过程分早中晚3个阶段。卡压早期,由于局限性缺血使神经血管通透性增加,表现为间断性感觉异常,即肢体疼痛、不适,时好时坏,只有当肢体处于能引起神经功能障碍的特定体位时才引起症状,即动力性神经卡压;卡压中期,神经纤维出现结缔组织改变及部分脱髓鞘,患者可表现为持续性感觉异常,患肢无力,医生体检时可发现触觉和震动觉异常;卡压后期,神经出现沃勒变性,神经纤维缺失,神经分布密度减低,患者表现为完全麻木、肌无力、肌肉萎缩及两点辨别觉异常。

本病应与以下疾病相鉴别:

1. 神经干卡压　神经干由传入和传出神经纤维组成(即感觉和运动神经纤维),一旦发生卡压,不仅表现为感觉障碍、感觉异常或感觉减退等感觉神经的病变,还有相应的运动功能障碍的表现,如肌力减退、关节活动受限或某些动作受限。查体时可以发现病变位置较深,多位于肌间隙且被深筋膜所覆盖。一些特殊的神经干牵拉或压迫试验为阳性。

2. 周围神经炎　周围神经炎系指由于中毒、感染后或变态反应引起的周围神经病变,表现为多发性或单一性的周围神经麻痹、对称性或非对称性的肢体运动、感觉和自主神经障碍的疾病。任何年龄均可发病,但以青壮年略多,性别无差异。

3. 腱鞘炎　此病可独立发病,或与不同类型的关节炎并存,多见于手及前臂;临床以劳损性腱鞘炎为主,多因腕部或手指长期过度活动所致,发生病变的腱鞘局部疼痛、肿胀、压痛,及手指功能障碍,检查时可触及捻发样感觉,也可闻及弹响声,病久者局部可触及硬性结节。

【辨证论治】

皮神经卡压综合征治疗的关键在于减张、减压。由于造成皮神经卡压的病因是复杂的,局部的病理改变也不是单一的,对它的治疗也绝非一方一法就能奏效的,所以审证求因、辨证施治是治疗本病的基本原则。

(一)理筋手法

手法治疗时多以按法、揉法、拿法、擦法、弹拨法为主。

(二)练功活动

练功是治疗过程中不可缺少的重要步骤,应在医生的指导下积极锻炼,以主动活动为主、被动活动为辅,促进气血循行、防止粘连、增强肌力。

(三)药物治疗

1. 内服药

(1)血瘀气滞型:治宜舒筋活血,温经散寒,方用补阳还五汤、舒筋活血汤加减。

（2）风寒湿阻型：治宜温经散寒，祛风除湿，方用羌活胜湿汤、葛根汤加减。

（3）痰湿结滞型：治宜温化痰湿，温经通络，方用二陈汤、甘姜苓术汤加减。

2. 外用药　局部可选用云南白药喷雾剂、七叶皂苷钠等外搽，或消瘀膏、青鹏膏等外敷，或选用海桐皮汤、八仙逍遥汤、上肢洗方、下肢洗方等外洗。

（四）其他疗法

手术是治疗该病的重要手段，也是最后的选择方法。目前常用的术式有神经干周围松解术、神经外膜松解术、神经束膜松解术以及神经松解移植术。

还可以采用以下治疗方法：

1. 针灸疗法　以脏腑经络理论为基础，以循经取穴为主，选择配穴组成配方。

2. 封闭疗法　采用 2% 盐酸利多卡因注射液 3~5ml、曲安奈德注射液 20~40mg、维生素 B_{12} 注射液 0.5mg，行痛点及穴位封闭治疗，以改善局部的营养状态、阻断神经功能传导、促进炎性渗出吸收。

3. 物理疗法、针刀疗法、铍针疗法等。

【预防与调护】

去除可能导致本病复发的因素，改善生活、工作条件，纠正不良的工作姿势。注重局部保暖，避免风寒湿邪侵袭而加重病情；加强各部位功能锻炼，动作要适当；调畅情志。由炎症引起者，应积极抗感染治疗。

四、颞下颌关节紊乱综合征

颞下颌关节紊乱综合征在临床上是一种常见病和多发病，是指累及颞下颌关节和咀嚼系统的具有疼痛、弹响、张口受限等相关症状的一组疾病，也叫颞颌关节紊乱症，多数属关节功能失调，愈后良好，但极少数病例也可发生器质性改变。好发于 20~40 岁的青壮年。中医认为本病属于"痹证"范畴，为风寒湿邪痹阻经脉所致。

【病因病机】

1. 神经肌肉因素　如神经衰弱等，可使颞下颌关节周围肌群过度兴奋或过度抑制，兴奋与抑制的失平衡状态，是颞下颌关节紊乱综合征发病的内在因素。

2. 咬合因素　不少患者有明显的咬合关系紊乱，如牙尖过高、牙齿过度磨损。其可破坏关节内部结构间功能的平衡，促使本病的发生。

3. 外伤因素　当颌部受到外力撞击时，其冲击力经下颌小头传导至关节面，导致关节软骨盘破裂，出现张口、闭口动作受限，伴弹响及疼痛不适等。

此外，过度损伤、受寒、过食酸冷食物、精神紧张等也可诱发本病。

【临床表现与诊断】

局部酸胀或疼痛、弹响和运动障碍。疼痛部位可在关节区或关节周围，并可伴有轻重不等的压痛。关节酸胀或疼痛尤以咀嚼及张口时明显。弹响在张口活动时出现，为清脆的单响声或碎裂的连响声。常见的运动障碍为张口受限，但也可出现张口过大或张口时下颌偏斜。此外，还可伴有颞部疼痛、头晕、耳鸣等症状。X 线（关节许勒位和髁状突经咽侧位）检查，可发现关节间隙改变和骨质改变，如硬化、骨破坏和增生、囊样变等。关节造影可发现关节盘移位、穿孔、关节盘诸附着的改变以及软骨面的变化。关节内镜检查可发现关节盘和滑膜充血、渗血、粘连，以及未分化成熟的软骨样组织形成的关节游离体等。

本病应与以下疾病相鉴别：

1. 肿瘤 颌面深部肿瘤也可引起开口困难或牙关紧闭,因为肿瘤在深部不易被查出,而误诊为颞下颌关节紊乱综合征。因此,当有开口困难,特别是同时伴发脑神经症状或其他症状者,应考虑肿瘤可能。

2. 颞下颌关节炎

(1) 急性化脓性颞下颌关节炎:关节区可见红肿,压痛明显,稍用力即可引起关节区剧痛。

(2) 类风湿性颞下颌关节炎:常伴有全身游走性、多发性关节炎,尤以四肢小关节最常受累,晚期可发生关节强直。

3. 破伤风牙关紧闭 破伤风牙关紧闭一般都有外伤史。痉挛通常从咀嚼肌开始,先是咀嚼肌少许紧张,即患者感到开口受限;继之出现强直性痉挛呈牙关紧闭;同时还因表情肌的紧缩使面部表情特殊,形成“苦笑”面容,并可伴有面肌抽搐。

【辨证论治】

(一) 理筋手法

以缓解咀嚼肌痉挛为主,主要手法有按揉、弹拨、擦法、推挤,活动颞颌关节。

(二) 药物治疗

1. 内服药 益气活血,舒筋止痛,方用蠲痹汤加减治疗。中成药可选用活血止痛胶囊、风湿骨痛胶囊等。

2. 外用药 局部可外用云南白药喷雾剂、青鹏膏等。

(三) 其他疗法

穴位选取下关、听宫、颊车、合谷,配翳风、太阳,进行针刺治疗;用 2% 利多卡因 3~5ml 加曲安奈德注射液 20~40mg 做翼外肌封闭;超短波、离子导入、电兴奋及磁疗等局部理疗有一定疗效;必要时亦可行关节镜微创治疗。

【预防与调护】

消除一切不利的精神心理因素,如改善神经衰弱症状;避免开口过大造成关节扭伤;纠正不良咀嚼习惯;应每日进行张口练习;忌食硬物;冬季时注意面部防寒保暖;拔牙时注意保护下颌关节等。

(史栋梁)

复习思考题

1. 如何鉴别颈部肌筋膜炎与落枕?

2. 好发生皮神经卡压的部位有哪些?

◇◇◇ 附 方 名 录 ◇◇◇

二　画

二陈汤（《太平惠民和剂局方》）

【组成】半夏 15g　陈皮 15g　茯苓 9g　炙甘草 5g　乌梅 1 个　生姜 7 片

【功效与适应证】燥湿化痰,理气和中。适用于痰浊内阻,中脘不适或痰窜经络,气滞痹阻等。

【制用法】为粗末,每服 12g,水煎服。

七厘散（又名伤科七厘散,《良方集腋》）

【组成】血竭 30g　麝香 0.36g　冰片 0.36g　乳香 4.5g　没药 4.5g　红花 4.5g　朱砂 3.6g　儿茶 7.2g

【功效与适应证】活血散瘀,镇痛止血。治跌打损伤,瘀滞作痛,筋伤骨折,创伤出血。

【制用法】共研极细末,每服 0.2g,日服 1~2 次,米酒调服或酒调敷患处。

八正散（《太平惠民和剂局方》）

【组成】车前子　木通　瞿麦　萹蓄　滑石　栀子仁　大黄　甘草

【功效与适应证】清热泻火,利水通淋。用于腰部、骨盆损伤后并发少腹急满、尿频、尿急、尿痛、排尿不畅或癃闭,渴欲冷饮,脉数实等症。

【制用法】上药各等份,共研细末,用灯心汤送服,每服 6~10g,每日服 4 次。亦可根据临床需要拟定药量作汤剂,水煎服,每日服 1~3 次。

八仙逍遥汤（《医宗金鉴》）

【组成】防风　荆芥　川芎　甘草各 3g　当归 6g　苍术　丹皮　川椒各 10g　苦参 15g　黄柏 6g

【功效与适应证】祛风散寒,活血通络。治损伤后肢体瘀肿疼痛,或感受风寒湿邪,筋骨酸痛者。

【制用法】煎水熏洗患处。

八珍汤（《正体类要》）

【组成】党参 10g　白术 10g　茯苓 10g　炙甘草 5g　川芎 6g　当归 10g　熟地黄 10g　白芍 10g　生姜 3 片　大枣 2 枚

【功效与适应证】补益气血。治损伤中后期气血俱虚,创面脓汁清稀,久不收敛者。

【制用法】清水煎服。日 1 剂。

九一丹（《医宗金鉴》）

【组成】熟石膏 9 份　升丹 1 份

【功效与适应证】提脓祛腐。治各种溃疡流脓未尽者。

【制用法】共研细末。撒于创面,或制药条,插入疮中,外再盖上软膏,每 1~2 日换一次。用凡士林制成软膏外敷亦可。

十灰散(《十药神书》)

【组成】大蓟 小蓟 荷叶 侧柏叶 茅根 茜草根 大黄 山栀 棕榈皮 牡丹皮 以上各药等量

【功效与适应证】凉血止血。治损伤所致呕吐血、咯血、创面渗血。

【制用法】各烧灰存性,研极细末保存待用。每服 10~15g,用鲜藕汁或鲜萝卜汁调服。

十全大补汤(《医学发明》)

【组成】党参 10g 白术 12g 茯苓 12g 炙甘草 5g 当归 10g 川芎 6g 熟地黄 12g 白芍 12g 黄芪 10g 肉桂 0.6g(焗冲服)

【功效与适应证】补气补血。治损伤后期气血衰弱,溃疡脓汁清稀,自汗、盗汗,萎黄消瘦,不思饮食,倦怠气短等症。

【制用法】水煎服,日 1 剂。

丁桂散(《中医伤科学讲义》经验方)

【组成】丁香 肉桂 上药各等份

【功效与适应证】祛风散寒,温经通络。治阴证肿疡疼痛。

【制用法】共研细末,加在膏药上,烘热后贴患处。

三　画

三痹汤(《妇人良方》)

【组成】独活 6g 秦艽 12g 防风 6g 细辛 3g 川芎 6g 当归 12g 生地黄 15g 芍药 10g 茯苓 12g 肉桂 1g(焗冲) 杜仲 12g 牛膝 6g 党参 12g 甘草 3g 黄芪 12g 续断 12g

【功效与适应证】补肝肾,祛风湿。治气血凝滞,手足拘挛、筋骨痿软、风湿痹痛等。

【制用法】水煎服,日 1 剂。

三色敷药(《中医伤科学讲义》经验方)

【组成】黄荆子(去衣炒黑)8 份 紫荆皮(炒黑)8 份 全当归 2 份 木瓜 2 份 丹参 2 份 羌活 2 份 赤芍 2 份 白芷 2 份 片姜黄 2 份 独活 2 份 甘草半份 秦艽 1 份 天花粉 2 份 怀牛膝 2 份 川芎 1 份 连翘 1 份 威灵仙 2 份 木防己 2 份 防风 2 份 马钱子 2 份

【功效与适应证】消肿止痛,祛风湿,利关节。治损伤初、中期局部肿痛,亦治风寒湿痹痛。

【制用法】共研细末。用蜜糖或饴糖调拌如厚糊状,敷于患处。

三妙丸(《医学正传》)

【组成】黄柏 苍术 牛膝

【功效与适应证】清热燥湿。治湿热下注,腰膝关节疼痛。

【制用法】水煎服。

大补阴丸(《丹溪心法》)

【组成】黄柏 120g 知母 120g 熟地 180g 龟甲 180g

【功效与适应证】养阴清热。适用于流痰所致肝肾阴虚者。

【制用法】研细末,猪脊髓蒸熟,炼蜜为丸,每服 9g,日 2 次。

大成汤(《外科正宗》)

【组成】当归 10g 木通 10g 枳壳 10g 厚朴 10g 苏木 12g 大黄 12g 芒硝 12g(冲服) 川红花 6g 陈皮 6g 甘草 6g

【功效与适应证】祛瘀新生。治跌仆损伤后,气分受伤,昏睡,二便秘结,或腰椎损伤后伴发肠麻痹腹胀。药后得下即停。

【制用法】水煎服。

大防风汤(《外科正宗》)

【组成】党参10g 防风6g 白术6g 附子5g 当归6g 白芍10g 川芎5g 杜仲6g 黄芪6g 羌活6g 牛膝6g 甘草5g 熟地黄12g 生姜3片

【功效与适应证】温经通络,祛风化湿,补益气血。治附骨疽、流痰,病变局部皮色不变,漫肿酸痛,或腰部损伤后期。

【制用法】水煎服,日1剂,日服3次。

大活络丹(《兰台轨范》引《圣济总录》)

【组成】白花蛇100g 乌梢蛇100g 威灵仙100g 两头尖100g 草乌100g 天麻100g 全蝎100g 首乌100g 龟甲100g 麻黄100g 贯众100g 炙甘草100g 羌活100g 肉桂100g 藿香100g 乌药100g 黄连100g 熟地黄100g 大黄100g 木香100g 沉香100g 细辛50g 赤芍50g 没药50g 丁香50g 乳香50g 僵蚕50g 天南星50g 青皮50g 骨碎补50g 白蔻50g 安息香50g 黑附子50g 黄芩50g 茯苓50g 香附50g 玄参50g 白术50g 防风125g 葛根75g 虎胫骨(现已禁用,狗骨代。全书同)75g 当归75g 血竭25g 地龙25g 犀角(现已禁用,水牛角代。全书同)25g 麝香25g 松脂25g 牛黄7.5g 龙脑7.5g 人参150g 蜜糖适量

【功效与适应证】行气活血,通利经络。治中风瘫痪,痿痹痰厥,拘挛疼痛,跌打损伤后期筋肉挛痛。

【制用法】为细末,炼蜜为丸。每服3g,日服2次,陈酒送下。

小活络丹(《太平惠民和剂局方》)

【组成】制南星3份 制川乌3份 制草乌3份 地龙3份 乳香1份 没药1份 蜜糖适量

【功效与适应证】温寒散结,活血通络。治跌打损伤,瘀阻经络,风寒湿侵袭经络作痛,肢体不能伸屈及麻木,日久不愈等症。

【制用法】共为细末,炼蜜为丸,每丸重3g,每次服1丸,每日服1~2次。

小蓟饮子(《济生方》)

【组成】小蓟10g 生地黄25g 滑石15g 蒲黄(炒)6g 通草6g 淡竹叶10g 藕节12g 当归10g 栀子10g 甘草6g

【功效与适应证】凉血止血,利水通淋。治泌尿系挫伤瘀热结于下焦、血淋者。

【制用法】水煎内服。

万应宝珍膏(亦称万应膏,成药)

【组成】荆芥 山柰 麻黄 南刘寄奴 羌活 藁本 柴胡 地黄 生川乌 防风 苍术 川芎 独活 续断 威灵仙 何首乌 生草乌 赤芍 附子等

【功效与适应证】舒筋活血、解毒。用于跌打损伤,风湿痹痛,痈疽肿痛等。

【制用法】黑膏药。加温软化,贴于患处。阳痈肿痛慎用。

万灵膏(《医宗金鉴》)

【组成】鹳筋草 透骨草 紫丁香根 当归 自然铜 没药 血竭各30g 川芎25g 半两钱1枚(醋淬) 红花30g 川牛膝 五加皮 石菖蒲 茅术各25g 木香 秦艽 蛇床子 肉桂 附子 半夏 石斛 萆薢 鹿茸各10g 虎胫骨一对 麝香6g 麻油5kg 黄丹2.5kg

【功效与适应证】消瘀散毒,舒筋活经,止痛接骨。治跌打损伤,骨折后期或寒湿为患,局部麻木

疼痛者。

【制用法】血竭、没药、麝香各分别研细末另包,余药先用麻油微火煨浸3日,然后熬黑为度,去渣,加入黄丹,再熬至滴水成珠,离火,俟少时药温,将血竭、没药、麝香末放入,搅匀取起,去火毒,制成膏药。用时烘热外贴患处。

上肢损伤洗方(《中医伤科学讲义》经验方)

【组成】伸筋草15g 透骨草15g 荆芥9g 防风9g 红花9g 千年健12g 刘寄奴9g 桂枝12g 苏木9g 川芎9g 威灵仙9g

【功效与适应证】活血舒筋,用于上肢骨折、脱位、扭挫伤后筋络挛缩酸痛。

【制用法】煎水熏洗患肢。

下肢损伤洗方(《中医伤科学讲义》经验方)

【组成】伸筋草15g 透骨草15g 五加皮12g 三棱12g 莪术12g 秦艽12g 海桐皮12g 牛膝10g 木瓜10g 红花10g 苏木10g

【功效与适应证】活血舒筋。治下肢损伤挛痛者。

【制用法】水煎熏洗患肢。

四 画

五味消毒饮(《医宗金鉴》)

【组成】金银花15g 野菊花15g 蒲公英15g 紫花地丁15g 紫背天葵10g

【功效与适应证】清热解毒。治附骨痈初起,开放性损伤创面感染初期。

【制用法】水煎服,每日1~3剂。

天麻钩藤饮(《杂病证治新义》)

【组成】天麻6g 钩藤10g 牛膝12g 石决明15g(先煎) 杜仲12g 黄芩6g 栀子6g 益母草10g 桑寄生10g 夜交藤10g 茯神10g

【功效与适应证】清热化痰,平肝潜阳。治脑震荡而引起的眩晕、抽搐及阴虚阳亢,肝风内动,兼见痰热内蕴之证。

【制用法】水煎服,日1剂。

丹参注射液(成药)

【组成】丹参

【功效与适应证】活血化瘀,通络止痛。治血脉瘀阻的胸痹,心痛,肝肾疾病,筋骨劳损等。临床多用于冠心病,心肌梗死,慢性心功能不全,小儿病毒性心肌炎,小儿支气管哮喘,急慢性肝炎,急性肺炎,急性腹泻,慢性肾功能不全,慢性肾衰竭,脑血管意外,痴呆,流行性出血热等。

【制用法】注射剂,每支2ml,每毫升含生药1.5g。肌内注射,每次2~4ml,每日1~2次;静脉注射,4ml加5%葡萄糖注射液20ml稀释后用,每日1~2次;静脉点滴,10ml加5%葡萄糖注射液100~500ml,每日1次。

乌头汤(《金匮要略》)

【组成】麻黄9g 芍药9g 黄芪9g 制川乌9g 炙甘草9g

【功效与适应证】温经通络、祛寒逐湿。治损伤后风寒湿邪乘虚入络者。

【制用法】水煎服。

木香顺气汤(《卫生宝鉴》)

【组成】木香10g 青皮6g 陈皮6g 苍术10g 厚朴10g 益智仁6g 泽泻6g 当归

10g　茯苓 6g　半夏 6g　党参 10g　柴胡 6g　吴茱萸 6g　草豆蔻 5g　升麻 3g　干姜 3g

【功效与适应证】顺气散滞。治跌打损伤,胸腹胀闷,两胁疼痛。

【制用法】水煎服。

太乙膏(《外科正宗》)

【组成】玄参 100g　白芷 100g　当归身 100g　肉桂 100g　赤芍 100g　大黄 100g　生地黄 100g　土木鳖 100g　阿魏 15g　轻粉 20g　柳枝 100g　血余 50g　东丹 2kg　乳香 25g　没药 15g　槐枝 100g　麻油 2.5kg

【功效与适应证】清热消肿,解毒生肌。治各种疮疡及创伤。

【制用法】除东丹外,将余药入油煎,熬至药枯,滤去渣滓,再入东丹(一般每 500g 油加东丹 20g)熬,搅拌匀成膏。隔火炖烊,摊于纸或布料敷贴。

双柏(散)膏(《中医伤科学讲义》)

【组成】侧柏叶 2 份　黄柏 1 份　大黄 2 份　薄荷 1 份　泽兰 1 份

【功效与适应证】活血解毒,消肿止痛。治跌打损伤早期,疮疡初起,局部红肿热痛,或局部包块形成而无溃疡者。

【制用法】共研细末,作散剂备用,用时以水、蜜糖煮热调成厚糊状外敷患处。亦可加入少量米酒调敷,或用凡士林调煮成膏外敷。

云南白药(成药)

【组成】(略)

【功效与适应证】活血止血,祛瘀定痛。治损伤瘀滞肿痛,创伤出血,骨疾病疼痛等。

【制用法】内服每次 0.5g,每 4 小时 1 次。治外伤创面出血,可直接掺撒在出血处,然后包扎,亦可调敷。

化坚膏(《中医伤科学讲义》经验方)

【组成】白芥子 2 份　甘遂 2 份　地龙肉 2 份　威灵仙 2 份半　急性子 2 份半　透骨草 2 份半　麻根 3 份　细辛 3 份　乌梅肉 4 份　生山甲 4 份　血余 1 份　江子 1 份　全蝎 1 份　防风 1 份　生草乌 1 份　紫硇砂半份(后入)　香油 80 份　东丹 40 份

【功效与适应证】祛风化瘀。用于损伤后期软组织硬化或粘连等。

【制用法】将香油熬药至枯,去渣,炼油滴水成珠时下东丹,将烟搅净后再下硇砂。

六味地黄(丸)汤(《小儿药证直诀》)

【组成】熟地黄 25g　怀山药 12g　茯苓 10g　泽泻 10g　山茱萸 12g　牡丹皮 10g

【功用与适应证】滋水降火。治肾水不足,腰膝酸痛,头晕目眩,咽干耳鸣,潮热盗汗,骨折后期愈合迟缓等。

【制用法】水煎服,日 1 剂。作丸,将药研末,蜜丸,每服 10g,日 3 次。

五　画

四生散(原名青州白丸子,《太平惠民和剂局方》)

【组成】生川乌 1 份　生南星 6 份　生白附子 4 份　生半夏 14 份

【功效与适应证】祛风逐痰,散寒解毒,通络止痛。治跌打损伤肿痛,肿瘤局部疼痛,关节痹痛。

【制用法】共为细末,存放待用,用时以蜜糖适量调成糊状外敷患处,用醋调煮外敷亦可。如出现过敏性皮炎即刻停敷。亦可为丸内服,但须防止中毒。

四生丸(《妇人良方》)

【组成】生地黄 12g　生艾叶 10g　生荷叶 10g　生侧柏叶 10g

【功效与适应证】凉血、止血。治损伤出血,血热妄行,吐血或衄血。

【制用法】水煎服,或将生药捣汁服。或等量为丸,每服 6~12g,日 3 次。

四君子汤(《太平惠民和剂局方》)

【组成】党参 10g　炙甘草 6g　茯苓 12g　白术 12g

【功效与适应证】补益中气,调养脾胃。治损伤后期中气不足,脾胃虚弱,肌肉消瘦,溃疡日久未愈。

【制用法】水煎服,日 1 剂。

四物汤(《太平惠民和剂局方》)

【组成】川芎 6g　当归 10g　白芍 12g　熟地黄 12g

【功效与适应证】养血补血。治伤患后期血虚之证。

【制用法】水煎服,日 1 剂。

四逆汤(《伤寒论》)

【组成】熟附子 15g　干姜 9g　炙甘草 6g

【功效与适应证】回阳救逆。治损伤或骨疾病出现汗出、肢冷、脉沉微或浮大无根的亡阳证。

【制用法】水煎服。现亦有制成注射剂,供肌内或静脉注射用。

四黄散(膏)(《证治准绳》)

【组成】黄连 1 份　黄柏 3 份　大黄 3 份　黄芩 3 份

【功效与适应证】清热解毒,消肿止痛。治创伤感染及阳痈局部红肿热痛者。

【制用法】共研为细末,以水蜜调敷或用凡士林调制成膏外敷。

正骨水(成药)

【组成】九龙川　木香　风藤　土鳖虫　皂荚　五加皮　莪术　草乌　薄荷脑　樟脑等

【功效与适应证】舒筋止痛,续骨消肿。治筋骨损伤。

【制用法】涂擦患处。

正骨紫金丹(《医宗金鉴》)

【组成】丁香 1 份　木香 1 份　血竭 1 份　儿茶 1 份　熟大黄 1 份　红花 1 份　牡丹皮半份　甘草 1/3 份

【功效与适应证】活血祛瘀,行气止痛。治跌仆堕坠,闪挫伤之疼痛、瘀血凝聚等症。

【制用法】共研细末,炼蜜为丸。每服 10g,黄酒送服。

【组成】熟地黄 4 份　怀山药 2 份　山萸肉 2 份　枸杞子 2 份　菟丝子 2 份　鹿胶 2 份　龟甲 2 份　川牛膝 1 份半　蜜糖适量

【功效与适应证】补益肾阴。治损伤日久或骨疾病后,肾水不足,精髓内亏,腰膝腿软,头昏眼花,虚热,自汗盗汗等症。

【制用法】药为细末,炼蜜为丸如豆大。每服 10g,每日 1~2 次,饭前服。

仙方活命饮(《外科发挥》)

【组成】炮穿山甲 3g　天花粉 3g　甘草节 3g　乳香 3g　白芷 3g　赤芍 3g　贝母 3g　防风 3g　没药 3g　皂角刺(炒)3g　当归尾 3g　陈皮 10g　金银花 10g

【功效与适应证】清热解毒,消肿溃坚,活血止痛。治骨痈初期。

【制用法】水煎服。

白降丹(《医宗金鉴》)

【组成】朱砂 1 份　雄黄 1 份　水银 5 份　硼砂 2 份半　火硝 7 份　食盐 7 份　白矾 7 份　皂矾 7 份

【功效与适应证】腐蚀平胬。治溃疡脓腐难去,或已成瘘管、肿疡成脓不能自溃,以及赘疣、瘰疬等症经外用其他消散药物而无效者。

【制用法】研制成细末,以清水调敷病灶上,或做成药捻,插入疮口、瘘管中,外盖药膏,每次用 0.01~0.05g,每 1~2 天换药 1 次。

加味二妙散(《丹溪心法》)

【组成】黄柏　苍术　牛膝　防己　萆薢　当归　龟甲

【功效与适应证】清热利湿。治湿热下注,两脚麻痹痿软,扪之有热感,心烦口渴,溺赤。

【制用法】研粗末,水煎服。

加味二妙汤(《医宗金鉴》)

【组成】黄柏　炒苍术　牛膝各三钱　槟榔　泽泻　木瓜　乌药各二钱　当归尾一钱半　黑豆四十九粒　生姜三片

【功效与适应证】清热燥湿,强筋壮骨。主治牙疳龈肿,腿肿色青。

【制用法】水煎服。

加减补筋丸(《医宗金鉴》)

【组成】当归 30g　熟地 60g　白芍 60g　红花 30g　乳香 30g　茯苓 30g　骨碎补 30g　陈皮 60g　没药 9g　丁香 15g

【功效与适应证】活血、壮筋、止痛。治跌仆伤筋,血脉壅滞,青紫肿痛。

【制用法】共为细末,炼蜜为丸,如弹子大,每丸重 9g,每次服 1 丸,用无灰酒送下。

甘姜苓术汤(《金匮要略》)

【组成】干姜　白术　茯苓　甘草

【功效与适应证】温化寒湿。治脾胃寒湿,腰部冷痛重着,如坐水中,口不渴,二便不利。

【制用法】水煎服。

左归丸(《景岳全书》)

【组成】熟地黄 4 份　怀山药 2 份　山茱萸 2 份　枸杞子 2 份　菟丝子 2 份　鹿角胶 2 份　龟甲 2 份　川牛膝 1 份半　蜜糖适量

【功效与适应证】补益肾阴。治损伤日久或骨疾病后,肾水不足,精髓内亏,腰膝腿软,头昏眼花、虚热、自汗盗汗等症。

【制用法】药为细末,炼蜜为丸如豆大。每服 10g,每日 1~2 次,饭前服。

右归丸(《景岳全书》)

【组成】熟地黄 4 份　怀山药 2 份　山茱萸 2 份　枸杞子 2 份　菟丝子 2 份　杜仲 2 份　鹿角胶 2 份　当归 1 份半　附子 1 份　肉桂 1 份　蜜糖适量

【功效与适应证】补益肾阳。治骨及软组织损伤后期,肝肾不足、精血虚损而致神疲气怯,或心跳不宁,或肢冷痿软无力。

【制用法】共为细末,炼蜜为小丸。每服 10g,每日 1~2 次。

生肌玉红膏(《外科正宗》)

【组成】当归 6 份　白芷 1.2 份　白蜡 5 份　轻粉 1 份　甘草 3 份　紫草半份　血竭 1 份　麻油 40 份

【功效与适应证】活血祛腐,解毒镇痛,润肤生肌。治溃疡脓腐不脱,新肌难生者。

【制用法】先将当归、白芷、紫草、甘草四味,入油内浸三日,慢火熬微枯,滤清,再煎滚,入血竭化尽,次入白蜡,微火化开。将膏倾入预放水中的盅内,候片刻,把研细的轻粉末放入,搅拌成膏。将膏匀涂纱布上,敷贴患处。并可根据溃疡局部情况的需要,掺撒提脓、祛腐药在膏的表面上外敷,效果更佳。

生肌八宝(丹)散(《中医伤科学讲义》经验方)

【组成】煅石膏3份　赤石脂3份　东丹1份　龙骨1份　轻粉3份　血竭1份　乳香1份　没药1份

【功效与适应证】生肌收敛。用于各种创口。

【制用法】共研成极细末,外撒创口。

生血补髓汤(《伤科补要》)

【组成】生地黄12g　芍药9g　川芎6g　黄芪9g　杜仲9g　五加皮9g　牛膝9g　红花5g　当归9g　续断9g

【功效与适应证】调理气血,舒筋活络。治扭挫伤及脱位骨折的中后期患处未愈合并有疼痛者。

【制用法】水煎服,日1剂。

归脾汤(《济生方》)

【组成】白术10g　当归3g　党参3g　黄芪10g　酸枣仁10g　木香1.5g　远志3g　炙甘草4.5g　龙眼肉4.5g　茯苓10g

【功效与适应证】养心健脾,补益气血。治骨折后期气血不足,神经衰弱,慢性溃疡等。

【制用法】水煎服,日1剂。亦可制成丸剂服用。

六　画

血府逐瘀汤(《医林改错》)

【组成】当归10g　生地黄10g　桃仁12g　红花10g　枳壳6g　赤芍6g　柴胡3g　甘草3g　桔梗4.5g　川芎4.5g　牛膝10g

【功效与适应证】活血逐瘀,通络止痛。治瘀血内阻,血行不畅,经脉闭塞疼痛。

【制用法】水煎服,日1剂。

伤油膏(《中医伤科学讲义》经验方)

【组成】血竭60g　红花6g　乳香6g　没药6g　儿茶6g　琥珀3g　冰片(后下)6g　香油1.5kg　黄蜡适量

【功效与适应证】活血止痛。多用在施行理伤手法时,涂擦在患处,同时起到润滑作用。

【制用法】除冰片、香油、黄蜡外,共为细末,后入冰片再研,将药末溶化于炼过的油内,再入黄蜡收膏。

芍药甘草汤(《伤寒论》)

【组成】芍药　甘草

【功效与适应证】舒筋解挛。治筋脉失养,腹中挛急作痛,或手足拘急。

【制用法】水煎服。

当归补血汤(《内外伤辨惑论》)

【组成】黄芪15~30g　当归3~6g

【功效与适应证】补气生血。治血虚发热,以及大出血后,脉芤,重按无力,气血两虚等证。

【制用法】水煎服。

当归鸡血藤汤(《中医伤科学》)

【组成】当归 15g　熟地 15g　桂圆肉 6g　白芍 9g　丹参 9g　鸡血藤 15g

【功效与适应证】补气补血,用于骨伤患者后期气血虚弱患者,肿瘤经放疗或化疗期间有白细胞及血小板减少者。

【制用法】水煎服,日 1 剂。

当归四逆汤(《伤寒论》)

【组成】当归 15g　桂枝 6g　芍药 9g　细辛 3g　通草 3g　大枣 8 枚

【功效与适应证】活血温经,通络止痛。治血虚寒凝,经脉不通,四肢周身痹痛等证。

【制用法】煎服,每日 1 剂。

伤湿止痛膏(成药)

【组成】白芷　山奈　干姜　五加皮　肉桂　落打得　荆芥　毛姜　防风　老鹳草　樟脑　乳香　没药　生川乌　生草乌　马钱子(沙炒)　公丁香　冰片　薄荷脑　冬绿油　颠茄流浸膏　芸香膏

【功效与适应证】祛风湿止痛。用于风湿痛、神经痛、扭伤及肌肉酸痛。

【制用法】将皮肤洗净后外敷贴患处。但对橡皮膏过敏者禁用。

壮筋养血汤(《伤科补要》)

【组成】当归 9g　川芎 6g　白芷 9g　续断 12g　红花 5g　生地 12g　牛膝 9g　牡丹皮 9g　杜仲 6g

【功效与适应证】活血壮筋。用于软组织损伤。

【制用法】水煎服。

壮筋续骨丹(丸)(《伤科大成》)

【组成】当归 60g　川芎 30g　白芍 30g　熟地 120g　杜仲 30g　川断 45g　五加皮 45g　骨碎补 90g　桂枝 30g　三七 30g　黄芪 90g　人工虎骨(现已禁用,狗骨代。全书同)30g　补骨脂 60g　菟丝子 60g　党参 60g　木瓜 30g　刘寄奴 60g　地鳖虫 90g

【功效与适应证】壮筋续骨。用于骨折、脱位、伤筋中后期。

【制用法】共研细末,糖水泛丸,每次服 12g,温酒下。

七　画

身痛逐瘀汤(《医林改错》)

【组成】秦艽 9g　川芎 9g　桃仁 6g　红花 6g　甘草 3g　羌活 9g　没药 9g　五灵脂 9g　香附 9g　牛膝 9g　地龙 9g　当归 15g

【功效与适应证】活血行气,祛瘀通络,通痹止痛。主治气血痹阻经络所致的肩、腰、腿或周身疼痛,经久不愈。

【制用法】水煎服。忌生冷油腻,孕妇忌服。

补中益气汤(《东垣十书》)

【组成】黄芪 15g　党参 12g　白术 12g　陈皮 3g　炙甘草 5g　当归 10g　升麻 5g　柴胡 5g

【功效与适应证】补中益气。治疮疡日久,元气亏损,损伤气血耗损,中气不足诸证。

【制用法】水煎服。

补肾壮筋汤(丸)(《伤科补要》)

【组成】熟地黄 12g　当归 12g　牛膝 10g　山茱萸 12g　茯苓 12g　续断 12g　杜仲 10g　芍药 10g　青皮 5g　五加皮 10g

【功效与适应证】补益肝肾,强壮筋骨。治肾气虚损,习惯性关节脱位等。

【制用法】水煎服,日 1 剂。或制成丸剂服。

补阳还五汤(《医林改错》)

【组成】黄芪 30g　当归尾 6g　赤芍 4.5g　地龙 3g　川芎 3g　桃仁 3g　红花 3g

【功效与适应证】活血补气,疏通经络。治气虚而血不行的半身不遂、口眼㖞斜以及外伤性截瘫。

【制用法】水煎服。

补肾活血汤(《伤科大成》)

【组成】熟地黄 10g　杜仲 3g　枸杞 3g　补骨脂 10g　菟丝子 10g　当归尾 3g　没药 3g　山萸肉 3g　红花 2g　独活 3g　淡苁蓉 3g

【功效与适应证】补肾壮筋,活血止痛。治伤患后期各种筋骨酸痛无力等症,尤以腰部伤患更宜。

【制用法】水煎服。

坚骨壮筋膏(《中医伤科学讲义》)

【组成】第 1 组:骨碎补　川续断各 90g　马钱子　白及　硼砂　生草乌　生川乌　牛膝　苏木　杜仲　伸筋草各 60g　羌活　独活　麻黄　五加皮　皂角核　红花　泽兰各 30g　虎骨 24g　香油 5 000g　黄丹 2 500g

第 2 组:血竭 30g　冰片 15g　丁香 30g　肉桂 60g　白芷 30g　细辛 60g　乳香 30g　没药 30g　麝香 15g

【功效与适应证】强壮筋骨。治筋伤、骨折后期。

【制用法】第 1 组药熬成膏药后温烊摊贴。第 2 组药共研为细末,临贴时撒于药面。

羌活灵仙汤(经验方)

【组成】羌活　威灵仙　香附　牛膝　木通　赤芍　鸡血藤　五加皮各 9g　薏苡仁 12g　乳香　没药　地龙　丹皮各 6g　千年健　土鳖虫　生姜　甘草各 4.5g

【功效与适应证】行气消瘀,活血止痛。治下肢损伤初期,伤处气滞血瘀肿痛者。

【制用法】水煎服,每日 1 剂,连服 3 剂。

坎离砂(成药)

【组成】麻黄　当归尾　附子　透骨草　红花　干姜　桂枝　牛膝　白芷　荆芥　防风　木瓜　生艾绒　羌活　独活各等份　醋适量

【功效与适应证】祛风散寒止痛。治腰腿疼痛,风湿性关节疼痛。

【制用法】用醋水各半,将药熬成浓汁,再将铁砂炒红后搅拌制成。使用时加醋约半两,装入布袋内,自然发热,敷在患处。如太热可来回移动。

陀僧膏(《伤科补要》)

【组成】南陀僧 40 份　赤芍 1 份　当归 1 份　乳香 1 份　没药 1 份　赤石脂半份　百草霜 4 份　苦参 8 份　桐油 64 份　香油 32 份　血竭 1 份　儿茶 1 份　大黄 16 份

【功效与适应证】解毒止血。治创伤及局部感染疼痛。

【制用法】陀僧研成细末,用香油把其他药煎熬,去渣后入陀僧末,制成膏,外用。

八　画

参苓白术散（《太平惠民和剂局方》）

【组成】白扁豆 12g　党参 12g　白术 12g　茯苓 12g　炙甘草 6g　怀山药 12g　莲子肉 10g　薏苡仁 10g　桔梗 6g　砂仁 5g　大枣 4 枚

【功效与适应证】补气、健脾、渗湿。治疮疡及损伤后期,气血受损,脾失健运者。

【制用法】水煎服。可制成散剂服,其中大枣煎汤送散服。

狗皮膏（成药）

【组成】枳壳　青皮　大风子　赤石脂　赤芍　天麻　乌药　牛膝　羌活　威灵仙　生川乌　续断　桃仁　生附子　川芎　生草乌　杜仲　穿山甲　青风藤　木香　肉桂　轻粉　乳香　没药　血竭　樟脑　植物油　铅丹

【功效与适应证】散寒止痛,舒筋活络。治跌打损伤及风寒痹痛。

【制用法】烘热外敷患处。

定痛散（《伤科汇纂》）

【组成】当归　川芎　白芍　升麻　防风　官桂各一钱　山柰三钱　紫丁香根　红花各五钱　麝香三分

【功效与适应证】定痛消肿,舒筋和络。治跌打仆伤。

【制用法】为细末,老葱汁调合,敷患处。

羌活胜湿汤（《内外伤辨惑论》）

【组成】羌活 15g　独活 15g　藁本 15g　防风 15g　甘草 6g　川芎 10g　蔓荆子 10g

【功效与适应证】祛风除湿。治伤后风湿邪客者。

【制用法】水煎服。药渣可煎水热洗患处。

定痛活血汤（《伤科补要》）

【组成】桃仁　红花　乳香　没药　当归　秦艽　川断　蒲黄　五灵脂

【功效与适应证】活血定痛。用于各部损伤,瘀血疼痛。

【制用法】水、酒各半,煎服。

定痛膏（《疡医准绳》）

【组成】芙蓉叶 4 份　紫荆皮 1 份　独活 1 份　生南星 1 份　白芷 1 份

【功效与适应证】祛风消肿止痛,治跌打损伤肿痛、疮疡初期肿痛。

【制用法】共研细末。用姜汁、水、酒调煮热敷,或用凡士林调煮成软膏外敷。

拔毒生肌散（《武汉中药成方集》）

【组成】冰片 30g　红升丹 72g　轻粉 72g　龙骨 72g　甘石 72g　黄丹 72g　煅石膏 600g　白蜡 15g

【功效与适应证】拔毒生肌。用于各种分泌物较多的创面。

【制用法】各药分别为末,用蚕丝筛筛过,再混合。直接掺撒于创面上。

苦参汤（《金匮要略》）

【组成】苦参适量

【功效与适应证】清热、祛风、杀虫。治开放性损伤创口感染发痒,或溃疡发痒,分泌物较多者。

【制用法】煎水外洗。

金黄(散)膏(《医宗金鉴》)

【组成】大黄 2 500g　黄柏 2 500g　姜黄 2 500g　白芷 2 500g　制南星 500g　陈皮 500g　苍术 500g　厚朴 500g　甘草 500g　天花粉 5 000g

【功效与适应证】清热解毒,散瘀消肿。治感染阳证,跌打肿痛。

【制用法】研细末。用酒、油、菊花、金银花膏、丝瓜叶或生姜等捣汁调敷,或按凡士林 8 份、金黄膏 2 份的比例调制成膏外敷。

金匮肾气丸(《金匮要略》)

【组成】熟地 25g　怀山药 12g　山萸肉 12g　泽泻 10g　茯苓 10g　丹皮 10g　肉桂 3g(冲服)　熟附子 10g

【功效与适应证】温补肾阳。治肾阳亏虚。

【制用法】水煎服。或制成丸剂,淡盐汤送服。

和营止痛汤(《伤科补要》)

【组成】赤芍 9g　当归尾 9g　川芎 6g　苏木 6g　陈皮 6g　桃仁 6g　续断 12g　乌药 9g　乳香 6g　没药 6g　木通 6g　甘草 6g

【功效与适应证】活血止痛,祛瘀生新。治损伤积瘀肿痛。

【制用法】水煎服。

知柏地黄汤(丸)(《医宗金鉴》)

【组成】知母 9g　黄柏 9g　熟地 24g　怀山药 12g　山萸肉 12g　茯苓 9g　泽泻 9g　牡丹皮 9g

【功效与适应证】滋阴降火。治骨病阴虚火旺,潮热骨蒸等症。

【制用法】水煎服。或制成丸剂,淡盐汤送服。

青娥丸(《太平惠民和剂局方》)

【组成】杜仲 480g　补骨脂 240g　胡桃 20 个　蒜 120g

【功效与适应证】补肾壮腰。治伤病致肾气虚弱,风寒乘袭、气血相搏的腰痛。

【制用法】为末,米糊成丸如豆大。每服 10g,淡盐汤或温酒送下,每日 1~3 次。

宝珍膏(成药)

【组成】熟地黄 1 份　茅术 1 份　枳壳 1 份　五加皮 1 份　莪术 1 份　桃仁 1 份　山奈 1 份　当归 1 份　川乌 1 份　陈皮 1 份　乌药 1 份　三棱 1 份　大黄 1 份　首乌 1 份　草乌 1 份　柴胡 1 份　香附 1 份　防风 1 份　牙皂 1 份　肉桂 1 份　羌活 1 份　赤芍 1 份　南星 1 份　荆芥 1 份　白芷 1 份　藁本 1 份　续断 1 份　良姜 1 份　独活 1 份　麻黄 1 份　甘松 1 份　连翘 1 份　冰片 1 份　樟脑 1 份　乳香 1 份　没药 1 份　阿魏 1 份　细辛 1 份　刘寄奴 1 份　威灵仙 1 份　海风藤 1 份　小茴香 1 份　川芎 2 份　血余 7 份　麝香 2/3 份　木香 2/3 份　附子 2/3 份　东丹 30 份

【功效与适应证】行气活血,祛风止痛。治风湿关节痛及跌打损伤疼痛。

【制用法】制成药膏贴患处。

九　画

骨科外洗一方(《外伤科学》经验方)

【组成】宽筋藤 30g　钩藤 30g　金银花藤 30g　王不留行 30g　刘寄奴 15g　防风 15g　大黄 15g　荆芥 10g

【功效与适应证】活血通络,舒筋止痛。治损伤后筋肉拘挛,关节功能欠佳,酸痛麻木或外感风湿作痛等。用于骨折及软组织损伤中后期或骨科手术后已能解除外固定,做功能锻炼者。

【制用法】煎水熏洗。

骨科外洗二方(《外伤科学》经验方)

【组成】桂枝 15g　威灵仙 15g　防风 15g　五加皮 15g　细辛 10g　荆芥 10g　没药 10g

【功效与适应证】活血通络,祛风止痛。治损伤后期肢体冷痛,关节不利及风寒湿邪侵注,局部遇冷则痛增,得温则痛减的痹证。

【制用法】煎水熏洗,肢体可直接浸泡,躯干可用毛巾湿热敷擦。但注意防止水温过高引起烫伤。

复元活血汤(《医学发明》)

【组成】柴胡 15g　天花粉 10g　当归尾 10g　红花 6g　穿山甲 10g　酒浸大黄 30g　酒浸桃仁 12g

【功效与适应证】活血祛瘀,消肿止痛。治跌打损伤,血停积于胁下,肿痛不可忍者。

【制用法】水煎,分 2 次服,如服完第一次后,泻下大便,得利痛减,则停服,如 6 个小时之后,仍无泻下者,则服下第二次。以利为度。

活血止痛汤(《伤科大成》)

【组成】当归 12g　川芎 6g　乳香 6g　苏木 5g　红花 5g　没药 6g　土鳖虫 3g　三七 3g　赤芍 9g　陈皮 5g　落得打 6g　紫荆藤 9g

【功效与适应证】活血止痛。治跌打损伤肿痛。

【制用法】水煎服。临床上常去紫荆藤。

活血祛瘀汤(经验方)

【组成】当归 15g　红花 6g　土鳖虫 9g　自然铜 9g　狗脊 9g　骨碎补 15g　没药 6g　乳香 6g　三七 3g　路路通 6g　桃仁 9g

【加减】便秘者,去骨碎补、没药、乳香,加郁李仁 15g、火麻仁 15g;疼痛剧烈者,加延胡索 9g;食欲不振者,加砂仁 9g;心神不宁者,加龙齿 15g、磁石 15g、枣仁 9g、远志 9g;尿路感染者,加知母 9g、黄柏 15g、车前子 15g、泽泻 15g。

【功效与适应证】活血化瘀,通络消肿,续筋接骨。用于骨折及软组织损伤的初期。

【制用法】水煎服,日 1 剂。

活血舒筋汤(《中医伤科学讲义》经验方)

【组成】当归尾　赤芍　片姜黄　伸筋草各 15g　松节　海桐皮　落得打　路路通　羌(独)活　防风　续断各 12g　甘草 6g

【加减】上肢加用川芎、桂枝,下肢加用牛膝、木香,痛甚者加乳香、没药。

【功效与适应证】活血祛瘀,舒筋活络。用于伤筋、关节肿痛、活动功能障碍。

【制用法】水煎服。

活血膏(《陈修园医书四十八种》)

【组成】白陶土 200 份　黄柏 10 份　栀子 10 份　樟脑 1 份　薄荷 1 份　蜜糖适量

【功效与适应证】散瘀活血,消肿止疼。治跌打损伤,瘀血作痛。

【制用法】共为细末,水蜜各半调制成膏。外敷。

茴香酒(《中医伤科学讲义》经验方)

【组成】茴香 15g　丁香 10g　樟脑 15g　红花 10g　白干酒 300g

【功效与适应证】活血行气止痛。治扭挫伤肿痛。

【制用法】把药浸泡在酒中,1 周以后去渣,取酒即可。外涂擦患处,亦可在施行理伤手法时配合使用。

顺气活血汤(《伤科大成》)

【组成】苏梗　厚朴　枳壳　砂仁　当归尾　红花　木香　赤芍　桃仁　苏木　香附

【功效与适应证】行气活血,祛瘀止痛。用于胸腹挫伤、气滞胀满作痛。

【制用法】按病情定剂量,水煎,可加入少量米酒和服。

独活寄生汤(《备急千金要方》)

【组成】独活6g　防风6g　川芎6g　牛膝6g　桑寄生18g　秦艽12g　杜仲12g　当归12g　茯苓12g　党参12g　熟地黄15g　白芍10g　细辛3g　甘草3g　肉桂2g(焗冲)

【功效与适应证】益肝肾,补气血,祛风湿,止痹痛。治腰脊损伤后期,肝肾两亏,风湿痛及腿足屈伸不利者。

【制用法】水煎服。可复煎外洗患处。

十　画

桃核承气汤(《伤寒论》)

【组成】桃仁10g　大黄(后下)12g　桂枝6g　甘草6g　芒硝6g(冲服)

【功效与适应证】泻下逐瘀。治跌打损伤,瘀血停溢,或下腹蓄瘀,疼痛拒按,瘀热发狂等症。

【制用法】水煎服。

桃红四物汤(又名元戎四物汤,《医宗金鉴》)

【组成】当归　川芎　白芍　生地　桃仁　红花

【功效与适应证】活血祛瘀。用于损伤血瘀证。

【制用法】水煎服。

桂枝汤

【组成】一方(《伤寒论》):桂枝9g　芍药9g　甘草6g　生姜9g　大枣4枚

二方(《伤科补要》):桂枝　赤芍　枳壳　香附　陈皮　红花　生地　归尾　延胡索　防风　独活

【功效与适应证】祛风胜湿,和营止痛。用于落枕、上肢损伤,风寒湿侵袭经络作痛等症。

【制用法】一方:水煎服;二方:各等分,童便、陈酒煎服。

桂枝附子汤(《金匮要略》)

【组成】桂枝　附子　甘草　生姜　大枣

【功效与适应证】祛寒兼祛风湿,通络止痛。主治身体疼痛、不能自转侧,不呕不渴,脉浮虚而涩。

【制用法】水煎服。

桃花散(《外科正宗》)

【组成】白石灰6份　大黄1份

【功效与适应证】止血。治创伤出血。

【制用法】先将大黄煎汁,泼入白石灰内,为末,再炒,以石灰变成红色为度,将石灰过筛备用。用时掺撒于患处,纱布紧扎。

桂麝散(《药奁启秘》)

【组成】麻黄15g　细辛15g　肉桂30g　牙皂10g　半夏25g　丁香30g　生南星25g　麝香1.8g　冰片1.2g

【功效与适应证】温化痰湿,消肿止痛。治疮疡阴证未溃者。

【制用法】共研细末。掺膏药上,贴患处。

瓜蒌桂枝汤（《金匮要略》）

【组成】瓜蒌根　桂枝　芍药　甘草　生姜　大枣

【功效与适应证】滋养津液,解肌祛邪。用于太阳病头项强痛、发热、汗出、恶风,舌苔薄黄,脉沉迟者。

【制用法】水煎服。

健脾养胃汤（《伤科补要》）

【组成】党参　白术　黄芪　当归身　白芍　陈皮　小茴香　山药　茯苓　泽泻

【功效与适应证】为调理脾胃之剂。

【制用法】煎汤内服。

海桐皮汤（《医宗金鉴》）

【组成】海桐皮6g　透骨草6g　乳香6g　没药6g　当归5g　川椒10g　川芎3g　红花3g　威灵仙3g　甘草3g　防风3g　白芷2g

【功效与适应证】通络止痛。治跌打损伤疼痛。

【制用法】共为细末,布袋装,煎水熏洗患处。亦可内服。

损伤风湿膏（《中医伤科学讲义》经验方）

【组成】生川乌4份　生草乌4份　生南星4份　生半夏4份　当归4份　黄金子4份　紫荆皮4份　生地黄4份　苏木4份　桃仁4份　桂枝4份　僵蚕4份　青皮4份　甘松4份　木瓜4份　山奈4份　地龙4份　乳香4份　没药2份　羌活2份　独活2份　川芎2份　白芷2份　苍术2份　木鳖子2份　山甲片2份　川断2份　山栀子2份　土鳖虫2份　骨碎补2份　赤石脂2份　红花2份　牡丹皮2份　落得打2份　白芥子2份　细辛1份　麻油320份　黄铅粉60份

【功效与适应证】祛风湿,行气血,消肿痛。治损伤肿痛或损伤后期并风湿痹痛。

【制用法】麻油将药浸泡7~10天后,以文火煎熬,至色枯,去渣,再将油熬,约两小时,滴水成珠,离火,将黄铅粉徐徐筛入搅匀,成膏收贮,摊用。

柴胡疏肝散（《景岳全书》）

【组成】柴胡　芍药　枳壳　甘草　川芎　香附

【功效与适应证】疏肝理气止痛。治胸肋损伤。

【制用法】按病情拟定药量,并酌情加减,煎服。

健步虎潜丸（《伤科补要》）

【组成】龟胶2份　鹿角胶2份　人工虎骨2份　何首乌2份　川牛膝2份　杜仲2份　锁阳2份　当归2份　熟地2份　威灵仙2份　黄柏1份　人参1份　羌活1份　白芍1份　白术1份　大川附子1份半　蜜糖适量

【功效与适应证】补气血,壮筋骨。治跌打损伤,血虚气弱,筋骨痿软无力,步履艰难。

【制用法】共为细末,炼蜜为丸如绿豆大。每服10g,空腹淡盐水送下,每日2~3次。

消瘀止痛药膏（《中医伤科学讲义》）

【组成】木瓜60g　大黄15g　蒲公英60g　栀子　地鳖虫　乳香　没药各30g

【功效与适应证】消瘀、退肿、止痛。治骨折,筋伤初期肿胀、疼痛剧烈,一般无皮肤破损之局部损伤者。

【制用法】共研为细末,用蜜糖或凡士林调敷。

消瘀散（《伤科常见疾病治疗方法》）

【组成】蒲公英7.5份　乳香　续随子(去油毒)　地鳖虫　蒲黄炭　没药炭　参三七　川大黄

各 3 份　川当归　刘寄奴　西泽兰各 4 份　丹参　老鹳草各 5 份

【功效与适应证】活血消瘀,退肿止痛。适用于一切跌打损伤、积血成瘀、积块不散及关节内部瘀滞、动作不灵。

【制用法】共研细末,用蜂蜜、冷开水调拌,敷贴患处。

消炎止痛膏(成药)

【组成】苯海拉明 380g　麝香草酚 1 700g　樟脑 1 700g　水杨酸甲酯 1 200g　颠茄浸膏 2 000g　冰片 2 700g　二甲苯麝香 1 000g　薄荷脑 7 000g　桉叶油 2 300g　氧化锌橡皮膏基质适量

【功效与适应证】消炎镇痛。用于神经痛、关节痛、牙痛及各种酸痛等症。孕妇慎用。

【制用法】外用,贴于患处。

消瘀膏(《中医伤科学》)

【组成】大黄 1 份　栀子 2 份　木瓜 4 份　蒲公英 4 份　姜黄 4 份　黄柏 6 份　蜜糖适量

【功效与适应证】祛瘀、消肿、止痛。用于损伤瘀肿疼痛。

【制用法】共为细末,水蜜各半调敷。

消肿止痛膏(《外伤科学》)

【组成】姜黄　羌活　干姜　栀子　乳香　没药

【功效与适应证】祛瘀、消肿、止痛。治损伤初期瘀肿疼痛者。

【制用法】共研细末。用凡士林调成 60% 软膏外敷患处。

十 一 画

接骨续筋药膏(《中医伤科学讲义》经验方)

【组成】自然铜 3 份　荆芥 3 份　防风 3 份　五加皮 3 份　皂角 3 份　茜草根 3 份　续断 3 份　羌活 3 份　乳香 2 份　没药 2 份　骨碎补 2 份　接骨木 2 份　红花 2 份　赤芍 2 份　土鳖虫 2 份　白及 4 份　血竭 4 份　硼砂 4 份　螃蟹末 4 份　饴糖或蜂蜜适量

【功效与适应证】接骨续筋。治骨折、筋伤。

【制用法】共为细末,饴糖或蜂蜜调煮外敷。

续骨活血汤(《中医伤科学讲义》经验方)

【组成】当归尾 12g　赤芍 10g　白芍 10g　生地黄 15g　红花 6g　土鳖虫 6g　骨碎补 12g　煅自然铜 10g　续断 12g　落得打 10g　乳香 6g　没药 6g

【功效与适应证】祛瘀止血,活血续骨。治骨折及软组织损伤。

【制用法】水煎服。

续断紫金丹(《中医伤科学讲义》)

【组成】酒炒当归 4 份　熟地 8 份　酒炒菟丝子 3 份　骨碎补 3 份　续断 4 份　制首乌 4 份　茯苓 4 份　白术 2 份　丹皮 2 份　血竭 2 份　怀牛膝 5 份　红花 1 份　乳香 1 份　没药 1 份　人工虎骨 1 份　儿茶 2 份　鹿角霜 4 份　煅自然铜 2 份

【功效与适应证】活血止痛,续筋接骨。治筋伤、骨折。

【制用法】共为细末,每次服 3~5g,每日 2~3 次。

理气止痛汤(经验方)

【组成】丹参 9g　广木香 3g　青皮 6g　炙乳香 5g　枳壳 6g　制香附 9g　川楝子 9g　延胡索 5g　软柴胡 6g　路路通 6g　没药 5g

【功效与适应证】活血和营,理气止痛。用于气分受伤郁滞作痛诸证。

【制用法】水煎服。

麻桂温经汤(《伤科补要》)

【组成】麻黄　桂枝　红花　白芷　细辛　桃仁　赤芍　甘草

【功效与适应证】通经活络去瘀。治损伤之后风寒客注而痹痛。

【制用法】按病情决定剂量,水煎服。

麻黄附子细辛汤(《伤寒论》)

【组成】麻黄　附子　细辛

【功效与适应证】温经解表。治少阴病阳气虚寒而兼有表寒者。

【制用法】水煎服。

十 二 画

跌打万花油(亦称万花油,成药)

【组成】野菊花　乌药　水翁花　徐长卿　大蒜　马齿苋　葱　金银花叶　威灵仙　苏木　大黄　泽兰　红花　防风　侧柏叶　马钱子等

【功效与适应证】消肿止痛,解毒消炎。治跌打损伤肿痛、烫伤。

【制用法】敷贴:将万花油装在消毒容器内,再把消毒纱布块放在容器内浸泡片刻,即成为万花油纱布块,可直接敷贴在患处。如敷在伤口处,每天换药;如无伤口者,1~3天换一次;若是不稳定型骨折,用小夹板固定者,换药时可不解松夹板,由夹板之间的间隙泵入药油,让原有的纱布块吸上即可。涂擦:把药油直接涂擦在患处,亦可在施行按摩手法时配合使用。

舒筋活络药膏(《中医伤科学讲义》经验方)

【组成】赤芍1份　红花1份　南星1份　生蒲黄1份半　旋覆花1份半　苏木1份半　生草乌2份　生川乌2份　羌活2份　独活2份　生半夏2份　生栀子2份　生大黄2份　生木瓜2份　路路通2份　饴糖或蜂蜜适量

【功效与适应证】活血止痛。治跌打损伤肿痛。

【制用法】共为细末。饴糖或蜂蜜调敷,凡士林调煮亦可。

葛根汤(《伤寒论》)

【组成】葛根15g　麻黄8g　桂枝15g　白芍15g　甘草5g　生姜3片　大枣3枚

【功效与适应证】解肌散寒。治颈部扭伤兼有风寒乘袭者。

【制用法】水煎服,煎渣湿热敷颈部。

犀角地黄汤(《小品方》录自《外台秘要》)

【组成】生地黄30g　赤芍12g　牡丹皮9g　犀角0.6g(锉细末冲)

【功效与适应证】清热凉血解毒。治热入血分,疮疡热毒内攻表现吐血、衄血、便血,皮肤瘀斑,高热神昏谵语,烦躁等症。

【制用法】水煎服。生地黄先煎,犀角锉末冲。或磨汁和服。

温经通络膏(《中医伤科学讲义》经验方)

【组成】乳香　没药　麻黄　马钱子各等量　饴糖或蜂蜜适量

【功效与适应证】祛风止痛。治骨关节、软组织损伤肿痛,或风寒湿侵注,局部痹痛者。

【制用法】共为细末,饴糖或蜂蜜调成软膏,或凡士林调煮成膏外敷患处。

散瘀和伤汤(《医宗金鉴》)

【组成】番木鳖15g　红花15g　生半夏15g　骨碎补9g　甘草9g　葱须30g　醋(后下)60g

【功效与适应证】活血祛瘀止痛。治软组织损伤瘀肿疼痛及骨折关节脱位后期筋络挛痛。

【制用法】用水煎药,沸后,入醋再煎 5~10 分钟,熏洗患处,每日 3~4 次,每次熏洗都要把药液煎沸后再用。

舒筋丸(又称舒筋壮力丸,《刘寿山正骨经验》)

【组成】麻黄 2 份 制马钱子 2 份 制乳香 1 份 制没药 1 份 血竭 1 份 红花 1 份 自然铜(煅,醋淬)1 份 羌活 1 份 独活 1 份 防风 1 份 钻地风 1 份 杜仲 1 份 木瓜 1 份 桂枝 1 份 怀牛膝 1 份 贝母 1 份 生甘草 1 份 蜂蜜适量

【功效与适应证】散寒祛风,舒筋活络。用于各种筋伤痹痛。

【制用法】共为细末,炼蜜为丸,每丸 5g。每服 1 丸,日服 1~3 次。

舒筋汤

【组成】一方(《外伤科学》经验方):当归 10g 白芍 10g 姜黄 6g 宽筋藤 15g 松节 6g 海桐皮 12g 羌活 10g 防风 10g 续断 10g 甘草 6g

二方(《中医伤科学》经验方):当归 12g 陈皮 9g 羌活 9g 骨碎补 9g 伸筋草 15g 五加皮 9g 桑寄生 15g 木瓜 9g

【功效与适应证】祛风舒筋活络。治骨折及关节脱位后期,或软组织病变所致的筋络挛痛。

【制用法】水煎服。

十三画及以上

新伤续断汤(《中医伤科学讲义》经验方)

【组成】当归尾 12g 土鳖虫 6g 乳香 3g 没药 3g 丹参 6g 自然铜(醋煅)12g 骨碎补 12g 泽兰叶 6g 延胡索 6g 苏木 10g 续断 10g 桑枝 12g 桃仁 6g

【功效与适应证】活血祛瘀,止痛接骨。用于骨损伤初、中期。

【制用法】水煎服。

膈下逐瘀汤(《医林改错》)

【组成】当归 9g 川芎 6g 赤芍 9g 桃仁 9g 红花 6g 枳壳 5g 牡丹皮 9g 香附 9g 延胡索 12g 乌药 9g 五灵脂 9g 甘草 5g

【功效与适应证】活血祛瘀。治腹部损伤,蓄瘀疼痛。

【制用法】水煎服。

蠲痹汤(《百一选方》)

【组成】羌活 6g 姜黄 6g 当归 12g 赤芍 9g 黄芪 12g 防风 6g 炙甘草 3g 生姜 5 片

【功效与适应证】行气活血,祛风除湿。治损伤后风寒乘虚入络者。

【制用法】水煎服。

主要参考书目

1. 黄桂成 . 中医筋伤学 [M]. 北京：中国中医药出版社, 2016.

2. 王亦璁, 姜保国 . 骨与关节损伤 .5 版 [M]. 北京：人民卫生出版社, 2012.

3. 王庆甫 . 中医筋伤学 [M]. 北京：中国中医药出版社, 2014.

4. 詹红生, 马勇 . 中医筋伤学 [M]. 上海：上海科学技术出版社, 2012.

5. 王和鸣 . 中医伤科学 [M]. 北京：中国中医药出版社, 2002.

6. 胡广 . 骨与关节运动损伤 [M]. 北京：人民军医出版社, 2007.

7. 刘献祥, 林燕萍 . 中西医结合骨伤科学 [M]. 北京：科学出版社, 2011.

8. 胥少汀, 葛宝丰, 徐印坎, 等 . 实用骨科学 [M].4 版 . 北京：人民军医出版社, 2012.

9. 孙树椿, 孙之镐 . 中医筋伤学 [M]. 北京：人民卫生出版社, 2000.

10. 唐纳德·A. 诺依曼 . 骨骼肌肉功能解剖学 .2 版 [M]. 刘颖, 师玉涛, 闫琪, 主译 . 北京：人民军医出版社, 2014.

复习思考题
答案要点

模拟试卷